*Mary del Priore*
*Angélica Müller*
*(Orgs.)*

# HISTÓRIA DOS CRIMES E DA VIOLÊNCIA NO BRASIL



editora
unesp

Fundação Editora da Unesp (FEU)
Praça da Sé, 108
01001-900 – São Paulo – SP
Tel.: (00xx11)3242-7171
Fax.: (0xx11) 3242-7172
www.editoraunesp.com.br
feu@editora.unesp.br

Dados Internacionais de Catalogação na Publicação (CIP)
Vagner Rodolfo CRB-8/9410

P958h

Priore, Mary del
História dos crimes e da violência no Brasil / Mary del Priore, Angélica Müller (Orgs.). São Paulo: Editora Unesp, 2017.

ISBN: 978-85-393-0699-2

1. História. 2. Violência. 3. Crimes. 4. Brasil. I. Müller, Angélica. II. Título.

2017-499 CDD: 981
CDU: 94(81)

Índice para catálogo sistemático

1. História do Brasil 981
2. História do Brasil 94(81)

Editora afiliada

Asociación de Editoriales Universitarias de América Latina y el Caribe

Associação Brasileira de Editoras Universitárias

## Sumário

Prefácio – História dos crimes e da violência no Brasil . . . . . . . . . . . 7

Capítulo 1. Hoje vamos povoar o céu: violência e martírio na conversão da América portuguesa. . . . . . . . . . . . . . . . . . . . . . . . . . . 11
*Paulo de Assunção*

Capítulo 2. Dois crimes homofóbicos no Nordeste colonial . . . . . . . 37
*Luiz Mott*

Capítulo 3. "Em cumprimento a Lei, vem denunciar perante Vossa Senhoria, pelo facto criminoso que passa a expor" . . . . . 65
*Randolpho Radsack Corrêa e Jonis Freire*

Capítulo 4. Arrombando cadeias em nome da justiça: dilemas da autoridade e da classificação social em tempos de guerra . . 97
*Vitor Izecksohn*

Capítulo 5. Esporte, caso de polícia: crimes e conflitos nos espetáculos esportivos do Rio de Janeiro do século XIX . . . . . . . . . . 123
*Victor Andrade de Melo*

Capítulo 6. Criminosos na literatura brasileira . . . . . . . . . . . . . . . . . 155
*Daniel Faria*

Capítulo 7. A violência como espetáculo: o crime na televisão brasileira (1961-2016) . . . . . . . . . . . . . . . . . . . . . . . . . . . . . . . . 177
*Wagner Pinheiro Pereira*

Capítulo 8. "Mataram um estudante. Podia ser um filho seu": a morte do estudante secundarista Edson Luís em 1968 . . . . . . . 233
*Angélica Müller*

Capítulo 9. Até que a morte nos separe. . . . . . . . . . . . . . . . . . . . . . . . 255
*José César Coimbra*

Capítulo 10. "A impunidade mata e desmata": o caso Dorothy Stang uma década depois . . . . . . . . . . . . . . . . . . . . . . . . . . . . . . 285
*Marcelo Timotheo da Costa*

Capítulo 11. A banalização do ódio: os crimes de intolerância contra as religiões afro-brasileiras . . . . . . . . . . . . . . . . . . . . . . . . . 303
*Quezia Brandão*

Capítulo 12. O caso do desaparecimento de Rubens Paiva: os avanços da investigação da Comissão Nacional da Verdade. . . . . 321
*Vivien Fialho da Silva Ishaq e Carolina de Campos Melo*

Capítulo 13. Corrupção, velha senhora . . . . . . . . . . . . . . . . . . . . . . . . 345
*Vitor de Angelo*

Capítulo 14. Cartão vermelho para os cartolas do futebol. . . . . . . . . . 379
*Mauricio Murad*

Capítulo 15. História dos crimes digitais no Brasil . . . . . . . . . . . . . . . . 407
*Marcelo Xavier de Freitas Crespo*

Capítulo 16. Fronteiras em mutação: um novo paradigma na sociologia das prisões?. . . . . . . . . . . . . . . . . . . . . . . . . . . . . . . . . . 433
*Sérgio Adorno e Camila Nunes Dias*

Referências . . . . . . . . . . . . . . . . . . . . . . . . . . . . . . . . . . . . . . . . . 461
Sobre os autores . . . . . . . . . . . . . . . . . . . . . . . . . . . . . . . . . . . . . 481

## Prefácio
## História dos crimes e da violência no Brasil

*Mary del Priore*
*Angélica Müller*

Em nossa sociedade, cresce a violência ou nossa sensibilidade em relação a ela? Na imprensa, na televisão, na rádio – não se passa um dia sem que a mídia registre os casos mais brutais. Contudo, não é necessário ler, assistir ou ouvir as mídias para ser confrontado com tantos atos de violência, pois deles somos testemunhas ou vítimas a cada dia.

Sim, estamos saturados do uso das palavras violência e crime. Do horror das páginas policiais aos insultos nascidos da intolerância, ao assédio sexual, aos latrocínios, raptos e roubos – nenhum espaço, nenhum ofício, nenhuma cena da vida social, pública ou privada, parece lhe escapar. O que no passado era considerado tolerável, hoje não é mais admissível aos olhos da sociedade. O país reage, em velocidade diferente, de acordo com cada região e grupo social, à violência conjugal, àquela dirigida a crianças ou idosos, à sexual, à violência contra os animais, ao *bullying*, aos insultos racistas ou homofóbicos. Como dizem os sociólogos, mais que uma qualificação de fatos, a violência se define por sua desqualificação: é algo que todos condenamos. Mas ela segue cotidiana e presente. A violência nos inquieta, nos açoda e silencia. A ideia de que ela é invasiva e nos contamina faz parte de uma visão decadentista do presente. Nada seria como dantes... Será?

Este livro nos ajuda a pensar sua permanência e suas diversas feições. Vários autores se reuniram para tentar definir um conjunto de fenômenos de violência físicas, sexuais, verbais e para tentar entender os mecanismos que os colocam em marcha. Em *História dos crimes e da violência no Brasil*, historiadores, sociólogos, juristas, antropólogos e psicólogos apresentam vários casos ocorridos em nosso território ao longo dos séculos. O fio condutor está centrado na ideia de como o crime e o emprego da violência fizeram e fazem parte de nossa sociedade. Crime aqui está sendo entendido em seu sentido amplo: um tipo de infração grave, passível de punição pela lei ou pela moral e reprovado pela consciência. Da mesma maneira, o termo violência não se restringe às agressões físicas de uma pessoa a outra. A violência está sendo considerada como força exercida por uma pessoa, um grupo, um Estado com o intuito de forçar alguém/algo para conseguir alguma coisa. Violência e crime são mais que sinônimos: são estágios diferentes, e às vezes complementares, de um mesmo processo.

Os textos aqui desenvolvidos enfocam, a partir de diferentes pontos, o tema proposto. O historiador Paulo Assunção narra a morte de quarenta jesuítas que, em meio às batalhas que dividiam a Europa na época do Concílio de Trento, aventuraram-se em uma viagem para o Brasil, mas foram atacados por protestantes e nunca chegaram ao destino, transformando-se em mártires.

O brasileiro é conhecido como um povo pacífico, mas nossa história nos mostra o contrário. A violência contra minorias acontece desde a época em que éramos uma colônia de Portugal. O antropólogo Luiz Mott narra a condenação e morte de dois indígenas no século XVII, acusados da prática de relações homossexuais, em nome da "purificação da terra de suas maldades"; esses crimes podem ser entendidos como a gênese da homofobia no Brasil.

No entanto, a tessitura de nossa história é mais complexa. Os historiadores Randolpho Corrêa e Jonis Freire nos apresentam um panorama sobre os crimes que ocorriam na sociedade escravista no século XIX e a legislação que os punia, indicando o quanto eram tensas as relações entre escravos, senhores e o restante da sociedade. E, se a violência fazia parte do cotidiano do país, como seria em tempos de guerra? E mais: uma guerra aumenta a coesão interna de uma nação? O historiador Vitor Izecksohn responde a essas questões apresentando um panorama sobre a situação de diversas províncias do Nordeste brasileiro durante a Guerra do Paraguai (1864-1870), no regime imperial.

Em meados do século XIX, as touradas e corridas de cavalos se difundiram no Rio de Janeiro e, nessas atividades, também houve conflitos de diferentes naturezas. O historiador Victor Melo analisa as duas modalidades esportivas e mostra indícios das tensões que cercavam o projeto civilizacional naquele momento.

E quando história e literatura se misturam? O historiador Daniel Faria nos leva para as páginas de romances de dois grandes escritores dos anos 1930: Graciliano Ramos e Dyonélio Machado. Ambos abordaram o crime em suas obras literárias quando foram presos políticos da ditadura de Vargas.

A banalidade da violência está presente em nosso cotidiano. Assim, o historiador Wagner Pereira demonstra como houve a promoção de uma cultura audiovisual que representou em termos ficcionais a violência e como isso foi levado para os programas de auditório e telejornais sensacionalistas.

A historiadora Angélica Müller examina a morte do estudante Edson Luís, em 1968, e mostra como o movimento estudantil utilizou sua morte como "arma" na luta contra a ditadura militar, e como o episódio passou a ser ressignificado pelo próprio movimento.

O psicólogo César Coimbra discorre sobre um tema bastante conhecido, muito divulgado na mídia, recriminado por toda sociedade, mas que ainda faz parte de nosso cotidiano: a violência contra a mulher.

O historiador Marcelo Timotheo da Costa nos leva para o Norte do país, no "Brasil profundo", área onde a pistolagem e as mortes contratadas por latifundiários são fatos cotidianos. Dentre tantos homicídios, um teve destaque na imprensa nacional e internacional: o assassinato da freira católica e ativista social Dorothy Stang, em fevereiro de 2005.

Já a jovem historiadora Quezia Brandão retrata a questão da intolerância religiosa na atualidade, buscando as relações históricas entre dois grupos envolvidos: os praticantes das religiões de matriz africana e os cristãos da vertente protestante.

A historiadora Vivien Ishaq e a jurista Carolina de Campos Melo percorrem a trajetória do desaparecimento forçado do ex-deputado Rubens Paiva, desde a repercussão do caso, durante e depois da ditadura militar, até chegarem à condução das pesquisas e o esclarecimento de sua morte pela Comissão Nacional da Verdade.

A corrupção é uma velha senhora na política brasileira. É a partir dessa afirmação que o sociólogo Vitor Amorim de Ângelo discorre sobre a questão, vista hoje como o maior problema do país: a corrupção na esfera governamental. No entanto, a corrupção não é um crime que atinge apenas a esfera pública e, sobretudo, governamental. O sociólogo Mauricio Murad mostra os delitos no campo do futebol: desde o caso, nos anos 1980, das "papeletas amarelas" envolvendo o Flamengo até os grandes escândalos em torno de personagens bastante conhecidos como João Havelange e o jogador Neymar.

E quando o crime sai do plano físico e é praticado no ambiente virtual? O jurista Marcelo Crespo discorre sobre a história dos crimes digitais, mostrando como o avanço da tecnologia levou também a uma série de condutas ilegais e delitos, incluindo os casos de violação de privacidade.

Por fim, os sociólogos Sérgio Adorno e Camila Dias abordam como o modelo usado para analisar o sistema prisional pelos estudiosos precisou ser revisto com a chegada às prisões paulistas do crime organizado, mais propriamente o PCC, que mantém uma intensa comunicação entre o mundo do crime e o das liberdades civis.

Esse mosaico deseja apresentar ao leitor não apenas um histórico de delitos e violências presentes em nossa sociedade e praticados de diferentes maneiras nas diversas esferas, mas também o convidar para a reflexão sobre as formas de infrações que fizeram e fazem parte de nosso cotidiano, na esperança de que nossa sociedade encontre novas formas de tolerância, convivência e solidariedade.

# 1

## Hoje vamos povoar o céu: violência e martírio na conversão da América portuguesa

*Paulo de Assunção*

*Ninguém que se tenha dedicado a pensar a história e a política pode permanecer alheio ao enorme papel que a violência sempre desempenhou nos negócios humanos e, à primeira vista, é surpreendente que ela* tenha sido raramente escolhida como objeto de consideração especial.

Arendt, *Sobre a violência*, p.16

O artigo tem como objetivo analisar o contexto da morte violenta dos Quarenta Mártires do Brasil ocorrida em 1570, evidenciando a tensão religiosa que marcou o período posterior ao Concílio de Trento (1545-1563). Um grupo de quarenta jovens da Companhia de Jesus, que seguia para as terras da América portuguesa, teve a embarcação que ocupavam interceptada por calvinistas franceses, na região das Ilhas das Canárias. O navio dos jesuítas foi cercado e atacado pelos calvinistas, e a maioria dos missionários cristãos foi lançada ao mar, alguns mortos e outros ainda vivos. Esse episódio foi um dos momentos mais trágicos e violentos da conquista espiritual das terras americanas, fazendo que o papa Pio IX realizasse a beatificação dos religiosos em 11 de maio de 1854.

### Conflitos, intolerância e violência

Para a Europa, o século XVI foi marcado pelo impacto do movimento das descobertas marítimas e pelo conhecimento de novas culturas em diferentes partes do mundo. Esse momento é também reconhecido pela violência entre católicos e protestantes. Novos pensamentos permitiram questionamentos à Igreja Católica que no decorrer dos séculos havia acumulado um vasto patrimônio, ao mesmo tempo que atuava de forma intensa no âmbito político. Essa atuação, acrescida de uma ignorância e da frouxidão moral do clero, bem como a ação autoritária e arbitrária de alguns papas, fez surgir contestações em relação aos princípios e doutrinas da religião cristã.

Os pensadores humanistas entendiam que havia muita ignorância na sociedade e o indivíduo era sufocado pela religião. O homem devidamente instruído poderia chegar à liberdade em sua plenitude. Várias vozes se levantaram contestando as doutrinas cristãs, a infalibilidade do papa em termos doutrinários, o sacerdotismo romano, dentre outros questionamentos.

No contexto francês, as ideias protestantes ganharam força com as pregações de Jacques Lefèvre (1514), sendo impulsionadas pelas ideias de Martinho Lutero (1483-1546). Esse monge agostiniano questionou o tráfico de indulgências praticado pela Santa Sé, considerando que tal procedimento poderia desvirtuar o comportamento dos fiéis. Entre 1516 e 1517 foram proferidos sermões e afixadas as *95 teses* de Lutero na igreja do castelo de Wittenberg, na Alemanha. Nelas havia uma condenação explícita às indulgências, ao paganismo, à avareza, dentre outros temas que requeriam um debate teológico mais aprofundado. A publicação das *95 teses* fez que as ideias se espalhassem com rapidez e atingissem um grande número de pessoas em diferentes partes da Europa.[1]

O papa Leão X (1475-1521), em 1518, ordenou que as proposições fossem examinadas.[2] Os examinadores concluíram que, de forma indireta, Lutero questionava o poder papal, além de deturpar dogmas considerados fundamentais para o cristianismo. As ideias defendidas por Lutero foram consideradas heréticas e o monge agostiniano foi convocado para ir a Roma; em junho daquele ano, abriu-se contra ele um

1 César, *Conversa com Lutero*, p.27-55.

2 Ranke, *Historia de los papas*, p.47-50.

processo que o acusava de heresia notória. O monge agostiniano recusou-se a comparecer, alegando problemas de saúde. A solução encontrada foi que Lutero fosse recebido em audiência, em Augsburg, pelo cardeal dominicano Tommaso De Vio (1469-1534), o qual solicitou que o monge revogasse sua doutrina. Mais uma vez Lutero se recusou a obedecer, provocando a ira das autoridades eclesiásticas.

Enquanto isso, os escritos de Lutero se espalhavam pela Europa e conquistavam vários seguidores que também passaram a debater o momento de crise, concordando com a necessidade de uma reforma da Igreja Católica.[3] Outros líderes despontariam, como João Calvino (1509-1564) e Ulrico Zuínglio (1484-1531), que tiveram importante papel no debate sobre o catolicismo e na constituição das Igrejas Reformadas. Pairava no ar a esperança de uma revitalização da verdadeira religião, ficando evidente a crítica ao apego à mundanidade e à escassa piedade de setores do clero.

Pode-se dizer que havia o interesse de príncipes e nobres por se libertarem da interferência da Igreja Católica nos assuntos políticos; era evidente o desejo de muitos governantes das monarquias europeias de se livrarem do domínio ideológico e espiritual da Igreja e do papa, além do desejo latente de se tomar posse das riquezas romanas e se libertar da tributação papal e dos abusos da Igreja.

A polêmica se fortaleceu quando, em 15 de junho de 1520, o papa expediu a bula *Exsurge Domine*, na qual ameaçava Lutero de excomunhão, caso não revisse inúmeros pontos de sua doutrina. A recusa aumentou a insatisfação do sumo pontífice, que, em 2 de janeiro de 1521, pela bula *Decet Romanum Pontificem*, excomungou o monge agostiniano.

No momento seguinte, foi convocada a Dieta de Worms (1521), por Carlos V (1500-1558), e instou-se que Lutero comparecesse ali para renunciar ou confirmar os argumentos que defendia. Este se apresentou diante de um tribunal de religiosos e reafirmou as teses, destacando sua condenação às superstições e à idolatria. Findada a arguição, Lutero logo regressou a Wittenberg, antes que uma decisão fosse tomada pelos

3 Chaunu, *O tempo das Reformas*, p.181-240; Elton, *A Europa durante a Reforma*, p.144.

membros do tribunal. O imperador definiu a condenação do religioso, tido como herege fugitivo.[4]

No caminho de regresso a Wittenberg, Martinho Lutero foi capturado conforme determinação de Frederico, o Sábio (1463-1525), e se tornou seu protegido; conduzido ao castelo de Wartburg, trabalhou na tradução da Bíblia para o alemão e em vários escritos que fundamentavam seu ideário. A rebeldia de outros religiosos contra os votos de castidade e as práticas da vida monástica alimentou novos debates, fazendo emergir várias correntes do protestantismo.[5] Lutero continuou defendendo suas teses até a morte, que ocorreu em 1546.

A partir daí, identifica-se uma rápida divisão religiosa, que originou o grupo conhecido como reformados ou protestantes.[6]

A reação da Igreja Católica foi rápida. O papa Paulo III (1468-1549) convocou um concílio ecumênico da Igreja, o Concílio de Trento (1545-1563),[7] cujo foco dos debates era a unidade da fé e sua preservação e como exercer controle sobre o comportamento de indivíduos e religiosos. A reunião daqueles dignitários se prolongou em razão da pluralidade de assuntos. Um dos pontos mais controversos foi a estruturação de forma mais ampla da ação inquisitória, pois, além da perseguição às heresias judaizantes, havia agora o perigo protestante e a necessidade de defender as leis e os dogmas da Igreja Católica.[8]

O Concílio de Trento concretizou o posicionamento da Igreja perante os ataques de que estava sendo vítima, confirmou os dogmas católicos e enfatizou seu papel junto à educação e às atividades

4 Édito de Worms de 25 de maio de 1521.

5 Troeltsch, *El protestantismo y el mundo moderno.*

6 Montaigne destaca que: "A Reforma produz o efeito de todo remédio pouco eficiente e mal ministrado: os humores de que procura livrar-nos, ele os excita e os amargura; e eles continuam em nós. Não nos pôde purgar na sua fraqueza, e nos enfraquecem entretanto; e de sua ação tiramos apenas infinitas dores internas". Montaigne, *Ensaios*, p.68.

7 Delumeau, *Un Chemin d'Histoire, Chrétienté et Christianisation*, p.13-153; Ranke, op. cit., p.74-85.

8 Baigent; Leigh, *A Inquisição*, p.196-234; McBrien, *Os papas de São Pedro a João Paulo II*, p.281-95.

assistenciais, como decorrência das práticas de caridade. Essas ações implicavam uma reformulação que buscava sistematizar a posição da instituição perante a sociedade, num claro sinal de reconquista das posições perdidas com o avanço do protestantismo. Além disso, emitiu vários decretos que visavam disciplinar os membros do clero. A Igreja de Roma objetivava reorganizar suas estruturas, adequando-as à nova conjuntura em transformação. Contudo, mantinha a posição conservadora e pouco conciliatória em relação às demais religiões que iam surgindo. Por conseguinte, o Concílio de Trento afirmou a autoridade moral sobre todos os católicos, dentre eles os soberanos reinantes.[9]

O papel da Companhia de Jesus, fundada por Inácio de Loyola (1491-1556) em 1540, foi decisivo no Concílio de Trento. Responsável por um posicionamento conservador diante das propostas de conciliação, a nova ordem buscou, para o revigoramento da fé católica, o modelo do período inicial do cristianismo e o adaptou à nova conjuntura.[10] Por meio dos jesuítas, também conhecidos como "soldados de Cristo", pretendia-se revigorar a humanidade e lutar pela manutenção dos princípios católicos, ao mesmo tempo que se estabelecia um plano de ação para evangelizar a Europa, a Ásia e a América. Por meio da espiritualidade inaciana pretendia-se acabar com as heresias que abundavam na Europa.[11]

No contexto francês, as ideias defendidas por João Calvino foram publicadas em artigos e abraçadas por um grupo de religiosos que apresentou a Confissão de Fé Francesa (1559) ao rei Francisco II (1544-1560). Esse documento solicitava o fim da perseguição aos seguidores da fé reformada feita por Henrique II (1519-1559), o qual confiscava os bens dos protestantes e mandava prendê-los. Até aquele momento, todas as medidas tomadas no sentido de realizar a conciliação entre católicos e protestantes tinham sido infrutíferas, tendo em vista as revoltas que eclodiam em diferentes localidades e as conspirações políticas presentes

9 Delumeau, *Le Catholicisme entre Luther et Voltaire*. Veja também Bossy, *A cristandade no Ocidente 1400-1700*.

10 Sobre a atuação da Companhia de Jesus na França, veja Lacouture, *Jésuites*, p.213-43.

11 O'Malley, *Os primeiros jesuítas*, p.441-93.

na corte francesa. A doutrina calvinista se expandia, ao ser abraçada por grande número de franceses de diferentes camadas sociais.

Em fevereiro de 1560, a reunião dos huguenotes[12] (como passaram a ser designados os calvinistas) em Nantes fez crescer o boato de que havia em curso um plano de golpe de Estado, pois muitos nobres haviam aderido ao protestantismo. Temeroso, Francisco II fez algumas concessões, dando maior liberdade religiosa aos protestantes. Contudo, como o movimento de levante estava em curso, o monarca reprimiu e derrotou os opositores, sendo muitos deles sumariamente executados.

A violenta repressão aos protestantes acirrou a crise religiosa; era necessário criar uma política de negociação, a fim de amenizar o crescente fanatismo religioso de ambos os lados. Apesar das medidas para perdoar os protestantes, havia grande resistência quanto às reuniões públicas. Além disso, as fogueiras da Inquisição eram uma constante ameaça, a comprovar o domínio católico. A tolerância religiosa era inviável, por significar fraqueza por parte dos governantes, dar ensejo à criação de movimentos rebeldes e perda da autoridade. A perseguição e repressão aos protestantes gerou grandes distúrbios, como o massacre de mil huguenotes na França, em 1º de março de 1562, na aldeia de Vassy, marcando o início das guerras de religião que se espalhariam pela Europa durante trinta anos.[13]

No decorrer desse período, os protestantes huguenotes empreenderam uma luta árdua pela liberdade religiosa, pleiteando os mesmos direitos de que gozavam os católicos. Tal situação causou, em ambas as partes, violentos ataques por motivação religiosa, que fomentaram enfrentamentos políticos e lutas sociais. Conflitos que seriam parcialmente resolvidos com o Édito de Nantes (1598).

A reação dos huguenotes à perseguição sofrida foi também marcada por violência e intransigência e cruzaria com o destino de um grupo de jesuítas que seguiam para as terras da América portuguesa. As paixões religiosas se achavam em ebulição. O fanatismo intolerante iria se

12 O termo huguenote significa "confederados".

13 Green, As guerras de religião em França. In: ______, *Renascimento e Reforma*, p.283.

compor com os interesses econômicos do comércio marítimo das nações que passaram a disputar o domínio do Oceano Atlântico, palco da tragédia do padre Inácio de Azevedo e seus companheiros.

## Converter a América portuguesa

A necessidade de conversão dos indígenas fez que a questão da falta de religiosos jesuítas fosse debatida no seio da Companhia de Jesus. Em virtude da vastidão do território da América portuguesa, bem como das diferentes residências e colégios que iam se formando, havia necessidade de um número maior de missionários. Homens de valor, que tivessem espírito aventureiro e destemido para enfrentar, além do Oceano Atlântico, as dificuldades da conversão do gentio, dentre outras provações.[14]

O paulatino reconhecimento das terras americanas permitiu compreender que a evangelização, uma tarefa a ser realizada, necessitava de muitos missionários. O assunto foi recorrente na troca de cartas entre os padres e seus superiores, tornando-se uma questão prioritária no período de gestão do padre Geral Francisco de Borja, entre 1565 e 1572.

Em 1566, depois de alguns debates, o padre Inácio de Azevedo de Lisboa foi enviado à Bahia, com a patente de visitador, para melhor avaliar os desafios que a conversão dos indígenas impunha. O padre provincial de Portugal determinara que o período de visitação seria de dois anos.[15]

---

14 O padre Manoel da Nóbrega pediu mais religiosos para auxiliar na conversão. Em carta ao padre Inácio de Loyola, datada de 1555, Nóbrega escreve: "Até agora se costumou mandar a estas partes os padres e irmãos que no Colégio eram para menos, com lhes ver qualquer aparência de bondade, o qual poderá julgar, pois me mandaram a mim por pastor deles [...] Tal costume faça V. P. tirar, porque em nenhumas partes são tão necessárias a prudência, fortaleza, ciência, espírito, e todas as outras virtudes, como aqui, para o negócio da conversão dos infiéis, porque de contínuo sucedem coisas que requerem homem *undequaque perfectum*, e, todavia, para estar em casas e Colégios recolhidos, em companhia de outros, menos é necessário". Nóbrega, *Cartas do Brasil e mais escritos do padre Manoel da Nóbrega*, p.169.

15 Leite, *História da Companhia de Jesus no Brasil*, p.247.

Inácio de Azevedo (1526-1570) nasceu nas imediações da cidade do Porto, filho de dom Manuel de Azevedo e Francisca de Abreu, ambos de famílias nobre da região.[16] Seu pai era clérigo de missa e sua mãe, freira professa da Ordem de São Bento. O avô paterno, dom João de Azevedo (?-1517), foi bispo do Porto e a avó, dona Joana de Castro, também era freira.[17] Essa ascendência particular teria suscitado grandes reflexões em sua adolescência e juventude, quando estudou Humanidades. Inácio de Azevedo vivia na casa paterna, localizada na Quinta de Barbosa (Penafiel), e mais tarde confessou que também vivera na corte do rei, como leigo secular. Segundo ele, levava uma vida de pecados, e prometeu a Nossa Senhora que seria, *a priori*, frade dominicano. Depois de conhecer a Companhia de Jesus, redefiniu sua promessa.[18] Passou a frequentar os sermões do padre Francisco Estrada, no Porto, e se afeiçoou à proposta evangelizadora e missionária dos jesuítas.

Em dezembro de 1548, o nobre portuense Henrique Nunes de Gouveia (1516-1570) acompanhou o jovem Inácio de Azevedo até o Colégio de Coimbra, dirigido naquele momento pelo padre Luís da Grã. Nesse estabelecimento, ele estudou e serviu como noviço, passando em seguida para Sanfins do Minho, com o objetivo de realizar os estudos filosóficos, onde permaneceu por dois anos.[19] Regressou a Coimbra para estudar Teologia e permaneceu ali durante mais de um ano. Em fevereiro de 1553, Inácio de Azevedo tomou as ordens sacras no Colégio de Braga.

Em seguida, foi designado para administrar o novo Colégio de Santo Antão, que começou a funcionar em 18 de outubro daquele ano. A carência de estabelecimentos escolares e de uma educação esmerada, baseada na doutrina cristã, incentivaram o colégio a progredir com rapidez. Pelo êxito obtido, Inácio de Azevedo foi nomeado reitor do Colégio de Coimbra. Em agosto de 1555, esse religioso vai para Castela com o intuito de arregimentar mestres para lecionar naquele colégio.

---

16 Ibidem, p.244.

17 Idem, *Monumenta Brasiliae V*, p.40. Veja também Telles, *Chronica da Companhia de Iesu, na provincia de Portugal*, p.303.

18 Ibidem, p.282.

19 Ibidem, p.41; Leite, *História da Companhia de Jesus no Brasil*, p.245.

Rapidamente, os atos públicos de Filosofia ganharam fama e favoreceram a prosperidade do estabelecimento.[20]

No ano de 1558, enquanto o padre Miguel Torres se encontrava em Roma, Inácio de Azevedo assumiu o cargo de vice-provincial, passando a demonstrar interesse pelas missões ultramarinas do vasto império colonial lusitano. Com o regresso do padre Miguel Torres, ele permaneceu em Lisboa como consultor do provincial e ministro da Casa de São Roque. Sua nova função era visitar doentes no Hospital dos Lázaros e no Hospital Real de Todos os Santos, bem como os presos na cadeia. Em missiva, confessava que o trabalho era árduo e alimentava o vívido desejo de ir para as missões, sobretudo em Angola.[21] Contudo, as incumbências assumidas e a necessidade de sua presença impediram sua indicação para a missão em terras africanas. Foi, então, designado para realizar uma visitação no Brasil. O destino determinava que ele fosse para a América.

Em 23 de agosto de 1566, o padre Inácio de Azevedo chegou à Bahia, na armada de Cristóvão Cardoso de Barros, dando início à sua visitação, para a qual fora nomeado pelo padre provincial.[22] Estava acompanhado dos jesuítas Amaro Gonçalves, António da Rocha, Baltazar Fernandes e os irmãos Pedro Dias e Estevão Fernandes, além de Domingos Gonçalves e António de Andrade, que ingressariam mais tarde na Companhia de Jesus.[23]

Logo depois de sua chegada, em 19 de novembro, o padre Inácio de Azevedo informou ao padre geral, Francisco de Borja, que as Constituições e Regras da Companhia de Jesus estavam sendo implementadas nas terras tropicais.[24] Aplicavam-se de forma adequada os procedimentos constituídos nas congregações gerais. Outro problema compartilhado com os padres superiores era o fato de os jesuítas serem perseguidos pelos portugueses que habitavam na cidade, pelo fato de os religiosos defenderem os naturais da terra contra algumas tiranias e injustiças praticadas

20 Idem, *Monumenta Brasiliae V*, p.44-5.

21 Ibidem, p.215.

22 Idem, *História da Companhia de Jesus no Brasil*, p.246.

23 Ibidem, p.563.

24 Ibidem, p.417; Anchieta, *Cartas*, p.269.

pelos colonos.[25] Afirmou, então, que haveria dificuldade para realizar os batismos dos indígenas. Por conseguinte, ficou determinado que o rito só seria praticado quando houvesse certeza de que a continuidade dos índios estaria garantida. Em 19 de novembro do mesmo ano, Inácio de Azevedo escreveu ao padre provincial afirmando que seria conveniente regressar a fim de trazer mais religiosos para atuarem no Brasil.[26] O padre Inácio de Azevedo, já conhecendo a realidade das terras tropicais, defendeu que o número dos soldados de Cristo deveria ser ampliado.

Em junho de 1568 realizou-se a primeira Congregação Provincial reunida na Bahia, presidida pelo padre Inácio de Azevedo. Os pontos principais do encontro foram a organização do noviciado, a constituição e o funcionamento das residências, a observância religiosa, os aldeamentos, as esmolas, o estudo da língua tupi e o funcionamento dos colégios.[27] Temas que provocaram debates acalorados, revelando uma pluralidade de ideias e indefinições que marcavam o avanço da Companhia de Jesus em terras tropicais. O resultado da reunião foi a nomeação do padre Inácio de Azevedo como procurador em Roma e a determinação para dirigir-se à Europa, a fim de tratar de assuntos pertinentes à Província do Brasil. Em 14 de agosto, o religioso regressou ao reino, onde chegou a 21 de outubro daquele ano.[28] Em maio de 1569, partiu de Lisboa para Roma, munido de uma série de cartas e recomendações para discutir o assunto das missões com o padre Francisco Borja, além de outros pedidos dirigidos ao sumo pontífice, para que favorecesse os religiosos.[29]

O padre Inácio de Azevedo obteve êxito em seu pedido, pois conseguiu que o padre geral solicitasse aos superiores de Castela e Valência a cessão de noviços para atuarem no Brasil. Inácio foi nomeado padre provincial, com o beneplácito do papa Pio V (1504-1572).[30] O padre Francisco

25 Leite, *Monumenta Brasiliae IV*, p.301.

26 Idem, *História da Companhia de Jesus no Brasil*, p.248.

27 Ibidem, p.500.

28 Ibidem, p.245.

29 Ibidem, p.249.

30 Cardoso, *Anchieta*, p.79. Veja também Leite, *História da Companhia de Jesus no Brasil*, p.250; Egido, *Los jesuítas en el mundo hispânico*, p.183-4; Ranke, op. cit., p.164-74.

de Borja incumbiu Inácio de Azevedo de levar uma cópia da imagem da Madona de San Luca para ser entregue à rainha de Portugal, dona Catarina de Áustria (1502-1578). Essa imagem seria reproduzida e ganharia ampla veneração nos colégios jesuíticos, sendo muito estimada por ele.[31]

Inácio regressou a Portugal em final de setembro, em companhia de nove irmãos de Castela e Valência, e deu início aos preparativos da viagem. Dedicou-se a contratar os serviços de uma embarcação no Porto, tomando providências para a obtenção de mantimentos a ser consumidos durante o percurso. Feitos os acertos necessários, seguiu para Lisboa com o grupo de religiosos que se reuniu em Val do Rosal, na costa da Caparica.[32] Em carta redigida em março de 1570 ao padre geral, Inácio de Azevedo afirma que já havia reunido cerca de noventa religiosos. Destes, 27 eram de Portugal, muitos deles tinham aderido à causa por convicções religiosas, outros se submetiam a uma longa viagem por causa de uma peste que grassava na cidade de Lisboa.[33] Da região de Aragão, Toledo e Castela seguiriam treze religiosos.[34]

A bordo da nau *Santiago*,[35] três dias antes de partirem, Inácio de Azevedo escreveu ao padre Francisco de Borja. Era o dia 2 de junho de 1570. Registrou que estava acompanhado de 46 irmãos, em outra embarcação seguiam 23 pessoas e a terceira conduzia um padre, acompanhado de dois irmãos. Seguiam também homens e mulheres e crianças órfãs, sobreviventes da peste que assolara Lisboa em 1568 que estavam sendo enviadas para povoar as terras brasileiras. Junto com a carta, seguia uma lista com os nomes dessas pessoas.[36] A viagem transoceânica causava

---

31 Osswald, O martírio de Inácio de Azevedo e dos seus trinta e nove companheiros (1570) na hagiografia da Companhia de Jesus entre os séculos XVI e XIX, *Cultura – Revista de História e Teoria das Ideias*, p.166.

32 Leite, *História da Companhia de Jesus no Brasil*, p.251.

33 Idem, A grande expedição missionária dos mártires do Brasil. In: ______, *Novas páginas de história do Brasil*, p.227-71. Consulte também Armas, La expedición misionera al Brasil martirizada en aguas de Canarias, 1570, *Missionalia Hispanica*, p.329-81; Leite, *História da Companhia de Jesus no Brasil*, p.251.

34 Ibidem, p.251.

35 A nau *Santiago* tinha sido fretada por Inácio de Azevedo na cidade do Porto.

36 Leite, *História da Companhia de Jesus no Brasil*, p.252.

preocupação. Além das armadilhas próprias do mar, havia também o perigo de assaltos que poderiam causar perdas humanas e financeiras. Todavia, o missionário acreditava que chegariam ao seu destino sem maiores provações. Ledo engano.

A armada deixou o Porto de Belém no dia 5, seguiu para Funchal e chegou |à Ilha da Madeira no dia 12 de junho.[37] Os religiosos estiveram na Quinta do Pico do Cardo e ergueram uma cruz no local.[38] No dia 30, a nau *Santiago* saiu de Funchal em direção às Ilhas Canárias. Contudo, uma calmaria manteve a embarcação afastada do porto entre Terça-Corte e Las Palmas.[39]

Nessa localidade, o padre Inácio de Azevedo celebrou no dia 13 de julho uma missa, na Ermida de Nossa Senhora do Monte, tida pela tradição como milagrosa, sem saber que esta seria a última. Segundo os relatos, no decorrer do culto o religioso teria tido uma visão que o levou a cravar os dentes na borda do cálice.[40] Ao erguer o cálice consagrado, o religioso teria visto a coroa do martírio pendendo sobre sua cabeça, o que foi interpretado como um sinal divino. Enfim, todos renovavam a devoção e se preparavam espiritualmente para o grande desafio de atravessar o Oceano Atlântico.

Em 15 de julho, uma frota de piratas franceses, composta por cinco embarcações, comandada por Jacques Sória (Sourie), calvinista a serviço de Jeanne d'Albret, princesa do Béarn e condessa de Foix (1528-1572), também conhecida como Joana III de Navarra, atacou e tomou a embarcação, que caiu rapidamente sob o controle dos franceses. O número de corsários era elevado, sendo estimado em trezentos, providos de artilharia, capacetes e armas brancas.

O padre Inácio de Azevedo, percebendo a gravidade da situação, começou a rezar fazendo exortações, pondo-se de joelhos com os companheiros, fazendo litanias.[41] Contudo, os inimigos se aproximavam e a

---

37 O'Neill; Domínguez, *Diccionario histórico de la Companía de Jesus*, p.2538.

38 Leite, *História da Companhia de Jesus no Brasil*, p.253.

39 Ibidem, p.253; Richeome, *La peinture spirituelle*, p.195.

40 Armas, op. cit., p.340.

41 Richeome, op. cit., p.198.

derrota era iminente. Segundo o relato do irmão João Sanches, o único jesuíta sobrevivente, Inácio de Azevedo, teria alertado os companheiros para se prepararem porque naquele dia haveriam de "ir povoar um colégio no céu". Rezavam em voz alta e o desespero aumentava em face do iminente e cruel desfecho.

O ataque foi cruel. Primeiro, foram lançados os tiros de canhão, sendo despejada toda a artilharia. As balas de arcabuzes atingiram também vários combatentes. A desvantagem lusitana era evidente, pois faltava armamento para a defesa. Vencida essa etapa, os piratas invadiram a nau *Santiago* e passaram a lutar contra os portugueses, que resistiram com bravura. O convés se transformou num espaço de fúria e sangue. Corpos eram cravados com punhaladas inclementes, e os mais exaltados recebiam golpes no rosto e o corpo ia sendo retalhado.

O padre Inácio de Azevedo, que trazia consigo um retrato com a imagem de Nossa Senhora de San Luca, foi atingido por uma lança e agonizou com ela nas mãos.[42] Segundo os relatos, o jesuíta gritava dizendo que ele e seus companheiros eram católicos e que os piratas eram luteranos e hereges. Estes, por sua vez, gritavam "mata, mata, porque vão semear doutrina falsa ao Brasil".[43] Inácio de Azevedo foi atingido na cabeça e ficou logo coberto de sangue, sem que lhe tirassem das mãos a imagem da santa. O padre Diogo de Andrade, vendo o sofrimento do amigo religioso, abraçou-se a ele. Caídos, ambos fizeram suas profissões de fé, acreditando que suas almas chegariam ao céu. Mortos assim abraçados, os corpos foram deitados ao mar.[44]

Ato contínuo, mais 37 jesuítas foram mortos entre gritos e violência demonstrada em diferentes cenas de ferocidade. A crueldade preponderou. Muitos, trespassados por espadas, agonizavam no convés até serem lançados ao mar.[45] No dia seguinte, mais um religioso foi martirizado, o irmão Simão da Costa.[46]

42 Richeome, op. cit., p.200.

43 Leite, *História da Companhia de Jesus no Brasil*, p.253.

44 Ibidem, p.254.

45 Richeome, op. cit., p.202.

46 Leite, *História da Companhia de Jesus no Brasil*, p.255.

No total, foram martirizados 40 religiosos, sendo 32 portugueses e 8 de origem castelhana. Falecerem 3 padres, 11 estudantes, 10 noviços e 16 irmãos coadjutores.[47] Aos leigos que se salvaram, muitos feridos, restou-lhes apenas chorar o destino cruel que fora reservado aos companheiros de viagem.

Os calvinistas pouparam o jesuíta João Sanches, biscainho, por ser um dos responsáveis pelo preparo dos alimentos. A intensidade da ira dos protestantes os estimulou a destruírem todos os objetos devocionais católicos, como imagens, breviários e outros objetos.[48]

Mesmo sabendo do malogro da viagem do padre Inácio de Azevedo e seus companheiros, martirizados pelos protestantes, o padre Pedro Dias[49] determinou o prosseguimento da viagem das outras embarcações atracadas na Ilha da Madeira e seguiram em direção ao Brasil.[50]

Quando chegaram ao Cabo de Santo Agostinho, os viajantes foram surpreendidos por ventos contrários, que os obrigaram a parar nas Antilhas; seguiram depois para os Açores, dispersando as embarcações. Ao chegarem ao arquipélago, encontraram a terceira embarcação em que estavam o padre Francisco de Castro e três irmãos, mais um grupo de

---

47 Os estudiosos divergem em relação ao número de jesuítas espanhóis e portugueses, todavia há o consenso de que eram quarenta, a saber: Inácio de Azevedo, Juan de Mayorga, Francisco Pérez Godoy, Hernán Sánchez, Gregório Escribano, Juan San Martín, Juan de Zafra, Alonso de Baena, Estéban Zudaire, Alonso López, Juan de Baeza, Diogo de Andrade, Bento de Castro, João Fernandes (de Lisboa), João Fernandes (de Braga), Manuel Álvares, Francisco Álvaro, Domingos Hernandes, Gonçalo Henriques, Alejo Delgado, Luis Corrêa, Manuel Rodrigues, Simão Lopes, Francisco Magalhães, Nicola Dinys, Gaspara álvares, Amaro Vaz, Pedro Fontaura, Antônio Hernandes, Manuel Pacheco, André Gonçalves, Diogo Peres, Marcos Caldeira, Antônio Corrêa, Braz Ribeiro, Álvaro Mendes, Manuel Hernandes, Simão de Acosta e Pedro Nunes. Armas, op. cit., p.345-6; O'Neill; Domínguez, op. cit., p.2539-40.

48 Richeome, op. cit., p.205.

49 Pedro Dias era coadjutor espiritual. Ingressou na Companhia de Jesus em 1548 e foi procurador em Roma do Colégio de Coimbra. Reconhecido por ser um religioso de oração, edificação e mortificação, foi escolhido por Inácio de Azevedo para responsável pelos casos de consciência. Leite, *História da Companhia de Jesus no Brasil*, p.256.

50 Veja o relato em Leite, Ditoso sucesso do P. Inácio de Azevedo Provincial do Brasil e dos que iam em sua companhia [carta inédita do P. Pero Dias, da Ilha da Madeira, 18 de agosto de 1570], *Brotéria 43*, p.193-200.

meninas órfãs que seguiam para se casar no Brasil.[51] O grupo se reuniu; conforme carta de Pedro Dias, era composto por quinze pessoas. Por fim, deliberaram que deveriam seguir viagem com destino ao Brasil.

A sorte não os privilegiou; foram abordados por corsários franceses e ingleses, sob o comando de João Capdeville, calvinista.[52] A embarcação utilizada pelos piratas era a mesma com a qual Jacques Sória havia tomado a nau *Santiago*.[53] Nesse ataque, ocorrido nos dias 13 e 14 de setembro, morreram o governador geral dom Luiz de Vasconcelos[54] mais cinco jesuítas, dentre eles o padre Pedro Dias. No dia seguinte, mais sete foram executados e os demais, lançados ao mar.[55] Um jesuíta conseguiu sobreviver e seguiu para terra firme, vindo mais tarde para o Brasil.

Antes de tal desfecho, o padre Pedro Dias havia comunicado ao padre geral, Francisco de Borja, o ocorrido com o padre Inácio de Azevedo e seus companheiros. Em 17 de agosto de 1570, relatara o ataque e o martírio sofrido pelos jesuítas. Essa missiva, como carta edificante, recebeu mais tarde várias publicações, em diferentes línguas, e se espalhou por diversas partes do mundo. Os dois ataques evidenciavam a aversão dos calvinistas aos jesuítas, em parte devido à atuação da Companhia de Jesus na perseguição aos protestantes no território europeu. A circulação do texto também contribuía na construção de uma imagem heroica da instituição na luta árdua pela defesa da fé católica.

Em 17 de setembro, o padre Leão Henriques, baseado nas informações até aquele momento, relatou em carta a Francisco de Borja que os religiosos teriam sido mortos porque os luteranos pretendiam evitar que eles (jesuítas) fossem "semear doutrina falsa no Brasil". Lamentava a perda como prejuízo ao projeto missionário nas terras tropicais. Porém,

51 Constancio, *História do Brasil*, p.171.

52 Ibidem, p.172.

53 Cardoso, op. cit., p.80.

54 Dom Luiz de Vasconcelos tinha sido nomeado para suceder a Mem de Sá. Em função do ocorrido, Mem de Sá permaneceu no poder até 2 de março de 1572, quando faleceu.

55 Leite, *História da Companhia de Jesus no Brasil*, p.254. Para uma consulta completa à lista dos religiosos, veja: Ibidem, p.255-64.

havia um consolo: os religiosos morreram defendendo sua fé.[56] Destacava que das 70 pessoas que estavam a bordo, 52 perderam a vida, sendo a maioria jesuítas.[57]

A notícia do ataque violento sofrido pelos religiosos que seguiam para o Brasil se espalhou e alimentou o fervor dos jesuítas que trabalhavam nas aldeias. A ideia de que o padre Inácio de Azevedo e seus companheiros haviam sido martirizados circulou entre as missivas trocadas pelos religiosos com seus pares.[58] Segundo os relatos, o cadáver do padre Inácio de Azevedo teria se "levantado das ondas com os braços em cruz, tendo na mão o quadro da Virgem".[59]

O padre António Rocha, companheiro de Inácio de Azevedo na primeira viagem ao Brasil, permanecera nas terras tropicais aguardando-o. Com pesar, registrou que havia grande expectativa na chegada do maior grupo de jesuítas para a missão brasileira, lamentando: "Esperávamos o padre Inácio e quis Deus Nosso Senhor dar-lhe vida por modo de martírio, dando morte a toda a província".[60]

A Companhia de Jesus sofreu uma expressiva baixa de homens que serviriam na América portuguesa. Além disso, os pertences que Inácio de Azevedo e os companheiros levaram foram perdidos, dentre eles cópias das constituições, bulas, ofícios, decretos e outros documentos.[61] A ideia de sofrimento e luta pela defesa da fé católica animou as almas mais devotas. Nesse contexto, houve demonstrações de entregar a vida sem renunciar à fé. Esse episódio, em que foram martirizados os jesuítas, conquistou ampla ressonância na Europa, que se encontrava dividida pelas lutas religiosas, como destacamos. A vinculação com o martírio sofrido pelos primeiros cristãos perseguidos no Império Romano foi recorrente.[62]

---

56 Ibidem, p.133.
57 Ibidem, p.133.
58 Ibidem, p.264.
59 Constancio, op. cit., p.172.
60 Apud Cardoso, op. cit., p.80.
61 Leite, op. cit., p.538.
62 Brasão, Os quarenta mártires do Brasil: relação da Biblioteca da Ajuda sobre o martírio do padre Inácio de Azevedo e seus companheiros, *Brasília*, p.533-76.

Logo começaram a circular imagens que representavam de forma idealizada o que teria sido o martírio dos religiosos, conforme os relatos que chegaram à Europa, fato que teria acontecido ainda durante a administração do padre geral Francisco de Borja.[63] Os fiéis católicos que habitavam as terras tropicais logo começaram a recorrer à intercessão dos mártires, nos momentos mais difíceis. O mesmo ocorreu em Portugal, sobretudo na cidade de Évora, onde muitos dos jovens jesuítas que morreram haviam estudado.[64] O culto aos mártires foi comum em alguns colégios, sendo tal prática muito estimulada.

Em 15 de julho de 1574, em Salvador, foi realizada a primeira celebração em homenagem ao padre Inácio de Azevedo e seus companheiros, a qual se repetiu nos anos subsequentes como uma forma de reavivar o espírito missionário e evidenciar as provações que muitos enfrentavam na defesa da fé católica.[65] O padre José de Anchieta, que havia mantido um estreito contato com o padre Inácio de Azevedo durante sua estada no Brasil como padre visitador, compilou vários poemas que receberam o título *Cancioneiro dos mártires do Brasil*.[66] Partes desses poemas era uma homenagem aos fiéis que perderam a vida na defesa da fé católica, ao mesmo tempo que evidenciavam os desafios da missão do Brasil. No período seguinte, outros poemas seriam publicados para celebrar o episódio memorável.[67]

Em 30 de janeiro de 1585, piratas franceses atacaram de novo uma expedição de missionários, vindo a falecer o padre Lourenço Cardim, irmão de Fernão Cardim.[68] No período seguinte, foram tomadas providências para amenizar as consequências dos ataques dos piratas franceses.[69] Em 1594-1595, corsários franceses atacaram de novo uma nau que conduzia os

63 Veja Cordara, *Istoria della vita e della gloriosa morte del Beato Ignazio de Azevedo*, p.6.

64 Osswald, op. cit., p.170.

65 Leite, *História da Companhia de Jesus no Brasil*, p.264.

66 Esse cancioneiro foi publicado na íntegra por Armando Cardoso em 1984. Anchieta, *Obras completas*, p.92-100.

67 Estamos nos referindo ao trabalho de Benci, *Poëmatis de quinque martiryribus*, e de Montano, *Centuria Epigrammatum in Martyres Societatis*.

68 Leite, *História da Companhia de Jesus no Brasil*, p.134.

69 Ibidem, p.135.

padres da Companhia de Jesus na região de Porto Seguro. Na embarcação seguia um relicário salvo do incêndio.[70] O Édito de Nantes, promulgado em 13 de abril de 1598, concedendo direitos religiosos, civis e políticos aos huguenotes, amenizaria os embates entre protestantes e católicos.

O registro iconográfico da morte do padre Inácio de Azevedo e seus companheiros se propagou pela Europa. Em Roma, no ano de 1597, foi fixado um quadro representando o martírio no Noviciado de Sant'Andrea al Quirinale. Em 1611, fez-se outra pintura com a mesma temática em San Vitale. Na igreja de Il Gesú, na urna funerária de Inácio de Loyola, também se pintou a imagem da Madona de San Luca, numa clara alusão à imagem que o padre Inácio de Azevedo portava no momento que foi assassinado.[71] A difusão de imagens dos mártires cresceu no vasto império colonial lusitano. Muitos missionários portavam consigo a gravura dos mártires no interior dos breviários, como se esta os protegesse da violência dos piratas e dos perigos das viagens transoceânicas, assim como dos ataques do gentio da terra.

As representações variavam entre si, mas em geral se destacava a figura de Inácio de Azevedo (com traços fisionômicos de meia-idade) vestido como um jesuíta, segurando nas mãos a imagem de Nossa Senhora de San Luca. Uma embarcação também faz parte da composição, sugerindo que os religiosos foram lançados ao mar. Na obra *La peinture spirituelle*, do jesuíta francês Louis de Richeome, publica-se a gravura de Matthäeus Greuter, que busca reconstruir os momentos finais do trágico ataque. A ira dos calvinistas é captada por meio da violência e agressividade no uso de espadas trespassando os corpos ensanguentados dos jesuítas.

Os registros iconográficos conotam a intensa dramaticidade do momento da morte do padre Inácio de Azevedo. A arte barroca, ao valorizar o sofrimento, ressalta o aspecto trágico, descortina a emoção e realiza a exaltação coletiva da Companhia de Jesus.

---

70 Ibidem, p.136.

71 Osswald, Aspectos de devoção e iconografia dos Quarenta Mártires do Brasil entre os sécs. XVI e XIX, *Via Spiritus*, p.249-68, esp.p.258-9.

Figura 1.1
Gravura que representa o martírio dos quarenta jesuítas por Matthäeus Greuter

**Fonte:** Richeome, *La peinture spirituelle*, p.190

Em 1609, por ocasião das comemorações da beatificação do fundador da Companhia de Jesus, foi publicada a *Vita Beati P. Ignati Loiolae Societatis Iesu Fundatori*, que apresentava, em diferentes gravuras, a vida de Santo Inácio de Loyola, de autoria de Hieronymus Wierx. A obra registra, no frontispício, os principais membros da instituição que estavam em processo de beatificação,[72] assim como os principais mártires em diferentes partes do mundo, dentre eles os quarenta mártires do Brasil.[73]

O processo para a beatificação de Inácio de Azevedo e os companheiros começou no século XVII. A partir de 1628 já havia inquirições, tendo como objetivo a canonização dos religiosos.[74] As investigações ocorreram

---

72 Estavam em processo de beatificação: Luiz Gonzaga, Francisco Xavier e Stanislau Krosta.

73 Mencionava-se expressamente os seguintes mártires: Abrahão George, Antonio Criminale, Rodolfo Acquaviva, Edmund Campion, Jacques Sales.

74 Leite, *História da Companhia de Jesus no Brasil*, p.595. Telles, *Chronica da Companhia de Iesu, na provincia de Portugal*, p.43-4.

Figura 1.2
Frontispício da obra *Vita Beati P. Ignatii Loiolae Societatis Iesu Fundatori* (1609). Na parte inferior central da composição é possível identificar a alusão aos quarenta mártires

nas cidades de Lisboa, Porto, Coimbra e Braga, no ano de 1631. No ano seguinte, foram colhidos depoimentos em Salvador, na Bahia. Serafim Leite destaca que o padre Sebastião de Morais, procurador da Província de Portugal em Madrid, registra em carta datada de 3 de setembro de 1631 a chegada da documentação para tramitação do processo.[75]

A questão passou por diferentes impasses, como registra o padre António Vieira nos idos de 1671 quando, em carta ao marquês de Gouveia, informa que está trabalhando no processo de canonização dos mártires, e que a demora era pelo fato de eles (os mártires) serem muitos. O jesuíta acreditava que, antes da Páscoa, o papa deliberasse favoravelmente

75 Leite, op. cit., p.264.

Figura 1.3
Martírio de Inácio de Azevedo. Na imagem, o religioso abraça a imagem de Nossa Senhora de Luca e uma espada trespassa--lhe o peito

**Fonte:** Tanner, ***Societas Jesu usque ad sanguinis et vitae profusionem militans***, p.167

sobre a questão.[76] O parecer sobre o assunto não ocorreu dentro do prazo previsto pelo padre António Vieira, tendo em conta a falta de documentação necessária para o processo de beatificação. Tal fato não impediu que o culto aos mártires continuasse a ocorrer em diferentes partes de Portugal e do Brasil.

O superior do colégio de Praga, Mathias Tanner, elaborou um compêndio completo, com mais de trezentos mártires, publicado com o título de *Societas Jesu usque ad sanguinis et vitae profusionem militans*, em 1675. Nessa obra há um registro detalhado da vida e das provações enfrentadas pelos jesuítas, dentre elas a de Inácio de Azevedo e seus companheiros.

76 Carta do padre António Vieira ao marquês de Gouveia em 31 de janeiro de 1671. Vieira, *Obra completa*, p.87-8.

Figura 1.4
Gravura que representa o ataque dos calvinistas à embarcação em que seguiam os jesuítas lançados ao mar

**Fonte:** Tanner, ***Societas Jesu usque ad sanguinis et vitae profusionem militans***, p.171

O papa Bento XIV (1675-1758) autorizou a multiplicação de imagens que cultuavam os mártires e já circulavam sem a aquiescência papal.[77] Nesse período foi também impressa a gravura feita por François Spierre (1639-1681), publicada em Roma, entre 1660 e 1680. Nela se identifica Inácio de Azevedo e seus companheiros em dois momentos diferentes. No segundo plano, retrata-se a embarcação sendo atacada e os religiosos projetados ao mar. No primeiro plano, numa composição em forma de semicírculo, anjos descem do céu para coroar os martirizados.

77 Desde o início do século XVII, havia controle sobre a impressão de estampas que representassem o martírio do padre Inácio de Azevedo. Osswald, Aspectos de devoção e iconografia dos Quarenta Mártires do Brasil entre os sécs. XVI e XIX, *Via Spiritus*, p.259.

Figura 1.5
Gravura que alude ao segundo ataque dos corsários ao navio português em que seguia o padre Pedro Dias, que foi lançado ao mar

**Fonte:** Tanner, ***Societas Jesu usque ad sanguinis et vitae profusionem militans***, p.174

Na parte esquerda da gravura aparecem Inácio de Azevedo, que segura a imagem de Nossa Senhora de San Luca, e alguns companheiros em ascese. Imagem edificante para inspirar comportamentos de persistência e luta em defesa da fé católica.

Na Bahia, a igreja do colégio jesuítico, que passara por uma série de reformas e ampliações, teve o teto da sacristia pintado entre 1683 e 1694, com o tema do martírio do padre Inácio de Azevedo e seus companheiros.[78] O conjunto do teto destaca, na parte central, os três primeiros santos da Companhia de Jesus: Inácio de Loyola, Francisco Xavier e Francisco de Borja. Nas outras partes que compõem o conjunto estão

78 Ibidem, p.260.

Figura 1.6
Gravura que representa o martírio de Inácio de Azevedo e companheiros

**Fonte:** Spierre, *V. P. Ignatius Azevedo Lusitanae*

representados os mártires com alusão aos respectivos suplícios, ficando evidente o desejo de dar intensidade à obra missionária do Brasil.[79] Nas primeiras décadas do século XVIII foram realizadas algumas mudanças na decoração interna, sendo a Capela de Nossa Senhora de San Luca alterada na designação e composição para Capela de Nossa Senhora dos Quarenta Mártires.[80]

Em 21 de setembro de 1742, o papa Bento XIV reconheceu o martírio sofrido pelos jesuítas. Nos anos seguintes o processo caminhou e se deteve em diversos momentos, sobretudo depois da expulsão dos jesuítas de Portugal. Em 11 de maio de 1854, Pio IX confirmava o culto ao beato Inácio de Azevedo e a seus companheiros. Estes receberam o título de padroeiros do Brasil.[81]

## Palavras finais

A trágica morte do padre Inácio de Azevedo e seus 39 companheiros é um dos registros da intolerância que se alastrou entre as religiões cristãs durante o processo de evangelização nas terras coloniais. A expansão e afirmação do protestantismo na Europa causaram milhares de vítimas e o episódio em tese comprova a sanguinária violência dos huguenotes. Por esse fato, em 1571, o monarca português protestou junto ao soberano francês e determinou que os piratas fossem perseguidos até ser encontrados e punidos com o rigor que mereciam.

A exaltação da imagem dos Quarenta Mártires do Brasil não foi um ato inédito, pois a cultura do martírio surgiu durante o Concílio Tridentino e já estava se propagando. O martírio era uma virtude, pois demonstrava a perseverança na fé católica e a luta heroica na defesa dos ideais.

79 Sobral, Espiritualidade e propaganda nos programas iconográficos dos jesuítas portugueses, *Actas do colóquio internacional A Companhia de Jesus na Península Ibérica nos séculos XVI e XVII*, p.385-415.

80 Leite, *História da Companhia de Jesus no Brasil*, p.133.

81 Ibidem, p.265; Ranke, op. cit., p.586-616.

Dessa maneira, os jesuítas passaram a ser um exemplo de sacrifício e mortificação para aqueles que desejassem seguir para as missões.

A consolidação da convivência pacífica entre dogmas diferentes foi dificultada não só por questões de fé, mas também pela necessidade de solucionar questões políticas a interferir diretamente no fenômeno religioso. A violência praticada no século XVI, que coincide com o processo de colonização do Brasil, implicou crueldade, intolerância de ambas as partes: da Igreja e dos protestantes, responsáveis diretos pelo jorro de muito sangue.

2

# Dois crimes homofóbicos no Nordeste colonial

*Luiz Mott*

*Sodoma quer dizer traição. Gomorra, rebelião.*

Frei Felipe Moreira, *Sermão de Auto de Fé*, 1645

Nenhum dos 34 sodomitas do Brasil presos e processados pela Inquisição portuguesa chegou a ser queimado na fogueira: foram sim torturados nos cárceres secretos do Santo Ofício e punidos com degredo, galés perpétuas, açoites e sequestro dos bens. Localizamos, contudo, duas cruéis e arbitrárias execuções de praticantes do abominável crime de sodomia no Nordeste brasileiro: em 1613, os capuchinhos franceses recém-instalados no Maranhão condenaram à morte na boca de um canhão um *tibira*,[1] índio publicamente reconhecido como praticante do homoerotismo, e em 1678, em Sergipe del Rei, um senhor açoitou até a morte seu moleque escravo como castigo por ter praticado o nefando pecado de sodomia. Crimes emblemáticos para resgatar a gênese da homofobia no Brasil colonial e entender e erradicar sua nefasta persistência atual, país campeão mundial de crimes homofóbicos.

1 *Tibira* é o termo genérico em tupinambá usado para designar os homossexuais durante os dois primeiros séculos de colonização no Brasil. (N.E.)

## Índio *tibira* do Maranhão executado na boca do canhão pelo crime de sodomia, 1613

Março de 1612: três navios franceses zarpam da Bretanha em direção ao Maranhão, contando com o patrocínio da rainha regente Maria de Médici, tendo a missão de fundar uma nova colônia no Brasil, a *France Équinoxiale*. Sob o comando de Daniel de La Touche, senhor de La Ravardière, a expedição constava de aproximadamente quinhentos colonos e quatro missionários da Ordem dos Capuchinhos. Depois de cinco meses de tumultuada navegação, desembarcam no Maranhão e celebram a primeira missa na nova colônia no dia 8 de setembro de 1612. Dão logo início à construção de um forte e fundação da cidade de São Luís, em homenagem ao rei menino, Luís XIII.[2] Poucos meses após sua chegada, promovem a execução de um índio homossexual, o primeiro crime homofóbico documentado no Brasil.

Devemos ao capuchinho frei Yves D'Évreux (1577-1632),[3] superior dos missionários, a responsabilidade dessa execução, assim como a descrição minuciosa desse martírio em seu livro *História das coisas mais memoráveis acontecidas no Maranhão nos anos de 1613-1614*.[4] Em sua narração, patenteia-se a visão altamente etnocêntrica e o preconceito da moral cristã contra a sodomia, além de sua ardilosa tentativa de justificar eticamente a pena de morte contra o infeliz selvagem pecador:

> Um pobre índio [sodomita], bruto mais cavalo do que homem, fugiu para o mato por ouvir dizer que os franceses o procuravam e aos seus semelhantes para matá-los e purificar a terra de suas maldades por meio da santidade do Evangelho, da candura, da pureza, e da clareza da Religião Católica Apostólica Romana. Apenas foi apanhado, amarraram-no e trouxeram-no com segurança ao forte de São Luís, onde deitaram-lhe ferros aos pés; vigiaram-no bem até que chegassem

2 Provençal, *Les Français Au Brésil*; Barrère, *Essai su l'histoire naturelle de la France Equinoxiale.*

3 Denis, *Vieux Voyageurs français. Ives d'Évreux, 1798-1890.*

4 D'Évreux, *História das coisas mais memoráveis acontecidas no Maranhão nos anos de 1613-1614.* Agradeço à professora Maria Manuela Carneiro da Cunha a indicação desta referência.

Figura 2.1
Elevação de uma cruz para a bênção da Ilha do Maranhão no século XVII, ilustrada no livro *Histoire de la mission des Pères Capucins en l'Isle de Maragnan...*

**Fonte:** Bibliothèque Nationale de France

> os [chefes] principais de outras aldeias para assistirem ao seu processo e proferirem sua sentença e sua morte, como fizeram afinal. Não esperou o prisioneiro pelo princípio do processo e ele mesmo sentenciou-se, porque diante de todos disse: "Estou morto, e bem o mereço, porém desejo que igual fim tenham os meus cúmplices".

Ao desembarcarem no Novo Mundo, todos os europeus se chocaram com a diversidade sexual e lascívia exacerbada dos ameríndios que habitavam entre o Estreito de Bhering e o Estreito de Magalhães.[5] No caso do Brasil – em especial entre os tupinambás, a etnia mais numerosa que ocupava o litoral do Maranhão a Santa Catarina –, na visão dos missionários e cronistas portugueses e franceses, tais índios apresentavam sexualidade tão devassa que só podiam mesmo ser escravos do Diabo: nus, polígamos, incestuosos, sodomitas. Diz Gabriel Soares de Souza em 1587:

> São os tupinambás tão luxuriosos que não há pecado de luxúria que não cometam. Não contentes em andarem tão encarniçados na luxúria naturalmente cometida, são muito afeiçoadas ao pecado nefando, entre os quais se não tem por afronta. E o que se serve de macho se tem por valente e contam esta bestialidade por proeza. E nas suas aldeias pelo sertão há alguns que têm tenda pública a quantos os querem como mulheres públicas.[6]

Já em 1557 o missionário protestante Jean de Lery[7] refere-se à presença entre os tupinambás de índios *tibira*, praticantes do pecado nefando de sodomia, e em 1575 o franciscano André Thevet rotula-os de *berdaches*, termo de origem persa usado em todo o Mediterrâneo para descrever os homopraticantes e transexuais.[8] *Tibira* foi o termo genérico tupinambá alusivo à *persona* homoerótica que teve maior difusão entre os moradores do Brasil nos dois primeiros séculos de colonização, referido

5 Raquena, Notícias y consideraciones sobre las anormalidades sexuales de los aborigenes americanos: Sodomia, *Acta Venezolana*, p.3-32; Mott, Etno-história de la homosexualidad en América Latina, *Historia y Sociedad*, p.123-44; *História em Revista*, p.7-28.

6 Sousa, *Tratado descritivo do Brasil em 1587*, p.308-34.

7 Léry, *Viagem à Terra do Brasil*.

8 Thevet, *Singularidades da França Antártica*; Lestringant, *Le Brésil d'André Thevet*.

igualmente em alguns documentos da Inquisição, em particular no Maranhão e Paraíba.[9]

Foi, portanto, com o objetivo de "purificar a terra de suas maldades" que os frades determinaram a procura e captura dos *tibiras* maranhenses, conseguindo prender esse infeliz que fugira para o mato. Com certeza era um dos tais índios notórios "que têm tenda pública a quantos os querem como mulheres públicas". Os adjetivos depreciativos utilizados pelo capuchinho para descrever o índio sodomita demonstram o quanto os católicos odiavam e temiam os praticantes da sodomia:

> Sobre todos os pecados, bem parece ser o mais torpe, sujo e desonesto, o pecado de sodomia, e não é achado outro tão aborrecido ante Deus e o mundo, pois por ele não somente é feita ofensa ao Criador da natureza, que é Deus, mais ainda se pode dizer, que toda a natureza criada, assim celestial como humana, é grandemente ofendida. Somente falando os homens neste pecado, sem outro ato algum, tão grande é o seu aborrecimento que o ar não o pode sofrer, mas naturalmente fica corrompido e perde sua natural virtude. Por este pecado lançou Deus o dilúvio sobre a terra e por este pecado soverteu as cidades de Sodoma e Gomorra; por este pecado foi destruída a Ordem dos Templários por toda a Cristandade num dia. Portanto mandamos que todo homem que tal pecado fizer, por qualquer guisa

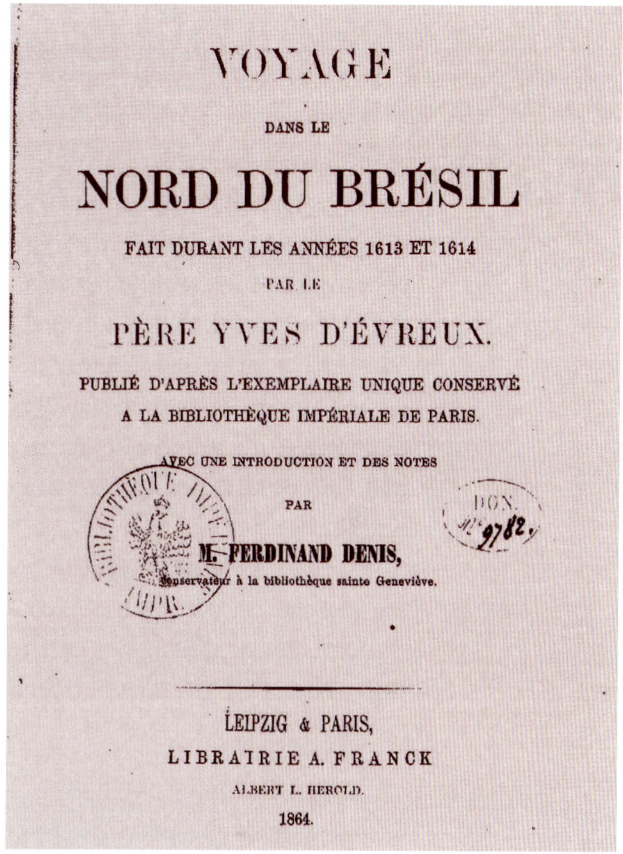

VOYAGE
DANS LE
NORD DU BRÉSIL
FAIT DURANT LES ANNÉES 1613 ET 1614
PAR LE
PÈRE YVES D'ÉVREUX.
PUBLIÉ D'APRÈS L'EXEMPLAIRE UNIQUE CONSERVÉ
A LA BIBLIOTHÈQUE IMPÉRIALE DE PARIS.
AVEC UNE INTRODUCTION ET DES NOTES
PAR
M. FERDINAND DENIS,
Conservateur à la bibliothèque sainte Geneviève.
LEIPZIG & PARIS,
LIBRAIRIE A. FRANCK
ALBERT L. HEROLD.
1864.

Figura 2.2
Reprodução do relato de Yves D'Évreux no qual o frei descreve a execução do índio tibira do Maranhão, em 1613

**Fonte:** Bibliotèque nationale de France

9 Arquivo Nacional da Torre do Tombo, Inquisição de Lisboa, Francisco Coelho e do índio Rodrigo "tibiro", Maranhão, 1672, processo n.1717; Mott, *A Inquisição no Maranhão*; Idem, Relações raciais entre homossexuais no Brasil colonial, *Revista de Antropologia*, p.169-90.

que ser possa, seja queimado e feito pelo fogo em pó, por tal que já nunca de seu e corpo e sepultura possa ser ouvida memória.[10]

Justificava-se, portanto, essa extrema intolerância homofóbica por parte dos capuchinhos devido ao receio de provocar a ira divina e os consequentes castigos contra a nova missão, daí a metáfora da purificação da terra extirpando o mau pecado pela raiz. A reivindicação do *tibira* cobrando que seus cúmplices também fossem executados revela um sentido de justiça igualitária surpreendente: talvez o réu estivesse sugerindo que entre os principais chefes que o condenavam à pena de morte havia alguns que frequentavam seus serviços homoeróticos, já que, segundo o cronista, "o que se serve de macho se tem por valente e contam esta bestialidade por proeza". Aliás, vanglória ainda corrente entre os machões brasileiros...

O desfecho dessa execução revela o farisaico cuidado dos religiosos em mascarar suas responsabilidades sobre essa morte, a qual, malgrado sua simulada conformidade com os tradicionais procedimentos judiciais, tinha as cartas previamente marcadas para seu sangrento desfecho:

> Terminado o processo e proferida a sentença, cuidou-se em sua alma dizendo-se-lhe que, se ele recebesse o batismo, apesar de sua má vida passada, iria direto para o céu apenas sua alma se desprendesse do corpo. Acreditou nessas palavras, e pediu o batismo. Para tal fim veio o senhor de Pesieux procurar-me em nossa casa de São Francisco no Maranhão, e conversando se devia ser eu quem o batizasse, resolvemos negativamente pelas seguintes razões: pensavam os selvagens que nós outros padres éramos pessoas misericordiosas e compassivas, que espontaneamente empregávamos nossos esforços perante os grandes para alcançar a vida dos condenados; que os grandes nos estimavam e nada nos negavam, e que, além disto, nós pregávamos que Deus não queria a morte e sim a vida do pecador, e que por isso tínhamos vindo aqui para dar essa vida de forma que, se eu o batizasse publicamente, antes de ele morrer, teria satisfeito muitos caprichos àqueles espíritos ainda débeis e incapazes a respeito da opinião que

10 Ordenações Afonsinas, Livro V, título XVII; Ordenações Manuelinas, Livro V, título XII; Ordenações Filipinas, Livro V, título XIII, apud Aguiar, Evolução da pederastia e do lesbismo na Europa, *Separata de Arquivo da Universidade de Lisboa*, p.519.

> formavam de nós e que seria muito prejudicial a nossas intenções, dando além disso causa a várias murmurações dos selvagens, que diziam: "Se os padres gostam da vida, por que deixam este cristão ir morrer? Se amam tanto os cristãos por que não amam este? Se os grandes nada lhes negam, por que não lhes pedem pela vida deste?". Por tudo isto, e por outras razões, que omito, decidimos ser conveniente e necessário que eu não o batizasse. Roguei, pois, ao dito senhor que, depois de instruí-lo pelos intérpretes, o batizasse antes de ir ao suplício sem as cerimônias da igreja, o que aceitou e cumpriu.

Nos momentos que antecederam a execução, relata ainda o missionário D'Évreux um diálogo curioso entre o carrasco e a vítima, em que se contrapõe a verdadeira doutrina cristã relativa à vida eterna no paraíso e sua heterodoxa interpretação por parte do nativo pagão:

> Recebeu o batismo com tranquilidade e sem tristeza, na presença dos principais selvagens, depois do que um dos principais, chamado Caruatapirã, Cardo Vermelho, lhe disse estas palavras: "Tens agora ocasião de estares consolado e de não te afligires, pois presentemente és filho de Deus pelo batismo que recebeste da mão de Tatu-uaçu (nome do senhor de Persiux na língua deles) com permissão dos padres. Morres por teus crimes, aprovamos tua morte e eu mesmo quero pôr o fogo no canhão para que saibam e vejam os franceses que detestamos as sujeiras que você cometeu. Mas repara na bondade de Deus e dos padres para contigo, expelindo Jurupari (diabo) para longe de ti por meio do batismo, de maneira que apenas tua alma saia do corpo vá direto para o céu ver Tupã e viver com os caraíbas que o cercam. Quando Tupã mandar alguém tomar teu corpo, se quiseres ter no céu os cabelos compridos e o corpo de mulher antes do que o de um homem, pede a Tupã que dê o corpo de mulher e ressuscitarás mulher, e lá no céu ficarás ao lado das mulheres e não dos homens".

O missionário não perderia a oportunidade de desconstruir essa herética interpretação do nativo relativamente à ressureição no Juízo Final:

> Desculpareis este pobre selvagem, não cristão nem catecúmeno, falando da Ressurreição. Ele nos ouviu ensinar que num dia ressuscitariam todos os homens, regressando cada alma do lugar em que estava para ocupar seu corpo, acrescentando o que pensou ser indiferente à Ressurreição, isto é, que uma alma recebe um corpo de homem ou de uma mulher, no que se enganou, mas não se deve deixar passar isto sem informar melhor a ele e ao paciente. Mas bem que

eu quis referir aqui simplesmente o que ele disse, para que o leitor reconheça sempre quanto sou fiel em minhas descrições, como já disse, e provarei sempre pelos discursos que ainda hei de transcrever.

Agora frei Yves D'Évreux fornece-nos um detalhe pitoresco sobre a importância do tabaco (*petum* em língua tupinambá) entre os nativos:

> Este infeliz condenado recebeu as consolações de muito boa vontade, e antes de caminhar para o suplício disse aos que o acompanhavam: "Vou morrer, não mais os verei, não tenho mais medo de Jurupari pois sou filho de Deus, não tenho que prover-me de fogo, de farinhas, de água nem de ferramenta alguma para viajar além das montanhas, onde cuidais que estão dançando vossos pais. Dai-me, porém, um pouco de *petum* para que eu morra alegremente, com a palavra firme e sem o medo que me estufa o estômago". Deram-lhe o que ele pediu, à semelhança dos que vão ser justiçados, aos quais também se dá pão e vinho, costume não deste tempo e sim desde a mais remota antiguidade, pois então se oferecia aos criminosos vinho com mirra e ópio para provocar o sono dos pacientes. Feito isto, levaram-no para junto da peça montada na muralha do forte de São Luís, junto ao mar, amarraram-no pela cintura à boca da peça, e o Cardo Vermelho lançou fogo à escova, em presença de todos os principais, dos selvagens e dos franceses, e imediatamente a bala dividiu o corpo em duas porções, caindo uma ao pé da muralha, e outra no mar, onde nunca mais foi encontrada.

Raríssimos são os registros no Brasil de outros criminosos que foram executados na boca de um canhão, e não temos notícia de outro réu que tivesse solicitado pitar como seu último desejo, misericordiosamente atendido pelos algozes. Em outro capítulo de sua crônica, o missionário volta a esse mesmo tema:

> Creem os selvagens que engolindo o fumo, ficam alegres e joviais, prevenidos contra a tristeza e melancolia, que os poderão assaltar. O dito selvagem antes de se encaminhar para o suplício pediu uma porção de *petum*, dizendo que ela lhe proporcionaria a última consolação desta vida, "pela qual eu possa render minha alma forte e alegremente". E então, logo que lhe deram este *petum*, ele foi feliz, sempre cantando, para a morte. E quando seus companheiros o ataram à boca do canhão, ele pediu para que não amarrassem seu braço direito tão baixo e tão apertado, de modo que o impedisse de levar à boca o *petum*: quando a bala

dividiu o seu corpo em duas partes, e uma foi para o mar e a outra caiu na base do rochedo, nesta achou-se ainda seguro pela mão direita o molho de petun.

E acrescenta detalhe importante, associando tabagismo ao satanismo: "Os feiticeiros do país servem-se desta planta a serviço dos demônios".

Ao concluir a descrição dessa execução, o missionário dela tira proveito como virtuosa lição de moral, ao mesmo tempo que revela como tal crueldade foi valorizada e socialmente manipulada pelo carrasco nativo como troféu para seu reconhecimento pessoal e ascensão social:

> Quanto à sua alma, é de crer que os anjos a levassem ao céu, pois morreu logo depois de haver recebido as águas do batismo, certeza infalível da salvação daquele a quem Deus concedeu tal graça, não pequena nem comum, porém tão rara como o arrependimento do bom ladrão na cruz, que, tendo vivido sempre desregradamente até chegar àquele lugar, recebeu, contudo, esta promessa de Jesus Cristo: *Hodie mecum eris in Paradiso*, "Hoje estarás comigo no Paraíso". Outro tanto podemos dizer desse infeliz e desgraçado índio, que nos deu tão bela ocasião de admirar e de adorar os juízos de Deus.

E conclui:

> Caruatapirã, o algoz, com gestos e palavras mostrava grande contentamento e alegria perante os franceses por haver recebido tal honra, que apreciava muito mais do que as que sua nação cheia de abusos dá aos que publicamente matam os prisioneiros, sendo essas consideradas as maiores existentes entre eles, e um favor não pequeno aos rapazes, quando escolhidos para tal fim, pois é uma espécie de acesso de grandeza para vir ser um dia principal. Por tudo isso, o grande Caruatapirã exaltava-se deste seu feito e dele se servia para se fazer temido, contando por todas as aldeias por onde andava e o que tinha feito, asseverando ser irmão dos franceses, seu defensor e exterminador dos maus e dos rebeldes.[11]

A leitura do relato da execução desse tupinambá revela como a condenação máxima ao nefando e abominável pecado e crime de sodomia estava enraizada no imaginário dos missionários, já que não há notícia na crônica do Maranhão sob domínio francês, nem alhures, de outro

11 D'Évreux, op.cit., p.253.

criminoso condenado à morte, além desse infeliz sodomita. E como explicar tamanho rigor e crueldade se o próprio Yves D'Évreux, corifeu dessa incendiária limpeza moral, pregava que Deus preferia a conversão e a vida que a morte do pecador?

A nosso ver, a decisão de aplicar a pena capital ao infeliz *tibira*, "bruto mais cavalo do que homem", deve ser interpretada a partir de duas hipóteses: como estratégia para evitar o temido castigo divino provocado pelo pecado de sodomia, e como exemplaridade pedagógica e estratégia para aterrorizar e impedir o surgimento de novos "filhos da dissidência".

Se ainda em nossos dias religiosos fundamentalistas continuam pregando que o Brasil e o mundo correm grave risco de ser severamente punidos pelo Todo-Poderoso por causa da liberação mundial da homossexualidade, referindo-se inclusive à epidemia da aids, à seca em São Paulo e ao tsunami como "chicote divino" contra os gays,[12] quão mais forte devia ser o medo dos cristãos de antanho em atiçar a cólera do Onipotente, crédulos que eram nas intervenções punitivas do Deus dos Exércitos, na ação maléfica do Diabo, no poder protetivo das relíquias e indulgências, na ocorrência de milagres e aparições celestiais. Só purificando a terra de suas maldades evitar-se-iam os temidos castigos celestiais: peste, fome, terremotos, dilúvios. "O crime de sodomia é gravíssimo e tão contagioso, que mostra a experiência pois em breve tempo infecciona não só as casas, lugares, vilas e cidades, mas ainda reinos inteiros."[13] E mais:

> É tão contagiosa e perigosa a peste da sodomia, que haver nela compaixão, é delito. Fogo e todo rigor, sem compaixão nem misericórdia! Tanta força tem o lugar apestado desse vício que para livrar dele até a um inocente é necessária a violência de muitos anjos.[14]

12 "Pastores dizem que casamento gay causou o dilúvio e provocou tsunami". Disponível em: <http://www.diversidadecatolica.com.br/opiniao_detalhes.php?id=2>.

13 Soares, *Tribunale Perfectumsive Comentaria ad Regimen Sancti Officii Regni Portugaliae*, Manuscritos da Livraria, Arquivo Nacional da Torre do Tombo, n.1358-1359, t.I, gloss.38.

14 Moreira, *Sermão do Auto de Fé*.

Portanto, medo do castigo divino, mas também receio do contágio. Numa recém-fundada colônia de povoamento, a família conjugal devia ser, mais que nunca, a *célula mater* da nova sociedade que se desejava implantar no Novo Mundo. Era vital circunscrever a sexualidade ao leito conjugal, visando apenas ao aumento populacional: "Crescei e multiplicai-vos!". Ao castigar um sodomita em público com a pena máxima e com o aterrorizante estrondo do canhão, contando para tanto com o apoio do braço civil e militar e o colaboracionismo dos próprios nativos, os religiosos aplicavam a pedagogia do medo não só para erradicar essa abominação da terra selvagem, como também inibir sua prática entre os colonos, já que o nefando vício do homoerotismo, além de desperdiçar a semente da tão necessária reprodução de novos cristãos, tinha como incontrolável consequência a efeminação de seus praticantes, enfraquecendo sua valorizada virilidade, tão indispensável no confronto guerreiro contra os inimigos silvícolas e luso-brasileiros.

Daí a insólita utilização do canhão como instrumento de execução dessa pena de morte. Enquanto no Velho Mundo, nos reinos de Espanha e Portugal, inclusive na própria França, há séculos determinavam as leis que os sodomitas e outros criminosos morais "sejam queimados e feitos pelo fogo em pó, por tal que já nunca de seus e corpos e sepulturas possa ser ouvida memória",[15] a utilização do canhão com certeza teve como intenção dramatizar ainda mais os efeitos aterradores desse castigo. Se um simples pipoco do bacamarte do Caramuru levou os tupinambás da Bahia a se curvar perante o náufrago como "Filho do Trovão",[16] imaginemos o terror causado pelo ensurdecedor estouro de um canhão e seu incomparável poder de esfacelamento do corpo do infeliz criminoso! Seu estrondo deve ter sido ouvido a léguas de distância, encarregando-se o carrasco de divulgá-lo de viva voz: "Caruatapirã, o algoz, exaltava-se desse seu feito e dele se servia para se fazer temido contando por todas

15 Lever, *Les Bûchers de Sodome*, p.48; Aguiar, *Evolução da pederastia e do lesbianismo na Europa*, p.519.

16 Santa Rita Durão, *Caramuru*.

as aldeias por onde andava e o que tinha feito, asseverando ser irmão dos franceses, seu defensor e exterminador dos maus e dos rebeldes".[17]

Um refinado colaboracionista!

## Moleque escravo em Sergipe açoitado até a morte pelo crime de sodomia, 1678

O segundo registro de crime homofóbico ocorrido no Brasil nos leva a Sergipe del Rey, no ano de 1678, 65 anos depois da execução do *tibira* do Maranhão. A segunda vítima é um *moleque* escravo que foi açoitado até a morte por ter mantido relação sodomítica com um capitão do exército. A estrutura social e as circunstâncias ocasionais desse crime revelam um cenário bastante diverso do episódio maranhense, demonstrando que os mesmos princípios da homofobia católica inaugural dos capuchinhos já contaminavam a América portuguesa.

Tal episódio encontra-se registrado no 14º Caderno do Nefando da Inquisição de Lisboa:[18] frei Inácio da Purificação, carmelita da Bahia, denuncia ao Santo Ofício uma série de delitos contra a fé e os bons costumes observados na Ouvidoria de Sergipe:

> Na Vila Nova do Rio São Francisco, vi um homem por nome capitão Pedro Gomes, tão escandaloso em cometer o pecado nefando, que publicamente o comete com brancos e pretos, e na mesma fama está também incurso um sacerdote, padre Diogo Pereira, morador na Cotinguiba, a cinco léguas de Sergipe del Rey.

O ano de 1590 é a data oficial da conquista de Sergipe e fundação da cidade de São Cristóvão. Assim sendo, em 1678, quando da denúncia desse crime de morte contra um jovem escravo sodomita, a Ouvidoria de

17 D'Évreux , op.cit., p.253.

18 Arquivo Nacional da Torre do Tombo, Inquisição de Lisboa, Caderno do Nefando n.14, PT/TT/TSO-IL/026/0141, Livro 141.http://digitarq.dgarq.gov.pt/details?id=4464257

Sergipe, agregada à capitania da Bahia, já contava com quase um século de colonização, tanto que nesse sumário inquisitorial, dos 19 denunciantes, 6 já eram sergipanos natos, 6 portugueses e os 7 restantes, naturais das capitanias limítrofes. Estima-se que nessa comarca viviam então aproximadamente 17 mil habitantes, dos quais um quarto constituído de brancos luso-brasileiros, conhecidos como "mazombos", predominando, contudo, os negros crioulos e africanos, mulatos, mamelucos e índios aldeados.[19] Sergipe contava então com quase uma vintena de engenhos de açúcar, sua principal fonte de renda. Eis um *flash* jocoso da rusticidade da vida urbana na única cidade sergipana, São Cristóvão, na mesma quadra do crime homofóbico:

> Descrição de Sergipe del Rei,
> de Gonçalo Soares
>
> *Dez* dúzias de casebres remendados
> *Seis becos com mentrastos entupidos*
> *Trinta soldados rotos e despidos*
> *Cinco igrejas, dez frades, três letrados.*
> *Seis curados sem cura amancebados*
> *Um Juiz com bigodes sem ouvidos*
> *Doze presos de piolhos carcomidos*
> *E dois meirinhos por comer cansados.*
> *Mulatas com capote de baeta*
> *Palmilhas de tamanco, como frades*
> *Saia de chita, cintas de raqueta.*
> *Muito feijão que faz ventosidade*
> *Muito enredo, trapaça, embuste, treta*
> *De Sergipe del Rei é a cidade.*[20]

É, pois, tendo como pano de fundo tal sociedade fortemente marcada pela agroindústria canavieira e forte presença da mão de obra escrava, que em 1678 chega ao Tribunal do Santo Ofício de Lisboa a denúncia

---

19 Freire, *História de Sergipe*; Mott, *A Inquisição em Sergipe*; Nunes, *Sergipe colonial.*

20 Mott, Três sonetos seiscentistas sobre São Cristóvão de Sergipe Del Rey. In: ______, *Sergipe colonial e imperial.*

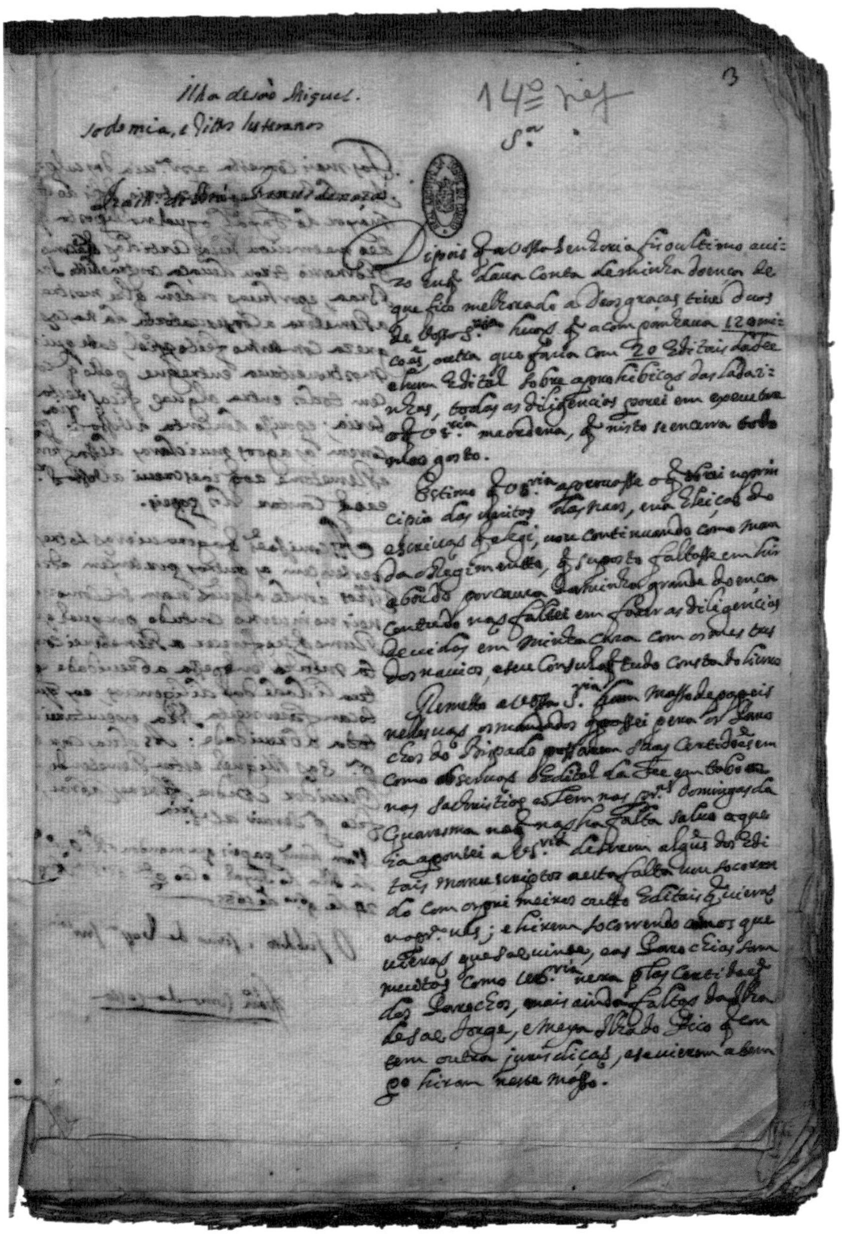

Figura 2.3
Início do 14º Caderno do Nefando da Inquisição de Lisboa, no qual é relatada a execução do jovem escravo acusado de sodomia, em Sergipe, em 1678

**Fonte:** acervo Arquivo Nacional Torre do Tombo

de que em São Cristóvão, além dos dois citados sodomitas, havia também dois bígamos cujas primeiras esposas viviam em Pernambuco; que na vila de Itabaiana, na boca do sertão, havia um colono com "fama de mourisco" que, ao ouvir dizerem mal de sua filha, comentou que ela era tão pura "quanto a Virgem Nossa Senhora"; que um outro morador dizia a quantos quisessem ouvir que "não adorava a cruz de pau porque dele se faziam instrumentos baixos" e que no Rio Real, há trinta anos, "se fez uma procissão em que se deu culto de santa a uma moça reputada por donzela e levando-a num carro, um seu primo, o padre Antônio Correia, a foi incensando com um turíbulo e na igreja o capelão fez uma prática em louvor da dita".

Tais denúncias eram um prato cheio para os inquisidores, pois envolviam a quase totalidade dos crimes perseguidos pelo Santo Tribunal: sodomia, bigamia, blasfêmia e proposições heréticas. Contudo, que o leitor atente para o detalhe: os inquisidores fazem olho grosso das acusações de bigamia, heresia e blasfêmia, ordenando devassar apenas os supostos criminosos envolvidos com a prática do "amor que não ousava dizer o nome". A decisão do Santo Ofício de inquirir apenas o crime de sodomia revela-se excepcional na pragmática inquisitorial, pois não notamos maior intolerância dos inquisidores diante da homossexualidade em detrimento dos demais crimes.[21] Nesse caso específico, interpretamos a caça exclusiva aos sodomitas de Sergipe ao fato de se tratar de pessoas socialmente destacadas, um capitão militar e um sacerdote, acrescido de darem motivo a perniciosa publicidade e escândalo, posto que um dos denunciados chegava à inaudita ousadia de não esconder suas relações homoeróticas com brancos e pretos, desrespeitando não apenas a ortodoxia da moral sexual vigente, mas também as regras de apartação social que na colônia condenavam intimidades, sobretudo públicas, entre brancos e as pessoas de cor.[22]

---

21 Idem, Pagode português: a subcultura gay em Portugal nos tempos da Inquisição, *Ciência e Cultura*, p.120-39; Idem, Justitia et Misericordia: a Inquisição Portuguesa e a repressão ao nefando pecado de sodomia. In: Novinsky et al. (eds.), *Inquisição*, p.703-38.

22 Vainfas, *Trópico dos pecados*.

O encarregado desse sumário foi o prior do Carmo de São Cristóvão, frei Henrique de Jesus: ao todo foram ouvidas dezenove testemunhas, transcorrendo o inquérito durante 51 dias. Várias delas confirmam os rumores contra três sodomitas: o primeiro a ser denunciado foi o padre Diogo Pereira, morador na vizinha freguesia da Cotinguiba, cujo escravo, o negro Garcia, reclamava que seu senhor "o perseguia no nefando e se quisesse confirmar que fosse ver à noite". Essa mesma má fama é ratificada pelo vigário-geral da Ouvidoria e por seu servente: dizem que o delato sacerdote cometia o nefando com seus escravos, acrescentando então o nome de um segundo sodomita: Manoel da Mota, infamado publicamente de cometer o nefando com um negro, denúncia confirmada por mais dez testemunhas. O terceiro sodomita, o capitão Pedro Gomes, é quem nos leva ao hediondo crime homofóbico contra o dito moleque escravo.

Observe-se, contudo, nessas três denúncias de sodomia, a presença constante de um ou mais escravos, seja propriedade do delatado, seja de seus vizinhos: Gilberto Freyre tinha razão ao enfatizar o quanto a escravaria esteve comprometida, ora livremente, ora forçada pela obediência servil, com as práticas eróticas dos donos do poder.[23]

Contra o capitão Pedro Gomes as denúncias eram mais graves, tanto no número – doze testemunhas – quanto na variedade dos parceiros sexuais e publicidade escandalosa do crime nefando, além do fato de um de seus cúmplices ter sido morto em consequência do castigo a esse abominável pecado.

Pouco sabemos sobre esse primeiro "capitão gay" de Sergipe: segundo o historiador Pedro Calmon, Pedro Gomes foi alferes e depois capitão em Sergipe del Rei, fundador do morgado de Porto da Folha. Natural de Setúbal, passou ao Brasil em 1625, na armada de dom Fradique de Toledo, tendo lutado com bravura na guerra contra os holandeses. Embarcou na frota do conde da Torre, ajudando a desalojar os holandeses do Rio São Francisco. O historiador Felisbelo Freyre acrescenta que Pedro Gomes teria chegado a São Cristóvão em 1651, com a patente

23 Freyre, *Casa-grande & senzala*.

de sargento-mor, capitaneando duzentos mosqueteiros para reprimir a rebeldia do capitão-mor Manuel Pestana Brito contra as ordens do conde de Antouguia, então governador da Bahia. Mais tarde, teria sido governador interino da capitania do Rio de Janeiro e professo da Ordem de Cristo. Morreu em 1692.[24] Um portentoso currículo confirmando que braveza militar não é incompatível com a preferência pela retaguarda no campo do erotismo... Consta ser casado, aliás, como grande parte dos sodomitas de antanho e da atualidade.

Alguns denunciantes dizem que o acusado vivia na outra banda do Rio Sergipe, outros, no Rio São Francisco, mais precisamente no Benfica. Sua fama pública de sodomita grassava havia mais de doze anos, o que nos permite conjecturar que em seus quinze primeiros anos nessa Ouvidoria, ou não praticava ou manteve sigilosa sua preferência homoerótica. Várias testemunhas sabiam apenas que o capitão nefandava com seus negros; outras, contudo, foram mais explícitas: seu escravo predileto chamava-se Gaspar. O próprio Gaspar, quando certa vez questionado sobre esse vergonhoso rumor público, reduziu para "solicitações" as investidas sensuais de seu amo à sua pessoa, dizendo em contrapartida que, com o crioulo Félix e com o moleque Parfeito, com estes sim, sabia que consumara o nefando pecado de sodomia. O próprio filho de outro militar, o capitão João Abreu, também se queixara dos assédios do companheiro de armas de seu pai.

Pois bem: certa vez, numa "peleja" entre a matriarca da família Porto Carreiro e Gaspar, o dito escravo infamado de transar com o capitão gay, acuado pela cobrança de sua má fama, respondera que assim o fazia "porque era cativo", ao que a branca bisbilhoteira atalhou demolidora: "E por seres cativo, servis de mulher ao teu senhor?". Infelizmente, o escrivão da devassa encerrou aí as informações sobre esse bate-boca. Outros denunciantes trazem informações mais factuais sobre as fanchonices do infamado Capitão Gomes, sobretudo seus vizinhos da Japaratuba: a 11ª testemunha narra ter visto marcas de sangue no traseiro de um moleque, provas do ímpeto sodomítico do delato, o qual dissera que "seu senhor

24 Mott, op. cit.

abrira com ele, molestando". Também relata que Gaspar, o negro predileto do capitão, certa feita fugira de casa alegando que seu senhor dormia com ele à força, pondo uma pistola em seu peito, ameaçando matá-lo caso não o satisfizesse.

Que o leitor não se choque com essas cenas de violência sexual: se o Santo Tribunal e o próprio bispo torturavam, açoitavam, mandavam queimar os sodomitas e outros dissidentes religiosos, não há por que esperar doçura desses primeiros machos povoadores do Brasil. A violência sádica na prática libidinosa entre heterossexuais chegava às raias da insanidade, incluindo também agressões e torturas praticadas pelas senhoras enciumadas contra as amantes de seus senhores maridos.[25]

Foi um morador na Japaratuba quem fez a denúncia da execução do moleque sodomita: diz que certa vez o capitão Pedro Gomes pedira um negro emprestado a seu vizinho, Luís Gomes, para acompanhá-lo numa jornada. Ao voltar, o negro

> [...] trouxera umas ceroulas vestidas. E perguntando seu senhor donde ou a quem furtara, o não quis dizer. E por este respeito, o mandara açoitar, parecendo-lhe que as furtara. E estando a açoitar, confessara o negro que aquelas ceroulas lhe tinham dado o capitão Pedro Gomes, por cometer com ele o pecado nefando.

Se o outro escravo, Gaspar, espalhava que o dito sodomita forçava-o com violência ao nefando, esse pobre cativo, pelo contrário, fora graciosamente recompensado com um par de ceroulas, um presente, convenhamos, bastante generoso, pois naquela época não havia costume de se retribuir com bens materiais pelos serviços sexuais da escravaria, quer machos, quer fêmeas. Mesmo em Lisboa, muitos sodomitas brancos contentavam-se, em troca pelos mesmos serviços homoeróticos, com um par de meias ou apenas dois vinténs, que foi a soma dada na Bahia pelo padre Frutuoso Álvares ao seu cúmplice, o estudante Jerônimo Parada, o primeiro "rapaz de programa" documentado em nossa história.[26]

25 Freyre, op.cit., p.362; Mott, Terror na Casa da Torre: tortura de escravos na Bahia colonial. In: Reis, (org.). *Escravidão e invenção da liberdade*.

26 Mott, op. cit., p.38.

Essas nefandas ceroulas custaram a vida do jovem escravo: a mesma testemunha declarou que "este negro morrera dos açoites que então lhe mandou dar seu senhor". Outro informante, Francisco Andrade Pacheco, morador nos Poxins, foi mais categórico: "matou o moleque por ter cometido o nefando com Pedro Gomes".

Avançamos uma hipótese para explicar tamanha crueldade e intolerância do proprietário Luís Gomes *vis-à-vis* seu moleque, que, sob tortura, confessou ter mantido relação homoerótica com o militar sodomita. Do mesmo modo como as ricas senhoras no Brasil colonial usavam os negros corpos de suas escravas e molecas como "vitrines ambulantes" para exibirem suas joias mais preciosas no caminho da Igreja, como retratou Debret em suas gravuras, inversamente, um escravo trazendo a prova confessada e pública de que praticou o abominável crime de sodomia com um branco representava conduta insuportável, ultraje humilhante à honra de seu senhor. O ouro nas escravas enaltecia o brilho e poder das sinhás, a prova da sodomia do escravo representava o desdouro e aviltamento de toda a casa do senhor. Numa sociedade patriarcal cuja sobrevivência individual e coletiva baseava-se na violência e bravura dos machos donos do poder, um homem "dar as costas" ou "servir de mulher" a outro punha em cheque as mesmas bases onde se assentavam a hegemonia e estabilidade patriarcal. Um sodomita, sobretudo se efeminado e envolvido com amantes de estratos antagônicos – por exemplo, um capitão do exército amante de um adolescente escravo, punha em jogo a desejada impermeabilidade estamental, destruindo o estereótipo do senhor branco supermacho, deflorador das crias de seu borralho, rigoroso no uso do chicote, zeloso da pureza e recato das mulheres de sua casa. O anônimo moleque sergipano foi morto a chicotadas porque ultrajou o machismo falocrático de seu amo e os rígidos padrões da heteronormatividade da sociedade colonial luso-brasileira. Sua execução a golpes de chibata cumpriu com rigor dois abomináveis ditados ainda hoje repetidos de norte a sul em nosso país: "Viado tem mais é que morrer!" e "Prefiro um filho morto que homossexual!".

Não sabemos qual o paradeiro do infamado capitão: talvez tenha abandonado Sergipe ao tomar conhecimento de que sua vida e costumes criminosos estavam secretamente sendo devassados. Já uma vez tivera de esconder-se para evitar a hora da verdade: consta que quando o bispo de Pernambuco dom Estevam Brioso (1678-1689) visitou a Vigaria de Sergipe, "o capitão se ausentara para o sertão para não tratar com o bispo sobre esta matéria". O fato de ter recebido o hábito de Cristo e ser nomeado governador da capitania do Rio de Janeiro sugerem que tal nefando rumor e sumário de culpas não chegaram ao conhecimento da burocracia real. Tais denúncias não foram consideradas pelos juízes da Inquisição suficientemente graves para ordenar abertura de processo e prisão desse capitão sodomita. Nem sequer as justiças reais trataram de punir o culpado pela criminosa execução do moleque escravo. Prevaleceu a impunidade dos poderosos.

## Conclusão

A análise comparativa da execução destes dois sodomitas, o tibira do Maranhão e o moleque de Sergipe, permite-nos resgatar algumas regularidades etno-históricas relativas à repressão do crime de sodomia no Brasil seiscentista, fazendo dessas ocorrências criminosas emblemas da repressão homofóbica. Infelizmente, os documentos não registraram os nomes próprios desses dois protomártires sodomitas: do tibira nada se sabe além de que era homoerótico e pitava petum; do moleque, sabemos apenas que era escravo e adolescente, já que, naquela época, molequinho era como chamavam ao menino escravo e moleque ao adolescente. A execução do índio sodomita no Maranhão é manifesta prova de exacerbado fundamentalismo e da intolerância homofóbica por parte dos missionários franceses protagonistas da fundação da fracassada França Equinocial. Imbuídos da primitiva crença de que o abominável e nefando crime de sodomia era *peccatum clamantis caelum*,[27] para evitar as tragédias decorrentes da cólera divina, os capuchinhos partiram à

27 *Catecismo da Igreja Católica* §1867, "Pecados que bradam aos céus". Disponível em: <http://www.oracoes.info/catecismo5.html>.

caça dos infamados sodomitas nativos, "para matá-los e purificar a terra de suas maldades".

Talvez de fato tais frades temessem os castigos celestiais, muito embora estivessem acostumados a conviver com a presença impune da sodomia, o vício dos clérigos, seja dentro da Igreja e de sua própria Ordem Franciscana, seja na corte palaciana onde até reis mantinham seus prediletos, praticando com bastante escândalo o também chamado vício dos nobres, destacando-se então o filho de Catarina de Médici, Henri III (1551-1589). Este jovem rei

> [...] filho de Sodoma, estampa sua homofilia com uma audácia que beira à ira à provocação. Os olhos cobertos de sombras, os lábios pintados, a cabeleira frisada a ferro, ele se exibe em público com incríveis calções bufantes de cetim. Nos bailes de máscara, ele aparece vestido como dama da corte, com espartilho sob o vestido rodado, gibão bordado a ouro ultrajosamente apertado, mostrando um pescoço deslumbrante ornado de três fileiras de pérolas preciosas, com gola tripla engomada e um frenético leque de tafetá... Não se tinha certeza se era um rei mulher ou uma rainha homem...[28]

Mantinha um enorme séquito de jovens amantes, conhecidos como *mignons*, personagens satirizados no livreto *L'Ile des Hermaphrodites*, publicado em 1605, apenas oito anos antes da execução do tibira do Maranhão.

Também a própria Ordem do frei Yves D'Évreux não esteve isenta da "peste sodomítica": um dos *mignons* preferidos do rei Henri III, o conde de Bouchage, se tornou capuchinho, e certa vez, para tentar comover o rei em apoio de um desafeto seu, acompanhado por dois jesuítas, protagonizou em Chartres um cortejo em que o belo capuchinho, despido de suas vestes, abria a marcha carregando uma enorme cruz, com uma coroa de espinhos na cabeça, tendo a seu lado dois jovens seminus de remarcável beleza, representando a Virgem e Maria Madalena, com uma multidão de monges vestidos como personagens da paixão, tendo caloroso apoio dos capuchinhos que, aos sons do salmo *Miserere*, se lançaram contra o

28 Lever, op. cit., p.85.

antigo preferido do rei, açoitando-o e obrigando-o a se jogar aos pés de Henri III para implorar a real misericórdia.[29]

Portanto, tendo no convento e na corte tamanha proximidade de sodomitas escandalosos, conjeturamos que o extremado rigor em sentenciar em público e executar com tanto alarido o primeiro sodomita indígena capturado na *France* Équinoxiale visasse, de fato, servir de exemplo aterrador para impedir o alastramento do mau pecado na nova conquista: erradicar pela raiz sua prática tradicional e generalizada entre os nativos, afastar sua tentadora liberação entre os conquistadores, em sua maioria homens jovens cujo livre acesso às índias era igualmente reprimido pelos religiosos.

A execução sumária desse *tibira* em São Luís capitaneada pelos capuchinhos, mesmo teatralizada com o arremedo de um prévio julgamento e a presença de autoridades civis e militares, contrasta com o procedimento muito mais brando de outros religiosos ao se depararem com sodomitas nativos de outras bandas. Nos reinos do Congo, Matamba e Angola, por exemplo, os capuchinhos italianos liderados pelo padre Antonio Cavazzi de Montecúlo (1621-1678), embora usando palavras extremamente condenatórias em relação aos sodomitas *quimbanda*, contentaram-se em queimar seus oratórios e ídolos, sem nenhuma detenção ou execução.

> Há entre o gentio de Angola muita sodomia, tendo uns com os outros suas imundícies e sujidades, vestindo como mulheres. Eles chamam pelo nome da terra: quimbandas, os quais, no distrito ou terras onde os há, têm comunicação uns com os outros. O quimbanda, tudo ao contrário dos sacerdotes do verdadeiro Deus, é moralmente sujo, nojento, impudente, descarado, bestial e de tal modo que entre os moradores da Pentápolis (Sodoma) teria o primeiro lugar. Para sinal do papel a que está obrigado pelo seu ministério, veste fato e usa maneiras e porte de mulher, chamando-se também a grande mãe.[30]

29 La Châtre, *Histoire des Papes, crimes, meurtres, empoisonnements, parricides, adultères, incestes, depuis Saint Pierre jusqu'à Grégoire XVI*, p.379.

30 Cavazzi de Montecúccolo, *Descrição histórica dos três Reinos do Congo, Matamba e Angola* (1658), p.202-3.

Da mesma forma, em 1582, o jesuíta Baltasar Barreiro, no Reino de Ndongo (Angola), disse ter achado numa aldeia

> [...] um grande feiticeiro que andava em trajos de mulher, e por mulher era tido sendo homem: a coisa mais feia e medonha que em minha vida vi. Todos haviam medo e ninguém lhe ousava falar, porque era tido por deus da água e da saúde. Mandei-o buscar e trouxeram-no atado. Quando vi, fiquei atônito e todos pasmaram de ver cousa tão disforme. Vinha vestido como sacerdote da Lei Velha, com uma caraminhola feita de seus próprios cabelos, com tantos e tão compridos michembos [sic] que parecia mesmo o diabo. Em chegando, lhe perguntei se era homem ou mulher, mas não quis responder a propósito. Mandei-lhe logo cortar os cabelos que faziam vulto de um velo de lã, e tirar os panos com que estava vestido, até o deixar em trajes de homem. Aí ele confessou que nascera homem, mas que o demônio dissera a sua mãe que o fizesse mulher, senão havia de morrer e que até agora fora mulher, mas que daqui por diante, pois lhe dizia a verdade, queria ser homem. É já tão velho que tem a barba toda branca o qual trazia raspada.[31]

O extremismo homofóbico perpetrado em São Luís pelos capuchinhos infringia o próprio direito canônico, que não autorizava missionários condenarem à morte inculpados no crime de sodomia, atributo exclusivo do Tribunal da Inquisição, nunca levado a cabo *in loco*, durante quase três séculos de repressão no Brasil. Fere também a tradição processualística tanto portuguesa quanto francesa, ao executar a pena de morte na boca de um canhão. Não temos notícia de outra execução na América portuguesa nem nas colônias vizinhas, utilizando-se um canhão como solução executória. Seguindo a tradição cristã, deveria ter sido queimado na fogueira, para não deixar vestígio. Decerto o uso do canhão foi artifício premeditado para teatralizar ainda mais a condenação do mau pecado, espetacularizando o castigo com o estrondo e dilaceração do corpo do criminoso. Pedagogia do medo em sua manifestação máxima.

No caso da execução do moleque de Sergipe, o contexto social era bastante diverso e muito mais complexo comparado a essa frente

31 Brasio, *Monumenta Africana*, p.273 apud Carvalho, A questão do controlo da terra e da territorialidade no antigo reino de Ndongo. In: ______. *A África e a instalação do sistema colonial.*

pioneira de colonos franceses em seus primeiros contatos com os nativos tupinambás. Sergipe já contava com quase um século de colonização sedentária, onde, apesar do controle da cruz e da espada em manter sua população submissa às leis civis e religiosas, era notória a presença de desviantes da moral e bons costumes, justificando assim a intervenção de agentes inquisitoriais para devassar supostos réus nos crimes de bigamia, sodomia, blasfêmia e práticas religiosas heterodoxas. Nessa devassa de 1678, foram desmascarados três sodomitas cujas investidas homoeróticas com brancos e negros eram públicas e escandalosas, incluindo duas pessoas gradas, um sacerdote e um destacado capitão militar. Documentos confirmam que a presença de sodomitas nessa pequenina Ouvidoria remonta a seus primórdios, incluindo um jovem mameluco da Bahia, Marcos Tavares, degredado em 1592, quando da primeira visitação do Santo Ofício, além de um feitor do Recôncavo Baiano, Gaspar Rois, implicado num sumário de culpas pelo mesmo crime, que se ausentara para Sergipe del Rei a fim de não ser processado.[32] Cinco anos após a execução do infeliz moleque sodomita, no ano de 1683, outro escravo, Jerônimo Soares, cozinheiro mulato então beirando os 70 anos, sodomita incorrigível com várias denúncias registradas nos Cadernos do Nefando da Inquisição de Lisboa, assim é referido no sertão do Itapicuru, nos limites de Sergipe com a Bahia: "era voz pública que Jerônimo, escravo do Morato, acometera alguns negros e moleques ao pecado, alguns estando dormindo; sua fama corria pelo sertão, de que era público no vício de sodomia". Apesar de agraciar com presentes seus parceiros sexuais, consta que alguns mais radicais chegaram a ferir o velho sodomita:

> [...] o escravo de José da Silva ao ser acometido pela segunda vez, deu uma facada na testa de Jerônimo ferindo-lhe um olho, e outros negros o tinham ferido e maltratado, dando-lhe uma bordoada com um pau em sua cabeça, fazendo-lhe uma grande ferida.[33]

32 Mott, op.cit., p.41-333.

33 Arquivo Nacional da Torre do Tombo, Inquisição de Lisboa, Processo 12257; Caderno do Promotor, n.29.

Sua fama era tão espalhada no sertão que "os moradores costumavam desempulhar-se com falar no Jerônimo e outros diziam: guarda-te do Jerônimo do Morato!".[34] *Desempulhar* significava então fazer gozação, descontrair-se, fofocar jocosamente a respeito das bizarrices do fanchono Jerônimo. Ainda hoje, piadas sobre bicha continuam na ordem do dia, seja no imaginário coletivo, seja nos programas de televisão.

Portanto, presenciamos em Sergipe, como em outras regiões da América portuguesa, conviverem lado a lado, ora certa indiferença ou mesmo tolerância à presença de sodomitas, alguns apropriadamente reputados como devassos e escandalosos, ora manifesta homofobia, estimulando os jovens a reagirem contra qualquer assédio masculino,[35] chegando às situações de vias de fato, como o ocorrido contra o idoso Jerônimo e anteriormente (1646) contra um seu companheiro, Mateus Lopes, escravo mulato, "pequeno de corpo, que acompanha seu senhor nas comédias fazendo a figura de um bugio [macaco], dançando com um pote na cabeça", muito infamado de somítigo, sobre o qual

> [...] se dizia por esta cidade da Bahia que levando enganado um homem para o mato, este lhe dera três cutiladas e estocadas. Antes, estendera uma capa no chão dizendo: já muitos homens de bem haviam deitado naquela capa.[36]

Bastante ferido com a agressão, ficou "a perigo de morte", embora tenha confessado que "só fizera as punhetas com o soldado, não somitigaria".[37]

Em relação ao moleque executado em Sergipe em 1678, não há informação sobre seu desempenho homoerótico com o capitão Pedro Gomes, se fora agente ou paciente. O certo é que, ao retornar de uma jornada com "umas ceroulas vestidas", debaixo dos açoites, confessou ter recebido o presente do dito capitão "por cometer com ele o pecado nefando".

---

34 Ibidem

35 Dutra; Johnson, Pelo vaso traseiro. Sodomy and Sodomites. In: ______, *Luso-Brazilian History*.

36 Arquivo Nacional da Torre do Tombo, Inquisição de Lisboa, Caderno do Promotor, n.29.

37 Ibidem

Inconformado, seu proprietário "matou seu moleque de açoites por ter cometido o nefando com Pedro Gomes".

Essa execução sumária de um jovem escravo sodomita, sem julgamento prévio e destituída de qualquer sustentação jurídica, reflete o elevado grau de homofobia que impregnava o imaginário coletivo e o cotidiano desses colonos: um proprietário preferiu perder o alto valor de seu escravo jovem, matando-o com crueldade, que manter no plantel um negro inculpado no hediondo crime de sodomia. Esse senhor sergipano optou por cometer um homicídio, arriscando-se a ser processado por criminoso abuso de poder, a carregar o estigma de ter em sua casa um desonrado praticante do "mais torpe, sujo e desonesto pecado". Tanto os capuchinhos carrascos do índio sodomita quanto esse homicida sergipano tiveram como objetivo dessas execuções sumárias aniquilar a impureza praticada pelos amantes do mesmo sexo: os frades, desinfestando a nova conquista dos abomináveis selvagens envolvidos com o mau pecado; o fazendeiro, exterminando de sua propriedade um escravo contaminado pelo sujo vício de Sodoma. Em ambos os casos, valorizou-se a exemplaridade da pedagogia do medo para aterrorizar eventuais criptossodomitas para que não ousassem concretizar seus impulsos diabólicos, pois seriam igualmente punidos com a morte. Em ambos os casos, para reprimir o crime de sodomia, seus algozes cometeram o crime de homicídio, já que se tornaram réus, os missionários, do direito canônico, e o senhor sergipano, do direito penal, posto que nem um nem outro *corpus juridicus* autorizavam a execução sumária de tais desviantes.

Dois crimes homofóbicos documentados durante mais de quatrocentos anos do Brasil Colônia em contraposição a mais de 2.500 homicídios de LGBT registrados apenas nos treze anos do século XXI.

Terminamos com as maravilhosas palavras do missionário capuchinho, justificando e asseverando a presença do mártir São Tibira do Maranhão no Reino dos Céus:

> Não se acreditaria, se a experiência não o tivesse confirmado, que vendo-se simplesmente por fora a concha de uma ostra marinha coberta e suja de lama e lodo, que ela em si já tivesse uma pérola preciosa digna de ser colocada no

> gabinete dos príncipes. Quem poderá crer que um selvagem iníquo, impuro, e imundo, como não posso dizer, embora creia que o próprio Diabo, autor de tais traças, se envergonhe disto, não tenha inimizade a soberba contra o soberano, que o empurra para isto? Quem poderá, digo eu, crer que tal indivíduo, por determinação da Divina Providência, fosse escolhido para o reino do Céu, e tirado desses abismos infernais, para receber (na hora da morte, bem merecida por suas torpezas) o sagrado batismo, que o lava de todas as máculas, e lhe proporciona fácil e franca entrada no paraíso?

Celestial São Tibira do Maranhão, *ora pro nobis* e por este diabólico Brasil que a cada 26 horas mata cruelmente um sodomita![38]

38 Índio morto por ser gay pode virar santo. Disponível em: < https://pib.socioambiental.org/pt/noticias?id=150098&id_pov=363>http://odia.ig.com.br/noticia/rio-de-janeiro/2015-01-10/indio-morto-por-ser-gay-pode-virar-santo.html.

3

# “Em cumprimento a Lei, vem denunciar perante Vossa Senhoria, pelo facto criminoso que passa a expor”[1]

*Randolpho Radsack Corrêa*
*Jonis Freire*

> *[...] e foram para o lugar onde se achava aquele pai, ou antes, aquele monstro, que os conduziu para umas roças velhas da mesma fazenda, não para saciar saudades, que porventura tivesse dos filhos, mas para cometer nestes o mais horroroso assassinato, pois que aí, com uma faca, que ao depois lhe foi achada inda ensanguentada, os matou, e depois de mortos os ocultou numa capoeira.*[2]

Foi assim que Manoel Antônio da Costa se referiu ao terrível crime cometido pelo crioulo forro Marcelino Francisco Inácio, em Campos dos Goitacazes, em 30 de junho de 1847. Marcelino se dizia com o “juízo cortado” e, por isso, havia assassinado seus dois filhos, as crianças Josino e Paulina. Ao fim do julgamento, Marcelino foi condenado a trabalhos forçados onde provavelmente faleceu. Crimes como o assassinato de Josino e Paulina com certeza não foram a norma nas sociedades

1 Processo n.761, maço 64 – Fundo Fórum/Criminal – Centro de Documentação Histórica (Doravante CDH)/Carangola – MG.

2 Arquivo Nacional, “Apelação – crime, 1848”, n.858, maço 120 apud Florentino; Góes, *A paz das senzalas:* famílias escravas e tráfico atlântico, p.16.

escravistas. Esse caso extremo, apresentado de forma sucinta, demonstra que o crime foi uma das facetas mais cruéis da escravidão.

Um sistema que procurava retirar de homens, mulheres e crianças qualquer traço de humanidade abria espaço para as revoltas coletivas e individuais. Nas sociedades escravistas, o crime e a criminalidade sempre foram traços marcantes, tanto no ambiente rural quanto no urbano. No Brasil não foi diferente. Homicídios, suicídios, infanticídios, roubos, estupros, castigos físicos e outros tipos de violência física foram muito comuns. Havia também a violência simbólica, como as perseguições/proibições de práticas religiosas, heranças culturais, formas de parentescos, sociabilidades, entre outros. Os castigos físicos e simbólicos marcaram, de maneiras distintas, a vida daqueles homens, mulheres e crianças escravas.

O escravo, do ponto de vista legal, era "coisa", uma propriedade que pertencia ao seu senhor. Contudo, no momento em que transgredia a lei ou era vítima dela, adquiria outro estatuto jurídico, "se tornava humano". Vários foram os crimes cometidos por escravos e contra escravos ao longo do período escravista brasileiro. As histórias são muitas e, às vezes, bastante cruéis.

O crime, de acordo com o *Vocabulário portuguez e latino* do padre Raphael Bluteau, publicado no século XVIII,[3] era definido como "malefício capital, contra leys humanas, ou divinas, & digno de ser delatado ao juiz, para se dar ao author dele o castigo, que merece". No dicionário Antônio de Moraes e Silva,[4] crime era o "Malefício contra Leis Divinas, ou Humanas [...] pela qual se intenta, e negoceya a punição do delito [...] é quando não se pede a punição do delinquente, mas a indenização da parte ofendida [...] Coisa ofensiva, lesiva". Já no dicionário Luiz Maria da Silva Pinto, publicado no século XIX, crime se caracterizava como "Malefício contra as Leis de Deos, ou humanas".[5] O crime era, portanto,

3 Bluteau, *Vocabulário portuguez & latino*: aulico, anatômico, architectonico.

4 Moraes e Silva, *Diccionario de lingua portugueza.*

5 Pinto, *Dicionário da lingua brasileira por Luiz Maria da Silva Pinto, natural da província de Goyaz.*

uma má ação que podia trazer malefícios, prejuízos, danos à sociedade causados pelos criminosos. É importante ressaltar que não encontramos nesses dicionários nenhuma definição para o termo "criminalidade".

A diferença entre criminalidade e crime foi muito bem exposta por Maria Helena Machado num trabalho clássico sobre o tema:

> "Criminalidade" se refere ao fenômeno social em sua dimensão mais ampla, permitindo o estabelecimento de padrões através da constatação de regularidades; "crime" diz respeito ao fenômeno em sua singularidade, cuja riqueza em certos casos não se encerra em si mesma, como caso individual, mas abre caminho para muitas percepções.[6]

No que se refere à resistência escrava, Maria Helena Machado argumenta que, na ausência e na deficiência da legislação, o poder absoluto dos senhores e sua regulamentação legal ocasionaram fissuras e desequilíbrios incontornáveis ao processo de dominação. Em outras palavras, a instabilidade da ordem condicionada pela não aceitação da condição cativa foi uma realidade no ambiente de domínio senhorial no decorrer do Oitocentos.[7]

Havia uma complexa relação jurídica na resolução dos crimes que envolviam escravos.[8] Trabalhar com a estrutura jurídica oitocentista no Brasil é um grande desafio. Ao analisar os processos criminais e outros documentos, podemos visualizar as evidências de um cotidiano marcado pelos conflitos das relações escravistas. Sem dúvida, o documento é caracterizado por um discurso dominante, tendo sua redação intermediada pelo escrivão que, naquele ato, se configurava como um dos representantes da justiça.

O que se pretende neste capítulo é pensar a criminalidade a partir de alguns crimes envolvendo escravos, sobretudo ao longo do século XIX e em uma determinada região da província de Minas Gerais. Não esgotaremos o assunto e seus desdobramentos. Os casos aqui expostos são o

---

6 Machado, *Crime e escravidão*: trabalho, luta e resistência nas lavouras paulistas, 1830-1888, p.8.

7 Idem, *O plano e o pânico:* os movimentos sociais na década da abolição, p.87.

8 Grinberg, Reescravização, direitos e justiças no Brasil do século XIX. In: Lara; Mendonça (orgs.), *Direitos e justiças no Brasil*, p.124-5.

"espelho" de algumas das relações conflituosas entre escravos, senhores e o restante da população. Apesar disso, o objetivo é demonstrar, por meio dos exemplos citados, que os momentos de conflito foram muito expressivos no cotidiano daquela sociedade que era muito diversificada e complexa. Pretendemos também analisar e apresentar alguns dos motivos que levaram senhores, feitores, escravos, dentre outros sujeitos, a cometerem atos de violência, bem como de que maneira a justiça e a legislação agiram nesses crimes.

## Crime como tema

A criminalidade é um tema importante, sobretudo no que se refere ao processo da resistência escrava ao longo do século XIX.[9] O crime possuía inúmeros significados no contexto escravista e foi registrado nos tribunais, por meio de um ritual jurídico, e formalizado pelo processo criminal. Contudo, inúmeros foram os conflitos que ocorreram no interior das propriedades e das escravarias, sem que, necessariamente, chegassem ao âmbito jurídico, sendo resolvidos no espaço privado. A Constituição de 1824 estabelecia em seu artigo quarto que "o direito de propriedade é inalienável". Portanto, do ponto de vista dos senhores, se os cativos eram sua propriedade, cabia a estes a decisão sobre as vidas daqueles indivíduos e, nesse sentido, muitos dos crimes de escravos tiveram sua "solução" dentro das propriedades de seus senhores. A consequência disso foi a de que muitos conflitos não chegaram a ser oficializados e registrados pelas autoridades.

Os crimes ocorriam, muitas vezes, por causa da quebra de acordos previamente estabelecidos no interior das escravarias, indicando que, a

9 São inúmeros os trabalhos sobre essa temática. Além dos citados ao longo do capítulo, verifique: Algranti, *O feitor ausente:* estudo sobre a escravidão urbana no Rio de Janeiro 1808-1822; Chalhoub, *Visões da liberdade:* uma história das últimas décadas da escravidão na Corte; Ferreira, *Senhores de poucos escravos:* cativeiro e criminalidade num ambiente rural (1830-1888); Jesus, *No sertão das Minas*: escravidão, violência e liberdade 1830-1888; Silva, *Processos-crime*: escravidão e violência em Botucatu.

partir dessa ruptura, o conflito poderia se concretizar, já que "senhores e escravos tinham obrigações mútuas que, quando não cumpridas, trariam reações, talvez muito sérias, partindo de ambos os lados".[10]

Dizer que havia espaços de autonomia e negociação e não apenas conflitos não significa afirmar que a escravidão no Brasil foi branda ou benevolente, mas apontar que aqueles sujeitos tinham possibilidades de ação, mesmo que restrita, nas relações senhor e escravo. Portanto, "ao lado da sempre presente violência havia um espaço social que se tecia tanto de barganhas quanto de conflitos".[11]

Não é correto pensar na criminalidade partindo de uma perspectiva polarizada (senhores *vs.* escravos).[12] Essa linha de pensamento pode trazer a equivocada interpretação de que os crimes foram cometidos apenas entre senhores e escravos, conforme foi (e ainda é) mencionado de forma "engessada" em muitos manuais didáticos do ensino fundamental e médio. Esse universo conflituoso se configurava de forma mais abrangente e diversificada, envolvendo não apenas senhores e seus cativos. Outros indivíduos, de estatutos jurídicos diversos (por exemplo, libertos/forros e livres pobres), que compunham esse cotidiano também estavam presentes em inúmeros casos, tais como: capitães do mato, feitores, capangas, camaradas etc.

Os conflitos poderiam ocorrer em diversos níveis sociais, incluindo também os crimes entre parceiros de cativeiro na busca da resolução, por exemplo, de questões de cunho pessoal e de escravos contra livres, os quais não possuíam vínculo direto com a administração senhorial e que conviviam com os cativos em seu cotidiano.[13]

---

10 Alves, *Quando falha o controle*: crimes de escravos contra senhores, p.36. Com relação ao cumprimento de direitos estabelecidos no âmbito das relações escravistas, veja Chalhoub, op. cit.

11 Reis; Silva, *Negociação e conflito*: a resistência negra no Brasil escravista, p.7.

12 João José Reis e Eduardo Silva já apontaram o equívoco da polarização desse cotidiano "como um sistema absolutamente rígido, quase um campo de concentração". Entre o escravo vítima e o escravo heroico havia aqueles que ficavam entre um polo e outro. Reis; Silva, op. cit., p.7.

13 Radsack, *Escravidão, criminalidade e cotidiano*: Santa Luzia do Carangola – MG (1880-1888).

Figura 3.1
Cena de aplicação do castigo do açoite, retratada por Jean--Baptiste Debret
**Fonte:** acervo Fundação Biblioteca Nacional

Junto com a criminalidade e o crime vinha, muitas vezes, a aplicação dos castigos físicos, como açoites (veja Imagem 1), o colar de ferro, o tronco, entre outros. O viajante francês Jean-Baptiste Debret retratou, em seu livro *Viagem pitoresca e histórica ao Brasil*, um desses momentos de punição aos escravos. Explicando sua "prancha" o viajante relatou que:

> [...] a necessidade de manter a disciplina entre uma numerosa população negra levou o legislador português a mencionar no Código Penal a pena do açoite, aplicável a todo escravo negro culpado de falta grave: deserção, roubo, ferimentos recebidos em briga etc.[14]

A criminalidade e suas punições eram previstas em lei, e os processos criminais, cíveis e outros documentos revelam informações importantes sobre aqueles indivíduos que não eram mera propriedade, como se pode depreender dos casos que aqui serão tratados. Dessa forma, o "legislador" definiu ao longo do século XIX uma série de mecanismos para coibir,

14 Debret, *Viagem pitoresca e histórica ao Brasil*, p.175

reprimir, castigar os cativos envolvidos em algum tipo de crime, e esses mecanismos podem ser conhecidos por meio de uma análise sucinta da legislação criminal ao longo do século XIX.

## A legislação criminal no século XIX

> O colar de ferro é o castigo aplicado ao negro que tem o vício de fugir. A polícia tem ordem de prender qualquer escravo que o use, quando encontrado de noite vagabundeando na cidade, e de deixá-lo na cadeia até o dia seguinte.[15]

Para compreendermos melhor a criminalidade escrava, é importante que façamos um rápido balanço da legislação vigente no século XIX. Comecemos pela Constituição política do Império do Brazil, de 1824.[16]

Ao analisarmos o documento em questão, não identificamos, em nenhum de seus artigos, os termos "escravo" ou "cativo". Embora a referida fonte não realizasse nenhuma menção ao elemento escravo, o artigo 179, parte integrante do título 8º, intitulado "Das disposições Geraes, e Garantias dos Direitos Civis, e Políticos dos Cidadãos Brazileiros", nos apresenta algumas informações interessantes.

> A inviolabilidade dos Direitos Civis, e Políticos dos Cidadãos Brazileiros, que tem por base a liberdade, a segurança individual, e a propriedade, é garantida pela Constituição do Império, pela maneira seguinte [...] XIX. Desde já ficam abolidos os açoites, a tortura, a marca de ferro quente, e todas as mais penas crueis. [...][17]

Talvez a ausência dos termos "cativo" e "escravo" fosse uma tentativa de representar um aspecto mais liberal e civilizado do Primeiro Reinado.[18] Entretanto, ao analisarmos o parágrafo XIX do artigo 179,

---

15 Ibidem, p.167.

16 Constituição política do Império do Brazil (25 de março de 1824).

17 Ibidem

18 Sobre a "Carta constitucional de 1824" e o projeto de um Império liberal, confira: Slemian, Um Império entre Repúblicas? Independência e construção de uma

encontramos de modo indireto a referência ao elemento escravo, quando o texto constitucional dizia que: "Desde já ficam abolidos os açoites, a tortura, a marca de ferro quente, e todas as mais penas cruéis".[19]

Evidentemente, a Constituição Imperial do Brazil não garantiu na prática nenhum tipo de proteção legal aos cativos. É importante ressaltar que, embora o artigo 179 da Constituição mencionasse a proibição dos açoites, a referida Carta não tinha por finalidade tratar dos assuntos referentes ao crime no Brasil. Para tratar da criminalidade de maneira mais específica, foram elaborados o Código Criminal, de 1830, e o Código do Processo Criminal, de 1832, que regulamentavam o uso dos tribunais para a resolução de conflitos e institucionalizavam o processo criminal como documento legal para a condução dos trâmites.[20]

O Código Criminal, de 16 de dezembro de 1830, possuía características específicas quanto aos crimes de escravos e serviu de base para o julgamento de vários processos ao longo do século XIX. Os pontos específicos que faziam referência aos cativos se encontram da seguinte maneira:

> Art. 14. Será o crime justificável, e não terá lugar a punição delle: [...]
>
> 6º Quando o mal consistir no castigo moderado que os pais derem a seus filhos, *os senhores a seus escravos*,[21] e os mestres a seus discípulos; ou desse castigo resultar, uma vez que a qualidade delle não seja contraria às Leis em vigor.[22]

É possível perceber que existiu a autorização legal para a punição ao cativo, legitimando o poder senhorial sempre que necessário, assim como

---

legitimidade para a monarquia constitucional no Brasil (1822-1834). In: Oliveira; Bittencourt; Costa (orgs.), *Soberania e conflito:* configurações do Estado Nacional no Brasil do século XIX.

19 Constituição Política do Império do Brazil (25 de março de 1824).

20 Sobre a legislação, entre outros: Lara, Para além do cativeiro: legislação e tradições jurídicas sobre a liberdade no Brasil escravista. In: Fonseca; Seelaender (orgs.). *História do Direito em perspectiva*, p.14. Sobre o Judiciário imperial, confira: Lopes, Governo misto e abolição de privilégios: criando o judiciário imperial. In: Oliveira; Bittencourt; Costa (orgs.), op. cit.

21 Grifos nossos.

22 Código Criminal, 1830.

os dos "pais para filhos". Mesmo que o castigo físico fosse regulamentado pela lei, pode-se verificar que foram estipulados os limites diários dos açoites para evitar os excessos. Esse tipo de regulamentação aparece no Título II, Capítulo I, "Da qualidade das Penas, e da Maneira como hão de impor e cumprir":[23]

> Art. 60. Se o réo fôr escravo, e incorrer em pena, que não seja a capital, ou de galés, será condemnado na de açoutes, e depois de os soffrer, será entregue a seu senhor, que se obrigará a trazel-o com um ferro, pelo tempo, e maneira que o Juiz designar. O número de açoutes será fixado na sentença; e o escravo não poderá levar por dia mais de cincoenta.

Com relação à mencionada pena de açoite e à apresentação de escravos à justiça levados por um ferro, como consta no artigo 60 do Código Criminal, verifica-se que tais possibilidades foram revogadas pela lei 3.310 de 15 de outubro de 1886:

> Art. 1º São revogados o art. 60 do Código Criminal e a Lei n.4 de 10 de junho de 1835, na parte em que impoem a pena de açoutes. Ao réo escravo serão impostas as mesmas penas decretadas pelo Codigo Criminal e mais legislação em vigor para outros quaesquer delinquentes, segundo a especie dos delictos commettidos, menos quando forem essas penas de degredo, de desterro ou de multa, as quaes serão substituidas pela de prisão; sendo nos casos das duas primeiras por prisão simples pelo mesmo tempo para ellas fixado, e no de multa, si não fôr ella satisfeita pelos respectivos senhores, por prisão simples ou com trabalho, conforme se acha estabelecido nos arts. 431, 432, 433 e 434 do Regulamento n.120 de 31 de janeiro de 1842.[24]

É importante destacar que na década da criação da Lei n.3.310 a mão de obra cativa já era escassa. O tráfico internacional de escravos já havia se encerrado em 1850 e o regime começava a passar por dificuldades, até ser extinto em 13 de maio de 1888. Partindo desse princípio, não era interessante que um número reduzido de escravos disponíveis

---

23 Código Criminal, 1830. Capítulo 1. Artigo 60.

24 Lei n.3.310 de 15 out. 1886.

para o trabalho fosse submetido à prisão perpétua e aos açoites excessivos, impossibilitando a substituição das posses.[25]

No que diz respeito ao crime, estamos diante de um fenômeno que tornou públicas diversas transgressões analisadas pela justiça. Esse fenômeno evidenciou uma parcela da resistência das relações escravistas no interior do cativeiro. Mesmo com a "nulidade jurídica" do cativo, percebe-se, por meio do exame dos casos disponíveis numa série de pesquisas sobre esse tema, que essa "nulidade" foi sendo alterada com sucessivas tentativas por parte dos escravos, para que os agentes judiciários atendessem às suas reivindicações nas barras dos tribunais.[26] A resistência escrava não se dava exclusivamente por meio dos crimes que resultaram em trâmites processuais. Portanto, nosso debate se fundamenta nos processos efetivados na justiça. No entanto, houve vários crimes que não conhecemos, pois ocorrerem e foram resolvidos no interior dos cativeiros. Além disso, cabe ressaltar que existiram outras formas de resistência não caracterizadas pela violência.

Analisando o Código Criminal de 1830, percebemos que outros pontos do documento tratavam dos crimes envolvendo cativos. O artigo 113 do Capítulo IV fazia referência aos crimes relacionados às insurreições, considerando que "julgar-se-á commettido este crime, retinindo-se vinte ou mais escravos para haverem a liberdade por meio da força".[27] Ou seja, a revolta ou motim que contabilizasse mais de vinte escravos envolvidos seria julgado como insurreição, tendo sentença específica.

Em 29 de novembro de 1832, o Código do Processo Criminal foi elaborado para atualizar inúmeros aspectos não abordados no Código de 1830, incluindo a normatização do processo criminal como documento oficial para julgamento dos crimes. Na análise do documento, deparamo-nos mais uma vez com a tentativa de legitimação do domínio senhorial. Dos pontos que tratavam dos escravos em especial, temos o artigo 75,[28]

25 Sobre as prisões no Brasil, veja Bretas et al., *História das prisões no Brasil.*

26 Radsack, op. cit.

27 Código Criminal, 1830. Capítulo 4. Artigo 113.

28 Código do Processo Criminal. Artigo 75.

parágrafo 2º, o qual menciona que não seriam admitidas as denúncias de escravos contra senhores, e o artigo 89, que impedia a participação de cativos como testemunhas dos processos ou autores de denúncias.

> Com o Código de 1832, estavam estabelecidos os parâmetros entre as relações indivíduos e Estado, mas não devemos deixar de notar que isso também foi fundamental para o Estado legitimar sua presença no dia a dia das pessoas, consolidando seu papel de mediador de conflitos e fundador de padrões de comportamento.[29]

Seguindo o exame da legislação criminal, não podemos nos esquecer da Lei n.4 de 10 de junho de 1835,[30] que procurava reprimir os crimes cometidos por escravos contra seus senhores, familiares e prepostos, instituindo a pena de morte para esses escravos. A criação da lei demonstrava um aspecto específico da criminalidade escrava: o aumento significativo de homicídios cometidos por escravos contra seus proprietários, familiares, feitores e demais funcionários em função do domínio senhorial.

Após episódios de revoltas/rebeliões, como a "Revolta dos Malês", na Bahia, e a "Revolta de Carrancas", em Minas Gerais, o temor por parte dos senhores se estendeu por todo o Brasil.[31] A onda negra e o medo[32] de uma revolta generalizada proporcionaram a criação da referida lei, no intuito de aumentar significativamente as penas para os escravos que ferissem ou matassem seus senhores ou livres vinculados à ação senhorial. O artigo 1º da Lei n.4 dizia que:

> Serão punidos com a pena de morte os escravos ou escravas que matarem por qualquer maneira que seja, propinarem veneno, ferirem gravemente ou fizerem outra qualquer grave offensa physica a seu senhor, a sua mulher, a descendentes

29 Silva, *Homicídios na comarca de Uberaba*, p. 60.

30 Lei Imperial de 10 de junho de 1835. Sobre essa lei e suas diversas implicações ao longo do século XIX, confira Pirola, *A lei de 10 de junho de 1835*.

31 Para maiores informações sobre esses eventos, consulte: Reis, *Rebelião escrava no Brasil*; Andrade, *Rebeldia e resistência*.

32 Azevedo, *Onda negra, medo branco*.

ou ascendentes, que em sua companhia morarem, a administrador, feitor e às suas mulheres, que com elles viverem.

Se o ferimento, ou offensa physica forem leves, a pena será de açoutes a proporção das circumstâncias mais ou menos aggravantes.[33]

Essa lei constituiu um importante mecanismo de defesa senhorial. Com ela, o Império buscava "resguardar" senhores, feitores, funcionários, familiares, para que não fossem alvos dos instintos revoltosos dos escravos. A sentença da pena de morte direcionada ao cativo tinha por finalidade evitar qualquer ameaça ao domínio senhorial. Aquele que podemos chamar de "inimigo doméstico" tornava-se o centro das preocupações desse Brasil escravista.

Karyne Johann ressalta que a lei de 10 de junho de 1835:

> [...] apresentava-se como um estatuto penal especial, ao investir de intocabilidade a figura da autoridade senhorial. Assim, ao se voltar contra o seu proprietário, o escravo deixava de ser considerado legalmente incapaz e arcava com suas responsabilidades criminais perante o júri como um cidadão qualquer; ao seu proprietário, contudo, era concedido, através do anteparo legal, o poder de vida e morte sobre seu escravo.[34]

Nossa apresentação da legislação criminal, que trata sobretudo dos casos que envolvem cativos, não pretende afirmar que todas as relações escravistas no Brasil foram exclusivamente conflituosas. Em contrapartida, é importante frisar que esses conflitos aumentaram muito no decorrer do século XIX.[35]

## A criminalidade e o ritual jurídico

É necessário um olhar cauteloso sobre o processo criminal. Por se tratar de um documento elaborado a partir de um discurso escrito pelos

33 Lei imperial de 10 de junho de 1835.

34 Johann, *Escravidão, criminalidade e justiça no Sul do Brasil.*

35 Guimarães, *Violência entre parceiros de cativeiro.*

"representantes" do Estado que, muitas vezes, eram também os "representantes" das camadas dominantes, é comum observarmos diversas manobras jurídicas que tendiam ao benefício das mesmas.

Mesmo que de maneira limitada, o cativo, reconhecido como sujeito nos processos criminais, demonstrava, por meio de suas ações, os impactos de sua resistência em relação ao regime escravocrata ao longo do século XIX.

Muitos autores, como Maria Helena Machado, argumentam que, na ausência ou na deficiência da legislação criminal, o poder absoluto dos senhores junto à regulamentação legal desse tipo de relações ocasionou fissuras e desequilíbrios irreparáveis diante do processo de dominação. A instabilidade era uma realidade para o domínio senhorial e para as diversas redes de sociabilidade dos cativos ao longo do sistema escravista. A instabilidade possuía sua face mais visível na resistência e na não aceitação da condição de escravo.

Os conflitos se caracterizavam de diferentes formas no Brasil escravista. Essa variação estava ligada às diversidades políticas, geográficas, culturais e demográficas. A proporção dos conflitos e suas diversas características estavam condicionados ao tamanho das propriedades, ao contexto rural ou urbano, à quantidade de cativos por proprietário e à condução do regime de acordo com cada realidade regional.

A busca pela resolução de questões pessoais, de propriedade e das relações cativas foi efetivada a partir da elaboração do processo crime como meio formal e burocrático de encaminhar os casos à justiça.

Sobre a procura pelos tribunais no século XIX, Ivan Vellasco ressalta que:

> Uma das razões que moviam aqueles que procuravam a justiça certamente residia em algum cálculo razoável a respeito das possibilidades de atendimento de suas demandas. De um ponto de vista estritamente lógico, é pouco provável que tais cálculos não se fizessem presentes no ato dos que cotidianamente, e de maneira crescente, decidiam por submeter à apreciação e escrutínio das normas jurídicas suas desavenças, contendas e dramas particulares. A própria decisão de fazê-lo é, por si só, indicativa de uma racionalidade que revela noções sobre ordem coletiva e o papel das instituições em administrá-la, em oposição àqueles

que, como vimos, movidos pelo impulso das paixões ou por outros cálculos, decidiam resolver por conta própria suas rixas e negócios.[36]

Compreendemos que, ao longo do século XIX, a procura pela justiça foi significativa. Para o historiador Marcelo de Souza Silva, essa procura estava intimamente ligada à crescente legitimidade da justiça no período.[37] No que se refere à relação entre senhores e escravos, perceberemos que o conflito manifestado por ambas as partes era interpretado de forma e significados distintos na sociedade. Segundo Silvia Hunold Lara:

> Senhores e escravos constituíam categorias efetivamente separadas, onde as diferenças raciais obstavam quaisquer possibilidades de mobilidade social. Para esses senhores, a experiência do trato com os escravos impunha a necessidade de violência: ela os conservava obedientes, obrigava-os ao trabalho, mantinha-os submissos com castigos e dominação. Já a violência do escravo contra a ordem era vista como transgressão, violação do domínio senhorial, rebeldia.[38]

O tratamento judicial variava a partir da condição social dos envolvidos. Se a ofensa fosse cometida por algum senhor, o ato, na maioria das vezes, se configurava como disciplina necessária, respaldando-se como um "ato pedagógico", mesmo com o descumprimento das leis existentes quanto à limitação de açoites. Contudo, se o crime partisse do cativo, tal ação era julgada, na maioria dos casos, como crime em potencial. Vejamos alguns casos.

## José, Sebastião e Lino: crime entre parceiros de cativeiro

A partir da leitura dos processos criminais, é possível acessar de forma indireta algumas características do cotidiano das relações naquela sociedade escravista. Na leitura das fontes, evidenciam-se, por exemplo, inúmeras relações de amizade, familiares, de laços afetivos em geral, de sobrevivência e, sem dúvida, de conflitos.

36 Vellasco, *As seduções da ordem*, p.179.

37 Silva, op. cit., p.101.

38 Lara, *Campos da violência*, p.30.

Para melhor exemplificar as relações conflituosas entre parceiros de cativeiro, lançamos mão do caso dos escravos José, Sebastião e Lino, ocorrido em Santa Luzia do Carangola, na província de Minas Gerais.

Na abertura do processo, datado em 1887, o escrivão Emílio Soares iniciou o inquérito, apresentando as seguintes informações:

> Tendo na noite de 4 para 5 de setembro do corrente anno de 1887, sahindo da casa de seu senhor o denunciado José e seus companheiros Sebastião e Lino, todos a cavalo, dirigiram-se para o lado da fazenda Borboleta, sita com a do Capitão Fraga [senhor de José], na freguesia da cidade de Carangola, e ahi as duas horas mais ou menos da madrugada de 5, José assassinou o seu companheiro Lino dando-lhe bordoadas que lhe produziram hemorragia cerebral e a morte imediata.[39]

O lavrador Francisco Ribeiro da Silva, de 34 anos e morador da mesma localidade, relatou que:

> [...] sahindo de sua casa, foi chamado por Cassimiro para ver um sangue que se achava pela estrada em diversos lugares; ella testemunha voltando ao chamado de Cassimiro verificou a existência de sangue e em seguida achou o morto de bruço com o chapéu na cabeça [...][40]

No decorrer do depoimento, Francisco Ribeiro da Silva alegou que fora informado pelo escravo Estulano, propriedade de Joaquim Borboleta, que haviam passado pela estrada, de madrugada, os cativos José, Sebastião e Lino. Segundo Estulano, José possuía uma foice grande de roçar e Sebastião, outra pequena. Francisco afirmou também que sabia da promessa de morte que o escravo José havia feito a Lino. Informou ainda que soube pelo senhor dos escravos, o capitão Fraga Júnior, que Lino era provocador e fazia uso contínuo de aguardente.

Ao tratar dos crimes que envolviam parceiros de cativeiro em Juiz de Fora, nas Minas Gerais, Elione Guimarães ressalta que:

39 Processo n.343 – Maço 29 – Fundo Fórum/Criminal – CDH/Carangola – MG.

40 Idem

Seguindo a tendência geral da criminalidade, os crimes entre parceiros de cativeiro aumentaram ao longo da segunda metade do século XIX, principalmente após 1880. Esse crescimento da criminalidade entre cativos pode ser creditado, por um lado, a um acirramento das tensões oriundas das leis abolicionistas e que perpassaram à comunidade cativa. Por outro, pode ser resultado da política senhorial, que tendeu a entregar o cativo criminoso para julgamento com maior frequência, à medida que o Estado elaborava leis de moderação, regulamentando o tratamento que deveria ser dispensado aos escravos, e adentrava às fazendas, procurando impor limites aos senhores de terras e de homens.[41]

Nas partes finais da fonte, os três cativos constantes no processo passaram a ser citados como "ex-escravos". Esse fato se explica ao verificarmos que os trâmites finais do caso se registraram em fevereiro de 1889, quase um ano após a assinatura da Lei Áurea. O processo se encerrou com a pronúncia do promotor, sem constar as informações do julgamento de José.

[...] o Réo José, ex-escravo do Capitão Fraga Júnior ferio com uma fouce ou cabo de fouce a Lino ex-escravo do mesmo Capitão como prova-o o depoimento de testemunhas e o auto do corpo de delicto [...] que deste ferimento resultou imediatamente a morte do paciente [...] Que o Réo José cometeu o crime de noite [...] que o mesmo Réo cometeu o crime por motivo frívoloe mais, [...] que o Réo José cometeu o crime com superioridade em armmas de maneira a não poder o ofendido defender-se com probabilidade de repelir a ofensa [...].[42]

O promotor público solicitou que o réu fosse condenado com base no artigo 193 do Código Criminal de 1830, por concorrerem os agravantes do artigo 16, parágrafos 1º, 4º e 6º em grau máximo:

Art. 193. Se o homicídio não tiver sido revestido das referidas circumstâncias aggravantes. Penas – de galés perpétuas no grau máximo; de prisão com trabalho por doze annos no médio; e por seis no mínimo. [...]

Art. 16. São circumstâncias agravantes: 1º Ter o delinquente commettido o crime de noite, ou em lugar ermo. [...] 4º Ter sido o delinquente impellido por

41 Guimarães, *Violência entre parceiros de cativeiro*, p.110.

42 Processo n.343 – Maço 29 – Fundo Fórum/Criminal – CDH/Carangola – MG.

> um motivo reprovado, ou frivolo. [...] 6º Haver no delinquente superioridade em sexo, forças, ou armas, de maneira que o offendido não pudesse defender-se com probabilidade de repellir a offensa. [...][43]

Com base em alguns processos criminais disponíveis, percebemos que é possível extrair informações relevantes sobre as práticas cotidianas das relações escravistas. Em alguns momentos, fica perceptível pela leitura das fontes um discurso das camadas dominantes com o intuito de fazer uso da justiça em seu favor. Contudo, a dissimulação, as mentiras, entre outras estratégias, foram utilizadas pelos envolvidos em algum tipo de crime, fossem eles escravos ou não.

## Jacintho: o temido "Preto Velho"

Em local denominado "Vinhatico", na Freguesia de Tombos do Carangola, pertencente ao município de Santa Luzia do Carangola (MG), residiu por longos anos um "preto velho" com mais de 60 anos, de nome Jacintho, que, de acordo com seus vizinhos, era feiticeiro. Na noite do dia 11 para 12 de agosto de 1883, quando estava em sua cama, foi surpreendido por um tiro disparado ainda fora de sua residência. Segundo o inquérito policial, o tiro foi dado pelo réu Moizés de tal. O projétil atingiu o maxilar de Jacintho e desfigurou por completo a região bucal, determinando a morte do mesmo três ou quatro dias depois.

> Na noite do dia 11 para 12 de agosto do corrente anno, aquele prêto, das 8 para as 9 horas da noite, estando em seu leito contemplando o trabalho do dia, estando [ilegível] no discanço das fadigas do dia, foi traiçoeiramente sorpehendido por um tiro de arma de fogo que lhe arremessarão de fora para dentro de sua casa, o qual, conforme o auto do corpo de delicto, empregando-se, ou tendo empregado, nos ramos orizontaes do ouço macilar inferior, estragou-o completamente, tendo determinado a morte do ofendido 3 ou 4 dias depois.
>
> O autor de tão horroroso quanto covarde crime, apesar de socorrer-se das trevas, contudo não pode escapar da Acção da Justiça que, por [ilegível] indícios

43 Código Criminal, 1830 – Artigo 193.

> anteriores e posteriores ao delicto, além da confissão ou indicação da victima antes de socumbir, tratou de estigmatiza-lo apontando-o como único responsável pelo crime. O autor de semelhante crime o Réu Moizes de Tal, visinho da victima o qual, tendo um parente em próximo grau, doente, attribui a victima, causas daquele incommodo, que considerava de feitiço prometendo vingar-se, e de uma maneira cabal.[44]

O promotor solicitou que o crime fosse enquadrado no já citado artigo 193 do Código Criminal de 1830.[45] No momento que o referido "preto velho" foi caracterizado como feiticeiro, alguns indivíduos que residiam nas proximidades de sua residência atribuíram os casos particulares de doenças familiares às práticas de feitiçaria realizadas por Jacintho. Após o início do inquérito, encontramos um documento, assinado por Serafim Pereira de Souza, destinado ao subdelegado de polícia da Freguesia de Tombos do Carangola. Nesse documento, Serafim levava ao conhecimento da autoridade policial que o "preto velho" morava numa "situação" de sua propriedade, e que foi possível ouvir os tiros na referida noite do delito. Segundo o ofício, após o estampido do tiro, Serafim ouviu gritos de socorro que o fizeram se dirigir à residência do "preto velho". Ao encontrá-lo atingido, percebeu a deformação em seu maxilar ocasionada pelo tiro.

Em casos de morte decorrentes de crime, o trâmite processual exigia a realização da autópsia no corpo. No entanto, como Jacintho permaneceu vivo por alguns dias, foi possível realizar os procedimentos referentes ao "Auto de Corpo de Delicto". Ao ser examinado por profissionais da saúde, o procedimento verificou a gravidade dos ferimentos encontrados no "preto velho". A morte de Jacintho se deu alguns dias depois do início das investigações. Sendo assim, foi possível perceber, a partir do relato dos investigadores, a destruição completa dos dois ramos horizontais do osso maxilar inferior, os grandes ferimentos musculares,

44 Denúncia realizada pelo promotor público Salermo Ferreira Barbosa extraída à folha n.02 e 02v do processo n.1151 – Maço 93 – Fundo Fórum/Criminal – CDH/Carangola – MG.

45 Código Criminal, 1830 – Artigo 193.

a fragmentação do osso destruído em vários pedaços, com boa parte das feridas ocasionadas pelo chumbo desferido pela arma.

Nesse processo, foram arroladas oito testemunhas. As informações disponibilizadas por elas se assemelham com o enredo da abertura do inquérito policial já citado. A terceira testemunha, o capitão José Lucianno de Souza Guimarães, dizia ter conhecimento de uma suposta rixa entre as partes. A sexta testemunha, João Barnabé, relatou que, numa conversa com o réu Moyses de Tal, ouviu que Jacintho era um grande feiticeiro e que, para ele, "só a morte". A maioria das testemunhas relatou não ter informações relevantes, ou saber de pequena parcela do ocorrido e, mesmo assim, por informação de terceiros.

Dentre os muitos questionamentos que podemos levantar, mesmo que sem solucioná-los, um deles se refere ao tipo de feitiçaria que supostamente seria realizada por Jacintho.[46] Qual seria a proximidade estabelecida entre a vítima e o réu? Qual a possível doença que vitimou o membro da família de Moyses e que foi atribuída ao feitiço de Jacintho? No processo, não tivemos acesso ao interrogatório do réu, peça que mais elucida as questões importantes nos casos criminais.

Com relação à religiosidade no Império brasileiro, a Constituição Imperial de 1824 tratava a questão da seguinte forma no artigo 5º:

> A Religião Catholica Apostolica Romana continuará a ser a Religião do Imperio. Todas as outras Religiões serão permitidas com seu culto doméstico, ou particular em casas para isso destinadas, sem fórma alguma exterior do Templo.[47]

No decorrer do processo, verificamos o encaminhamento do pedido de visitas ao promotor público. Mais tarde, deparamo-nos com várias certidões, conclusões e encaminhamentos. Porém, nenhum desses itens fez referência ao julgamento. Um dos últimos documentos encontrados no processo fazia menção à expedição de um mandato para inquirição das testemunhas do réu. Porém, não é possível identificar qual foi o desfecho do caso.

46 Sobre esse assunto, confira, entre outros: Possidonio, *Calundus, batuques e mandingas*; Sampaio, *Juca Rosa*: um pai de santo na Corte Imperial.

47 Constituição Imperial Brasileira, 1824.

## Júlio Escravo: de ladrão de milho a assassino

Em 1886, na região de Santa Luzia do Carangola, o escravo Júlio, brasileiro de 20 anos, "roceiro" pertencente a Silvério Ferreira Brant, foi julgado pelo assassinato de um dos empregados da mesma propriedade em que trabalhava. No inquérito policial, consta que o empregado livre Manoel Antônio, que estava em companhia do escravo Júlio, havia descoberto que o cativo furtava milho do paiol de seu senhor.

Manoel Antonio, não consentindo o furto, ameaçou o cativo, alegando que denunciaria tal ato junto ao seu proprietário. Ao que tudo indica, Manoel era um empregado (feitor ou administrador, quem sabe) que mediava o poder entre senhores e escravos. Em nenhum momento do texto é possível verificar se o empregado Manoel Antônio cumpria o ofício de feitor. No entanto, o ato de fiscalização do empregado para com o escravo Júlio evidencia o papel daqueles que faziam cumprir, na maioria das vezes, as ordens senhoriais sem que fosse necessária a presença do proprietário. Assim, é possível perceber que o foco de tensão das relações escravistas também se encontrava presente entre indivíduos de condições jurídicas distintas. Ao ser ameaçado de denúncia referente ao roubo de milho, o cativo assassinou o empregado para evitar que ele o entregasse ao seu senhor.

De acordo com o processo criminal:

> [...] Ao amanhecer do 07 de Novembro do anno de 1886,[48] havendo dormido na casa de Modesto Teixeira de Siqueira, sita nas proximidades da cidade de Santa Luzia do Carangola, Manoel Antônio dirigio-se para o sítio da Serra, à pouca distância da referida cidade, para o fim de guarda-lo segundo ordem de seu patrão, o proprietário do aludido sítio, Silvério Ferreira Brant. Em seo seguimento, e quase à mesma hora, também para o mesmo sítio partiu Júlio, escravo de Ferreira Brant. Chegados ambos, Júlio armou-se de um machado com o suposto intuito de o amolar, e encontrando Manoel Antônio desapercebido deo lhe na cabeça atrás do ouvido esquerdo uma forte pancada com o olho do machado, determinando-lhe uma hemorragia cerebral e a morte immediata. [...][49]

48 A capa do processo crime se inicia com a data de 1887.

49 Processo n.761 – Maço 64 – Fundo Fórum/Criminal – CDH/Carangola – MG.

O escravo Júlio não desejava que fosse revelado o roubo de milho do paiol de seu senhor e ainda ameaçou o dito Manoel Antonio antes do assassinato:

> Quanto às circunstâncias que cercam o facto criminoso releva ponderar que na véspera do assassinato, oppondo-se Manoel Antônio com a ameaça de ir participar à Modesto Teixeira, à que Julio furtasse milho do paiol da casa de seo senhor, o réo replicara lhe que se elle contasse esse furto não comeria mais angu [...][50]

Na análise do processo, percebemos a plena consciência do escravo Júlio em relação à gravidade do delito cometido. Uma vez denunciado por furto, o cativo receberia alguma punição por parte de seu proprietário. Dentre as possibilidades de punição, a proibição de sua mobilidade e o castigo físico seriam as prováveis ações de seu senhor. Independente da punição recebida, o próprio acesso ao paiol talvez fosse restrito. Maria Helena Machado destacou que esse tipo de roubo configurava uma "economia independente" para o escravo.[51] Para evitar as consequências da denúncia, o cativo Júlio cometeu o que a historiografia do crime caracteriza de "crime-limite".

Nos autos processuais, durante a inquirição das testemunhas, o lavrador Maximiano da Costa Pereira e Souza afirmou que os indícios e as informações acerca do furto de milho efetuado pelo escravo Júlio surgiram entre os próprios escravos de Silvério Ferreira Brant. Em suma, os próprios parceiros de cativeiro. Para a mesma testemunha, o escravo Júlio alegou que o ato de retirar milho do paiol de seu senhor não se configurava em furto, pois estava fazendo uso daquilo que foi produzido e coletado a partir de seu próprio suor. Ao se manifestar sobre esse fato, o escravo demonstrou a insatisfação pela exploração que sofria, considerando injusto o ganho de seu senhor sobre parte de seu trabalho. Na concepção do escravo, a retirada do milho não deveria ser reconhecida

50 Idem

51 Machado, *O plano e o pânico:* os movimentos sociais na década da abolição.

como roubo, mas sim como compensação por seu trabalho, mesmo que ocorresse às escondidas.

Consciente das consequências que poderia sofrer pelo assassinato cometido, o inquérito demonstra a tentativa de Júlio em forjar a cena do crime:

> [...] Em seguida arrastando o cadáver o foi colocar debaixo de uma árvore e depois preparando com a disposição de uma espingarda, descarregada num dos canos, e assentada contra o logar [...] os meios grosseiros de iludir a justiça, fazendo parecer demais num suicídio [...].[52]

Esse fato não somente foi identificado pela perícia, como também fez parte da confissão do escravo. Questionado sobre sua origem e procedência, respondeu que era brasileiro e nascido na Fazenda do Boi. O cativo Júlio foi interrogado sobre o caso, demonstrando certa frieza em relação ao crime cometido. De acordo com ele, após ter assassinado o empregado Manoel Antônio e forjado a cena do crime, cozinhou sua comida e almoçou. Logo depois, comunicou aos moradores da localidade sobre o crime, informando que havia encontrado o corpo de Manoel com uma espingarda em posição de suicídio.

Durante o interrogatório, o escravo alegou que tinha boa relação com a vítima. Porém, relatou que antes de cometer o crime contra o empregado de seu senhor, Manoel Antônio estava embriagado e o ameaçou com uma espingarda, e ele não teve alternativa a não ser se defender com "uma só bordoada com o olho do machado".[53]

Esse caso nos possibilita uma interpretação interessante sobre as ações dos escravos relacionadas ao receio do julgamento de seus atos. Fica perceptível no processo um considerável conhecimento por parte de Júlio com relação às consequências que sofreria ao ser denunciado pelo furto e acusado pelo assassinato do empregado Manoel Antônio.

Cabe ainda ressaltar que, entre as testemunhas arroladas no processo, existia uma diversidade de manifestações dirigidas tanto ao réu quanto à vítima. Nos depoimentos disponíveis, ora o empregado Manoel Antônio

52 Processo n.761 – Maço 64 – Fundo Fórum/Criminal – CDH/Carangola – MG.

53 Idem

era citado como criminoso por algumas testemunhas, ora o escravo Júlio era referenciado com procedência suspeita por outras.

Guardados os devidos cuidados necessários com o complexo discurso jurídico das fontes, verificamos no processo a existência de um bom relacionamento entre as partes, de acordo com o depoimento do réu. Porém, após a quebra da "autonomia" do cativo, a partir da ameaça de denúncia de furto, a relação amigável entre as partes se transformou numa grande tragédia.

O ponto principal do julgamento em questão não foi o furto de milho, mas o assassinato de Manoel Antônio. Ao término do processo, o escravo Júlio foi condenado com a pena de catorze anos de prisão a ser cumprida na capital da província de Minas Gerais, com base no artigo 193 do Código Criminal de 1830.[54]

O assassinato cometido pelo cativo demonstra que as tensões presentes nas relações escravistas da região de Santa Luzia do Carangola não se concretizavam somente nos extremos (senhor vs. escravo). Aqueles que mediavam o poder em função do domínio senhorial estavam sujeitos ao envolvimento nos conflitos, pois representavam o controle sobre esses cativos.

## Açoites no eito e a queixa do promotor público

> É comum encontrar-se em casa do fazendeiro brasileiro um tronco, antigo instrumento de castigo, formado por duas peças de madeira de seis a sete pés de comprimento, presas a uma das extremidades por uma dobradiça de ferro e munidas na outra de um cadeado cuja chave fica em mãos do feitor. O fim desse dispositivo é sobrepor as duas partes dos buracos redondos, através dos quais são passados punhos ou pernas e às vezes o pescoço dos torturados. O instrumento é em geral colocado num barracão fechado ou um sótão.[55]

54 Previa que, se o homicídio não tivesse sido revestido das referidas circunstâncias agravantes, as penas seriam: galés perpétuas no grau máximo; de prisão com trabalho por doze anos no médio; e por seis no mínimo.

55 Debret, op. cit., p.177.

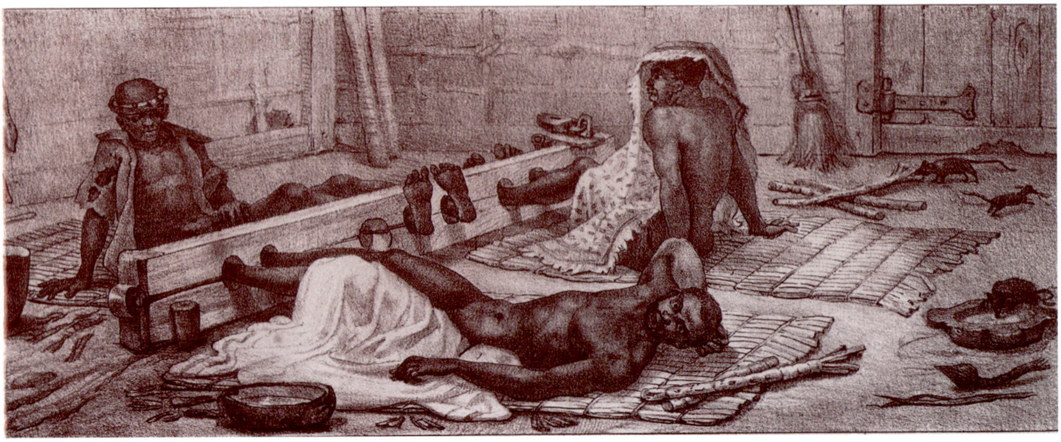

Figura 3.2
Cena de escravos presos ao tronco, retratada por Jean--Baptiste Debret
**Fonte:** acervo Fundação Biblioteca Nacional

Na Freguesia de Tombos de Carangola, em 1884, um processo crime intitulado "Queixa do Promotor Público"[56] envolveu diversos segmentos da sociedade, como senhor, escravos, livres, além dos representantes do poder judiciário.

Nesse processo, não é possível identificar qual motivo originou a denúncia do representante da justiça. Ao iniciarmos a verificação do inquérito policial, identificamos que o promotor Salermo Ferreira Barbosa havia interferido na ação senhorial que puniu excessivamente alguns escravos. Esse fato culminou mais tarde na insatisfação do proprietário de escravos, que liderou a tentativa de afastamento de Salermo Ferreira Barbosa do cargo.

A abertura do processo apresenta a denúncia do promotor contra a ação senhorial:

> *Contra Sebastião Pereira de Magalhães e Castro e seu escravo Leandro – Réos* [...].
>
> Sendo o primeiro querellado fazendeiro deste município, em dias do corrente mês expedira ordens ao offendido José, seu escravo, para carrear canas d'assucar para moê-las; e cumprindo o offendido as ordens recebidas comessou a executar-las, fazendo a carreação ordenada.

56 Processo n.212 – Maço 18 – Fundo Fórum/Criminal – CDH/Carangola – MG.

Em um dia porém (8 ou 7 do corrente mês) o querellado Magalhães Castro ordenara ao offendido para não juntar os bois no dia seguinte, caso amanhecesse chovendo, pois que nessa hypottese, não queria que se carrease. Amanhecendo chuvoso o dia ordenado, o offendido em execução da ordem recebida deixou de juntar os bois; mas tomando o querellado conhecimento dos serviços em que se empregavam o offendido e outros escravos seus, imediatamente reformou as ordens dadas, mandando o offendido que juntasse os bois, pegasse-os e fosse carrear. O offendido obedecendo as ordens, sem perda de tempo cumprio-as, empregando-se na carreação com seu companheiro o infeliz Cassimiro. Não pode entretanto o querellado curar-se da sede de sangue de quem se achava possuído, porque as victimas não davam lhe ocasião. Mas não tardou muito o frívolo pretexto de haver o offendido com seu companheiro de carreação, de nome Cassimiro, deixado quebrar um cocão do carro, na subida de um morro elevado, para que o querellado logo saciasse os seus desejos e pozesse em mostra seus perversos instintos sanguinolentos, mandando o escravo Leandro que açoltasse atrozmente ao offendido José seu companheiro, até que fossem feitos os bárbaros ferimentos constantes do auto de corpo delicto [...].[57]

Na abertura da denúncia, verificamos que o senhor Sebastião Pereira de Magalhães e Castro utilizou seu escravo Leandro para realizar o açoite de José e Cassimiro. É importante ressaltar que o cativo não foi mais citado no referido caso. Verificamos, nesse caso, que o escravo de "confiança" era utilizado para a realização do açoite de seus parceiros de cativeiro, evidenciando certa "hierarquia" entre os escravos. Em suma, um escravo que exercia o poder em nome de seu senhor contra outros escravos.

O senhor e o promotor travaram o principal conflito desse processo.

Sobre a ordem do açoite excessivo expedida por Sebastião, o promotor relatou que:

[...] Sendo interprellado por alguém desta cidade sobre o facto, com um cinismo inqualificável respondeo que os ferimentos não são devidos à quantidade mas sim a qualidade do instrumento e que o offendido tinha por vezes recebido castigos maiores sem nunca ter fugido!!!...[...][58]

57 Idem

58 Idem

O artigo n.75 do Código do Processo Criminal autorizava o promotor público a interferir e prestar queixa a favor das vítimas miseráveis. Nesse caso, estariam incluídos os escravos José e Cassimiro. O exame de corpo de delito dos dois cativos apresentou menção às significativas marcas de castigos físicos frequentes. O senhor, Sebastião Pereira de Magalhães e Castro, alegou que os ferimentos verificados já estavam cicatrizados, sendo de tempos passados. Para o proprietário dos cativos, havia parcialidade do promotor em assumir o caso, pois ele buscava de forma intencional sua condenação.

Durante a leitura do processo, verifica-se no discurso do proprietário dos cativos o conhecimento da legislação vigente. O réu alegava ser inimigo capital do promotor Salermo Ferreira Barbosa. De acordo como artigo n.75 do Código do Processo Criminal de 1832, não poderiam ser admitidas denúncias entre inimigos capitais. Mesmo que tal informação esteja presente no caso, não identificamos a motivação da inimizade.

Sebastião Pereira de Magalhães e Castro argumentou, nos autos processuais, que Salermo Ferreira Barbosa não deveria assumir o caso, já que estava "tomado por ódio". Para o proprietário dos escravos, a justiça "não se prestaria a comédias".

Mesmo com o exame de corpo de delito apontando os maus-tratos nos escravos de Sebastião Pereira de Magalhães e Castro, o processo se encerrou com sua absolvição.

A respeito das contradições dos resultados dos julgamentos, Keila Grinberg afirma que:

> De fato, essa é a presunção quando se trata de avaliar a relação entre a justiça e a escravidão no Brasil oitocentista – mesmo que seja possível a um ou outro escravo sair vencedor numa ação contra seu senhor, a "lógica" mandaria que a razão jurídica estivesse com o proprietário de escravos. O poder judiciário não poderia ser uma instância de defesa dos direitos de cativos.[59]

59 Grinberg, Reescravização, direitos e justiças no Brasil do Século XIX. In: Lara; Mendonça, *Direitos e justiças no Brasil*, p.123.

Com relação ao resultado do pedido de afastamento do promotor público, não encontramos nenhuma referência no documento. Ao analisar outros processos criminais a partir de 1884, constatamos que o promotor participou de outros julgamentos, o que aparentemente confirma sua permanência no cargo.

Na tentativa de reconstruir a trajetória desse promotor, encontramos na obra *Efemérides carangolenses*, de Rogério Carelli,[60] a informação de que Salermo Ferreira Barbosa exerceu o cargo de vereador, advogado e jornalista. Carelli assevera que Salermo participou de eventos abolicionistas durante o Império. Esse fato pode elucidar em parte seu posicionamento contra os açoites excessivos nos escravos de Sebastião Pereira de Magalhães e Castro. Carelli destaca que Salermo foi assassinado em 26 de maio de 1896, às 19 horas, por "motivo de ordem pública".

## Fortunato Raphael Archanjo e o espancamento da escrava Porcina

> O povo admira a habilidade do carrasco, que, ao levantar o braço para aplicar o golpe, arranha de leve a epiderme, deixando-a em carne viva depois da terceira chicotada.[61]

Em 1883, Fortunato Raphael Archanjo foi levado à justiça pelo espancamento de sua escrava de nome Porcina:

> Ilmo Senhor Subdelegado de Polícia da cidade do Carangola.
>
> Levo ao conhecimento de Vossa Senhoria que honte às nove horas da noite mais ou menos chegou em caza de Modesto Joze Moreira a escrava Porcina pertencente a Fortunato Raphael Arcanjo; espancada barbaramente pelo mesmo Fortunato assima dito. E para que tenha lugar o que for dito e for de justiça fasso a prezente parte e assino; Fazenda da Lavra 26 de Agosto de 1883. Marcos Antonio Orgel – Inspetor.[62]

60 Carelli, *Efemérides carangolenses*.

61 Debret, op. cit., p.176.

62 Processo n.1365 – Maço 97 – Fundo Fórum/Criminal – CDH/Carangola – MG.

Para o exame do corpo de delito foram intimados, para exercer os atributos de peritos, o médico Manoel José da Cruz e o farmacêutico Alfredo de Pinha, ambos moradores da Santa Luzia do Carangola.

Após a realização dos exames na escrava, chegaram à seguinte conclusão:

> Notarão na região frontal e um pouco acima do supercílio esquerdo uma solução de continuidade de trez centímetros de extenção, os bordos lisos, transudando de sua parte profunda um liquido sero-sanguinolento; o ferimento, que interessa todo o tecido molle, apresenta uma direção ligeiramente obliqua de cima para baixo e de fora para dentro; e o tecido celluar circunvizinho acha-se um pouco edemaciado. [...][63]

Questionados sobre qual instrumento foi empregado no açoite, responderam que "pelo caracter do ferimento e pelos bordos lizos que apresenta, denuncia ser instrumento cortante [...]".[64]

O subdelegado de polícia em exercício, Modesto Pinheiro de Lacerda, intimou como testemunhas, no dia 19 de agosto de 1883, os srs. Joaquim Moreira de Sampaio, Fernando Francisco da Rocha, genro de Fortunato Raphael Archanjo, e Levindo Hermenegildo Pinto.

A primeira testemunha, Joaquim Moreira de Sampaio, de 29 anos, lavrador, relatou que:

> Estando em sua casa, pelas nove a dez horas da noute, ahi chegou o escravo João pertencente ao indiciado Fortunato Raphael Archanjo *em procura de sua mulher* Porcina e dizendo que ella havia recebido pancadas aplicadas pelo senhor da mesma. Perguntado mais respondeo; que outro dia estando com José Soares, conversando sob, digo acerca do facto da escrava foragida, diz José Soares que estando em casa, vio passar a negra ou escrava de Fortunato Raphael Archanjo, e logo após chega Fortunato Raphael Archanjo perguntando noticias da dicta escrava dizendo que havia castigado ella com uma fouce, porém ignorava se a havia ofendido que não sabia se era com o corte ou as costas da fouce.[65]

63 Idem

64 Idem

65 Idem Grifos nossos.

A segunda testemunha, Fernando Francisco da Rocha, de 35 anos, lavrador, informou que:

> [...] estando em sua casa, às 8 a 9 horas da noute, que ele testemunha vio Fortunato Raphael Archanjo muito zangado com sua escrava, e pelo mutim e palavras que ouvia lhe parece ou presume que havia digo, que ele a castigara a dita escrava; perguntado mais que arma costuma o réo trazer consigo; respondeo a costumava trazer uma foicinha; perguntado mais respondeo que depois do que passa a expor não vio mais a escrava; perguntando estão, digo então a Fortunato o que era aquillo, respondeo que havia fugido e disse mais que ella havia lhe espancado com um pequeno pedaço de pau. Perguntado mais, se ele costumava tractar os escravos mal, respondeo negativamente e pelo contrário, tractava-os bem.[66]

Se nos atentarmos para o fato de que Fernando Francisco Rocha era genro do réu, não causa estranheza o discurso de amenização do crime praticado por Fortunato. Além de ressaltar o bom tratamento da cativa pelo acusado, o depoente relatou que Fortunato Archanjo se "zangou" por uma possível fuga de Porcina. Ao minimizar inclusive o instrumento de açoite, a testemunha alegou também que a escrava havia fugido após espancar o réu.

Curiosamente, não encontramos o relato da terceira testemunha intimada, Levindo Hermenegildo Pinto. O que se percebe é que, mesmo intimada, a terceira testemunha não passou pelo processo de inquirição.

Pelo exame de corpo de delito, notamos que os peritos constataram a agressão relatada no início. Esse exame pericial era a maior prova que os agentes judiciais poderiam ter para a condenação do réu. No entanto, o trâmite se encaminhou para o arquivamento do processo.

O parecer do promotor Salermo Ferreira Barbosa indicava que:

> Pelo auto do corpo de delicto e mais diligências deste processo, verifica-se a existência do Crime previsto no art. 201 do Cód. Crime[67] não correndo os requisitos "prisão em flagrante e miserabilidade da parte ofendida", que a Justiça possa liquidar o direito de Criminalidade contra o réo [...] Se nas duas hipotheses

66 Idem

67 Tal lei dispõe sobre "ferir ou cortar qualquer parte do corpo humano, ou fazer qualquer outra offensa physica, com que se cause dôr ao offendido. Penas – de prisão por um mez a um anno, e multa correspondente á metade do tempo".

> figuradas, quando houver prisão em flagrante ou provada de miserabilidade da parte ofendida pode a justiça intentar a seção contra o Réo, ou prosseguir em sêos termos. Na ausência de semelhantes provas e em face dos autos, entendo que se deve archivar o presente feito, salvando-se em todo caso o direito das partes é este o parecer que sujeito ao Meritíssimo Juiz de quem espero justiça imparcial e recta. Carangola 3 de Outubro de 1883. Salermo Barbosa – Promotôr Público.[68]

Ao término do processo, o juiz Fraga Júnior finalizou os trâmites, aceitando as vistas do promotor e mandando arquivá-lo em 8 de outubro de 1883, fazendo que a justiça não interferisse nas resoluções de conflito restritas à propriedade de Fortunato Raphael Archanjo.

No fim do século XIX, inúmeras leis vinculadas à criminalidade foram criadas. Porém, no que se refere ao seu efetivo uso, poucas tiveram a eficaz aplicabilidade, tornando a estrutura da legislação imperial um tanto complexa. Essa situação criava uma espécie de "limbo jurídico", como afirma João José Reis.[69]

Esse caso demonstra, uma vez mais, que em muitos dos crimes os cativos se configuram como vítimas dos processos. Contudo, mesmo que ele se enquadrasse na posição de vítima, nada garantia uma vitória judicial. Ao que parece, sua condição jurídica possuía influência direta nos julgamentos. Como vimos no processo anterior, mesmo com todas as provas do excesso de açoite praticado nos cativos, o senhor foi absolvido após longo trâmite processual.

## Considerações finais

Ao longo do capítulo vislumbramos, de maneira sucinta, o complexo processo de criação das leis no decorrer do século XIX. Como a Constituição Imperial de 1824 não tratava dos casos específicos dos crimes envolvendo cativos, foi necessária a criação dos dois Códigos Criminais

68 Processo n.1365 – Maço 97 – Fundo Fórum/Criminal – CDH/Carangola – MG.
69 Reis, *Domingos Sodré, um sacerdote africano*.

posteriores (1830 e 1832). Temos ainda a Lei n.4 de 10 de junho de 1835, a qual punia com a pena de morte os escravos que ferissem ou matassem seus senhores, funcionários livres e familiares. É importante ressaltar que boa parte das leis referentes à criminalidade, no período imperial, permaneceu vigente ao longo de parte do século XIX. Associadas a elas estavam as leis municipais, como os Códigos de Posturas, que também tratavam de assuntos relacionados à escravidão e aos conflitos provenientes do regime.

Os crimes de escravos e contra escravos faziam parte do cotidiano escravista. Como já expusemos, muitos deles não chegaram aos tribunais, pois eram resolvidos no âmbito do poder privado dos senhores. Apesar de poucos, os casos aqui apresentados permitem vislumbrar o quanto eram tensas as relações entre escravos, senhores e o restante da sociedade. Inúmeros outros casos poderiam ser descritos. Contudo, seria aqui impossível proceder a uma exaustiva análise de questões tão complexas como as relativas ao crime e à criminalidade envolvendo escravos.

Mesmo após a abolição da escravidão, as tensões não desapareceram. Em outros moldes, cabia cada vez mais ao Estado se preocupar com os egressos do cativeiro. Agora taxados de vagabundos, vadios, facinorosos, eram motivo de preocupação por parte, sobretudo, daqueles que anteriormente detinham o arbítrio sobre suas vidas. Não à toa, o Código Penal de 1890 possuía artigos que visavam disciplinar a vida daqueles homens e mulheres no Brasil republicano. Óbvio que algumas das relações desiguais entre ex-senhores e ex-escravos permaneceram até meados do século XX, tais como o próprio crime, as penas desiguais atribuídas àqueles que se envolveram em conflitos, a resolução dos mesmos fora e a reboque da legislação e das instituições jurídicas etc.

Os "foros de justiça", constantemente "violados" pelo Judiciário, foram muitas vezes lembrados por senhores e ex-senhores de escravos. A grande questão residia no desrespeito ao poder privado que esses indivíduos possuíam no âmbito de suas relações com escravos, ex-escravos e mesmo com a população livre e pobre. As reclamações daqueles homens e mulheres da "boa sociedade" são um exemplo do desconforto e, quem sabe, de seu temor e desagrado com a intervenção do aparelho judiciário nos anos finais da escravidão e mesmo no período pós-emancipação.

4

# Arrombando cadeias em nome da justiça: dilemas da autoridade e da classificação social em tempos de guerra[1]

*Vitor Izecksohn*

Nas primeiras horas da manhã de 12 de agosto de 1865, um grupo de cerca de trinta homens armados atacou a cadeia de Ingá, localidade situada na região semiárida da Paraíba. A cadeia funcionava no primeiro andar de um edifico improvisado, no interior do qual os presos aguardavam o momento de seguirem para a capital da província. O grupo libertou todos os quinze prisioneiros. Alguns desses homens eram de fato criminosos. Outros haviam sido recrutados à força para o exército imperial, aguardando na cadeia a partida para o *front*. Entre os recrutados encontravam-se dois filhos de Francisco Antônio de Arruda Câmara, fazendeiro e oficial da Guarda Nacional. Intoxicados pelo sucesso na empreitada, os atacantes, os ex-prisioneiros e alguns populares, que constituíam então um grupo de cerca de cinquenta pessoas, marcharam até a casa do subdelegado responsável pelo recrutamento. Pelo caminho

1 Agradeço a Amanda Mesquita, bolsista PIBIC-UFRJ , e Arnaldo Lucas Pires Jr., doutorando do PPGHIS/UFRJ.

dirigiram insultos e pragas ao mesmo oficial. Ameaçado pela multidão e temendo pela própria vida, o subdelegado permaneceu trancado em casa.

Algumas horas mais tarde, um novo grupo chegou à vila. Este era comandado pelo tenente-coronel da Guarda Nacional Eufrazio Arruda Câmara, irmão de Francisco Antônio. Eufrazio soubera da prisão de seu sobrinho com certo atraso, partindo então de seu comando, situado a 25 quilômetros da vila, com o mesmo propósito criminoso. De acordo com os autos do processo, Eufrazio teria lamentado publicamente seu atraso, declarando com beligerância que (se pudesse) teria pessoalmente amarrado o subdelegado, colocando-o na mesma cela da qual os prisioneiros haviam sido retirados. Da mesma forma, declarou lamentar que o ataque tivesse acontecido de noite, porque durante o dia todos na vila poderiam assistir à humilhação infligida ao subdelegado. Não houve resposta imediata das autoridades imperiais. A multidão se dispersou sem ser molestada.[2]

Figura 4.1
A Casa de Correção de São Paulo, fundada em 7 de maio de 1852
**Fonte:** acervo Museu da Cidade de São Paulo / Foto Becherini

2 AN/SPE/IG56 (PB), doc. 231. Feliciano Toscano Brito para José Antonio Saraiva. Paraíba (João Pessoa), 11 set. 1865.

No mês seguinte a presidência da província instaurou uma investigação administrativa. Tão grave quanto um ataque à cadeia era o fato de que um tenente-coronel da Guarda Nacional havia humilhado em público um subdelegado, um representante do chefe de polícia na cidade. Esse fato constituía uma ofensa à autoridade nacional. As autoridades imperiais, provinciais e locais deveriam cooperar para preencher a cota de soldados da província. No entanto, em Ingá, a cadeia de cooperação havia literalmente se rompido e os conflitos entre as diversas jurisdições ferviam enquanto a temperatura do recrutamento continuava subindo.[3]

Preocupado com a dimensão da crise, o presidente da Paraíba indicou o juiz Felinto Henrique de Almeida para conduzir o inquérito. Os presidentes de província eram designados pelo gabinete no poder, reportando-se diretamente ao ministério do Império, no Rio de Janeiro. A despeito da centralização inerente ao cargo e de sua condição de delegados do poder central, essas autoridades precisavam interagir com os chefes locais, sem cujo concurso dificilmente executariam com sucesso suas tarefas.[4] No começo de setembro, o juiz Almeida apresentou um relatório no qual contrastava a violência dos agressores à passividade dos guardas, dos oficiais locais e dos membros da comunidade. Sua narrativa tocava num ponto delicado: a crescente impopularidade do recrutamento militar para a guerra contra o Paraguai. Após descrever o estado lastimável da segurança pública na região, Almeida observou que "a facilidade [com] a qual [a população] aceita a ideia de resistência à prisão" estava relacionada à "repugnância manifestada pelo povo a respeito do serviço para a guerra".[5]

---

3 Para as atribuições judiciais do subdelegado, veja Holloway, *Policing Rio de Janeiro*, p.107-65.

4 O papel dos presidentes de província tem historiografia relevante. Trabalhos mais recentes incluem: Braman, *Brazil*, p.100-12; Graham, *Patronage and Politics in Nineteenth-Century Brazil*, p.48-62; e Dolhnikoff, O lugar das elites regionais, *Revista USP*, p.116-33.

5 AN/SPE/IG56 (PB), doc. 231. Henrique Felinto de Almeida para Feliciano Toscano de Brito. Paraíba (João Pessoa), 2 set. 1865.

Os acontecimentos de Ingá foram uma prévia das grandes convulsões que agitariam o Império, sobretudo as províncias do Norte, nos meses seguintes. Iniciada como uma guerra patriótica, com grande apelo popular, contando inclusive com o concurso de milhares de voluntários, a campanha contra o Paraguai logo apresentaria todas as mazelas comumente associadas ao recrutamento forçado, ampliadas pelas dimensões sem precedentes da mobilização em curso. À medida que as cotas de recrutamento cresciam como resultado da ampliação do esforço de guerra, a repulsa popular tornava-se intensa e números cada vez mais expressivos de recrutas precisavam ser alojados em celas, evitando assim que fugissem antes do embarque para o Prata. A expansão do recrutamento militar também evidenciou um novo problema: as metas dos recrutadores pouco a pouco se distanciavam dos desprotegidos sociais, migrantes, desempregados, mendigos, criminosos, normalmente priorizados – atingindo também parcela da população livre e pobre que até então havia ficado isenta do recrutamento para o exército e a marinha imperiais. Consequentemente, o patriotismo foi a primeira baixa da guerra para o Brasil.

## O problema

A campanha contra o Paraguai ressentiu-se da dificuldade do Império em transformar civis em soldados. O problema não era novo. Ele se relacionava ao baixíssimo status associado à condição de praça. As práticas violentas eram normalmente relacionadas ao recrutamento e aos constantes problemas financeiros, que impediam o governo imperial de preparar uma infraestrutura compatível com as dimensões territoriais do país. Raimundo da Cunha Mattos, comandante das armas na província de Goiás, já na década de 1820 identificava os vícios e percalços do serviço militar no Brasil, enfatizando que "alguns soldados chegavam 'a ser indigentes' e faltavam ao serviço militar [...] por não terem roupa para vestir".[6]

6 AHEG, Goiânia, Livro 118. Manuscrito. fl. 23. Ofício de 15 de julho de 1823, ao Secretário de Estado a respeito das patentes dos oficiais. *Correspondências do*

O mesmo Cunha Mattos, agora deputado no Parlamento durante o primeiro reinado, descreveu as péssimas condições dos soldados enviados para o Sul, no contexto da Guerra Cisplatina (1825-1828). A derrota das armas brasileiras estava então sendo digerida pelas elites e toda a situação militar era alvo de críticas e comparações. Ao discorrer sobre as dificuldades enfrentadas pelas forças em operações no Sul do Império, Cunha Mattos destacou os problemas de abastecimento e infraestrutura, flagelos permanentes na vida dos soldados em campanha:

> Digam aqueles que serviram no Sul, quais eram as tendas que tinham para se livrarem das calamidades do tempo? Qual era a roupa com que se cobriam? Qual o mantimento com que se alimentavam! Quantas fomes, sedes e necessidades diversas sofreram nossos soldados.[7]

A proposição de reformas no sistema sempre foi adiada para um futuro no qual as dificuldades seriam idealmente menores. Não havendo universalização, o serviço recaía nos indivíduos mais indefesos. A raiz do problema encontrava-se também na dificuldade de universalizar o chamado às armas e na indisposição de parte das elites no tocante à criação de um exército de grande porte. Os problemas políticos da década de 1820 e as revoltas populares na Corte haviam plantado uma atitude antimilitarista que perpassava diversos segmentos das elites, em especial aqueles ligados às correntes liberais. Ainda que essa atitude não fosse comum a todos os setores, com certeza contribuía para as reduzidas dimensões da força profissional no momento em que tropas paraguaias invadiram a província de Mato Grosso.

Para dinamizar o recrutamento, o Estado nacional tentou contornar, sem sucesso, arenas tradicionais de autoridade privada, forçando o recrutamento de clientes e protegidos e aumentando a incidência do recrutamento forçado sobre áreas que originalmente estavam isentas. Esses movimentos, percebidos como invasões indevidas do governo imperial

*comandante das armas em Goiás,* Raimundo José da Cunha Mattos (1823-1825) apud Vieira, *O império das facções:* ordem e desordens no Brasil Central (1821-1840), p.55.

7 ACD. Sessão de 9 jul. 1829, p.89.

nas esferas locais, foram objeto de resistência acirrada, muitas vezes gerando reações violentas aos trabalhos dos recrutadores. Os crimes de sedição, insurreição, sublevação e os ataques a cadeias possuíam as devidas punições previstas na lei. O problema estava no descompasso entre a aplicação da lei e a percepção popular sobre o exercício da justiça, já que o recrutamento para a guerra era visto pela população como uma punição, cabível apenas à ralé social. Estava também na dependência do governo central em relação aos comandantes da Guarda Nacional, que muitas vezes lideravam esses ataques.

## A Guerra do Paraguai, primeiros tempos

A Guerra da Tríplice Aliança derivou de mudanças na estrutura regional de poder na área do Rio da Prata. A vida na fronteira sul do Brasil pode ser descrita como transcorrendo num "violento estado de paz". Em novembro 1864, sentindo-se ameaçado pela intervenção brasileira no Uruguai, o governo paraguaio apreendeu o navio brasileiro *Marquês de Olinda*. Em dezembro, deu início à invasão da província de Mato Grosso. No ano seguinte, divergências entre os governos paraguaio e argentino levaram à invasão paraguaia das províncias argentinas de Misiones e Corrientes, com o intuito de chegar até o Uruguai. Esse movimento resultaria na invasão da porção oeste do Rio Grande do Sul. Logo seria constituída a Tríplice Aliança, cujo tratado, assinado (mas não revelado publicamente) em maio de 1865, previa cláusulas severas para o Paraguai após a presumível derrota.[8]

As primeiras notícias da invasão chegaram ao Rio de Janeiro no final de dezembro de 1864. O exército profissional era pequeno, contando com cerca de 14 mil soldados, quase todos recrutados à força. As más condições de aprovisionamento e a falta de equipamento espantaram o observador militar prussiano Max Von Versen, para quem: "Não tem produzido impressão favorável o que tenho visto até agora do exército

8 Doratioto, *Maldita guerra*, p.97-110.

deste país". A despeito da visão preconceituosa do viajante, alguns elementos são comuns a outros relatos: "A tropa sem porte marcial, que aqui se observa, não é senão gente recrutada para preencher os claros do exército".[9] A prisão dos soldados era a norma. Como observou Peter Beattie, "o exército funcionava como um regime protopenal em nível nacional".[10]

Em janeiro do mesmo ano, teve início o movimento pela constituição de batalhões de voluntários da pátria. Tratou-se de inovação importante, visto que a iniciativa tinha por fim a absorção dos milhares de voluntários que se apresentavam aos recrutadores, muitos deles de modo espontâneo.[11] A expectativa em todas as capitais dos países beligerantes era a de uma campanha rápida. Poucos imaginavam que o conflito duraria quase cinco anos, com um número inimaginável de baixas. Talvez por essa razão, e ainda devido à indignação causada pela invasão paraguaia, muitos jovens se voluntariaram, sendo apoiados por familiares e amigos. Essa mobilização reforçou uma noção integrativa da pátria, que talvez nunca tivesse se manifestado (pelo menos com tal apelo) até então.

Aproveitando a conjuntura positiva, o governo imperial dirigiu apelos a todos os setores da sociedade, não apenas aos residentes das áreas de fronteira ou aos habitantes do Rio Grande do Sul. Afinal, a aliança com a Argentina era incerta naquele momento das operações. Mesmo contando com a possível adesão do presidente Bartolomé Mitre e de seus camaradas no Partido Liberal, a república vizinha ainda não constituía um Estado nacional completamente unificado. Havia pelo menos duas "Argentinas", uma delas propensa à neutralidade ou mesmo a uma aliança com o Paraguai. O conselheiro Saraiva observou numa carta reservada que,

9 Von Versen, *História da Guerra do Paraguai*, p.25.

10 Beattie, *Transforming Enlisted Army Service in Brazil:* 1864-1940, p.301. Veja também McCann, The Nation in Arms: Obligatory Service During the Early Republic. In: Alden; Dean (orgs.), *Essays concerning the History of Brazil and Portuguese India*, p.223-243.

11 Cerqueira, *Reminiscências da Campanha do Paraguai*, p.47-51.

> [...] se o general Urquiza (líder federalista da província de Entre-Rios) se pusesse em manifesta rebelião, conviria que fosse logo vencido pelo poder da Aliança, porque aí estava a maior animação que encontra López, e a revolução entrerriana seria um gravíssimo embaraço na marcha dos aliados.[12]

Paradoxalmente, o grande fluxo de voluntários expôs uma séria dependência do governo imperial. Quando as hostilidades tiveram início, o Brasil não contava com a infraestrutura necessária para alistar rapidamente o grande número de indivíduos que se apresentou. Nessa contingência, instituições e lideranças locais tiveram de preencher os espaços. O fazendeiro paulista Nicolau de Campos Vergueiro, filho do famoso líder imigracionista, o senador Vergueiro, foi um dos líderes locais que ainda em janeiro de 1865 visitou as cidades de Rio Claro e Limeira, onde,

> [...] observando grande desenvolvimento de entusiasmo pela causa comum, entendeu conveniente dirigir uma circular a todos os fazendeiros e mais pessoas importantes que pudessem influir para a pronta formação de um corpo de voluntários da pátria que poderá, com a coadjuvação que espera do governo imperial, elevar a seiscentos ou mais praças.[13]

O promotor público de Salgueiro, Pernambuco, também tentou organizar uma leva de voluntários. Escrevendo ao presidente da província, aquele funcionário comprometeu-se a "empregar esforços para, por meio das influências locais, promover um novo alistamento de voluntários da pátria, fazendo apagar na memória dos habitantes dessa comarca qualquer sentimento menos nobre que os desligue".[14]

A despeito dos esforços de Vergueiro e outras lideranças provinciais, a conexão entre interesses nacionais e hierarquias locais na maioria das

12 AN, Códice 551. De José Antonio Saraiva para Joaquim Thomas do Amaral. Montevidéu, 11 ago.1868.

13 aN/SPE/IG1 159, Cx. 587, fl. 582. Correspondência do presidente de São Paulo com diversas autoridades. João Soares para Henrique de Bauepaire Rohan. São Paulo, 29 jan. 1865.

14 MPP, Vol. VII Folhas 5/5v. Ofício do promotor público Antônio Raimundo Brígido dos Santos para o presidente da província Francisco de Paula da Silveira Lobo. Vila do Ouricuri, 5 jan. 1867.

províncias era fraca. O governo tentava criar uma comunidade unificada de brasileiros a partir de populações cujas lealdades e identidades ainda se mostravam fortemente regionais. Ou seja, na década de 1860 o Brasil podia ser um país no mapa, mas o processo de unificação ainda se encontrava longe de ser internalizado nos sertões interioranos. Dessa forma, para as autoridades centrais estacionadas nas principais cidades e capitais provinciais, era quase impossível mobilizar a população sem o auxílio de alguma prestigiosa liderança local. Para piorar a situação, o governo imperial carecia de um partido diretamente relacionado à condução da guerra, tal como o partido republicano norte-americano durante a Guerra de Secessão (1861-1865). Essa situação ajudava a politizar o recrutamento, já que os partidos apoiariam o processo segundo suas posições em relação ao gabinete. Nessas circunstâncias, o governo precisou apelar para grupos de notáveis, que através do uso de seus recursos e prestígio poderiam aglutinar um número maior de voluntários. Esse apelo levava em conta que o prestígio desses notáveis os faria dominar a cena local, acima dos partidos políticos. O problema com essa perspectiva é que esses notáveis, no mais das vezes, mostraram-se muito mais interessados nas recompensas imediatas que seus préstimos podiam angariar que nos resultados de longo prazo da política externa da nação.

Figura 4.2
A "caça" aos voluntários: "Estando as varinhas de marmelo muito desautorizadas, a Guarda Nacional de Taubaté deu-se uma nova varinha e assim... de espetos (com pulinhos mesmo) dão caça aos recrutas que não quiserem mais ser voluntários". A Lanterna Mágica, n.11, 20 maio 1867, p.4

**Fonte:** acervo Fundação Biblioteca Nacional

Uma política que, afinal, era fundamental para a afirmação do Brasil na América do Sul. Confrontavam-se aqui as lógicas da política externa do Estado-Nação e da política doméstica, com seus intrincados meandros.

Já durante os primeiros meses da mobilização, as autoridades imperiais constantemente apelaram para a boa vontade e o "patriotismo" dos chefes locais, no intuito de obterem a cooperação necessária a um recrutamento em larga escala. Em geral, esses homens comandavam unidades da Guarda Nacional no interior e sua cooperação era crítica para o fornecimento da logística e o sucesso da iniciativa, incluído aí, muitas vezes, o transporte até as capitais provinciais. Os guardas nacionais eram "destacados" para o serviço da guerra e recebiam incentivos semelhantes àqueles auferidos pelos voluntários da pátria. Na incerteza de que esses benefícios viessem a ser efetivamente distribuídos, crescia em importância a cooperação de seus chefes. Os apelos ao patriotismo foram constantes. Uma carta do marquês de Olinda, então presidente do Conselho de Ministros, ao fazendeiro paulista João Pires Camargo revela o nível da dependência:

> A manifesta deficiência da força do nosso exército, e a urgente necessidade de aumentá-lo e supri-lo, como convém a honra e a glória da nação, obrigam o governo imperial a dirigir-se aos fazendeiros e senhores de terras, a fim de exigir deles como prova de patriotismo, e como serviço relevante, a sua esforçada compreensão para o alistamento de voluntários no exército. Vossa Senhoria é um desses fazendeiros, com cujo patriotismo o governo imperial conta. Vossa Senhoria por si, ou associando-se aos fazendeiros desse município pode, fazendo sentir o reclamo da pátria ultrajada, e ainda não vingada, preencher a comissão gloriosa que o governo imperial confiadamente lhe comete.[15]

O recrutamento constituía uma atividade civil, controlada pelos mesmos autocratas locais que promoviam o voluntarismo, uma privatização da responsabilidade cívica. Por vezes autoridades militares, sobretudo oficiais da reserva, poderiam auxiliar no processo. Mas nada se fazia sem

15 MH, GP4. 10.11. Marquês de Olinda para João Pires Camargo. Rio de Janeiro, 14 ago. 1865.

o concurso dos chefes locais. Num despacho ao ministro da Guerra, o presidente de São Paulo descreveu conversas com um desses fazendeiros. Ao longo do diálogo, a autoridade imperial enfatizou as vantagens dos voluntários sobre os recrutas conscritos, num exército que possuía diferentes modalidades de ingresso:

> Assim autorizei a esse distinto patriota a mandar dar ao corpo de voluntários que organizar a instrução militar, aquartelando-o, como é indispensável, para manter a disciplina e a regularidade. Declarei-lhe também que, estando as autoridades policiais das localidades da província encarregadas do recrutamento para o Exército, que devia ficar na inteligência, e fazer constar que os voluntários que se alistarem não estão sujeitos a ele (recrutamento), e que podia lhes certificar por parte do governo, na ocasião do alistamento, o cumprimento de todas as garantias e promessas...[16]

As garantias oferecidas aos voluntários baseavam-se num conjunto de vantagens a ser proporcionadas pelo governo imperial: pensões, acesso a terras, prioridade na contratação para cargos públicos etc. Elas também visavam assegurar a manutenção do status daqueles que seguissem para o front, atendendo, ainda que de forma limitada, aos interesses de seus protetores. Mas os limites à cooperação eram evidentes. O poder de recrutar e a capacidade de isentar em geral se encontravam combinados no mesmo indivíduo, e sempre que esse foi o caso, tal situação fortalecia seu poder de barganha em relação às autoridades imperiais. Descrevendo o comportamento de um chefe local recalcitrante, o presidente de São Paulo reconheceu publicamente os limites de sua habilidade para recrutar soldados: "Releva notar que o presidente de uma dessas comarcas é o próprio tenente-coronel comandante do batalhão de guardas nacionais do município! Visto está, pois, que pouco ou nada posso esperar dele...".[17]

16 AN/SPE/IG 1, Correspondência do presidente de São Paulo com diversas autoridades. João Crispiano Soares para o conselheiro visconde de Camamú, São Paulo, 21 fev. 1865.

17 AN/SPE/ IG 1 159 – cx. 587, fl. 741. Joaquim Floriano de Tôledo a Ângelo Muniz da Silva Ferraz. São Paulo, 25 maio 1866.

Figura 4.3
"Agência Patriótica – Em nome do interesse engaja-se substitutos para o exército". A Pacotilha, n.26, 6 out. 1866, p.1
**Fonte:** acervo Fundação Biblioteca Nacional

A dependência do governo em relação à boa vontade de ambos, chefes e populações locais, revela sua incapacidade para extrair recursos humanos diretamente da sociedade. Charles Tilly denominou essa circunstância como "poder indireto do Estado", uma condição típica da Europa renascentista e das monarquias mais fracas da Europa Oriental.[18] Dessa forma, sob condições favoráveis, os fazendeiros apoiariam os esforços do governo. Como as condições dependiam da duração da guerra, e na ausência de uma ameaça duradoura a essas mesmas localidades, o estado de ânimo podia mudar, como de fato mudou na segunda metade de 1865. Com a contínua drenagem de recursos, o entusiasmo diminuiu e, com ele, o volume de voluntários. O senador Nabuco de Araújo, em reunião do Conselho de Estado, lamentava o crescente desalento da população, enfatizando que "a prolongação da guerra com a

18 Tilly, War Making and State Making as Organized Crime. In: Evans; Rueschemeyer; Skocpol (orgs.), *Bringing the State Back In*, p.174.

pequena República do Paraguai nos desarma aos olhos do estrangeiro, [porque] seu caráter [povo] é o entusiasmo e não a perseverança".[19]

A situação descrita anteriormente levanta a questão da coesão interna, um tema central nos debates sobre os efeitos sociais da guerra e da mobilização militar. Com frequência sugeriu-se que a guerra aumenta a coesão interna da nação beligerante. Entretanto, alguns pesquisadores, como Arthur Stein e Bruce M. Russet, consideram que essa correlação é mais complexa. A guerra pode aumentar a coesão, mas somente sob uma variedade de condições específicas, incluindo a percepção de uma ameaça externa à sociedade. Quando essa percepção decresce, como foi o caso da campanha contra o Paraguai, a coesão também pode declinar. Com a derrota da invasão paraguaia e a transferência das operações para território argentino, o patriotismo entrou em colapso e críticas passaram a ser dirigidas à morosidade das operações e à maneira insidiosa como se processava o recrutamento.[20] O representante diplomático dos Estados Unidos, William Watson Webb, descreveu a passagem do que chamou de "grupos de voluntários" em Petrópolis nos seguintes termos:

> Vi pelo menos uns cinquenta grupos desses voluntários [...] e eles invariavelmente "são conduzidos" da seguinte maneira: os destacamentos, contando desde trinta, até setenta-oitenta [indivíduos]. Cada "voluntário" com um colar de ferro em volta do pescoço; que em oposição ao cadeado, traz uma argola de ferro com cerca de seis centímetros de diâmetro. Através dessa argola é passada uma corrente pesada [...] estendendo-se da frente ao final da linha, e de fato, não existe possibilidade de fuga.[21]

19 IHGB, Lata 372 – Pasta 22. Parecer do conselheiro Nabuco de Araújo acerca da possibilidade de aumentar a potencialidade das forças brasileiras, através da Utilização da Guarda Nacional, voluntários, escravos etc. na guerra contra o Paraguai.

20 Stein; Russet, Evaluating War: Outcomes and Consequences. In: Gun (ed.), *Handbook of Political Conflict:* Theory and Research, p.413.

21 Nara, Microcopy 121, rolo 35. James Watson Webb para o secretário de Estado William H. Seward. Petrópolis, 21 ago. 1868.

Figura 4.4
Sobre o processo de recrutamento. A Pacotilha, n.26, 6 out. 66. p.4
**Fonte:** acervo Fundação Biblioteca Nacional

Watson Webb certamente fez uma confusão entre as categorias "voluntários" e "recrutas". A despeito desse equívoco, a mesma confusão estava sendo processada pela população, já que as autoridades cada vez mais recorriam ao recrutamento forçado, visto a falta de recrutas e a pouca disposição dos chefes locais para cooperar. Esses espetáculos de violência eram testemunhados ao longo dos caminhos que levavam aos portos de embarque, deixando péssima impressão na população e, ao mesmo tempo, aumentando o ressentimento e a disposição para resistir aos chamados da guerra.

A partir do segundo semestre de 1865, o apoio à guerra tornou-se menos intenso e reações começaram a ser reportadas principalmente nas cidades e vilas do interior, à medida que o recrutamento (cada vez mais forçado) de trabalhadores afetava o apoio de fazendeiros e outros líderes locais. Enquanto mendigos, imigrantes e desocupados eram facilmente recrutados, os fazendeiros protegiam seus trabalhadores a todo custo. Quando a transferência passou a afetar as atividades produtivas desses indivíduos, as lideranças locais reagiram, muitas vezes com violência, às demandas governamentais. Essa reação era facilitada pelo precário estado das cadeias nas quais os recrutas eram acomodados.

## O estado das cadeias

As cadeias descritas na documentação eram em geral prédios improvisados, usados temporariamente para alojar recrutas e criminosos. Cidades mais importantes como o Rio de Janeiro, Salvador, Recife e Porto

Alegre contavam com cadeias de maior porte. Capitais provinciais também possuíam prédios com divisões compatíveis, mas nem sempre capazes de abrigar com segurança e salubridade. Até 1862, por exemplo, a cadeia de Fortaleza não contava "com um sistema de ventilação e a colocação de vasos higiênicos nas celas".[22] Já as vilas e cidades do interior, nas quais ocorreu a maior parte das ações narradas neste capítulo, apresentavam soluções diferentes, e muito mais precárias, alugando casas particulares ou abrindo cômodos em edifícios públicos. A ideia vigente era de que as prisões poderiam se tornar uma alavanca poderosa para a execução da justiça, tal como prescrito no artigo 179, parágrafo 21 da Constituição do Império; ou como as exigências dos artigos 148 e 149 do regulamento n.120 de 1842, que normatizava a execução da lei policial e criminal da Lei n.261 de dezembro de 1861. A despeito das intenções da lei, quase todas as autoridades reconheciam, entretanto, que o chamado "espírito do sistema da legislação penal" não era executado de maneira eficiente. Segundo a bibliografia mais recente sobre o tema, dada a constante mudança dos governantes provinciais, havia forte variação entre "aqueles dispostos ao investimento e os reticentes com os gastos". Mas é preciso ressaltar que mesmo os primeiros enfrentavam dificuldades enormes para implantar cadeias especializadas, que dividissem, por exemplo, homens de mulheres, livres de escravos ou mesmo pequenos infratores de criminosos homicidas.[23]

O historiador norte-americano Peter Beattie examinou a determinação do código penal brasileiro de 1830, no sentido de adotar o sistema irlandês de Walter Croftman para reformar os criminosos através do trabalho pesado, uma sentença que deveria ser aplicada no interior de novas e modernas penitenciárias. Essas instituições deveriam ser planejadas, custeadas e construídas pelos governos provinciais. Segundo Beattie, haveria três níveis: prisões mais modernas e especializadas, nominalmente orientadas segundo o desenho do panóptico de Jeremy Bentham e

22 Pimentel; Mariz; Fonteles Neto, Cárceres, cadeias e o nascimento da prisão no Ceará. In: Maia et al., *História das prisões no Brasil*, p.171.

23 Maia et al., op. cit., p.22.

orientadas segundo os desígnios do código penal liberal de 1830. Prisões como estas só existiam na cidade de São Paulo, em Salvador, em Porto Alegre, Recife e na Corte. A despeito do planejamento, por volta de 1865 estavam todas superlotadas. Um segundo grupo de grandes e médias prisões foi estabelecido nas capitais provinciais e cidades mais importantes. Um terceiro, que Beattie denomina como *ad hoc*, estava situado nas localidades menores. Nessas instituições, os criminosos comprovados e aqueles aguardando julgamento eram acompanhados por recrutas. Esse último grupo foi o foco dos ataques analisados neste artigo. Mas como estavam organizadas as cadeias nesses lugares?[24]

Na vila de Pilar, Alagoas, a casa que servia de cadeia em 1866 constava de dois pequenos cômodos, alugados por 200 mil réis. Conforme relatou o presidente da Paraíba: "nas localidades nem ao menos temos casas seguras, que possam deter os presos sem os riscos de fuga". O remédio proposto era um velho conhecido: reunir todos os presos na cadeia da capital, onde teoricamente teriam menores chances de escapar. Na realidade, a província possuía quatro cidades com cadeias públicas, contrastando com dezessete localidades, incluindo Ingá, nas quais as prisões funcionavam em outros edifícios e casas particulares. A descrição dessas cadeias é impressionante:

> Nos mais pontos da Província as prisões são pequenas e em edifícios particulares, sem cômodos, nem segurança, alugados para abrigarem provisoriamente os presos, até que são remetidos para os lugares em que há cadeias; nesses pontos os presos são guardados unicamente pela vigilância da Polícia. [...] Assim, é impossível classificar os presos como deve ser por seu sexo, idade, moralidade e condição; é impossível tê-los separados com atenção aos motivos de sua reclusão, resultando daí ver-se um preso em custódia, um recrutado, um preso antes de culpa formada, um não pronunciado de mistura com criminosos condenados; é impossível tê-los no menos número em cada prisão e conseguintemente com uma das melhores garantias de segurança.[25]

---

24 Beattie, Conscription versus Penal Servitude: Army Reform's Influence on the Brazilian State's Management of Social Control, 1870-1930, *Journal of Social History*, p.849-50.

25 RPPB, 1867, p.6.

O presidente de Pernambuco também deplorava o estado das prisões na província, descrevendo-o, em geral, como "bem pouco lisonjeiro, senão digno de lástima". Em 1867 havia dezoito cadeias na província. Nove delas funcionavam em casas particulares. Destas, apenas três possuíam divisão para ambos os sexos. Chamam a atenção as situações de Ipojuca, onde os presos eram recolhidos numa casa de taipa, e Tacaratú, onde os presos se concentravam em dois quartos de uma casa particular. Apenas em Olinda e Recife havia edifícios que as autoridades consideravam como apropriados. As demais instalações são sempre descritas como "insalubres", "inseguras", "precárias". Do exposto, fica claro que a principal preocupação relacionava-se ao tempo decorrido entre a apreensão dos recrutas e o envio dos mesmos para as cadeias principais. Quanto mais tempo permanecessem nas localidades, maiores as chances de serem resgatados por seus protetores e amigos, dado que um contingente significativo das polícias provinciais havia também sido destacado para a guerra nos primeiros meses da campanha.[26]

Mas a situação dos presos nas cadeias mais especializadas existentes nas capitais provinciais também não era boa. O relatório do presidente da Bahia, de 1866, esclarecia que a grande concentração de presos em Salvador causava embaraços tanto por ocupar em demasia a força pública disponível quanto pelo esquecimento a que ficavam relegados os presos, sujeitos a longas esperas pelo encaminhamento de seus processos. Quanto às cadeias do interior, era tão cético quanto seus colegas:

> Edificadas na ausência das mais comezinhas condições de construção apropriadas a seu destino, o seu regime é forçosamente muito deficiente e vicioso. Imagine-se, entretanto, qual poderá ser o estabelecido e observado nas que estão acomodadas em prédios particulares, alugados ao acaso. Geralmente, carecem todas de obras radicais ou de reparos indispensáveis.[27]

O presidente do Maranhão relatava problemas semelhantes aos dos colegas de outras províncias. Na cadeia da capital, com capacidade para

26 RPPE, p.6-14.

27 RPB, 1868, p.15-6.

acomodar 147 presos, espremiam-se 231. É dele, entretanto, talvez a mais ácida observação sobre o descompasso entre a legislação carcerária e o estado real do sistema prisional da província: "Que importa que a nossa legislação penal seja das mais perfeitas, se na pratica suas sábias disposições são cruelmente desnaturadas por um sistema de prisões defeituosíssimo, bárbaro, contrário a todas as prescrições da ciência?".[28]

Dados os problemas apontados, fica claro que as cadeias não ofereciam um obstáculo físico de porte, na circunstância de que viessem a ser atacadas. Fugas aconteciam com frequência antes da Guerra do Paraguai. A novidade trazida pela guerra estava no envolvimento da Guarda Nacional com a retirada de presos, um fenômeno que se generalizou com o agravamento da situação política interna. A Guarda havia sido criada em agosto de 1831, no contexto das reformas liberais. Essa instituição era responsável pela segurança interna. Devido ao seu claro envolvimento com o mundo político, também se tratava de organização fortemente politizada, refletindo as divisões partidárias das localidades. Com o aumento das designações de guardas para o front, fizeram-se escolhas. Essas geralmente penalizavam os adversários do partido no poder. As cadeias já superlotadas eram sobrecarregadas com recrutas, criando um ambiente ainda mais nefasto, considerando que essas casas situavam-se à vista de amigos e parentes, inconformados com o encarceramento de seus próximos. Os ataques generalizaram-se a partir do segundo semestre de 1866, demonstrando a dificuldade de utilizar a Guarda como uma reserva de recrutas para o exército de linha.

## Atacando cadeias e retirando presos: narrativas e rituais

A insatisfação com o prosseguimento da guerra, aliada às péssimas condições carcerárias e à ausência de forças de segurança, levou a uma intensificação dos ataques a cadeias e escoltas de presos nos anos decisivos da Guerra do Paraguai, desestabilizando temporariamente o

28 RPM, 1866, p.11-2.

front interno. Essas ocorrências são comuns nos textos dos relatórios do ministério da Justiça, nos diversos relatórios dos presidentes de província e sobretudo nos requerimentos dos promotores públicos. Em 1866, único ano para o qual existem estatísticas por província, houve 56 ataques, dos quais 40 (71,4%) ocorreram nas então chamadas províncias do Norte (que englobavam a Amazônia e os atuais estados do Nordeste). Ao discorrer sobre as razões desses ataques, o presidente do Ceará, Sebastião Gomes da Silva, culpou a população, isto é, as maiores vítimas do sistema, observando que "o povo das classes menos instruídas, sem a necessária educação civil e religiosa, desconhecedor de seus direitos e deveres, e contando com a impunidade, vai manifestando tendências perigosas, cometendo crimes de muita gravidade". Concorreriam para essa situação, ainda segundo o presidente, a impunidade, a ociosidade e, principalmente, "a probabilidade de bom acolhimento de alguns potentados".[29]

Em geral, os ataques chefiados por autoridades locais eram tratados com cautela. Na vila de Imperatriz, em Alagoas, o tenente-coronel Joaquim da Silva Côrrea, após tentar a isenção de um guarda nacional de seu batalhão, reuniu um grupo no sítio denominado Várzea Grande – para atacar a cadeia com o intuito de libertar seu subordinado e todos os demais presos que ali estivessem. Na madrugada de 29 de janeiro de 1867, um grupo de 150 homens, tendo à sua frente o subdelegado de Carnaruzinho, Joaquim Valentim de Araújo, o coronel Silva Côrrea e seus irmãos Arnaldo e João (além de outros parentes e agregados), "abusando do prestígio da sua posição oficial" e do prestígio de seus amigos e aderentes, alguns dos quais funcionários públicos, apoderou-se daquela vila, pondo em prática o que foi descrito pelo relatório como "uma série de violências e depredações". No dia 10 de fevereiro, ainda sem ser molestado, o grupo atacou forças policiais no lugar denominado Cabeça de Porco. Os atacantes foram rechaçados desse encontro , implicando um morto e dez feridos do lado policial e um morto e dois feridos entre os sublevados. O chefe de polícia abriu inquérito, indiciando os irmãos que

29 RPC, p.10.

chefiaram o grupo, mas aparentemente nenhum dos líderes da ação foi punido. Indignado com a ocorrência, o presidente da província declarou que: "Esse espírito vertiginoso, contrastando com a índole pacífica dos brasileiros, não poderia perdurar".[30]

Na localidade de Pedra Branca, Paraíba, um grupo de mais de cinquenta homens, liderado pelo capitão Antonio Prudente de Almeida e dois de seus filhos, um dos quais o subdelegado local, atacou a cadeia no dia 30 de abril de 1867. Durante a ação, na qual morreu um dos defensores, todos os prisioneiros foram libertados. A presidência da província limitou-se a demitir o subdelegado e expedir ordens para a captura e a punição dos atacantes.[31]

Na cidade de Icó, Ceará, um grupo numeroso de parentes e amigos libertou o guarda nacional designado para a guerra. Satisfeita com o sucesso da operação, a multidão desfilou em triunfo pelas ruas da cidade carregando o homem libertado. O presidente da província culpou a linguagem pouco conveniente da imprensa conservadora, que segundo ele, tinha como finalidade "[...] desmoralizar a guerra e derramar na população o gérmen da resistência. Cinquenta praças foram enviados para 'restaurar ali a força moral da autoridade'".[32]

Muitas vezes, a associação entre as autoridades designadas e as famílias mais importantes era intensa. Na freguesia de Águas Belas, Pernambuco, a instabilidade pública chegou a tal ponto e a impunidade era tão forte que o presidente da província demitiu todas as autoridades policiais que fossem ligadas por parentesco aos mandões locais. Mais tarde, nomeou o juiz do termo como delegado de polícia, ordenando a remessa de cem praças para reforçar a autoridade recém-empossada.[33]

A despeito do papel dos potentados, algumas vezes os próprios recrutas lideravam os ataques. No distrito de Cruz do Espírito Santo, Rio Grande do Norte, alguns criminosos e guardas nacionais reunidos em

---

30 RMJ, 1868, p.12.

31 Idem, p.8.

32 MI – ZGV – 6 – 1-868, cx. 6, n.2. Pedro Leão Veloso para Zacarias de Góes e Vasconcelos. Fortaleza, 3 fev. 1868.

33 RMJ, 1868, p.13

grupos atacaram a cadeia de Vila Nova Cruz, soltando todos os presos. Apesar das ordens de recaptura, expedidas pelo presidente da província, resistiram à prisão, mataram um soldado, feriram três e seguiram para as matas de São João. Daquele ponto, foram perseguidos pelo próprio chefe de polícia, auxiliado por uma força de vinte praças. Em Goianinha houve novos conflitos, resultando na morte de um dos sediciosos, definido como "o facínora Joaquim Pereira", que chefiava o bando. O que chama a atenção nesse atentado é a ausência de autoridades no comando do grupo rebelde. O resultado foi a prisão quase completa do grupo e a instauração de processos criminais. Não ficou claro se os recrutas recapturados foram enviados para o front.[34]

Para os funcionários responsáveis pela guarda dos presos, era sempre vergonhoso reportar sua impotência em relação aos atacantes. A vergonha envolvia os próprios códigos de masculinidade, postos em cheque no contexto da rendição. Em Olinda, Pernambuco, o subdelegado Manoel Dionísio teve de se explicar ao promotor público. Segundo aquele oficial, "as ameaças de que falo eram capazes de aterrar qualquer homem de firmeza ordinária". A incapacidade de responder à afronta era outro ponto delicado e, nesse sentido, o funcionário ofendido procurava angariar a simpatia da própria autoridade imperial, a fim de ver sua honra desagravada: "na impossibilidade de lhes opor força [...] fui insultado pelo delinquente João Quintilho Pereira".[35]

Alguns chegavam mesmo a pedir a dispensa de seus cargos. Na cidade de Exu, o que foi definido como "um grupo de 22 criminosos", acrescido pelo "séquito do feitor Gualter Mariano", empregado de certo "Antônio Geraldo", mostrava-se disposto a "continua[mente] tomar quantos designados forem presos". Com um contingente de quinze guardas, sem munição e soldo, e principalmente sem quem lhes abonasse os salários, o subdelegado declarou: "Neste termo, cresce o crime e diminui a garantia social, e eu, como julgo faria todo homem, abandonarei o

34 RMJ, 1868, p.7.

35 MPP, v.VII, fl.10. Ofício do subdelegado Manoel Dionísio Gomes do Rego para o promotor público de Olinda, Manoel Isidro de Miranda. Olinda, 22 jan. 1867.

cargo [...] porque meu coração não sofre vingar o crime e definhar a lei, sendo meu corpo sem força para fazer definhar esta".[36]

Na comarca de Limoeiro, Pernambuco, era quase impossível reter quaisquer recrutas nas cadeias. O promotor público informou ao presidente da província que a mesma localidade achava-se "eivada de criminosos, que, a salvo, vão passando acobertados com o patrocínio de muitos proprietários daquela freguesia". Lamentava ainda que "quando diligências ordenam e efetuam [...] a captura de alguns deles, são tomados estes criminosos das mãos das autoridades, resultando, como já ocorreu, mortes e ferimentos da parte dos policiais encarregados da diligência". Lembrava ainda que "alguns nesta vila têm tratado de seduzir aos soldados existentes para desertarem, obstando assim que o comandante do destacamento efetue as diligências".[37]

Talvez poucos depoimentos sejam tão dramáticos como o do promotor público de Conde, em Pernambuco. Ao descrever o estado deplorável de sua comarca, enfatizou a forte correlação entre a tibieza da autoridade pública e a distância das capitais provinciais, expondo os limites geográficos do poder imperial:

> A polícia tem caído no maior desprestígio possível. A população vive impune e audaciosamente armada. Os crimes se sucedem uns aos outros e as autoridades, não achando apoio na força legal, veem-se com atos tímidos no cumprimento dos seus deveres. Eu mesmo muitas vezes não posso exercer o meu cargo, com o desassombro que deveria. Por isso mesmo agradeceria eternamente à Va. Excelência se dignasse a remover-me para uma das comarcas mais próximas da capital. Porque é doloroso para o empregado da justiça [...] ver a lei suplantada e ludibriada a sua autoridade. A qualquer ato de mais energia da parte dos magistrados, se corresponde com uma ameaça de espancamento ou morte, razão por que nenhum magistrado honesto se deva demorar nesta comarca.[38]

---

36 MPP, v.VII, fl.53. Ofício do delegado de polícia José da Costa Agra para o promotor público João Álvares Pereira de Lira. Exu, 25 abr. 1867.

37 MPP, v.VII, fls.17/17v. Antonio Marins da Cunha Soutomaior para Francisco Paula Silveira Lobo. Limoeiro, 27 jan. 1867.

38 MPP, v.VII, fls.219/219v. Ofício do promotor público Manoel Antônio da Fonseca e Mello para o presidente da província, o conde de Baependi. Flores, Pernambuco,

Do exposto, fica claro o desgaste das autoridades imperiais ao final do período da guerra. A impotência desses delegados ficou à mostra quando confrontada com o caos da segurança pública nas localidades interioranas. Ainda que ações desse tipo não fossem incomuns antes da guerra, parecem ter sido esgarçadas pelo impacto negativo do recrutamento, solapando o poder da autoridade legal diante das pressões locais. A situação amainaria um pouco porque as vitórias brasileiras ao longo de 1868 aliviariam a demanda por novos contingentes, diminuindo a pressão sobre as províncias de forma drástica nos meses seguintes, até a vitória completa contra o Paraguai.

## Conclusões

Os ataques a cadeias demonstraram a fragilidade do Estado imperial, revelando o custo de manter uma burocracia inconsistente. Os desafios proporcionados pela guerra mostraram um Estado inepto, incapaz de capitalizar o apoio popular inicial. As tensões criadas pela mobilização envolveram o controle da ordem social interna, expondo disputas sobre o controle local do recrutamento e a politização do serviço militar. Esses problemas não eram novos em si, mas revelavam as limitações profundas do sistema de defesa. Levantar tropas e aquartelar os soldados constituía o calcanhar de Aquiles do governo brasileiro durante aqueles anos cruciais de seu desenvolvimento institucional.

As demandas para a guerra da Tríplice Aliança criaram oportunidades para a inovação, mas ao fim e ao cabo os esforços não conseguiram fortalecer a lealdade das populações a uma causa que se queria nacional. A crise do recrutamento no Brasil mostrou que a guerra e o patriotismo sozinhos eram incapazes de gerar uma unidade popular forte o suficiente para sustentar a remessa contínua de soldados quando a coesão nacional era pequena e a burocracia estatal mostrava-se fraca e contraditória em face das fidelidades locais. O aumento da criminalidade, em especial

4 maio 1869.

no tocante aos ataques, deve ser entendido nesse contexto de conflito de lealdades. Por essa razão, era muito difícil punir os mandantes das invasões, já que também constituíam parte dos grupos de prestígio que pontificavam nas localidades e dos quais o próprio governo imperial dependia em larga medida.

Fora do Rio Grande do Sul, onde as relações com o Prata eram muitas vezes centrais aos interesses da elite local, a vitória contra o Paraguai era vista crescentemente como uma questão de política externa, não atinente aos negócios locais. Pouco a pouco, essa causa perdeu o apoio recebido no início de fazendeiros, comerciantes e da população em geral, sobretudo nas províncias mais distantes do teatro de operações. Portanto, a mobilização para a luta contra o Paraguai não era mais incentivada por demandas nacionalistas ou por projetos consistentes de "*state-building*", já que a guerra era um efeito não antecipado da política externa, pouco relacionada às transformações na sociedade ou na economia do Império.

A dimensão inesperada do conflito, agravada pela resistência paraguaia, que tornava sua resolução longa e incerta, aliada ainda aos dilemas estratégicos enfrentados pelo Comando Militar Brasileiro, tornariam a guerra um conflito muito mais sangrento e custoso (em termos de vidas e recursos) do que havia sido inicialmente previsto. A consequência imediata dessa ampliação foi a reação de diversos setores contra as demandas crescentes do governo central. Os chefes locais, como os comandantes da Guarda Nacional citados acima, opunham-se à transferência de seus protegidos para os campos de batalha. Viam nessa ação uma afronta tanto à sua autoridade como ao prestígio pessoal de que dispunham, além, evidentemente, da perda de braços nas lavouras.

De sua parte, os trabalhadores pobres e livres lutavam contra o recrutamento porque a prática podia, ainda que temporariamente, anular as diferenças de classe e status, reduzindo todos aos níveis mais baixos da pirâmide ocupacional. Numa sociedade com alto nível de estratificação social a ideia da universalização era entendida no sentido de uma crescente degradação do pouco prestígio que os pobres honrados conseguiam auferir. Nesse contexto, a imagem tradicional do serviço militar era a de uma atividade disciplinar, destinada sobretudo a criminosos e desocupados.

Os ataques a cadeias constituíram o ponto mais grave da incapacidade do Estado de extrair recursos locais, em particular recursos humanos para o serviço militar. Esses ataques também expunham a inaptidão para planejar, com um mínimo de segurança, como essas cotas seriam obtidas. Como desabafou o presidente da Paraíba: "O arrolamento da população [...] serve, como é sabido, para diferentes fins de maior alcance ao serviço público, sendo especialmente a base mais exata que se pode ter para decretar-se contribuições".[39] Sem censos populacionais confiáveis, o Estado imperial não estava habilitado a formular corretamente o tamanho das cotas, nem para alocar a força pública de maneira segura e eficiente. Isso tornava ainda mais vulneráveis os pontos de aglutinação dos recrutas, pois a força policial estava dispersa, com parte do contingente igualmente designado para a guerra. Algumas vezes a própria polícia ajudava os desertores. Esse foi o caso reportado pela promotoria da comarca de Recife, envolvendo os policiais Joaquim José dos Prazeres e Felipe Alves de Oliveira, que deram fuga a presos. Como o processo ocorria dentro do indulto concedido pelo mesmo governo aos desertores, e tendo em vista a partida iminente do resto do corpo de polícia daquela capital para a guerra, parece ter sido difícil seguir com os procedimentos.[40]

No contexto dos fatos ocorridos em Ingá e em outras localidades principalmente da região hoje conhecida como Nordeste, cabe refletir sobre o sentido e a percepção dos ataques a cadeias, sua caracterização criminal e a percepção popular desses eventos. Incluídos nos crimes de resistência e sublevação, todos incidindo na esfera dos crimes contra a ordem pública, essas ações resultaram de uma percepção crescente de um abuso de poder por parte das autoridades imperiais. Explico: do ponto de vista de seus participantes, elas se referiam a mudanças nas condições de execução do recrutamento que eram percebidas como injustas, dados os padrões vigentes até então. Em consequência, o recrutamento militar

39 RPPA, 1867, p.12-3.

40 MPP, v.VI, fl.69. Ofício do procurador público interino e auditor do corpo de polícia Jacinto Pereira do Rego para o presidente da província João Lustosa da Cunha Paranaguá. Recife, 7 set. 1865.

tornou-se crescentemente impopular entre todas as classes sociais, já que a longa campanha, travada em solo estrangeiro, sob condições miseráveis, apenas exacerbava o ressentimento e a desconfiança em relação ao governo. Assim, na melhor das hipóteses, o Império travou uma "guerra limitada", isto é: uma guerra na qual o Estado-Nação mostrou uma habilidade limitada para inspirar lealdade, demandar sacrifícios ou comandar a obediência de seus súditos. No fim, a monarquia agiu com enorme prudência, sustentando os vínculos com os grupos locais que também constituíam seus apoiadores: latifundiários escravistas, comerciantes, comandantes da guarda.[41]

A questão prisional já era então um dos pontos mais sensíveis do aparato de justiça. Ela resultava da dificuldade para implementar leis e decretos que previam reformas e aperfeiçoamentos no sistema. O recrutamento militar encontraria soluções parciais a partir da segunda década do século XX. Quanto à questão carcerária, permanece assombrando, cada vez com mais vigor, o cotidiano da população, em especial os segmentos mais pobres e desprotegidos.

41 Para o conceito de "guerra limitada", veja Centeno, The Centre Did Not Hold: War in Latin America and the Monopolisation of Violence, *Studies in the Formation of the Nation State in Latin America*, p.54-76.

5

# Esporte, caso de polícia: crimes e conflitos nos espetáculos esportivos do Rio de Janeiro do século XIX

*Victor Andrade de Melo*

## Introdução

> Em um abrir e fechar de olhos foi escangalhado o curro! O tabuado voava para o meio da praça, com velocidade igual há com que poucos momentos antes caiam as belas notas dos logrados na caixa da empresa! Dentro de cinco minutos apresentava o Curro da rua das Flores o aspecto de uma praça forte tomada por escalada: folhas de pinho, e pernas de serra, que dividiam os camarotes, e formavam a arquibancada ou plateia, tudo estava em montões no meio da praça.

Assim o cronista "O primo do Babau", na página 3 do *Periódico dos Pobres*, de 25 de novembro de 1850, narrou os episódios que ocorreram, no dia anterior, numa arena de touradas localizada na região central do Rio de Janeiro.

Os envolvidos poderiam ser facilmente enquadrados no artigo 266 do Código Criminal que estava em vigor desde o final de 1830. Era considerado crime: "Destruir ou danificar uma coisa alheia de qualquer valor".[1] Dada a gravidade das ocorrências, seria possível também acionar o artigo 280, que intentava coibir ações que fossem consideradas ofensivas à moral e aos bons costumes. É provável que tenham ainda ocorrido infrações ao artigo 128, que versava sobre desobediência às autoridades. Em situações como essas, eram usuais os conflitos com a força policial.

Tudo isso poderia ter sido acionado se a polícia tivesse prendido alguém. Não foi o que ocorreu. De toda forma, foi grande a repercussão do quebra-quebra. O fato acabou por colocar ainda mais em xeque as touradas, uma prática que, a despeito de ser popular e usual no Rio de Janeiro desde o século XVIII, cada vez mais era considerada como inadequada para uma cidade que alguns pretendiam ver "civilizada".[2]

Esse processo de estigmatização das corridas de touros tinha clara conexão com o aumento das preocupações com a cena pública, que emergia como instância importante nos meados do século XIX, relacionada às necessidades de forjar uma sociedade civil forte para um país que precisava se consolidar como ente autônomo.

Tornou-se urgente a renegociação dos contratos sociais, um processo de educação para a vida pública que envolvia todos, tanto as elites quanto as camadas populares, que também aumentavam seu protagonismo, preocupando os detentores do poder. Claramente se delineava na cidade uma das ambiguidades mais características do ideário e imaginário da modernidade: ao mesmo tempo, maior estímulo à ocupação urbana e crescimento das iniciativas de controle.

Em oposição às touradas, pelo menos a princípio, naqueles anos 1850 conformou-se na capital do Império um outro fenômeno social: o esporte. O *Correio Mercantil* de 15 de junho de 1851, ao descrever com entusiasmo as corridas de cavalos que tiveram lugar no Prado

---

1 Lei de 16 dez. 1830 – Manda executar o Código Criminal. Coleção de Leis do Império do Brasil – 1830, p.142, v.1, pt.I (publicação original). Disponível em: <http://www.planalto.gov.br/ccivil_03/leis/lim/lim-16-12-1830.htm>. Acesso em: 14 set. 2013.

2 Melo, "Pois temos touros": as touradas no Rio de Janeiro do século XIX (1840-1852), *Análise Social*, p.382-404.

Fluminense,[3] não titubeou em comentar: finalmente surgira algo novo para o bem da cidade, "pois que o estado de sua civilização já não tolera mais as barbaras corridas de touros nem as antiquadas cavalhadas de argolinhas" (p.1). Sugeria-se que em breve o velho costume da tauromaquia seria substituído pelo turfe.

No decorrer do século, porém, a profecia do cronista falharia. As touradas iriam se manter ativas até os anos iniciais do século XX e as corridas de cavalos, entre outros esportes, nem sempre seriam o que delas se esperava como sinal de progresso. O que era para ser símbolo de civilização também virou caso de polícia, inclusive por motivos que não havia nos eventos tauromáquicos: negociatas e trambiques ligados às apostas.

Nas corridas de cavalos, muitos foram os tumultos, em geral desencadeados por "tribofes", termo que ganhou as páginas dos jornais fluminenses nas décadas finais do século XIX, consagrado pela verve contundente e irônica de Arthur Azevedo:

> *Sabichão que se estafe e se esbofe,*
> *Desejoso de tudo saber,*
> *O novíssimo termo tribofe*
> *– Em nenhum dicionário há de ver.*
> *Com* gíria de *sport aplicá-lo*
> *Tenho visto, e somente indicar*
> *A corrida em que perde o cavalo*
> *Que por força devia ganhar;*
> *Mas a tudo se aplica a palavra,*
> *Pois em tudo o tribofe se vê;*
> *Qual moléstia epidêmica lavra,*
> *E não há quem remédio lhe dê.*[4]

---

3 Trata-se do primeiro hipódromo do Rio de Janeiro, localizado no bairro de São Francisco Xavier. Para mais informações, veja Melo, Antes do *club*: as primeiras experiências esportivas na capital do império (1825-1851), *Projeto História*, p.197-236.

4 "O Tribofe" estreou em 1892. Disponível em: <http://www.biblio.com.br/defaultz.asp?link=http://www.biblio.com.br/conteudo/arturazevedo/OTribofe.htm>. Acesso em: 4 out. 2013. Com o decorrer do tempo, tribofe deixou de significar somente a

O intuito deste capítulo é discutir os conflitos ocorridos nos eventos tauromáquicos e turfísticos promovidos na capital do país no século XIX. Ainda que as touradas não fossem exatamente um esporte, pelo menos aos olhos dos dias atuais, assim foram consideradas por um bom tempo na cidade do Rio de Janeiro.[5] Na verdade, num cenário em que o fenômeno esportivo ainda se delineava, outras práticas hoje não usuais, como as brigas de galos e o jogo de pelotas, frequentavam as colunas de jornais dedicadas ao tema.[6] Nessas atividades, bem como em outros esportes – como no remo e no ciclismo –, também houve tumultos de diferentes naturezas. A meu ver, trata-se de indícios das tensões que cercavam o projeto civilizacional estimado.

Logo, não trataremos os conflitos como exemplos de barbárie ou atraso, argumentos esgrimidos, na ocasião, por alguns jornalistas e autoridades policiais, mas sim como sinais de uma postura ativa de um setor da população que se constituía como "público", que adotava um papel mais protagonista de espectador, numa cidade na qual progressivamente se valorizavam os entretenimentos, gestava-se uma cadeia econômica ao redor dos divertimentos, davam-se os primeiros passos na construção de uma ideia de cultura de massa.

Excluído da possibilidade formal de influenciar a condução dos espetáculos (já que não integrava a diretoria das agremiações), relegado ao pior lugar das instalações esportivas, considerado por alguns como mero coadjuvante, o grande público reagia da forma que era possível. Ao se sentir burlado, encerrava qualquer pretensão de "civilidade" e utilizava os recursos de que dispunha: destruía, simbólica e literalmente, a farsa montada. Delineava-se o que depois denominaremos de "torcida", nome mais

---

desonestidade que ocasiona o tumulto, sendo também utilizado como sinônimo do conflito em si.

5 Melo, Uma diversão adequada? As touradas no Rio de Janeiro do século XIX (1870-1884), *História*, p.163-88.

6 Idem, Corpos, bicicletas e automóveis: outros esportes na transição dos séculos XIX e XX. In: Priore; Melo (orgs.), *História do esporte no Brasil*: do Império aos dias atuais, p.71-106.

que adequado para definir quem não consegue ficar quieto nas tribunas em função da emoção das disputas.[7]

Na verdade, a alguns pode até mesmo parecer estranha essa ligação entre o esporte e o crime. Marcado por um forte discurso moral, encarado como uma prática de *gentlemen* que com ele se envolveriam por motivos "nobres", supostamente tendo um fim em si mesmo (seus possíveis contributos a uma nova ética burguesa em construção), o fenômeno esportivo estaria longe dessas deploráveis manifestações do ser humano.

Em termos concretos, isso não ocorre assim. Volta e meia somos surpreendidos por problemas que rondam o campo esportivo: atletas envolvidos com assassinatos; violência de torcedores; subornos das mais diferentes espécies; envolvimento de dirigentes com escândalos financeiros, entre outros. Recentemente, a Comissão Europeia chegou a demonstrar explícita preocupação e conclamar pela tomada de medidas urgentes para intensificar a luta contra a armação de resultados (ligadas a uma pujante indústria das apostas) e o uso de estruturas esportivas para encobrir crimes relacionados à economia (como lavagem de dinheiro).[8]

Isso não é uma novidade, não é uma ocorrência recente. Como qualquer prática social, todas as dimensões humanas e sociais sempre cercaram o esporte. A despeito dos discursos, ele também muitas vezes foi caso de polícia, e houve muitos crimes ao seu redor. Essa é uma faceta do fenômeno tão importante quanto qualquer outra. É relevante investigá-la. Vejamos o caso do Rio de Janeiro no século XIX.

---

7 Melo, Sportsmen: os primeiros momentos da configuração de um público esportivo no Brasil. In: Hollanda et al., *A torcida brasileira*, p.21-52.

8 Vale lembrar os escândalos recentes envolvendo dirigentes da Fédération Internacionale de Football Association (Fifa) e de algumas federações esportivas, entre as quais a de Atletismo e Tênis. Para um debate aprofundado sobre esse tema, veja o capítulo "Cartão vermelho para os cartolas do futebol", de Maurício Murad, publicado neste livro.

## As turbulentas touradas[9]

Depois de uma intensa temporada, ocorrida entre os anos de 1847 e 1849, quando chegaram a funcionar no Rio de Janeiro duas arenas ao mesmo tempo, uma na Rua das Flores e outra na esquina da Rua do Lavradio com a Rua do Senado, no ano de 1850 reduziram-se significativamente as alternativas para os amantes das touradas. O único empresário que resolveu manter a atividade, João Valentim Siqueira Esteves, ainda encontrou dificuldades para conseguir a licença necessária para a promoção de eventos tauromáquicos. Aumentaram as exigências para tal concessão num momento em que se aperfeiçoava a institucionalização da polícia, cresciam as preocupações com o controle urbano, e já cercavam as corridas certas inquietações quanto à sua adequação.

Na verdade, mesmo o delineamento de um público mais ativo, que aos poucos compreendia melhor o espetáculo, aumentou as exigências para os promotores. Conforto e emoção passaram a ser cobranças da assistência. A imprensa, que também se especializava no tema, repercutia essas diversificações. Fruto dessa insatisfação, pela primeira vez na história da cidade houve um grave conflito numa praça de touros:

> Os espectadores, que até então se tinham mostrado resignados, pacíficos e tolerantes, como o são em geral os habitantes desta muito leal e heroica cidade de S. Sebastião, julgaram de vir dar uma estrondosa manifestação do seu natural desgosto pela logração famosa que lhes pregara o sr. Empresário.[10]

O cronista sugere que destruir a arena tornou-se não somente uma reação à má qualidade do espetáculo, como mesmo mais divertido que o próprio evento. Ao fim: "Algumas senhoras tiveram seus ataques histéricos, e outras até foram conduzidas para a casa em desmaio, mas não foi

9 Este item é um extrato e adaptação de uma parte do estudo "Pois temos touros", op. cit., p.382-404.

10 *Periódico dos Pobres*, 25 nov. 1850, p.3.

coisa de cuidado, graças a Deus, e não há probabilidade de que alguém morresse senão a Empresa".[11]

O jornalista sequer repreendeu o público pela postura. Para ele, fora mesmo uma lição para o promotor, que deveria aprender a não ludibriar o público. Em seu entender, a prova de que fora uma atitude justa foi o fato de que "o sr. subdelegado da Freguesia de Sant'anna, ao que nos consta, a ninguém prendeu pelo tal barulho; e como o faria se não houve cabeça de motim? Tudo foi obra espontânea, geral, de cerca de 2.500 despeitados!".[12]

Ainda que o curro tenha sido leiloado (ou pelo menos o que sobrou dele depois da destruição ocasionada pelo público), o empresário João Valentim não desistiu e tentou promover novas corridas de touros, dessa vez na arena da rua do Lavradio. Já na sessão inaugural houve conflitos. Segundo o que se informa no *Periódico dos Pobres* de 2 de dezembro de 1851, na seção "Visita das priminhas" (duas supostas parentes teciam comentários irônicos sobre o que ocorria na cidade), "alguns expectadores turbulentos [...] arrancaram algumas tábuas das trincheiras, quando lhes desagradava qualquer coisa" (p.3).

As "primas" criticam o que viram: "Isso é muito malfeito, priminho, deteriorar a propriedade alheia, quem não gostar é melhor sair, [...], a ação dos que praticam isso não é de cavalheiro". O primo ironiza a turba: "São brincadeiras, priminha, antes eles gritassem, do que verem-se arriscados a meterem alguns pregos pelas mãos, quando arrancam as tábuas".

O clima não estava bom, ainda que se mantivesse o interesse pelas corridas de touros. O problema é que o promotor não parecia conseguir atender a ninguém, sendo pressionado por todos os lados: os amantes das touradas queriam animais mais bravios e toureiros mais técnicos, enquanto os críticos insistiam na inadequação da prática. A sessão de 18 de janeiro de 1852 foi a gota d'agua. O *Correio Mercantil* descreveu minuciosamente o ocorrido: "teve anteontem lugar um grande barulho na praça de touros, na Rua do Lavradio, que, a não ser

11 Ibidem

12 *Periódico dos Pobres*, 25 nov. 1850, p.3.

a prudência do povo mais do que a das autoridades, poderia ter consequências funestas".[13]

Para o cronista, o empresário enganava o povo, prometendo o que havia de melhor e oferecendo, na verdade, maus animais, capinhas trajados de forma inadequada (um deles, sugere, inclusive estava bêbado), provas desorganizadas. O auge do conflito se deu quando o público pediu para o touro ser agarrado à unha, um velho costume das touradas à moda portuguesa, e não foi atendido pela companhia. A coisa chegou a tal ponto que o próprio subdelegado da freguesia interferiu, determinando que fosse cumprido o que estava previsto no programa.

Curiosamente, na sequência, conforme aumentava a algazarra e indignação dos presentes, a autoridade policial se voltou contra o público, tentando impor o silêncio, sendo criticada por tal postura quando deveria impor aos toureiros o que previa o programa. Para o cronista, o subdelegado acobertava "a impunidade com que sempre, com tanto escândalo, os proprietários do circo têm faltado a seus compromissos".[14] Para ele, a questão era clara: a polícia não deveria atuar somente para conter a turba, mas sim para garantir o direito dos pagantes. Não louvava a atitude dos que se envolviam nos conflitos, mas a compreendia, tendo em vista a falta de respeito.

A postura da autoridade acirrou ainda mais os ânimos. Gritos e apupos não paravam, "algumas tábuas da arquibancada foram arrancadas e atiradas para o meio do circo".[15] O subdelegado, assim, começou a prender "alguns moços, pela maior parte caixeiros". O pânico se instaurou, a balbúrdia foi geral, e os agentes passaram a aprisionar de forma indiscriminada: "Treze pessoas [...] foram mantidas no xadrez da polícia, e mandadas hoje para a cadeia do Aljube; e entre elas entram pessoas de condição pacífica, que por motivo algum concorreram para que houvesse desordem".

13 *Correio Mercantil*, 20 jan. 1852, p.1.

14 Ibid, p.1.

15 Ibidem

Questionou-se a ineficiência da força policial, que ficou ainda mais latente pelos excessos e descalabros na tentativa de controlar a ordem pública:

> Quanto às prisões que por qualquer pretexto se fazem neste nosso desgraçado país, nada diremos. Essa teoria da força e terror dos nossos homens do poder não pode ter modificações. Para eles, prisão e custódia é uma e a mesma coisa; crime afiançável e inafiançável [...] são sinônimos.[16]

Aqueles anos iniciais da década de 1850 definitivamente não foram bons para as touradas. Além de todos os conflitos nas arenas, alguns escândalos envolveram um dos toureiros mais famosos da ocasião: Emilio Anselmi, que fora um dos responsáveis pela popularização da prática na cidade. Ele, a princípio, foi contratado, em 1848, por Francisco York e Antonio José Godinho, para atuar na arena da Rua do Lavradio, mas também se apresentou na Rua das Flores. Compreendendo bem as mudanças em curso no Rio de Janeiro, se esmerava para atrair a atenção do público com atuações notáveis e introdução constante de inovações.

O toureiro, todavia, se tornou um personagem conhecido não só por motivos tauromáquicos. Um cronista sugeriu que "bem poucas pessoas no Rio de Janeiro ignoram o proceder (de) Emilo Anselmi: carregado de crimes, pretendia muitas vezes fazer até jogo – com a honra de sua mulher!".[17] Entre outras coisas, esteve envolvido com falsificação de dinheiro. Em agosto de 1849, foi preso com mais seis pessoas

> [...] por serem uns autores e outros cúmplices de uma fábrica de papel-moeda falso, que existia na casa da Rua do Senado [...], onde foi encontrada a máquina, chapa e mais pertences, e bem assim uma porção de notas de 5$000 e papel preparado para a fabricação dos mesmos.[18]

16 Ibidem, p.2.

17 *O Grito Nacional*, 6 mar. 1852, p.2.

18 *Correio Mercantil*, 28 ago. 1849, p.3. Veja também *Correio da Tarde*, 27 ago. 1849, p.1.

Além disso, Anselmi se envolveu constantemente em brigas, pelas quais foi por vezes preso.[19] Por causa de um desses conflitos, em setembro de 1851, foi assassinado, no Hotel Pharoux, com três tiros de pistola, pelo norte-americano Frederico Reese, com quem se envolvera numa confusão por causa de sua mulher; um crime e um posterior julgamento que geraram grande polêmica na cidade (pela intervenção dos Estados Unidos e pela absolvição do acusado em primeiro julgamento).[20]

Essa má fase das touradas não ia mesmo passar tão cedo. Em outubro de 1858, houve mais uma iniciativa de reinstituí-las na cidade, promovidas num espaço chamado Hippodromo ou Torneio Romano, localizado no Campo da Aclamação (atual Campo de Santana). Na atividade de 1º de novembro, com um público de cerca de 4 mil pessoas, o que não era mais novidade foi desencadeado pelo de sempre: má qualidade dos animais e imperícia dos toureiros. No olhar de um jornalista: "O povo só gosta do divertimento quando vê perigo, e quando mesmo vê sangue!".[21]

O tumulto exacerbou-se exatamente quando o subdelegado da Freguesia de Sant'Anna prendeu algumas pessoas. Com isso, "muitos do povo, exaltando-se, foram praticando estragos, arrancando tábuas, quebrando o cercado interior, fazendo grande alarido, e atirando pedradas sobre os agentes da polícia, alguns dos quais ficaram bem maltratados".[22]

Além do quebra-quebra de sempre, dessa vez chegou a haver um incêndio no curro: "Ao sinal de fogo acudiram bombas, e foram ativamente empregados os meios próprios de atalhá-lo, o que se conseguiu fazendo cortes de um e de outro lado, e isolando-se o lugar incendiado".[23] Estava claro para o cronista que fora uma atitude criminosa. Aliás, no Código Criminal de 1831, isso era mesmo considerado um agravante.

Muitos aproveitaram o incêndio para levar tábuas para casa. A polícia se dividiu e não conseguia dar fim à turba. A coisa ficou mais grave

19 Por exemplo, em janeiro de 1851, foi para a cadeia por conflitos com Miguel Antonio de Moraes (*Correio Mercantil*, 14 jan. 1851, p.3).

20 Em segundo julgamento, o norte-americano acabou condenado.

21 *Correio da Tarde*, 2 nov. 1858, p.3.

22 Ibidem

23 Ibidem

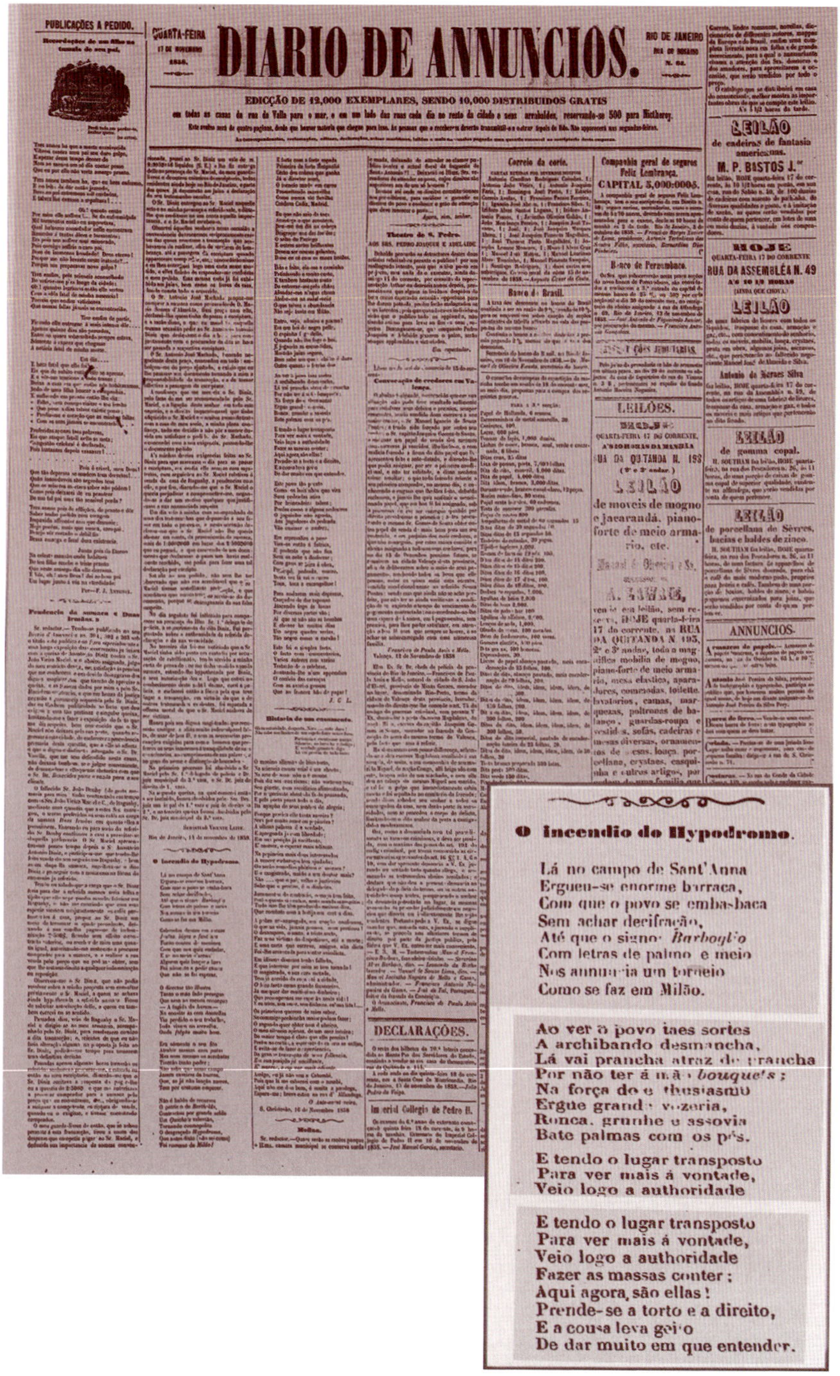

PUBLICAÇÕES A PEDIDO.

QUARTA-FEIRA 17 DE NOVEMBRO 1858.

# DIARIO DE ANNUNCIOS.

RIO DE JANEIRO

EDICÇÃO DE 12,000 EXEMPLARES, SENDO 10,000 DISTRIBUIDOS GRATIS

**O incendio do Hypodromo.**

Lá no campo de Sant'Anna
Ergueu-se enorme barraca,
Com que o povo se embasbaca
Sem achar decifração,
Até que o signo *Barboglio*
Com letras de palmo e meio
Nos annuncia um torneio
Como se faz em Milão.

Ao ver o povo taes sortes
A archibando desmancha,
Lá vai prancha atraz de prancha
Por não ter á mão *bouquets*;
Na força do enthusiasmo
Ergue grande vozeria,
Ronca, grunhe e assovia
Bate palmas com os pés.

E tendo o lugar transposto
Para ver mais á vontade,
Veio logo a authoridade

E tendo o lugar transposto
Para ver mais á vontade,
Veio logo a authoridade
Fazer as massas conter;
Aqui agora, são ellas!
Prende-se a torto e a direito,
E a cousa leva geito
De dar muito em que entender.

Figura 5.1
Extrato de uma sátira ao incêndio do Torneio Romano, de autoria de J. C. L., publicada no *Diário de Anúncios*/ *Diário do Rio de Janeiro* de 17 nov. 1858, p. 1

**Fonte:** acervo Fundação Biblioteca Nacional

quando uns jovens mais exaltados se dirigiram para o Teatro Lírico com o objetivo de também depredá-lo, sendo contidos por parte do público.[24]

Uma vez mais um cronista percebeu ser necessária uma nova postura das autoridades para com os eventos públicos:

> Esses sucessos são bem sérios, mais mesmo do que pensam, e em tão numerosas reuniões, onde a multidão se amontoa, e é fácil de desvairar-se, deve a autoridade policial estar com os olhos muito vigilantes, mostrar muita prudência temperada com energia.[25]

A discussão tocou num ponto fulcral: se a plateia precisava ser educada, a força policial também deveria aprender a lidar com uma nova realidade, com grandes públicos. De toda forma, sabe-se pelos jornais que as licenças para as touradas não seriam mais concedidas, decisão saudada pelo *Correio da Tarde*: "É uma medida acertada. Se alguém quiser dar espetáculo desse gênero vá lá para bem longe, para as Três Vendas ou o Engenho-Novo".[26]

Graças a esse conjunto de ocorrências, o termo "corrida de touros" adquiriu um sentido pejorativo. Passou a ser utilizado como sinônimo de bagunça, confusão, falcatrua. Por exemplo, em tom de repressão observa-se no *Correio Mercantil* de 7 de dezembro de 1852: "Domingo à noite, durante o espetáculo no Teatro de S. Pedro de Alcântara, alguns indivíduos entenderam dever transformar esse belo salão em praça de touros, e dirigiram motejos e ditérios a uma família de cor que se achava num camarote" (p.1). No mesmo jornal, em 23 de setembro de 1854, vemos outra crítica: "O Teatro Lírico vai-se tornando uma verdadeira praça de touros; ali já não se respeita a pessoa do monarca, nem as autoridades, e nem ao público sensato" (p.2).

---

24 Curiosamente, como o curro pertencia a uns franceses, veiculou-se que o cônsul da França intermediou junto ao governo brasileiro alguma forma de indenização. Mais tarde, essa informação se mostrou infundada.

25 *Correio da Tarde*, 2 nov. 1858, p.3.

26 *Correio da Tarde*, 8 nov. 1858, p.1. As licenças voltariam a ser concedidas em 1870 e as touradas, a ser organizadas com frequência a partir de 1876.

Esse uso do termo se tornou rapidamente comum também em outras esferas, como na política. Vejamos como se comenta um debate do parlamento:

> A oposição constitucional assistiu de palanque a essa nova corrida de touros, admirada de tanto encarniçamento da parte do governo em provar que era inábil para presidir a câmara o deputado por ela elevado ao cargo de primeiro vice-presidente.[27]

Ou essa comparação mais genérica:

> O que é hoje o nosso governo, seus delegados, seus atos, suas propensões, sua corrupção e sua ignorância, assemelha o nosso país a uma vasta praça de touros, em que os aplausos sobem na proporção da ferocidade ridícula de uns e da libertinagem imunda de outros.[28]

Como vimos na introdução, as touradas começaram a ser comparadas, nos embates representacionais, com outra prática que em meados do século XIX no Brasil melhor se conformava: o esporte. Vejamos um comentário sobre corridas realizadas em 1851:

> As corridas de sexta-feira podem considerar-se como um ensaio, mas pelo prazer e satisfação que vi reinar nesse ajuntamento que se diz ter sido composto de 4 a 5 mil pessoas, parece que o novo folguedo transplantado da Europa pegou na nossa terra, aclimou-se já neste nosso país, que tendo falta, como fica dito, de um lugar de espetáculo para de dia, [...], sem dúvida abraça com todo o gosto e adota as corridas de cavalos.[29]

Veremos que não foi assim tão gloriosa a trajetória do turfe em terras cariocas do século XIX. O esporte dos cavalos não conseguiria atender totalmente a expectativa de superar a "barbárie" por uma diversão moderna, adequada aos novos tempos que alguns desejavam para a capital e para o país.

---

27 *Constitucional*, 4 ago. 1864, p.1.

28 *Opinião Liberal*, 28 ago. 1867, p.2.

29 *Correio Mercantil*, 15 jun. 1851, p.1.

## As "civilizadas" corridas de cavalo

Indubitavelmente, um novo glamour foi instituído pelas corridas de cavalos organizadas no Prado Fluminense, em especial a partir de 1851, quando se tornaram mais frequentes graças à ação de João Guilherme Suckow, um dos mais importantes personagens dos primórdios do turfe brasileiro.[30] O próprio formato da instalação, uma arena onde se podia ver e ser visto, atraía os mais ricos e influentes, que ali podiam se apresentar publicamente, desfilando suas roupas e comportamentos. O espaço era mais ainda valorizado porque o imperador e sua família eram presença constante. Era um lugar adequado para a elite se reconhecer como tal e mostrar aos populares quem eram os poderosos.

Mulheres: essa talvez tenha sido a mais impactante novidade. Os hipódromos eram considerados lugares públicos adequados para elas, tidos como familiares e não suspeitos, como o eram, para alguns, o teatro e outros divertimentos. Os cronistas a todo momento faziam referência e demonstravam seu encantamento por essa nova presença social. Vejamos o fascínio de um deles ao comentar os páreos promovidos em junho de 1852:

> [...] entre elas tais haviam que encantavam pelo seu trajar e pela sua beleza; tornando-se muito mais notável um tipo de candura com rosto amoldurada por chapéu cinzento ornado no interior com flores encarnadas que mais realçavam sua formosura, e uma outra que, apesar da singeleza de seu trajar e de seu chapéu de seda amarela, atraía a atenção de todos.[31]

Homens e mulheres juntos; aristocratas e burgueses compartilhando o mesmo espaço; populares, em tribunas distintas no interior dos hipódromos, mas também desfrutando das provas. O local que possibilitava essa fascinante mistura, a despeito dos constantes discursos de exaltação,

---

30 Melo, Das touradas às corridas de cavalo e regatas: primeiros momentos da configuração do campo esportivo no Brasil. In: Priore; Melo (orgs.), op. cit., p.35-70. Veja também: Melo, Entre a elite e o povo: o *sport* no Rio de Janeiro do século XIX (1851-1857), *Tempo*.

31 *Correio Mercantil*, 13 jun. 1852, p.2.

logo também seria palco de várias confusões, notadamente porque o público aos poucos ia se tornando atento e ativo em relação ao que se passava nas raias, por vezes uma participação que extrapolaria o limite do considerado aceitável. Já em 1852, observou o cronista:

> Mereceu geral censura o comportamento de certo indivíduo, que saltando estouvadamente por cima dos bancos, acotovelando e empurrando as senhoras, foi arrojar-se furibundo sobre a arena [...] protestando em altas vozes haver apostado grandes somas.[32]

O que ocorre é que, para além de ser uma diversão despretensiosa, para muitos as corridas de cavalos tornaram-se também uma oportunidade de ganhar algum dinheiro por meio das apostas que logo começaram a fazer parte das atividades turfísticas, a princípio de modo informal, depois de maneira mais estruturada.

De fato, bem cedo surgiram interessados na captação e realização das apostas. A princípio eram indivíduos isolados que nas arquibancadas procuravam organizá-las. Notando que esse dinheiro poderia ser a salvação para seu investimento e garantia de continuidade de suas atividades, o Jockey Clube passou a tentar manter o controle exclusivo do jogo. Em 1872, instituiu as *poules* (bilhetes de apostas), a princípio terceirizando os serviços. Um ano depois, a agremiação assumiu a responsabilidade por sua exploração.[33] A casa das poules se tornaria um dos mais importantes espaços dos hipódromos.

Alguns anos depois surgiriam as primeiras casas privadas especializadas em captar as apostas: os *bookmakers*. O negócio prosperou rapidamente e logo muitos desses estabelecimentos foram abertos na cidade.[34] Não por acaso grande parte se instalou na Rua do Ouvidor, um dos marcos da influência europeia na cidade, símbolo de distinção e elegância.

---

32 Ibidem

33 Costa, *O turfe de outrora*, p.48.

34 Entre os *bookmakers*, pode-se citar: Bolsa do Sport, Nacional Sport, Carteira Sportiva, New Book Maker, Book Maker Costa, Book Maker Nova Cintra, Sport Bank, Derby-Bank, Centro Hippico, New America Book Maker, Ouvidor Sport, Ponto Sportivo, entre outros.

Figura 5.2
*Gazeta de Notícias*, 9 set. 1889, p.3

**Fonte:** acervo Fundação Biblioteca Nacional

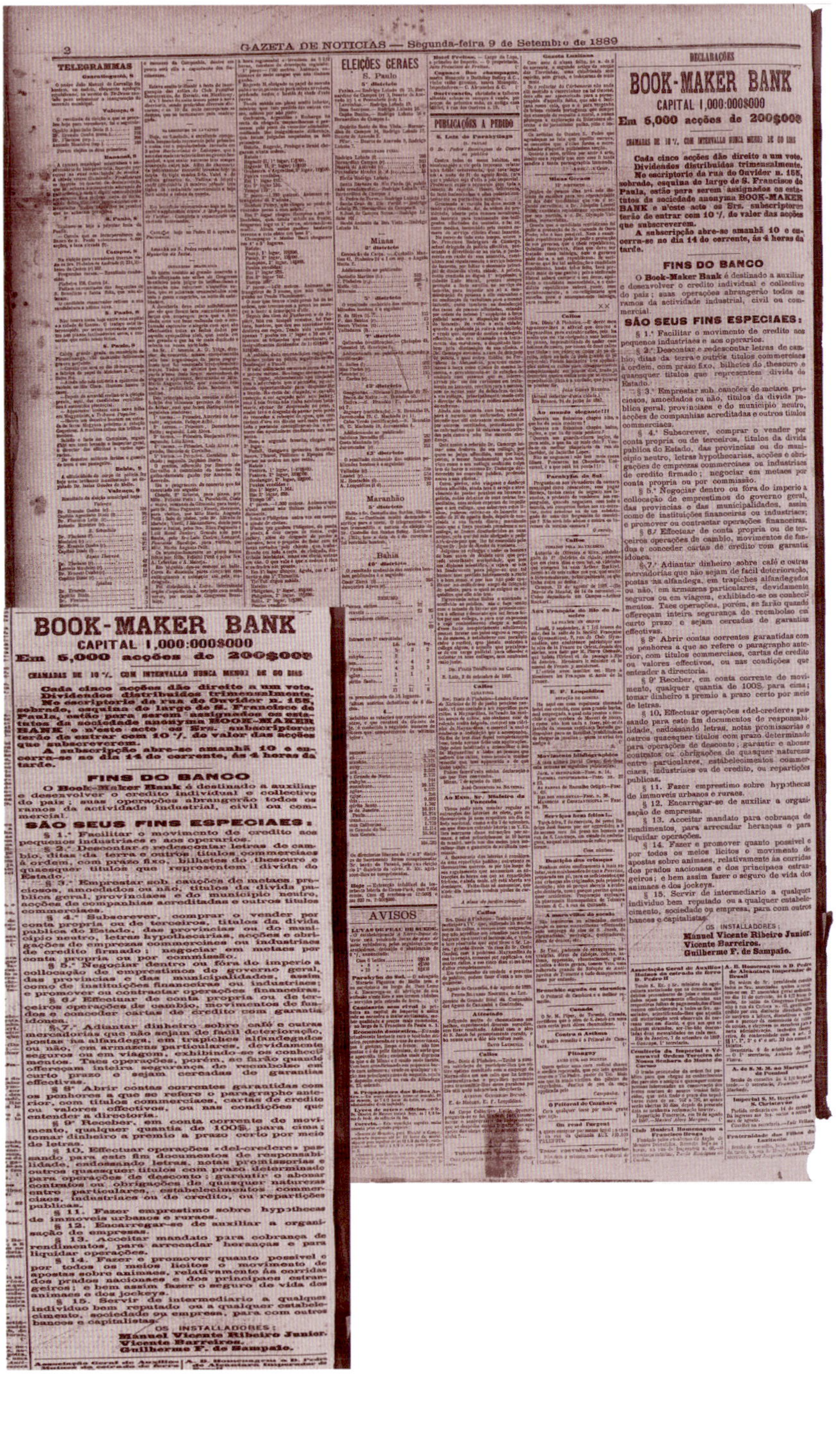

3 GAZETA DE NOTICIAS — Segunda-feira 9 de Setembro de 1889

DECLARAÇÕES

BOOK-MAKER BANK

CAPITAL 1,000:000$000

Em 5,000 acções de 200$000

CHAMADAS DE 10 %, COM INTERVALLO NUNCA MENOR DE 60 DIAS

**Cada cinco acções dão direito a um voto. Dividendos distribuidos trimensalmente. No escriptorio da rua do Ouvidor n. 155, sobrado, esquina do largo de S. Francisco de Paula, estão para serem assignados os estatutos da sociedade anonyma BOOK-MAKER BANK e n'este acto os Srs. subscriptores terão de entrar com 10 % do valor das acções que subscreverem.**

**A subscripção abre-se amanhã 10 e encerra-se no dia 14 do corrente, ás 4 horas da tarde.**

FINS DO BANCO

O **Book-Maker Bank** é destinado a auxiliar e desenvolver o credito individual e collectivo do paiz; suas operações abrangerão todos os ramos da actividade industrial, civil ou commercial.

SÃO SEUS FINS ESPECIAES:

§ 1.º Facilitar o movimento de credito aos pequenos industriaes e aos operarios.

§ 2.º Descontar e redescontar letras de cambio, ditas da terra e outros titulos commerciaes á ordem, com prazo fixo, bilhetes do thesouro e quaesquer titulos que representem divida do Estado.

§ 3.º Emprestar sob cauções de metaes preciosos, amoedados ou não, titulos da divida publica geral, provinciaes e do municipio neutro, acções de companhias acreditadas e outros titulos commerciaes.

§ 4.º Subscrever, comprar e vender por conta propria ou de terceiros, titulos da divida publica do Estado, das provincias ou do municipio neutro, letras hypothecarias, acções e obrigações de emprezas commerciaes ou industriaes de credito firmado; negociar em metaes por conta propria ou por commissão.

§ 5.º Negociar dentro ou fóra do imperio a collocação de emprestimos do governo geral, das provincias e das municipalidades, assim como de instituições financeiras ou industriaes; e promover ou contractar operações financeiras.

§ 6.º Effectuar de conta propria ou de terceiros operações de cambio, movimentos de fundos e conceder cartas de credito com garantia idonea.

§ 7.º Adiantar dinheiro sobre café e outras mercadorias que não sejam de facil deterioração, postas na alfandega, em trapiches alfandegados ou não, em armazens particulares, devidamente seguros ou em viagem, exhibindo-se os conhecimentos. Taes operações, porém, se farão quando offereçam inteira segurança de reembolso em curto prazo e sejam cercadas de garantias effectivas.

§ 8º Abrir contas correntes garantidas com os penhores a que se refere o paragrapho anterior, com titulos commerciaes, cartas de credito ou valores effectivos, ou nas condições que entender a directoria.

§ 9º Receber, em conta corrente de movimento, qualquer quantia de 100$ para cima; tomar dinheiro a premio a prazo certo por meio de letras.

§ 10. Effectuar operações «del-credere» passando para este fim documentos de responsabilidade, endossando letras, notas promissorias e outros quaesquer titulos com prazo determinado para operações de desconto; garantir e abonar contratos ou obrigações de quasquer natureza entre particulares, estabelecimentos commerciaes, industriaes ou de credito, ou repartições publicas.

§ 11. Fazer emprestimo sobre hypothecas de immoveis urbanos e ruraes.

§ 12. Encarregar-se de auxiliar a organisação de empresas.

§ 13. Acceitar mandato para cobrança de rendimentos, para arrecadar heranças e para liquidar operações.

§ 14. Fazer e promover quanto possivel e por todos os meios licitos o movimento de apostas sobre animaes, relativamente ás corridas dos prados nacionaes e dos principaes estrangeiros; e bem assim fazer o seguro de vida dos animaes e dos jockeys.

§ 15. Servir de intermediario a qualquer individuo bem reputado ou a qualquer estabelecimento, sociedade ou empresa, para com outros bancos e capitalistas.

OS INSTALLADORES:

**Manuel Vicente Ribeiro Junior.**
**Vicente Barreiros.**
**Guilherme F. de Sampaio.**

Os estabelecimentos começaram agenciando somente apostas do turfe, mas logo ampliaram suas ações para outros esportes, como o ciclismo, as corridas a pé e os jogos de pelotas. Um dos pioneiros, o Book-Maker Bank, chegou mesmo a se transformar numa casa bancária, sem nunca abandonar a atividade que lhe deu origem. Anunciava como um de seus intuitos:

> Fazer e promover quanto possível e por todos os meios lícitos, o movimento das apostas sobre animais, relativamente às corridas nos prados nacionais e dos principais estrangeiros e bem assim fazer o seguro de vida dos animais e dos jóqueis.[35]

Embora fossem muito procuradas pelo público, a credibilidade dessas casas nunca foi das melhores. Estiveram por diversas vezes envolvidas em escândalos, que iam desde o não pagamento aos vencedores até a "fabricação de resultados". Obviamente tais ocorrências acabavam trazendo problemas e repercussões negativas para as corridas de cavalos.

Vejamos que havia diferenças no trato do tema se compararmos o Código Criminal de 1830 e o Código Penal de 1890. Em 1830, considerava-se crime "ter casa pública de tavolagem para jogo, que forem proibidos pelas posturas das Câmaras Municipais" (artigo 281, do capítulo I, da parte quarta – Dos crimes policiais).[36]

Já no Código Penal de 1890[37] havia um capítulo inteiro destinado ao tema, e a questão das apostas era tratada de forma mais explícita.[38] O artigo 369 continuava considerando ter casa de tavolagem como crime, havendo punição para quem lá fosse pego e agravante para quem estivesse jogando. Já o artigo 370 definia jogos de azar como: "aqueles em que o ganho e a perda dependem exclusivamente da sorte". No parágrafo único se fazia uma importante ressalva: "Não se compreendem na

35 *Gazeta de Notícias*, 9 set. 1889, p.3.

36 Código Criminal de 1830, op.cit.

37 Decreto n.847 de 11 out. 1890 – promulga o Código Penal. Disponível em: <http://legis.senado.gov.br/legislacao/ListaPublicacoes.action?id=66049>. Acesso em: 4 out. 2013.

38 Capítulo III – Do Jogo e da Aposta.

proibição dos jogos de azar as apostas de corridas a pé ou a cavalo, ou outras semelhantes". De outro lado, havia uma determinação que seria muito utilizada nos conflitos que envolveram provas esportivas. No artigo 373, considerava-se infração: "Usar de meios fraudulentos para assegurar a sorte no jogo ou o ganho na aposta".

De toda forma, as apostas passaram a ser tão importantes que, além do espaço usual de colunas específicas nos jornais, surgiram publicações somente dedicadas a dar "barbadas", como, por exemplo, *O Guia do Sportman*. Segundo seu autor, Alcides de Almeida: "Acreditamos, sem modéstia, vir prestar um bom serviço aos senhores frequentadores dos nossos prados de corridas [...]".[39]

Nesse primeiro número, Almeida apresenta uma relação dos prognósticos dos cavalos que correrão entre outubro de 1887 e março de 1888, afirmando que a frequência de lançamento do guia dependeria do interesse do público. Destacável é sua advertência final:

> Todo aquele que tiver se utilizado do nosso Guia, antes de cada corrida, deve para maior segurança informar-se das condições atuais do animal ou animais seus favoritos e da perícia do jóquei respectivo. Feito isso, se não houver música, o que sempre é fácil prever, deve vencer o animal que segundo o nosso Guia maiores vantagens tenha sobre os seus competidores (p.55).

Para Almeida, portanto, para apostar era fundamental considerar duas dimensões. Uma era de natureza "técnica", na qual ajudaria o guia e a avaliação do estado de jóquei e animais no momento das provas. A outra era "diagnóstica": saber se haveria falcatruas ("música"), que deveriam ser comuns para merecer a observação do autor.

As apostas, com o decorrer do tempo, se tornaram o tendão de Aquiles dos clubes de turfe. De um lado, eram as grandes responsáveis pela manutenção dos caros espetáculos. De outro lado, constituíram-se na principal fonte de conflitos nas corridas. Em muitas ocasiões, as confusões foram desencadeadas por meros erros de julgamentos ou problemas de desorganização. Mas não poucas vezes tiveram relação com o suborno

39 Almeida, *O guia do sportman*, p.1.

de jóqueis e árbitros, armações de resultados, episódios descaradamente desonestos.

Vejamos o que ocorreu nas corridas de setembro de 1874. Segundo o cronista, "a concorrência foi extraordinária e teríamos de lamentar as consequências de um conflito entre as praças e o povo que invadiu a raia central, derrubando parte da cerca".[40] Alguns dias mais tarde, um leitor, que assina como "O logrado", dá sua visão sobre o ocorrido. Para ele, o que houve é que os organizadores mudaram o nome dos cavalos, confundindo os que apostavam tendo em conta o histórico de desempenho dos animais. Para o autor da missiva, não havia dúvidas: "Não se pode imaginar bandalheira maior!", tendo por objetivo claro roubar "mais alguns cobres do público, já tantas vezes ludibriado".[41]

O que era glamour transformara-se em problema. Em 1875, o jornalista de *O Mosquito* observa: "Não há agora corrida em que não se levantem contestações sobre o vencedor e gritarias dos fregueses da *poule*, que amam o seu cobrinho como o sangue do seu sangue".[42] O cronista não deixa de ironizar o chefe de polícia, Miguel de Calmon Pin de Almeida, o qual determinou que a diretoria do Jockey Clube devolvesse a alguns indivíduos o valor de entradas e apostas em função de um conflito no hipódromo.

A direção da agremiação reagiu a tal determinação, negando-se a cumprir a ordem, escorando-se em pareceres de alguns advogados (Z. Goés de Vasconcellos, Domingos de Andrade Figueira, Joaquim Saldanha Marinho e Thomaz Alves Junior), todos sugerindo que o chefe de polícia extrapolava suas funções, pois se tratava de uma decisão que cabia apenas ao Judiciário.[43] O bate-boca se prolongou por meses.

No decorrer do século, esse tipo de ocorrência se tornou constante. O mesmo Jockey Clube foi palco de um tumulto ainda maior em julho de 1883. O hipódromo estava lotado, "extraordinariamente concorrido de

40 *Diário do Rio de Janeiro*, 28 set. 1874, p.2.
41 *A Reforma*, 29 set. 1874, p.3.
42 *O Mosquito*, 4 dez.1875, p.4.
43 *O Globo*, 12 dez. 1875, p.2.

espectadores".[44] Uma discordância com uma decisão dos árbitros "ocasionou grave motim da parte do povo": "Houve tiros de revólver e pedradas para dentro das casas de apostas, que depois foi invadida". Sócios e funcionários foram agredidos. O tumulto foi debelado apenas com a ação contundente de praças de polícia. Dessa vez surgiu um boato preocupante: havia agentes policiais infiltrados entre os "desordeiros".

Em dezembro de 1884, em corridas organizadas pelo Derby Fluminense, outra confusão com apostas desencadeou nova revolta do público, contida por uma ação enérgica e exagerada da polícia, que chegou a ameaçar prender os mais exaltados.[45] A *Folha Nova* assim comentou o episódio:

> Estiveram animadíssimas, em todo o sentido, as corridas dadas ontem pelo Derby Fluminense, no prado de Villa Isabel. Muita gente e não poucos incidentes, muito calor, muitas queixas, muitos protestos; e como agora não há festa sem caravana da polícia, também houve uma carga de cavalaria, espécie de sistema homeopático de promover a ordem pela desordem.[46]

No ano seguinte, outro "terrível charivari",[47] dessa vez no Prado Guarani. A discordância com uma decisão dos árbitros indignou o povo, que "começou a escangalhar tudo": "As cadeiras das arquibancadas, o gradeamento da raia e o tapamento de madeira, tudo voou em mil pedaços". Dada a "repetição destas irregularidades nos prados de corridas", o cronista pede maior intervenção policial, inclusive com a proibição das apostas, se fosse o caso. Sugere que se os clubes as consideram uma necessidade para sua manutenção, deveriam então se esmerar para evitar esses fatos desagradáveis. A polícia, aliás, acabou prendendo um dos responsáveis pela agressão aos jóqueis: Antonio Domingos de Freitas.

Esses são somente alguns exemplos dos muitos conflitos que ocorreram nos hipódromos cariocas. Em geral, a imprensa dava publicidade a

---

44 *Gazeta de Notícias*, 23 jul. 1883, p.1.

45 Idem, 29 dez. 1884, p.3.

46 *Folha Nova*, 29 dez. 1884, p.1.

47 *Gazeta de Notícias*, 25 jun. 1885, p.1.

esses episódios, por vezes ecoando as reivindicações dos clubes, por vezes repercutindo as reclamações do público, em menor número informando o ponto de vista da polícia.

A relação entre as agremiações de corridas de cavalos e a imprensa com a polícia era marcada por grande dubiedade. Vejamos esse posicionamento de um jornalista por ocasião de provas realizadas no Jockey Clube, em maio de 1875. De um lado, reclamava de que havia muitos policiais no interior do prado, considerando a presença "quase desnecessária" já que, supostamente, a "boa ordem é sempre perfeitamente mantida pelos rogos dos estimáveis sócios"; as notícias que se espalhavam pelos jornais mostram o quão otimista e equivocada era essa avaliação. Ao mesmo tempo, cobrava que na parte externa os agentes da lei agissem para organizar o fluxo de carros e pessoas.[48] Desejava-se a presença de autoridade policial, mas com limites que nem sempre contentavam os responsáveis pelo controle urbano.

Como no caso das touradas, um ponto comum nas críticas da imprensa era a falta de preparo da força policial. Por vezes, isso teria colocado em risco os eventos e o público. Por exemplo, na inauguração do Hipódromo Nacional, realizada no prado de Vila Isabel, cerimônia que contou com cerca de 12 mil pessoas, diante de um protesto por um resultado proclamado, a cavalaria atacou os que protestavam a fim de dispersá-los. O jornalista critica essa ação e lembra que o pior não ocorreu porque o delegado Thomaz Delfino, ao saber do ocorrido, ordenou que os ataques cessassem.[49]

De toda forma, os clubes sempre requisitaram uma participação mais ativa dos agentes da lei. Narrando as corridas promovidas pelo Sport Club, no Prado Guarani, em 25 de outubro de 1888, observou o cronista: "a autoridade policial continua a primar pela ausência nos prados de corridas".[50] Ele lembra que não poucas vezes se solicitou aos delegados sua

48 *Diário do Rio de Janeiro*, 10 maio 1875, p.2.

49 *Gazeta de Notícias*, 13 out. 1890, p.2.

50 *Diário de Notícias*, 26 out. 1888, p.2.

presença. O pior é que apareciam policiais que não se comportavam de modo adequado, cometendo excessos, extrapolando suas funções.

Algumas agremiações, como o já citado Sport Club, chegaram a pedir a delegados que decidissem casos duvidosos das corridas. Mas a principal solicitação era mesmo no que tange ao controle das apostas. Clamava-se ao chefe de polícia, por exemplo, no *Jornal do Brasil* de 17 de fevereiro de 1893: "S. Ex., que tem se mostrado tão enérgico procurando extirpar esse cancro social – o jogo – que tem levado ao lar doméstico tantas desgraças, por certo não se tornará indiferente a esse abuso" (p.2).

O Derby Club chegou a conceder o título de sócio benemérito para Joaquim Francisco de Barros Barreto, delegado que sempre interferiu na questão das apostas paralelas e esteve envolvido com iniciativas de reformulação da polícia do Distrito Federal. Ao conceder tal honraria, a diretoria afirmou: "As sociedades esportivas de natureza anônima e de fins industrial e recreativo [...] não podem deixar de continuar a serem amparadas pelas leis e pelo prestígio da autoridade".[51]

O envolvimento de Barros Barreto passou a ser mais notável a partir dos graves incidentes ocorridos no Turf Club, no dia 15 de agosto de 1891: "Anunciando o rateio depois de terem os animais vencedores passado na raia, o público continuou a reclamar pela anulação, julgando então prudente o sr. dr. delegado, que presidia o divertimento, intervir".[52]

Devido a tal incidente, Barros Barreto, na ocasião responsável pela 5ª delegacia, apresentou ao chefe de polícia um projeto de regulamentação das corridas de cavalos e dos prados. Mesmo que sua proposta não tenha sido aprovada, sua atuação constante o levou a ser considerado pelos dirigentes dos clubes como uma figura de grande importância e estima.

Efetivamente, muitas foram as tentativas de proibir a ação dos *bookmakers*, considerados por alguns como o grande motivo das desordens nos hipódromos. Em 1895, os jornais saudaram a intervenção do prefeito, Francisco Furquim Werneck de Almeida, que, pelo decreto n.126 de 1º de janeiro de 1895, privou as casas de apostas de sua

---

51 Derby Club, *Retrospecto dos acontecimentos sportivos do Derby Club*, p.17.

52 *Jornal do Brasil*, 16 ago. 1891.

possibilidade de atuação, aumentando a ação da força policial para impedi-las de continuar a funcionar.[53] A essa altura, os *bookmakers* já estavam envolvidos com o jogo do bicho, que também passou a ser perseguido e foi proibido. O chefe de polícia, André Cavalcanti, contundentemente perseguiu o jogo de azar.[54]

A lei aprovada, contudo, era bastante controversa do ponto de vista jurídico, desencadeando uma luta nos tribunais entre os *bookmakers* e a prefeitura. Os dirigentes dos clubes esgrimiam argumentos morais e usavam todo o seu prestígio para exterminar as casas de apostas, a seu ver uma necessidade para moralizar as corridas de cavalos. O que ocorre é que os tribofes muitas vezes envolviam os próprios associados. Cosme, o cronista de *O Mequetrefe*, sugere: "O Zé Povinho sabe tudo, menos não ser embrulhado pelos arranjos de quasi todos os proprietários de animaes. [...]. Só a panellinha dos proprietários é que não se queixa. Ganha pela certa, ainda mesmo quando perdem os cavalos que cada um possue".[55]

Na verdade, como vimos, o povo não era tão incauto assim e reagia à sua maneira. As consequências comumente eram a depredação dos hipódromos, espancamento dos jóqueis e agressões a diretores e proprietários dos animais. Todo mundo chamava a polícia, cada um com seus motivos, todos se achando com a razão. Em geral, ninguém elogiava tal atuação.

Muitos jóqueis estiveram envolvidos em falcatruas. O paraguaio Lourenço Alcoba, por exemplo, foi um dos mais polêmicos personagens do turfe fluminense no século XIX. Era reconhecido pela habilidade como condutor de cavalos, mas vivia envolvido em conflitos, com o público, com as coudelarias que integrou e com dirigentes de agremiações. Seu nome estava constantemente relacionado a tribofes. Um

---

53 Decreto n.126 de 1º de janeiro de 1895, *Resolve sobre o funcionamento das casas denominada book-makers e frontões*. Como se pode ver, o decreto também estabelece limites para os espaços nos quais havia jogos de pelotas.

54 Magalhães, A fuga dos bichos ou A origem da loteria mais popular do Brasil, *Cidade Nova*, p.53-68.

55 *O Mequetrefe*, 10 jun. 1885, p.3.

passeio pelos jornais permite-nos perceber o grande número de vezes em que foi suspenso e até mesmo expulso (e depois readmitido) das corridas.

Em 1887, chegou a personificar os problemas da modalidade. O cronista de *O Sportman* começa por criticar as agremiações:

> Querem ver que as sociedades de corridas não são o que parecem? Até agora afigurava-se-me sempre que o seu objetivo único era o melhoramento da raça cavalar; agora, porém, começo a desconfiar de que andava errado nas minhas suposições e que, no final de contas, esse decantado melhoramento não passa de um simples pretexto, e que a realidade é – o jogo – em todas as suas variadas formas.[56]

Para o jornalista, uma prova de que o esporte estava desvirtuado era a permanência de Lourenço:

> Desde que ele começou a correr nos nossos prados até a presente data, tem sido a sua vida uma congérie de traças em proveito próprio e em prejuízo de terceiros. Não há ardis e manhas que não conheça e de que não se aproveite em cada corrida, para lucrar de qualquer modo, fazendo ganhar o cavalo que monta, ou então (e aí é que é mais avultado o seu lucro) fazendo-o perder, para que saia vitorioso outro animal de cujas pules mandou comprar boa porção. [...] se as corridas fossem coisa séria [...] há muito teria sido repelido esse jóquei dos nossos prados.

De outro lado – uma demonstração da ambiguidade desse personagem, e mesmo do público –, vemos notícias como estas publicadas nos periódicos: "LOURENÇO ALCOBA. Faz hoje anos o hábil *entraineur* e *jockey* da Coudelaria Cruzeiro. Sério e honesto, Lourenço Alcoba sabe cativar, pelo seu fino trato, todos os que o conhecem e fez-se estimar de todos".[57]

O envolvimento de jóqueis com trapaças chegou a ser ironizado por Arthur Azevedo. Em "O Bilontra" (1885), o dramaturgo faz uma relação clara entre esses personagens e a armação de resultados – a personagem jogatina se fantasia de condutora de cavalos:

---

56 Costa, *O turfe de outrora*, p.51.

57 *Diário do Comércio*, 11 jan. 1891, p.2.

*CORO – O jóquei novo ei-lo aqui está!*
*Jóquei* tão belo assim não há!
*Nenhum de certo o ganhará!*
*Vinte quilos não pesará!*

*JOGATINA – Mim 'star um jóquei superfine,*
*Que aqui vem faz muite furor!*
*Mim ganha vem libre esterline,*
*Pois fica sempre vencedor!*
*Lá no Ingliterre estar famose,*
*E muite money mim ganhar;*
*Non hever* jóquei mais *ditose...*
*Mim* dá bastante que falar.
*Ouve dizer que brasileira*
*Patotas mil gosta de faz:*
*Mim* não se presta a bandalheira,
*Porque 'star muite bom rapaz.*[58]

Por estar envolvido em tribofes, por gestos de indisciplina ou por descumprimento de regras, muitos jóqueis foram punidos, ocorrências sempre noticiadas nos periódicos com o suposto intuito de "concorrer para a elevação do nosso turfe ao mais alto grau de aperfeiçoamento moral e imaterial".[59] Em *O Paiz*, de 17 de julho de 1895, em ocasião na qual a diretoria do Derby Club puniu com multas e suspensões vários condutores, inclusive Lourenço Alcoba, o jornalista elogia a decisão, sugerindo que a agremiação "tornou-se merecedora dos aplausos dos que desejam a moralização do turfe brasileiro" (p.4).

Jamais se considerava, todavia, que, em muitas dessas ocasiões, ao cometerem irregularidades, os jóqueis cumpriam ordens dos donos de coudelarias ou ao menos estavam envolvidos com outros personagens, como árbitros e donos de casas de apostas. Na maior parte das vezes, pagavam sozinhos pelos erros.

58 Disponível em: <http://www.unicamp.br/iel/memoria/Ensaios/Bilontra/bilontra.doc>. Acesso em: 4 out. 2013.

59 *Jornal do Brasil*, 23 maio 1895, p.3.

Luiz Edmundo narra uma dessas armações ocorridas no Prado Guarani, um hipódromo que acolheu clubes de menor expressão, nunca aceitos no rol dos clubes das elites. O autor sugere que era local de segunda categoria, associando-o a um lugar de tumulto constante:

> Qual velho não se lembrará, hoje, do famoso prado que se chamou Vila Guarany, cognominado Maxixe, que existiu para as bandas da Praia Formosa e do qual se pode dizer que, sendo o mais tribofeiro entre todos os de seu tempo, foi, ainda, o que mais sofreu a ação violenta e justa da massa popular, que vivia constantemente a depredá-lo?[60]

Edmundo narra uma situação em que o diretor de um clube pintou uma égua de bom desempenho para que parecesse outra que não ganhava nada. O público incauto não apostou na suposta "bacamarte" (termo utilizado para designar o mau cavalo), menos o dirigente, que para surpresa de todos ganhou uma bolada. O plano seria perfeito se o calor e o suor não tivessem feito escorrer a tinta, revelando a astúcia. O desdobramento já era conhecido: "O primeiro a ser malhado, nesse dia, é o jóquei, decido pelo povo, a cacete, de sua magnifica montada, quando transpunha a cancela da raia, em direção ao encilhamento. Depois é que veio o fogo na casa da poule".[61]

Na verdade, Edmundo parece misturar várias histórias. O episódio em tela de fato houve numa prova disputada no Prado Guarani, organizada pelo Sport-Club, em 25 de outubro de 1888. Todavia, a falcatrua somente foi descoberta no dia seguinte: "Queremos participar ao publico que o animal que correu ontem com o nome de Violeta é Hirondelle, a quem pintaram as malhas do pelo branco. [...] Foi lavrado o competente protesto".[62]

De toda forma, como vimos, o quebra-quebra não foi mesmo incomum, ainda mais nos eventos dos clubes do Prado Guarani. Definitivamente o turfe carioca também era caso de polícia.

---

60 Edmundo, *O Rio de Janeiro do meu tempo*, p.849.

61 Ibidem, p.850.

62 *Diário de Noticias*, 26 out. 1888, p.2.

CARETA

DERBY-CLUB

*As archibancadas depois do conflicto occorrido por occasião das ultimas corridas*

## NA FERMOSA ESTRIVARIA

«Estavam na Avenida Rio Branco a conversar, dous ex-membros da Junta Pró Hermes, um surdo como uma porta e o outro falador como um papagaio. Ao lado, um official do exercito procurava ouvir o que elles diziam. O falador gritava aos ouvidos do outro:

— Nós dous que somos civilistas... Creio que você ainda não mudou de idéas, não é?

— O que?

— Nós dous que somos civilistas...

Nisto se approxima do grupo o official do exercito. Os dois encaram-n'o com suspeitosa desconfiança. E o official mettendo entre os dois a mão, mostra-lhes tres dedos esticados. Depois, sempre mudo, affasta-se lentamente.»

Os senhores pensam que isso é nosso? Qual historias! Vem *Na Fermosa Estrivaria* do Madureira *o terrivel*, e refere-se aos Thalassas de Portugal. Nós o que fizemos foi applicar *el cuento*.

---

O Sr. Francisco Glycerio, o Sr. Francisco Sá, o Sr. Leopoldo de Bulhões, o Sr. Severino Vieira, o Sr. Rosa e Silva, o Sr. Gonçalves Ferreira reuniram-se e resolveram fundar um partido de opposição ao marechal.

Propomos que o novo partido ao qual desejamos longa e prospera vida seja denominado *Partido dos Magdalenos*.

---

O Dr. Moura Brasil acceitou a presidencia do Ceará mediante taes e taes condições...

O Dr. Moura Brasil declarou que absolutamente não acceitava a presidencia do Ceará, sendo irrevogavel essa irresolução...

O Dr. Moura Brasil declara não haver dito ainda a sua ultima palavra sobre se acceita ou não a presidencia do Ceará...

O Dr. Moura Brasil attendendo ás ponderações amigaveis do marechal-presidente resolveu seguir em aeroplano para o Ceará...

Apresta-se uma esquadrilha de torpedeira para visitar os verdes mares bravios...

O coronel Franco Rabello tem insistido devotadamente com o Dr. Moura Brasil para que vá em sua companhia pacificar o Ceará...

O general Bezerril diz a todo o mundo que já que lhe descalçaram aquella apertada bota da presidencia nada mais tem a ver com aquella joça...

E finalmente o general Carlos Frederico de Mesquita affirma gravemente que se ninguem quizer o cargo de presidente do Ceará elle estava prompto a fazer o sacrificio...

E durma-se!

Figura 5.3
Arquibancadas do Derby Club destruídas depois de um "tribofe"
*Careta*, ano 7, número 320, 8 de agosto de 1914

**Fonte:** acervo Fundação Biblioteca Nacional

Enquanto nas touradas era a insatisfação com a qualidade do espetáculo que causava problemas, nas corridas de cavalos as apostas foram as principais responsáveis pelos conflitos que ocorriam com frequência nos hipódromos, ocasiões em que a intervenção policial se fez necessária. A ambição da vitória e da obtenção de lucros envolvia todos os setores nessas ocorrências: público, jóqueis, dirigentes e criadores de cavalos.

Não surpreende que, nos anos finais do século XIX, as agremiações de remo tenham se esmerado para eliminar as apostas das competições náuticas, para os dirigentes uma prova inequívoca de que desejavam consolidar novos sentidos para a prática esportiva, mais modernos e adequados aos discursos de certas lideranças nacionais. Para eles, o esporte deveria ser compreendido como uma escola de moral e saúde, de forma nenhuma se confundindo com um jogo de azar. Em 1895, as apostas são, não sem tensões, definitivamente proibidas nas regatas.

Outras práticas navegaram nessa onda para tentar melhorar sua imagem e se manter ativas. Basta ver como os responsáveis pelos jogos de pelotas, que antes sempre estimulavam as apostas, modificaram seu discurso. Vejamos como se defende a modalidade em 1895:

> Os jogos dos frontões participam da natureza dos jogos atléticos com a pelota; esses jogos que tendem a desenvolver as forças corpóreas, a dar maior vigor à musculatura, como meios da educação física, não podem ser considerados de azar porque a lei (art. 370 do Código Penal) só considera tais aqueles em que o ganho e a perda dependem exclusivamente da sorte, e nestes o êxito depende da destreza e robustez dos jogadores.[63]

De toda forma, Luiz Edmundo se refere ao jogo de pelotas da seguinte maneira:

> Os espectadores, logo que percebem as irregularidades do jogo, rebentam em impropérios contra os jogadores. Da cancha, por sua vez, respondem os

63 *Jornal do Brasil*, 13 jan. 1895, p.1.

pelotários violentamente, revidando, com acrimônia, os insultos que lhes são atirados. A barulheira cresce. Referve. É o calão. É a descompostura da sarjeta. É a obscenidade. Depois vem o murro, o pontapé, a bengalada, por vezes o tiro de revólver, e a depredação da casa da poule.[64]

A preocupação com o combate às apostas não estava circunscrita apenas aos esportes. Fazia parte de um movimento mais amplo de moralização e de controle social. Desde meados da década de 1870, os poderes públicos vinham atuando contra alguns jogos. Sua posição, contudo, nunca foi muita clara:

> O governo nunca seguiu uma política coerente em relação ao jogo. Alguns são proibidos e liberados depois. Outros são liberados e proibidos em seguida. As autoridades tentam dar combate aos jogos de apostas em dinheiro. A víspora, já permitida nos salões, é agora combatida. A imprensa comenta a briga de galo na freguesia de Santana, com apostas em dinheiro.[65]

O Estado demonstrava grande incoerência também quando organizava suas loterias próprias. Além disso, nos anos iniciais do período republicano, o momento de grande especulação financeira acabava por incentivar o jogo de azar:

> Porém a jogatina da bolsa, favorecida pelo governo provisório, tinha dado tom. Apesar da ação das autoridades, quando havia tal ação, abriram-se cassinos, casas de corridas, frontões, belódromos, que vieram juntar-se ao tradicional jogo do bicho, ou dos bichos, como se dizia na época, e às casas clandestinas de jogos.[66]

Em várias ocasiões foram registradas estas incoerências:

> Estaremos de pleno acordo com os que querem acabar com o jogo, com uma condição única: a justiça para todos. Por que acabar com os *bookmakers* quando há o terrível jogo da bolsa, especialmente o do câmbio, o maior polvo que há contra o Estado e contra os indivíduos. Na sociedade contemporânea é uma

64 Edmundo, op. cit., p.854.
65 Renault, *O dia a dia do Rio de Janeiro segundo os jornais – 1870-1879*, p.133.
66 Carvalho, *Os bestializados*: o Rio de Janeiro e a República que não foi, p.31.

> utopia acabar com o jogo. Quem o quer fazer tem sempre em mira um interesse, este quer acabar com aquele para ficar só em campo; quer vingar-se dos lucros que não partilha; e afinal a última coisa que se tem em vista é o bom público.[67]

Alguns periódicos chegaram mesmo a tomar o partido dos proprietários das casas de apostas, inclusive porque estes gozavam de certo prestígio e porque invocavam seu direito à livre iniciativa:

> Criou-se um impasse. De um lado uma lei municipal [...] e o prefeito querendo executá-la. De outro, particulares feridos em seus direitos reclamando pelos tribunais a respectiva garantia [...] os negociantes se defendem sem ter armas [...] Deus queira que esse primeiro passo na senda do desrespeito aos direitos individuais não seja prenúncio de outros abusos.[68]

Deve-se observar também que, quando o jogo era praticado nas casas de membros das elites ou estava ligado ao seu estilo de vida, o governo não era tão incisivo. Mais ainda, não poucas vezes a polícia encontrou "pessoas decentes" nas casas populares de jogos, liberando-as, contudo, das punições, sugerindo que não tomavam parte direta na jogatina.

Vale a pena ter em conta o olhar irônico de Machado de Assis. Numa de suas crônicas, o literato narra uma suposta ação de cinquenta cidadãos contra a polícia e o delegado por terem sido encarcerados ao frequentarem uma rinha de galos. Os indivíduos argumentavam que: estavam reunidos pacificamente, usufruindo o direito de reunião; o espetáculo não era bárbaro, a prática era, inclusive, britânica; eram contribuintes e católicos; sequer tinham feito relação da briga dos galos com o comportamento dos parlamentares. Por fim, afirmam os envolvidos:

> onde os ditos galos brigavam, e onde o réu os foi dissolver, como se o galo fosse gente para merecer tanto barulho, e como se não fosse muito melhor fazer brigar os galos do que brigarem as próprias pessoas umas com as outras, escorrendo sangue das ventas humanas, sem divertimento para ninguém, e principalmente para os sangrados; e finalmente P.P. que param nesse ponto, a fim de não

67 *Jornal do Brasil*, 7 jan.1895, p.4.

68 Idem, 14 jan. 1895, p.3.

aborrecer mais, aconselhando que, enquanto não chegam outros usos da Inglaterra, vamos fazendo uso do galo e suas campanhas. Antes o galo que nada.[69]

Polícia e imprensa, aliadas, em certas ocasiões promoveram uma "caça às bruxas", e não foi pequeno o número de prisões, muitas vezes de forma violenta. Paradoxalmente, os jogos populares eram considerados perniciosos, mas nem sempre as apostas nas corridas de cavalos.

O argumento para sanar essa possível contradição era que os clubes de turfe estavam relacionados a causas nobres, discursos que foram por vezes ridicularizados por alguns cronistas, como Le Cog, no folhetim do *Jornal do Brasil*:

> [...] em vez de comprar fichas, compre poules ou compre gafanhotos: terá fome mais depressa e o dinheiro que perder, em vez de servir para o luxo dos viciosos inteligentes, servirá para aformosar a arquitetura das igrejas [...] e a raça dos cavalos – fins nobres.[70]

O cronista é ainda mais explícito:

> Em vez de possuir um dado cachorro, possuirá, cada cidadão, uma égua de meio sangue: em vez de meter um cágado, assignará uma dezena; fechamos as espeluncas e os clubes, mas deixamos abertos os prados e os quiosques. Que diabo quer mais o povo?

Enquanto o debate seguia e os conflitos mantinham-se comuns nos hipódromos (e também nos velódromos e pelotários), quando chamados os agentes da lei interferiam, nem sempre de forma coerente ou organizada. E o esporte continuava sendo também caso de polícia.

69 *Gazeta de Notícias*, 8 jun. 1885, p.1.
70 *Jornal do Brasil*, 19 fev. 1898, p.2.

6

## Criminosos na literatura brasileira

*Daniel Faria*

O crime é um dos grandes temas da tradição literária moderna. Certamente, em primeiro lugar, por sua relação com a vida nas grandes cidades, objeto de fascínio e horror na literatura romântica e pós-romântica. A metrópole, tratada como espaço labiríntico, perigoso, fascinante, onde a humanidade se perde e se transforma, tornou-se um palco privilegiado para as tramas de uma literatura que visava, justamente, revelar a estranheza e a perplexidade inerentes à condição humana. Em meio ao anonimato urbano, quantos tipos não se ocultavam, esperando a primeira oportunidade para agir? Esconderijo perfeito para os criminosos, a grande cidade e suas multidões permitia o desenhar-se dos mais diversos tipos sociais enquadrados nas chamadas "classes perigosas".

É nesse contexto que a literatura vai se debruçar intensamente sobre a questão do crime e dos criminosos. Claro, o crime é privilegiado por uma questão de toda trama narrativa: os atos violentos são uma das formas mais corriqueiras de se fazer uma reviravolta numa história que se conta. O crime, do ponto de vista narrativo, traz um elemento de surpresa, choque, que coloca o enredo em movimento, dando-lhe dramaticidade.

Figura 6.1
Penitenciária Cândido Mendes, antiga Casa de Correção, na Ilha Grande (RJ), onde Graciliano Ramos permaneceu preso entre março de 1936 e janeiro de 1937, vítima do regime varguista (1930-1945)

**Fonte:** Sebastião Marinho (Agência O Globo)

Mas não é só isso. Esse aspecto narrativo da surpresa e da reviravolta vem acompanhado de elementos afetivos, estéticos, que a crítica literária conceitua como efeito catártico. Ao imaginar uma cena impactante, sublime, uma cena que lida com suas paixões e medos mais profundos, o leitor passa por uma espécie de descarga emotiva que, ao mesmo tempo, é libertadora e o protege dos efeitos mais perigosos de suas paixões e medos. Isso constituiu o lugar paradoxal da literatura, como transgressão permitida. Temas proibidos, assuntos tabu, vão encontrar seu espaço de exposição no texto literário. É assim que o crime adquire, na literatura, um forte apelo afetivo.

Quando aqui se afirma que o crime é um tema proibido, não se quer dizer com isso que a sociedade contemporânea não fale sobre a questão. Pelo contrário, a sociedade produz, incessantemente, discursos, imagens, ideias, teses sobre os crimes e os criminosos. Falas policiais, jornalísticas, opiniões cotidianas, teses psiquiátricas. O crime está presente de modo impactante em nossos discursos, vocabulários, falas que circulam por diferentes lugares e verdades que se retroalimentam. Não é da natureza do proibido que não se fale sobre ele. O que a proibição cuida é de como, quando e onde se deve falar sobre o proibido. O crime é localizado no campo da anormalidade, das margens sociais, dos supostamente excluídos. A fala sobre o crime visa preservar uma ideia de civilização, de normalidade ou racionalidade. Nesse campo discursivo, o crime seria algo exótico na civilização, mesmo que um exotismo sempre presente, sempre pondo em risco uma civilidade altamente idealizada como não violenta e ética.

Portanto, a literatura não é transgressora apenas porque fala sobre crime e criminosos. Mas sim porque ela coloca as falas, o vocabulário, a temática do crime em perspectiva, ao jogar com a construção de personagens, tramas, situações que trazem à tona outras formas de falar sobre o crime. Na literatura, o criminoso pode ser um herói com quem o leitor se identifica. O crime pode ganhar sentidos éticos, metafísicos e mesmo teológicos imprevistos (como, por exemplo, no caso de Dostoievski, e suas reflexões sobre o mal e a santidade). O medo social, a angústia urbana e os desejos reprimidos do cidadão brutal civilizado podem se tornar motes para invenção de novas formas de narrar – como os contos de mistério e horror de Edgar Allan Poe, os contos policiais. Mas, lembremos, é uma transgressão paradoxalmente permitida, aceita pela sociedade. A literatura nem sempre contesta, ou muito menos transforma a sociedade. Mas, ao nos oferecer um recuo diante de nossas crenças e certezas, ela pode abrir um espaço para o pensamento. É como se víssemos

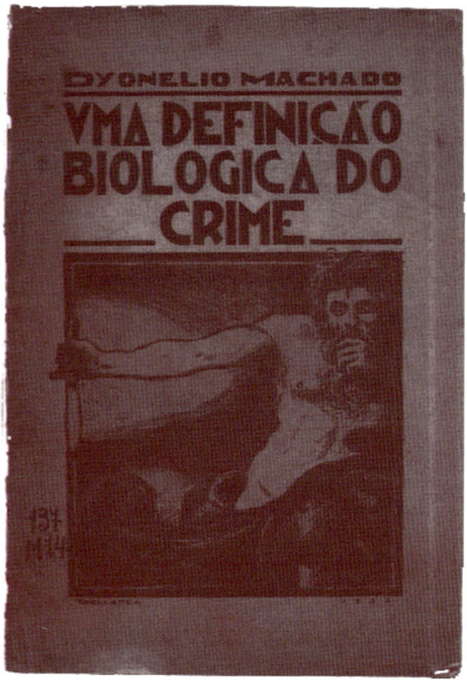


Figura 6.2
Capa do livro *Uma definição biológica do crime*, de Dyonellio Machado

**Fonte:** reprodução

nossas crenças e opiniões à distância, num espelho que nos devolve nossa imagem – mas não necessariamente a imagem que imaginamos para nós mesmos, em nossas idealizações.

No Brasil, o tema do crime também se fez presente de modo intenso na tradição literária. Aqui, a temática tem suas especificidades – como, por exemplo, a questão racial e a pós-abolição na virada do século XIX para o XX. Ou mais contemporaneamente, o colapso da vida urbana e a eclosão das cidades fortificadas, em que o medo da violência estrutura todo o espaço vivido e seu imaginário. Neste texto teremos, como campo de observação, as obras e trajetórias de dois autores, Graciliano Ramos e Dyonélio Machado. Mais especificamente o romance *Angústia* (1936) do primeiro e *Os ratos* (1935) de Dyonélio. Ambos os autores abordaram o crime em suas obras literárias, mas além disso se declararam aficionados pela leitura da criminologia positiva e da psiquiatria. Dyonélio chegou a defender uma tese sobre o tema, em sua área de formação, a psiquiatria. Portanto, com esses autores podemos ver, de modo bem concreto, como as falas e discursos sobre o crime podem ser absorvidos e postos em perspectiva pela literatura. Graciliano e Dyonélio foram, ainda, presos políticos da ditadura de Vargas. Não há ironia nessa história, talvez apenas absurdo: refiro-me ao fato de esses autores, tão interessados na temática do crime e, na expressão de Graciliano Ramos, na "alma dos criminosos", terem sido eles mesmos considerados criminosos pelo Estado brasileiro.

## *Angústia* e os crimes de paixão

A recepção crítica a *Angústia* teve um mote: o de Graciliano Ramos como "revelador magistral de consciências".[1] A repetição do mote dá, inclusive, a entender que se tratava de reprodução de algum texto

1 Expressão usada em texto publicado por *A Tarde*, a 7 abr. 1938. Esta e as outras críticas a *Angústia* aqui citadas estão em: IEB/USP. Acervo Graciliano Ramos. Série Recortes.

publicitário da Editora José Olympio, usado na divulgação do livro – porque, de resto, seria muita coincidência. Assim, nas críticas, com diferenças de poucos dias, o bordão se repetia com pequenas variações, como: "fabuloso penetrador de consciências", "revelador de consciências". Mas as variações do mote também são interessantes. Em *A Tarde* de Manaus, a 10 de maio de 1938, comentava-se sobre "o extraordinário gozo espiritual que é acompanhar o autor, através de seu enredo, vivendo o leitor a vida extremamente dolorosa do personagem". Em *O Estado,* de Fortaleza, a 7 de agosto de 1938: "O autor atingiu um grau de psicologia doentia dificilmente alcançado em nossas letras". Por fim, em *O Estado da Bahia,* a 7 de abril de 1938: "[...] um livro que leva a análise psicológica do personagem às últimas consequências, torturando-o, fechando-o num círculo de dolorosa angústia que contagia o leitor". Yacó Fernandes, em crítica mais erudita de *A Razão,* de Fortaleza, a 7 de maio de 1938, diria que o protagonista de *Angústia* era um caso "do tipo acabado do introvertido de Jung".

Temos, portanto, alguns elementos muito interessantes na recepção mais imediata a *Angústia.* A imagem de Graciliano Ramos como escritor especialista em desvendar e revelar as sutilezas psíquicas dos personagens. Ou seja: sua obra literária como uma espécie de investigação psicológica. Em segundo lugar, o fato de Graciliano escolher casos extremos que envolveriam violências, alucinações, loucura e crime. O lado doentio de sua psicologia. Por fim, o "gozo espiritual" do leitor que, ao entrar no universo literário de Graciliano, era capaz de viver essas vidas alucinadas e criminosas, padecendo com elas – à distância. Quase como um espectador apaziguado sentado diante de um programa de TV sensacionalista, repleto de horrores e violências. Mas também a crueldade do procedimento literário que consistia em encerrar essas vidas – inventadas pelo escritor – numa trama cerrada, "torturando-as".

*Angústia* tem uma trama muito simples, pontuada por poucos momentos decisivos. A rigor, o livro é a história de um crime: o assassinato de Julião Tavares por Luís da Silva. Não há mistério, não é um crime enigmático que precisa ser desvendado por algum Sherlock Holmes arguto. O enigma não é o crime, é a personalidade do assassino. Todos os acontecimentos parecem encadeados para a consumação inevitável do assassinato. Inclusive, e principalmente, a aparição de Marina – jovem vizinha de Luís da Silva que se tornaria a justificativa ou o pretexto para o crime. Julião Tavares e Marina, por sua vez, são personagens quase caricaturais, dentro da tradição romântica (inclusive com uma boa dose de misoginia). Julião é o canalha presunçoso e bem-falante, o hipócrita bem-sucedido e rico, o egoísta. Marina é a jovem fútil, encantada pelo mundo superficial da moda, do entretenimento – a virgem impressionável. Marina iria se casar com Luís da Silva. Mas o insuportável Julião Tavares atravessa o caminho, toma Marina para si, deflora-a. Marina engravida, mas, abandonada por Julião Tavares, decide abortar. Luís da Silva assassina Julião Tavares.

Não fosse o protagonista Luís da Silva, estaríamos diante de um típico melodrama romântico, com suas histórias de paixão e morte, musas indefesas e canalhas consumados. E isso porque, em primeiro lugar, Luís da Silva é um "caso" clínico. Yacó Fernandes o rotulara de típico introvertido junguiano. Independentemente da precisão deste ou de outros rótulos, importa notar que Luís da Silva foi um personagem composto a partir de leituras de livros de psiquiatria, psicanálise e criminologia. Na invenção de seu personagem, Graciliano não usou apenas sua imaginação, mas uma biblioteca sobre o tema do crime. Isso confere ao livro uma complexidade que vai além do mero melodrama, porque em sua tessitura temos uma constelação discursiva, um conjunto de teses e conceitos – no caso sobre o crime e a "alma dos criminosos".

Em texto em que comenta Paulo Honório, personagem de *São Bernardo,* Graciliano diz que, em 1924, foi tomado pelo desejo de suicídio. Nessa fase crítica de sua vida, teria começado a se embrenhar na sociologia criminal.[2] O personagem, porém, não seria um mero reflexo dessas leituras. Na fala de Graciliano, Paulo Honório, um criminoso como Luís da Silva, teria aparecido a ele como uma espécie de fantasma,

2 Ramos, *Garranchos:* textos inéditos de Graciliano Ramos, p.272. O texto foi publicado pela primeira vez em 1946, no livro *10 romancistas falam de seus personagens*, organizado por João Condé.

reminiscência de "coronéis assassinos e ladrões meus conhecidos". Luís da Silva teria aparecido de forma semelhante, e no mesmo contexto:

> Em 1935 novas dificuldades me surgiram – e o criminoso do outro conto me importunou. Localizei esse tipo na capital, fiz dele um pequeno funcionário, último galho duma família rural estraçalhada, e dei-lhe um nome insignificante. Luís da Silva, condenado a passar despercebido, era prejuízo certo para o editor. Foi o que eu disse a José Olympio quando ele me falou a respeito da publicação. – Não vende cem exemplares. Foi o que eu disse. Vendeu mais porque algumas pessoas, querendo ou sem querer, fizeram do livro uma propaganda imerecida, em consequência dum trambolhão muito sério que dei involuntariamente. Sim, senhor, involuntariamente.[3]

O que a sociologia criminal e a criminologia positivista têm de mais decisivo, não somente para a obra de Graciliano, mas para a história do crime no Brasil,[4] é o deslocamento do foco da questão do ato criminoso em si para o da personalidade daquele que comete o crime. Ou seja, se na criminologia clássica, forjada a partir do século XVIII, a questão era entender a natureza do ato criminal cometido, sua gravidade e a definição de uma pena que lhe seria correspondente, na criminologia positiva a "consciência sombria" do criminoso se torna a questão central. A conclusão, ou o pressuposto (uma vez que estamos diante de uma verdadeira circularidade argumentativa) é de que existem certos tipos predispostos ao crime. Cada tipo de crime teria seu tipo de criminoso. As metodologias de tipificação variaram, por exemplo, entre as questões anatômicas – como os tão comentados estudos com medidas de crânios de Cesare Lombroso – e as classificações em tipos psíquicos – como a distinção entre os caracteres introvertidos e extrovertidos, ou a tese do crime como efeito de uma herança orgânica ou degeneração. As descrições de tais tipos criminosos também eram densas e variadas. Distinções como, por exemplo, entre os assassinos e seu "olhar vítreo" e seus caninos acentuados, e os meros ladrões.

---

3 Ramos, Alguns tipos sem importância. In: *Linhas tortas*, p.195-6. Original de agosto de 1939, sem maiores especificações na edição citada.

4 Cancelli, *A cultura do crime e da lei:* 1889-1939.

Com isso, o crime passa a ser objeto de uma espécie de limpeza social preventiva. O criminoso passa a ser exposto como uma aberração, ou uma expressão de anormalidade. O crime passa a ser pensado como uma doença, ou mesmo um destino reservado a alguns. Não com vistas apenas ao combate ao crime em si, mas sobretudo com o objetivo de legitimar valores morais e práticas repressivas, segundo uma ideia de normalidade. Não se tratando, portanto, de falas sobre os "excluídos da história" e sim da reafirmação de valores morais e justificação de montagem de um aparato de vigilância e punição. Fora dos moldes clássicos, que previam uma correspondência racional entre crime e castigo – porque a questão não era mais o crime em si, e sim a existência do criminoso. O caso-limite em tal discurso era o do "criminoso nato". Predestinado ao crime, e ao mesmo tempo incorrigível. Impulsionado por um determinismo semelhante ao que vemos levar Luís da Silva ao assassinato.

É importante observar que essas concepções sobre o crime circulavam entre diferentes lugares: por exemplo, em pareceres médicos, publicações científicas, mas também em notícias na imprensa. Esta, no dizer de Elizabeth Cancelli, catalisava as emoções em torno do crime. Sobretudo no que se referia aos chamados "crimes de paixão", com toda a sua carga melodramática – já teatralizada pelo próprio espetáculo público dos julgamentos. A especificidade desse tipo de crime residia no fato de ele colocar em cena valores afetivos e morais compartilhados, como por exemplo os de fidelidade e honra. Nesse caso, a ênfase sobre a subjetividade do criminoso muitas vezes servia como mote de compaixão e cumplicidade. Num momento de loucura, de perda da razão, o sujeito ultrajado (por exemplo, pelo adultério) "deixava" emergirem seus impulsos criminais. O paradoxo aqui é o do crime feito em nome dos mesmos valores morais defendidos pelos julgadores, pela imprensa e pelo público em geral. Daí a paixão como atenuante e mesmo como justificativa do crime em nome da honra. Daí, também, a possibilidade de o público se imaginar no mesmo lugar que o criminoso – sentindo mais compaixão por ele que pela vítima (como vemos, ainda hoje, em casos de estupro nos quais a vítima é acusada de ter causado a violência que ela sofreu). A vítima, de todo modo, teria feito por merecer a violência sofrida. Talvez, mais que qualquer outro tipo de crime, o crime de paixão, assim, revela o quanto as falas sobre o crime estão carregadas de valores morais, para além da impressão mais superficial que coloca o crime num lugar exterior, "excluído" da sociedade.

*Angústia* era, exatamente, o relato de um crime de paixão, a partir de um possível "criminoso nato", dado o determinismo com que a trama prepara o assassinato de Julião Tavares. Talvez isso explique o "gozo espiritual" do leitor, a mistura entre os sentimentos de compaixão com a existência miserável de Luís da Silva e o prazer sádico de acompanhar as torturas que a imaginação (doentia ou científica?) de seu autor lhe preparara. Um aspecto que complica o cenário é o fato de *Angústia* ser um romance em primeira pessoa. Ou seja: quem nos conta a história é o próprio protagonista, Luís da Silva. Mas, para complicar ainda mais, não se trata de uma autobiografia ou de um diário. O que o romance nos mostra é o próprio fluxo de sua consciência – como se ele estivesse vivendo e pensando diante do leitor. O que se lê no livro é uma consciência que se desdobra em eventos do cotidiano, fantasmas do passado, imagens do desejo, devaneios, avaliações morais, delírios. Por exemplo:

> Que estará fazendo Marina? Procuro afastar de mim essa criatura. Uma viagem, embriaguez, suicídio... Penso no meu cadáver, magríssimo, com os dentes arreganhados, os olhos como duas jabuticabas sem casca, os dedos pretos do cigarro cruzados no peito fundo. Os conhecidos dirão que eu sou um bom tipo e conduzirão para o cemitério, num caixão barato, a minha carcaça meio bichada. Enquanto pegarem e soltarem as alças, revezando-se no mister piedoso e cacete de carregar defunto pobre, procurarão saber quem será o meu substituto na diretoria da fazenda. Enxoto as imagens lúgubres. Vão e voltam, sem vergonha, e com elas a lembrança do Julião Tavares.[5]

Ao longo do livro, esse é o tom. Autocomiseração, análise obsessiva da hipocrisia social, um núcleo diminuto de pessoas que capturam a atenção do protagonista, devaneios sádicos e masoquistas. Implícita nessa passagem, mas explicitada em outras, a solidão, o silêncio de Luís da Silva;

5 Ramos, *Angústia*, p.8.

Figura 6.3
Capa do livro
*Memórias do cárcere*,
de Graciliano Ramos
**Fonte:** reprodução

"sempre brinquei só". A timidez, o andar constantemente com os olhos voltados para baixo – daí, provavelmente, a leitura que o enquadrava como tipo introspectivo de criminoso – aquele criminoso voltado para dentro de si mesmo. O contraste não poderia ser maior com Julião Tavares, duplamente espaçoso, por ser gordo e palavroso, arrogante, demagogo que gostava de fazer discursos patrióticos, perfeitamente adaptado à vida social. Sujeito que tinha escapado de um "processo por defloramento" porque seu pai era rico. O mesmo Julião que entrava e saía da casa de Luís da Silva quando e como bem entendia, diante da aparente passividade do protagonista. Com quem, mesmo que prometida em casamento a Luís da Silva, Marina flertava. Porém, lembre-se: o leitor só saber o que Luís da Silva pensa sobre Marina e Julião Tavares, pois não existe nenhum narrador além do próprio protagonista.

Sobretudo, porém, notamos um sentido fantasmagórico de imagens que emergem à revelia da vontade de Luís da Silva. Ele não controla sua própria imaginação. Ela o faz devanear, por exemplo, com uma cena em que ele afoga Marina num poço, trazendo-a para a superfície repetidamente e a submergindo de novo – um suplício que poderia se prolongar "um dia inteiro". Imaginação alucinada que se completava com uma consciência excessivamente atenta a tudo, a todos os detalhes – pequenos ruídos, gestos insignificantes, qualquer coisa podia ganhar um teor de excesso na mente de Luís da Silva. Com frequência ele fala de si mesmo como um sujeito dividido, alheio, como se muitos de seus atos e pensamentos fossem de outras pessoas. Ao mesmo tempo que se compraz com os efeitos dessa imaginação descontrolada e essa consciência exagerada.

> Estava num entorpecimento estúpido. Tive a impressão extravagante de que o ar havia tomado de repente a consistência mole e pegajosa de goma arábica. Nesse ambiente gelatinoso Marina se movia, nadava, desesperadamente bonita, o peitinho redondo subindo e descendo, a querer saltar pelo decote baixo, pimenta nos olhos azuis, os cabelos de fogo desmanchando-se ao vento morno e empestado que soprava dos quintais. Veio-me o pensamento maluco de que haviam dividido Marina. Serrada viva, como se fazia antigamente. Essa ideia absurda e sanguinária deu-me grande satisfação. Nádegas e pernas para um lado, cabeça e tronco para outro. A parte inferior mexia-se como um rabo de lagartixa cortado.[6]

A própria ideia de assassinar Julião Tavares lhe fora imposta dessa forma, como algo de exterior, como um prego que atravessasse sua cabeça. Por outro lado, as atribulações da vida interior de Luís da Silva ganham dramaticidade porque, como ele mesmo nos diz, por fora ele seria apenas um "cidadão com os outros, um diminuto cidadão que vai para o trabalho maçador". Luís da Silva, visto de fora, podemos supor que seria um sujeito pacato e obediente – um "anônimo das ruas". Correspondendo bem aos apelos melodramáticos da época em torno do crime desprovido de motivação (considerada) racional. Do crime único que revelava mais o caráter anormal do criminoso que propriamente uma prática com um propósito definido. O que se desdobrava na angústia compartilhada – e, claro, no medo orquestrado – no sentido de que qualquer um poderia ser um criminoso. De que o monstro assassino poderia ser seu vizinho cordato, seu colega de trabalho solitário e polido. Ou seja, que sob a superfície de uma vida civilizada, poderia estar adormecida uma alma atormentada e pronta para a violência.

A imagem que melhor sintetiza os sentidos de *Angústia* aqui comentados é a da corda/cobras. Dentre as obsessões de Luís da Silva, com

6 Ibidem, p.67-8.

certeza essa é a mais marcante, embora seja difícil de dizer se é a mais insólita. Cobras e cordas se complementam no sentido de que as cordas são constantemente tratadas como objetos animados, vivos – e as cobras como objetos. Num certo sentido, cordas e cobras são a mesma coisa, na imaginação de Luís da Silva. O que já aponta para a divisão de uma pessoa que se via a si mesma como, ao mesmo tempo, sujeito e objeto de seus próprios desejos. Só para darmos alguns exemplos nesse campo das cobras/cordas: Marina é constantemente retratada em movimentos sinuosos, imprevistos, como uma serpente. Luís da Silva com frequência é assombrado pela cena em que seu avô Trajano, então decadente, acordou com uma cascavel enrolada no pescoço. Seu Ivo, um personagem anódino, que frequentava a casa de Luís da Silva, o presenteia com uma corda, com a justificativa de que ela poderia servir para armar uma rede. O presente, porém, causa um profundo estremecimento em Luís da Silva, "tive a impressão de que aquilo me ia amarrar ou morder". Essa corda deflagra uma série de pensamentos e imagens, despertando uma memória involuntária (quase como uma *Madeleine* sinistra). Luís da Silva então se lembra de Chico Cobra, um criminoso que sempre andava com um cabaço cheio de jararacas. Chico Cobra teria matado um homem na feira e se refugiara no mato, fazendo um rancho de palha e se cercando de "surucucus e outros viventes semelhantes". A corda também desperta em Luís da Silva pensamentos sobre o emaranhado das ideias que o governam, os círculos em torno dos quais sua vida se constitui – e mesmo as circunvoluções cerebrais de seu organismo. A corda, viva, capaz de morder como uma cobra, lembra ainda o chicote de um feitor que castigava escravos. Temos então muitos sentidos embaralhados aqui: desde a questão moral e religiosa do mal, passando pela questão do crime, dos desejos de morte reprimidos e até mesmo à história da violência no Brasil. Já estava definido, então, o instrumento do assassinato de Julião Tavares. Luís da Silva passaria a andar com essa corda no bolso. Até que, numa madrugada, depois de seguir Julião Tavares:

> Retirei a corda do bolso e em alguns saltos, silenciosos como os das onças de José Bahia, estava ao pé de Julião Tavares. Tudo isto é absurdo, é incrível,

mas realizou-se naturalmente. A corda enlaçou o pescoço do homem, e as minhas mãos apertadas afastaram-se com desespero. Houve uma luta rápida, um gorgolejar, uns braços que se debatiam. Exatamente o que eu havia imaginado. O corpo de Julião Tavares ora tombava para a frente e ameaçava arrastar-me, ora se inclinava para trás e queria cair em cima de mim. A obsessão ia desaparecer. Tive um deslumbramento. O homenzinho da repartição e do jornal não era eu. Esta convicção afastou qualquer receio de perigo. Uma alegria enorme encheu-me.[7]

## *Os ratos* e a luta pela sobrevivência

Em 1932, Dyonélio Machado publicou sua tese sobre o crime, defendida na Faculdade de Medicina de Porto Alegre.[8] Lida em perspectiva histórica, a tese não era, propriamente, inovadora. Pelo contrário, seguia as diretrizes mais corriqueiras da época, num teor eclético em que se combinavam aspectos da criminologia positiva, da sociologia criminal e da psicanálise. Mas é exatamente por esse sentido de lugar-comum que a tese de Dyonélio nos interessa hoje.

Figura 6.4
O escritor Dyonélio Machado, nos anos 1930

**Fonte:** reprodução

Centrada na questão do homicídio, a tese, como seu título anuncia, abordava a questão do crime a partir de uma perspectiva naturalista. Matar um ser da mesma espécie não seria apanágio único da humanidade, de acordo com o psiquiatra. Nos animais também se encontraria o impulso homicida,

7 Ibidem, p.223-4.

8 Machado, *Uma definição biológica do crime.*

bem como suas motivações conhecidas: concorrência vital, conquista da fêmea, ambição política, império das paixões. Mas também haveria um elemento instintivo – uma vez que, aqui Dyonélio citando o criminologista Enrico Ferri, haveria, entre animais e humanos, tipos e raças mais perversos e propensos ao crime. Em síntese, o crime, e mais especificamente o homicídio, seria uma forma anormal de lidar com a concorrência vital. Anormalidade esta que residiria no excesso da ação e no exagero da personalidade de seu executor. Segundo Dyonélio, o "exagero de personalidade" do criminoso revelaria uma suscetibilidade desmedida às ofensas sofridas, além de timidez e egoísmo.

Dyonélio Machado desenvolveu sua tese partindo para uma análise do que ele entendia ser a "psicologia do homem primitivo". Este seria marcado pela sobrevivência num ambiente hostil, precário. O estágio em que as leis e a moral não estavam ainda definidas demarcava o império da anarquia, da luta de todos contra todos. Daí o imediatismo dos "primitivos", sua violência sem limites e a crença em soluções mágicas. Numa leitura não muito rigorosa de *Totem e tabu* de Freud, Dyonélio falava ainda da realização imediata dos desejos, sem impedimentos pela consciência moral.

Todo o trabalho evolutivo da civilização seria no sentido de aplacar tais impulsos e sua ferocidade. Porém, como uma espécie de resíduo, essa mesma psicologia atuaria nos criminosos da contemporaneidade, o que faria deles autênticos "selvagens modernos". A sociedade, portanto, não deveria ser considerada, para Dyonélio, a causa do crime. Ela apenas era o meio, a atmosfera que daria sentido ao ato criminoso. O crime não seria fruto de uma injustiça social ou de um contexto específico. Seria o resultado de que alguns indivíduos falhavam no caminho da civilização, desejando retornar ao estágio primitivo, quando ainda não havia o conceito de delitos. Isso porque esses criminosos eram assim constituídos – predestinados, por natureza, ao crime. Por fraqueza congênita, por incapacidade de se adaptar às restrições impostas pela vida civilizada. E mesmo por timidez e egoísmo, mas aqui tratados como fenômenos naturais, independentes da valoração moral implícita na tese de Dyonélio.

O interessante é que toda a trama de *Os ratos*, romance publicado em 1935, gira em torno dessa temática da luta pela sobrevivência. O protagonista, Naziazeno, não é um criminoso. Seu drama vem de uma dívida de 53 mil-réis com o leiteiro – que o joga na possibilidade de ver sua família passar fome e de se envergonhar por ser alguém que não cumpre suas obrigações. A trama se desenrola nas 24 horas em que Naziazeno perambula por Porto Alegre, à procura de uma solução para essa dívida. Naziazeno, mesmo nessa situação precária, não é um revoltado – é um ser que abdica de lutar, mas que também não procura uma solução imediatista no crime: "Naziazeno se julga em 'débito' com os homens, desde que vai ser salvo pela bondade dos homens. Ele é todo humanidade, solidariedade". Ao fim do dia, Naziazeno terá sua situação resolvida. Deixa, então, o dinheiro na cozinha, já à espera de chegada do leiteiro. Porém, o protagonista não consegue dormir, obcecado por pequenos ruídos e barulhos, imaginando que ratos estão roendo o dinheiro que ele, arduamente, conseguiu.

Na luta para conseguir o dinheiro, Naziazeno conta com o auxílio de personagens como Alcides e Duque. Estes, ao contrário do protagonista, lidam bem com o mundo das práticas criminosas que visam resolver, de modo mais rápido e eficaz, o problema da miséria. Eles se adiantam a Naziazeno e resolvem conseguir, por ele, o dinheiro devido. Sozinho, Naziazeno apenas "deriva na enxurrada" procurando, em vão, um gesto de solidariedade, e encontrando apenas recusas, polidas ou não. É nesse sentido que vemos Naziazeno se defrontando com agiotas, apostadores, promotores de jogo clandestino, advogado desonesto. Nesse sentido, a cena em que Naziazeno tenta a sorte no jogo é muito significativa:

> A "tabacaria" é pouco antes de chegar ao *Nacional*. Primeiro aquele balcãozinho estreito e com guichês pra o bicho. No fim do corredor, o salão. Desde que se passa a porta que separa a "tabacaria" dos guichês do *bicho*, que já se começa a ouvir o barulho das fichas. Os homens não falam. Fumam e caminham, fazem o jogo. Alguns têm as mãos cheias de fichas e um ar de despreocupação naquele seu andar daqui pra ali, em torno da mesa. Há os que se conservam sempre sós, num afastamento sistemático. Trajam sempre com um certo apuro. Têm o aspecto distinto, a cara de quem não conhece todos os motivos que possuem

> os homens para se incomodarem... se indisporem... se atirarem uns contra os outros... Ninguém poderá ler na fisionomia se ganham ou se perdem.[9]

Aí se explicita o contraste entre a honestidade submissa de Naziazeno e o ambiente de luta feroz pela sobrevivência que o cerca. Nesse meio, trabalhadores e criminosos coabitam. A frieza, a indiferença moral, porém, demarca a distância entre estes e aqueles. Os criminosos parecem movidos por uma ideia fixa, destituídos de qualquer repressão moral ou civilizatória – são introspectivos, egoístas. Mas é com eles, e entre eles, que Naziazeno tem de resolver os problemas básicos da sobrevivência.

Se esse contraste reproduz parte da tese de *Uma definição biológica do crime*, há em *Os ratos* um elemento ausente da tese e que complica o cenário da reflexão sobre o crime. Trata-se da força do dinheiro, organizando e dirigindo as relações sociais. Esse aspecto perpassa todo o romance, mas pode ser sintetizado, por exemplo, numa passagem sobre um enigmático personagem ironicamente chamado Justo Soares, alguém com quem, numa fase anterior de sua vida, Naziazeno tivera um simulacro de amizade, mas que então não mais o cumprimentava, "é que certas amizades estinguem quando se extinguem os negócios que as originaram. Razoável". Mesmo a mente de Naziazeno é descrita como um campo geométrico cujas linhas se dirigem, inevitavelmente, para o mesmo ponto: a dívida com o leiteiro. Pago o leiteiro, "o mundo recomeçará".

Peter Stallybrass,[10] num livro sensível e inteligente, traduz bem para leitores contemporâneos a força da tese de Marx sobre a mercadoria, o dinheiro e o valor de troca. Como equivalente universal, potencialmente trocado por qualquer coisa, o dinheiro seria a maior das abstrações econômicas. Os objetos de nosso cotidiano, porém, teriam outros valores: afetivos, memorialísticos, de utilidade – enfim, o valor de uso. Na economia capitalista, esses outros valores seriam reduzidos à abstração da troca, perdendo sua aura. Uma coisa é um objeto a ser usado e que se

9 Machado, *Os ratos*, p.61.
10 Stallybrass, *O casaco de Marx:* roupas, memória, dor.

torna parte de nossas vidas, outra coisa é um objeto que pode e deve ser trocado por dinheiro.

Na procura pelo dinheiro, porém, Naziazeno aposta na simpatia humana. E o que encontra é a lógica impessoal da mercadoria. O leite da sobrevivência de seu filho é reduzido ao estatuto de dívida financeira. Não é que Naziazeno seja desonesto e por isso seu filho mereça passar fome, mas porque essa é a lógica do mercado. Quem não pode pagar, não pode consumir. Outros personagens do romance parecem perfeitamente à vontade com essa dinâmica. Tanto os criminosos quanto os não criminosos são governados pela lógica financeira. O patrão de Naziazeno (sobre quem, porém, pesa uma acusação de corrupção) e os jogadores e agiotas, todos se entendem nesse sentido "razoável" de que o dinheiro governa o mundo. A racionalidade de uma civilização baseada no valor de troca, assim, sugere que o sucesso na conquista do lucro é a derradeira justificativa moral para todos os atos. E assim, a fronteira do que é ou não é crime se torna imprecisa – como vemos em casos de corrupção que, ao mesmo tempo, não passam de operações normais da luta pela sobrevivência no mercado.

Em *Os ratos*, essa lógica do dinheiro é levada a um nível fantasmagórico. Como se fosse um pesadelo. Não é só o leite ou Naziazeno que perdem suas qualidades sensíveis quando confrontados com a lógica fria e implacável da mercadoria. A própria cidade aparece numa outra atmosfera, ao mesmo tempo sinistra e irreal. O sol ilumina Porto Alegre como uma "moeda em brasa". Uma "claridade amarela" insólita ilumina os pesadelos e a memória de Naziazeno depois que seu dia de busca pelo dinheiro acaba:

> A luz amarela agora encheu todo céu... Em torno daquela cúpula amarelo-ocre a sombra vai se enchendo de nuanças, que começam com o amarelo-lívido. Bem embaixo, aquela muralha espessa é negra... Os objetos recebem por cima uma luz cor de enxofre, como uma poeira... As casas, as pessoas estão mergulhadas nessa luz amarela...[11]

11 Machado, *Os ratos*, p.120.

Segundo seu depoimento, Dyonélio Machado tinha acabado de sair de uma reunião do Comitê da Aliança Nacional Libertadora, que terminara tarde da noite, quando, ao chegar em casa, deparou-se com dois homens à sua espera. Numa noite chuvosa, saindo como que ocultos de debaixo de uma sacada, deram-lhe voz de prisão.

> Fui levado para o Rio, no porão de um grande navio, em pleno inverno, numa travessia que durou dez dias. Perdi doze quilos, todos os dentes e algumas unhas. Nada disso, porém, me modificou. Na prisão, eu revelava um humor tão elevado, que parecia estar enamorado da cadeia. Não me abati, nem com a manchete do *Correio da Manhã:* "Pena de morte para os subversivos". O pior foi algo que nem é muito dramático. Um advogado, companheiro do Partido, o redator do *Correio do Povo*, requereu um *habeas corpus* para mim, em plena vigência do Estado de Guerra. O primeiro passo de um *habeas corpus* é pedi-lo a uma autoridade, para, na base da resposta, saber se o indivíduo é mantido preso ou não. Este foi pedido para o governo do Estado, que respondeu concisamente que não conhecia meu paradeiro. Isso me aterrorizou, porque era a preparação do terreno para o assassinato. A ordem do homicídio poderia não vir imediatamente, mas sempre estaria nas mãos do Poder.[12]

Dyonélio ficou preso por dois anos. Ele tinha escrito *Os ratos* no final de 1934, decidindo, então, inscrever o romance no concurso para o prêmio Machado de Assis. Quando o resultado do concurso saiu, *Os ratos* ficou entre os livros premiados, mas Dyonélio Machado estava preso – mais precisamente num porão de um navio atracado no porto de Santos, quando o escritor estava sendo levado para o Rio de Janeiro.

Graciliano Ramos foi preso no mesmo dia que entregou os originais de *Angústia* para uma datilógrafa.[13] O escritor já vinha recebendo avisos de que havia sido denunciado, de que estava sob vigilância e a qualquer momento poderia ser preso. Segundo seu depoimento, porém, ele

---

12 Machado, *O cheiro de coisa viva:* Entrevistas, reflexões dispersas e um romance inédito, p.18-9.

13 Ramos, *Memórias do cárcere*, p.19 ss.

hesitara diante da possibilidade de fuga, acabando por aceitar o que o destino lhe oferecesse, inclusive porque "a cadeia era o único lugar que me proporcionaria o mínimo de tranquilidade necessária para corrigir o livro". A motivação, ou o pretexto, para a prisão de Dyonélio Machado parece mais clara que o caso de Graciliano. Afinal de contas, Dyonélio era dirigente da ANL e inclusive organizara uma greve de tipógrafos. A aparente ausência de acusação formal contra Graciliano dá ensejo a muitas interpretações, que vão da mera vingança pessoal à tese de que sua escrita seria, ela mesma, considerada perigosa pelo governo. Em ambos os casos, porém, trata-se de prisões diretamente ligadas à Lei de Segurança Nacional, a chamada "lei monstro", decretada a 4 de abril de 1935.

Essencialmente, como se explicita na abertura nas aberturas dos Capítulos 1 e 2, a lei, assinada por Getúlio Vargas e Vicente Rao, definia um novo estatuto sobre "crimes contra a ordem política" e "contra a ordem social".[14] O campo de crimes potencialmente inclusos no espectro dessa lei era indefinido, tendia ao ilimitado. Os crimes não eram descritos de modo objetivo. O que, longe de ser uma falha jurídica, na verdade permitia o pleno exercício do arbítrio sobre quem, como e quando enquadrar criminalmente. Se uma lei permite múltiplas interpretações, a autoridade é quem decide qual delas valerá em qual momento.

Senão, vejamos. No âmbito dos crimes contra a ordem política, estavam previstos, entre outros: tentativa direta de mudar, por meios violentos, no todo ou em parte a Constituição e a forma de governo; oposição ao "livre funcionamento de qualquer dos poderes políticos da União"; aliciamento ou articulação de pessoas tendo em vista um dos crimes políticos anteriormente citados; organização de planos; formação de juntas ou comissões para articulação política; instigação de desobediência coletiva ao cumprimento de uma lei; incitação de policiais à rebelião ou à desobediência; divulgação de "notícias falsas". Contra a ordem social, elencam-se, entre outros: incitação de ódio entre as classes; incitação de luta religiosa pela violência; instigação ou preparação de paralisações em serviços públicos; participação, mesmo que apenas promovendo, de

14 O texto da lei pode ser consultado em Carone, *A segunda república*, p.58-64.

Figura 6.5
Detalhe de panóptico concebido pelo jurista inglês Jeremy Bentham, em 1840
**Fonte:** reprodução

qualquer sociedade com objetivo de subverter a ordem pública. Como se vê, praticamente qualquer crítica ou tentativa, por mínima que fosse, de interferir na vida política do país (e mesmo da sociedade), poderia vir a ser enquadrada como crime contra a segurança nacional. A sociedade inteira era concebida como uma "escola sem partido". A 21 de março de 1936, mais uma volta no parafuso da repressão aos crimes ditos políticos e sociais: nova lei decretava estado de guerra, tendo como justificativa os atos relacionados à insurreição de novembro de 1935.

A excepcionalidade e o rigor dessas leis, porém, não deve nos induzir a acreditar que elas nada tinham em comum com o conjunto de práticas e discursos que vinham delineando as falas sobre o crime naqueles anos. A mera leitura das leis não é suficiente ao historiador, uma vez que ao lado destas existe toda uma maquinaria social, ainda que heterogênea e não necessariamente uniforme, funcionando, definindo, controlando e delimitando o crime e os criminosos. Ou seja, a questão da criminologia positiva sobre o sujeito predisposto ou mesmo predestinado ao crime não estava ausente do horizonte dos crimes considerados políticos. Pelo contrário, pode-se dizer inclusive que o terror de Estado então implementado era o coroamento político daquela forma de pensar sobre o crime.

Durante seu governo, Vargas implementou, aos poucos, aspectos jurídicos da chamada Escola Positiva de criminologia. A figura do comunista acabaria se tornando, nesse sentido, alvo privilegiado da atenção policial. A ideia era a de que os comunistas seriam verdadeiras aberrações sociais, destituídos de qualquer senso de brasilidade ou valores tradicionais. Mas, evidentemente, também havia outros grupos visados, como propensos a esse novo tipo de crime (o crime de inadaptação social): imigrantes, judeus etc. Todos esses grupos então tratados como inimigos da brasilidade recaíam, assim, num horizonte repressivo em que a própria lei previa a suspensão dos direitos. Ou seja: eles eram retirados da esfera da proteção jurídica e entregues, sem quaisquer anteparos, à ação violenta da polícia.[15]

Em excelente análise de *Memórias do cárcere*, Hermenegildo Bastos mostra que em suas memórias Graciliano não apenas relatou a experiência da prisão, mas refez criticamente todo o seu percurso como escritor e cidadão. Há, nas páginas das memórias, um diálogo intenso de Graciliano com suas obras – sobretudo *Angústia.* Por sinal, lembre-se de que, de acordo com suas palavras anteriormente citadas, sua prisão teria sido a maior peça publicitária dessa sua obra. De acordo com Hermengildo Bastos, porém, *Angústia* não somente é comentada nas memórias, mas também está disseminada nelas, dado seu projeto virtualmente inacabado de investigar "a alma dos criminosos". Surgem dúvidas: por exemplo, seriam os criminosos naturalmente insensíveis, ou seria o cárcere que lhes roubava as energias? Questão que, por si só, colocaria em xeque todo o arcabouço da criminologia positiva e a tese do criminoso nato. Porque, ao contrário, o criminoso, em seu modo de ser e de agir, seria um produto da prisão (e não da natureza). O crítico literário sugere, ainda, que se *Angústia* tivesse sido escrito depois das memórias, seria possível supor que a experiência do cárcere havia sido a matéria-prima do romance.

---

15 Cancelli, *O mundo da violência:* A polícia da Era Vargas.

Segundo Graciliano, ao ser transferido para a Casa de Correção (como se depreende dessa passagem, mais para um campo de concentração que um presídio), ele teria sido recebido com o seguinte discurso, de um homem fardado:

> – Aqui não há direito. Escutem. Nenhum direito. Quem foi grande esqueça-se disto. Aqui não há grandes. Tudo igual. Os que têm protetores ficam lá fora. Atenção. Vocês não vêm corrigir-se, estão ouvindo? Não vêm corrigir-se: vêm morrer.[16]

Mesmo que provavelmente imprecisas, essas palavras relatadas por Graciliano apontam para seu destino, então traçado como o do criminoso incorrigível, aquele que deveria ser alvo mais de uma limpeza social que de uma ciência punitiva proporcional aos atos cometidos. Que a recepção insólita de Graciliano na Ilha Grande não foi um caso isolado, porém, podemos notar recorrendo a outro episódio, igualmente insólito – dessa vez vivido por Dyonélio Machado. Pouco depois de sua prisão, foi solicitada a suspensão da mesma, por meio de um *sursis*. Que o juiz Ney Wledmann negou,[17] argumentando que o fundamento dessa lei era o de afastar o condenado não perigoso do "ambiente malsão" das prisões. A periculosidade do criminoso comum aumentaria nas prisões. A questão seria que, em casos como o de Dyonélio, o ambiente que o levara ao crime nada mais era além da própria sociedade. Nas palavras do juiz,

> A exclusão do ambiente presidiário tem por fim afastar o delinquente dos fatores criminógenos. Ora, no caso em tela o delinquente foi levado ao crime precisamente por viver dentro de uma organização social que ele combate e quer destruir. Logo, para obter aquele fim, o meio a usa unicamente poderá ser a exclusão dele dessa organização social.

Com isso, fechava-se o último círculo sobre a "alma dos criminosos".

---

16 Ramos, *Memórias do cárcere*, p.63.

17 "Já que não puderam matá-lo... Suprimem-lhe agora todas as liberdades e direitos", *A Manhã*, Rio de Janeiro, 10 nov. 1935. Disponível na Hemeroteca da Biblioteca Nacional.

7

# A violência como espetáculo: o crime na televisão brasileira (1961-2016)

*Wagner Pinheiro Pereira*

*A mídia é o único poder que tem a prerrogativa de editar suas próprias leis, ao mesmo tempo que sustenta a pretensão de não se submeter a nenhuma.*

Paul Virilio

No dia 4 de fevereiro de 2014, Rachel Sheherazade, âncora do SBT Brasil, durante o editorial do telejornal, abordou o caso de um jovem negro que havia sido amarrado num poste no bairro do Flamengo, zona sul do Rio de Janeiro. O jovem, que na ocasião ainda não completara a maioridade, teve suas roupas arrancadas e sofreu inúmeros pontapés, que deixaram seu corpo coberto de sangue e cheio de hematomas. Disse a jornalista, durante o editorial do telejornal:

> O marginalzinho amarrado ao poste era tão inocente que, em vez de prestar queixa contra seus agressores, preferiu fugir antes que ele mesmo acabasse preso. É que a ficha do sujeito está mais suja do que pau de galinheiro. Num país que ostenta incríveis 26 assassinatos a cada 100 mil habitantes, que arquiva mais de 80% dos inquéritos de homicídio e sofre de violência endêmica, a atitude dos vingadores é até compreensível. O Estado é omisso, a polícia desmoralizada, a justiça é falha. O que resta ao cidadão de bem que ainda por cima foi desarmado? Se defender, é claro! O contra-ataque aos bandidos é o que eu chamo de legítima defesa coletiva de uma sociedade sem Estado contra um estado de violência sem limite. E aos defensores dos direitos humanos que se apiedaram

do marginalzinho preso ao poste, eu lanço uma campanha. Faça um favor ao Brasil! Adote um bandido![1]

Ao lermos os comentários da jornalista, colocamos em perspectiva diversos pontos de reflexão acerca da questão da violência e, no mais geral, do crime na sociedade brasileira. Através dos índices de criminalidade expostos pela própria âncora, temos, por um lado, o fator condensador de medos e inseguranças coletivas que, por sua vez, contribuem para o aumento das diferenças sociais, dos preconceitos e da exclusão de várias classes do reconhecimento de direitos fundamentais. O que ocorre é um processo social que se retroalimenta dando cada vez mais vulto a um problema estrutural que deita suas raízes num momento histórico anterior em séculos ao telejornal. As opiniões da jornalista Raquel Sheherazade, antes de serem isoladas, são o reflexo de toda uma mentalidade social histórica que se sedimentou no decurso de um longo processo de divisão social pela cor, poder aquisitivo, posição geográfica etc.

Há, indubitavelmente, um espaço de tensões políticas no que tange às questões do crime no Brasil. De um lado estão aqueles que reconhecem em maior ou menor medida o impacto histórico das relações desiguais no espaço social, econômico e político; do outro, está a massa dos cidadãos que enraizou determinados estereótipos e encara a questão da criminalidade com uma postura de caráter exclusivamente punitivo e reparador, pondo em discussão um velho anseio de ordem e estabilidade sociais.

O crime, aquém de ser visto em si mesmo, dentro de sua definição imanente e contemporânea informada pelas teorias jurídicas, precisa ser visto como produto social em sua ocorrência e conceito. Ao longo da história, não apenas no Brasil, o crime passa por modificações em seus diversos aspectos: o primeiro deles talvez diga respeito àquilo que as sociedades foram categorizando ou deixando de categorizar como crime. Dois breves exemplos elucidam esse jogo de alteração da percepção dos

---

1 Varjão, *Violações de direitos na mídia brasileira*: Guia de Monitoramento – uma ferramenta prática para identificar violações de direitos no campo da comunicação de massa, p.46.

atos individuais e coletivos como positivos ou negativos. O primeiro deles é sobre a criminalização de maus-tratos aos animais. Apesar de parecer relativamente antiga para nós, a primeira lei que versa sobre os maus-tratos a animais é o Decreto-Lei n.24.645 de julho de 1934. Somos levados a pensar que a lei surgiu como algo natural e inevitável no decurso da história de uma nação civilizada. No entanto, em tempos anteriores, punir esse tipo de ato sequer fora cogitado. O que mudou? Em que momento mudou? Como mudou? São perguntas que nos fazem refletir sobre a natureza fluida e mutável dos valores e moral sociais. E isso se verifica no segundo exemplo: o adultério só foi descriminalizado em 28 de março de 2005, pela Lei n.11.106. Era absolutamente impensável considerar o adultério como algo não passível de punição, por exemplo, no Brasil colonial. As duas mudanças no âmbito jurídico nos permitem inferir sobre uma mudança constante e permanente dos parâmetros morais de uma sociedade, que têm influência direta na mentalidade coletiva acerca do que é imputável ou não. Ondas de religiosidade, agitações políticas institucionais, crises econômicas, epidemias, todo tipo de abalo no equilíbrio virtual de uma comunidade histórica reverbera no processo das leis. Os casos recentes das disputas políticas pela descriminalização do aborto e das drogas, bem como as pressões por uma legislação mais rígida que coíba as práticas de intolerância religiosa – assim como os crimes de ódio contra a comunidade LGBT e outros – são provas inquestionáveis de que toda a concepção que temos a respeito "do certo e do errado" está suscetível à embates, questionamentos e mudanças que podem alterar significativamente as feições de nosso escopo jurídico.

Pela própria natureza das questões postas, somos levados a refletir acerca das forças envolvidas direta ou indiretamente na moldura das percepções morais sobre o crime. Há quase um século atrás, os estudiosos da chamada Escola de Frankfurt – como Theodor Adorno, Max Horkheimer, Walter Benjamin, dentre outros –, seguidos mais à frente por pesquisadores como Guy Debord, Douglas Kellner e Jesús Martin-Barbero, pensaram sobre as relações entre a sociedade de massas e a era do espetáculo dos meios de comunicação. Sem dúvida, a emergência de uma cultura da mídia em pleno processo dialético com suas sociedades massificadas representou um paradigma para as formas de construção das balizas morais, políticas e até religiosas no mundo contemporâneo, haja vista seu reconhecido papel no estabelecimento e manutenção dos regimes autoritários do século XX. É mister pôr em análise o papel desses meios de comunicação na história do Brasil e, sobretudo, na história do crime no Brasil, questionando seu papel em tudo o que é relativo a crimes, seja sua possível influência para atos criminosos individuais ou coletivos, seja sua capacidade de formatar opiniões acerca de tais atos. No caso brasileiro, a televisão se destaca como o meio de comunicação mais próspero e influente.

A televisão pode ser considerada o principal meio de comunicação de massa criado no século XX, graças à amplitude de seu consumo social e por ser um eficiente meio de divulgação de informações, ideologias e entretenimento presente de forma influenciadora no cotidiano dos brasileiros de todas as classes sociais. Mesmo famílias que vivem em moradias simples, sem acesso a infraestrutura básica, como água encanada e esgoto, possuem um aparelho televisor no qual assistem diariamente aos seus programas prediletos, tais como telejornais, novelas, jogos de futebol, programas de auditório e de entrevistas, além de filmes, desenhos, entre outros. Em virtude de sua importância, em 1997, o Superior Tribunal de Justiça decidiu – com base na Lei n.8.009/90, do bem de família – que o aparelho televisor passava a ser indispensável ao cidadão brasileiro, sendo, portanto, um item impenhorável, assim como já eram geladeiras, fogões, alimentos e fotos de casamento.[2]

A julgar pelo protagonismo televisivo na história brasileira, um inventário sobre a história do crime parece ganhar espaço relevante através desse meio de comunicação, dado seu papel proeminente em diversos momentos decisivos de nossa história. Para além de pensar o crime em seu aspecto legal e jurídico, uma história do crime no Brasil pode ser feita a partir de uma fonte rica e fundamental como a televisão,

2 Cf. Braune; Rixa, *Almanaque da TV*, p.17; Pereira, História da televisão no Brasil, *Guia a história: televisão*, p.50-1.

auxiliando-nos a olhar a questão da criminalidade pelo crivo histórico, social, econômico, político e, sobretudo, moral.

## Nos tempos heroicos dos "mocinhos contra bandidos": *O vigilante rodoviário* combate o crime

O vigilante rodoviário (TV Tupi, 1961-1962), criado e dirigido por Ary Fernandes e produzido por Alfredo Palácios, pode ser considerado a primeira produção televisiva representativa a trabalhar com a questão da criminalidade no Brasil como tema central de seus episódios. Além disso, essa série pioneira foi responsável também por apresentar o primeiro herói 100% brasileiro. Sobre a criação desse icônico personagem televisivo e cinematográfico, o cineasta Ary Fernandes recorda que:

> [...] quando criança, via os seriados no cinema, devorava gibis e ficava pensando por que não existia um seriado brasileiro, um personagem genuinamente brasileiro. Os heróis eram todos norte-americanos, tipo *Flash Gordon*, *Tarzan*, *Capitão América*, *O Sombra*, *Fantasma*, etc.[3]
>
> Como já disse, sentia falta de um herói genuinamente brasileiro, e, como sempre viajava pelas estradas devido às filmagens, e já tinha um contato com os policiais rodoviários, surgiu-me a ideia de criar um herói relacionado com as coisas que eu gostava e admirava. Na época, também, a corporação da Polícia Rodoviária era bem pequena e sempre benquista pelo público. Essa junção de ideias me agradava.
>
> Imaginei-o, então, na figura simpática de um policial rodoviário cujo intuito não era somente autuar os motoristas, e sim um amigo das estradas a quem pudéssemos recorrer. Foi nessa hora, em meio a uma fusão de ideias, que eu criei o "Vigilante Rodoviário", cujo primeiro título do piloto da série era "O Patrulheiro".[4]

3 Fernandes, *O Vigilante Rodoviário:* A história da minha vida. Disponível em: <http://www.vigilanterodoviario.com.br/>. Acesso em: 21 jul. 2016.

4 O Vigilante Rodoviário: Como o cineasta Ary Fernandes criou o ícone da televisão brasileira. Disponível em: <http://www.vigilanterodoviario.com.br/>. Acesso em: 20 jul. 2016.

A essa ideia, em virtude de ser um aficionado por cães, o cineasta acrescentaria ainda a noção de que o patrulheiro seria auxiliado por um cão de guarda esperto, intrépido e valente, inspirado em personagens caninos famosos da televisão americana, tais como Rin-Tin-Tin e Lassie. Surgia, assim, a proposta de uma série que seria considerada, tanto pela crítica quanto pelo público da época, como um marco da história da televisão brasileira. Para pôr o projeto em prática, Ary Fernandes apresentou sua ideia para Flávio Capeletti, subcomandante da Polícia Rodoviária, que deu apoio e recursos da Polícia Rodoviária para a realização da série.[5]

Apesar das dificuldades iniciais enfrentadas para adquirir os equipamentos de filmagem e resolver todas as questões materiais, técnicas e logísticas da produção, a realização de *O Vigilante Rodoviário* tornou-se um marco por ser a primeira série de filmes gravada para a televisão na América Latina. Sua estreia na televisão brasileira ocorreu no dia 3 de janeiro de 1962, na TV Tupi (SP), numa quarta-feira, às 20h05, após o telejornal *Repórter Esso*, com o patrocínio da Nestlé do Brasil.[6]

*O Vigilante Rodoviário*, contando ao todo com 38 episódios de aproximadamente vinte minutos cada, retratava as aventuras de um policial rodoviário chamado inspetor Carlos, que em companhia de seu fiel

5 "Ele se dispôs a ajudar no que fosse possível, mas os recursos da Polícia Rodoviária na época eram precários, haja vista que a frota da rodoviária era composta de alguns jipes e dois Fords, um 1949 e outro 1950. [...] Conversei com o pessoal da polícia e pedi quatro guardas permanentes para ficarem direto comigo durante as filmagens. [...] Até então, as fardas utilizadas nas filmagens eram fornecidas pela polícia, mas, depois, quando fizemos a série, a farda do Carlinhos eu mandei fazer especialmente para o filme. [...] Foram usados carros da polícia, jipes e motos. Interessante que as motos da polícia não tinham rádio, então fizemos uma adaptação na moto para colocar um rádio transmissor da Byington, um HT usado na guerra, que não funcionava. O comandante tinha um Ford 1950 e o subcomandante usava um Ford 1949. Depois esses carros acabaram sendo utilizados [...]". Cf. Fernandes, op.cit.

6 A série televisiva foi filmada até 1962, quando a Nestlé, em virtude do aumento dos custos das fitas, originados pelas Instruções 204 e 208 (que taxavam em 100% os produtos importados), cancelou o patrocínio e a produção da série.

cachorro Lobo[7] patrulhava as estradas, desvendava crimes quase impossíveis, lutava contra os bandidos ou simplesmente ajudava as pessoas necessitadas e em perigo. A bordo de uma tonitruante motocicleta Harley-Davidson 1952 ou de um reluzente automóvel Simca Chambord 1959, o inspetor Carlos e o cachorro Lobo viviam eletrizantes aventuras na altura do quilômetro 38 da Rodovia Anhanguera, onde a maioria dos episódios foi filmada em virtude do propício tempo ensolarado na maior parte do ano, aspecto fundamental para a realização das filmagens externas.

A série contava ainda com "a participação de Tuca, um garotinho de origem simples e muito esperto que vive momentos de ação ao lado dos seus heróis e que está sempre tentando ajudá-los, mas acaba por desencadear situações hilariantes".[8] Outro personagem importante da série foi o comandante da Polícia Rodoviária interpretado por Washington Coimbra, que na vida real era chefe de pessoal da Polícia Rodoviária do Estado de São Paulo e acabou atuando em toda a série.

Dentro de sua proposta original – segundo Ary Fernandes em folder publicitário dedicado ao projeto de produção de uma nova versão da série –, *O Vigilante Rodoviário* era apresentado como um programa televisivo que

> [...] enaltece a segurança pública através de conselho aos motoristas, quanto ao respeito das leis, à manutenção da ordem e às consequências das infrações cometidas. Tudo isso é enfatizado no decorrer das histórias, com mensagens diretas ao público no final de cada episódio, exaltando o verdadeiro trabalho da Polícia Militar.

---

7 O cão-ator selecionado para interpretar Lobo era um cachorro policial vira-lata chamado King. Apesar de o animal não ter uma raça definida, a série o apresentou como um pastor-alemão.

8 Fernandes, *As novas aventuras do Vigilante Rodoviário:* prospecto de oferta pública de certificado de investimento audiovisual referente a obra cinematográfica na forma de seriado. Projeto para Nova Série. Disponível em: <http://www.vigilanterodoviario.com.br/>. Acesso em: 23 jul. 2016.

Figura 7.1
*O Vigilante Rodoviário* conquista a televisão, o cinema e as histórias em quadrinhos
**Fonte:** reprodução

> O seriado tem como objetivo continuar enfocando uma Polícia Rodoviária simpática a todos, porém enérgica, austera e exigente no combate aos infratores, demonstrando a confiança que a população pode e deve ter na polícia, que está sempre alerta e pronta para servir, preservando assim a segurança dos cidadãos.[9]

Nesse aspecto, a série policial passava a mensagem de que o bem sempre vence o mal e o crime não compensa. Em seu primeiro episódio – "O Diamante Grão-Mongol" –, é apresentada uma trama envolvendo uma

9 Ibidem

quadrilha internacional que rouba um valiosíssimo diamante na Holanda e foge para o Brasil. A Polícia Rodoviária sai no encalço dos bandidos, mas eles estão dispostos a tudo para escapar e, para isso, acabam sequestrando um policial e até o inspetor Carlos. Contudo, o vigilante rodoviário e seu inseparável cão conseguem se livrar das garras dos bandidos e acabam por prender toda a gangue internacional, sendo, ao final, parabenizados por seus atos de heroísmo e bravura pelo comandante da Polícia Rodoviária.

Os episódios "Ladrões de Automóveis" e "O Invento", que enfocavam o alto índice de roubos de carros em São Paulo, justificaram a escolha do automóvel Simca Chambord como novo veículo utilizado pelo inspetor Carlos na série.[10] No episódio "O Invento", um cientista brasileiro da montadora Simca inventa um supermotor para melhorar o empenho dos carros da polícia na captura dos bandidos. O inspetor Carlos e seu colega Jair precisam manter guarda do equipamento, para evitar o perigo de ele cair em mãos erradas. Mas o que ninguém imagina é que o assistente do inventor – vítima de uma chantagem por dívidas de jogo – é forçado a entregar os planos a uma quadrilha de perigosos marginais, o que levará o inspetor Carlos e o cachorro Lobo a mais um combate contra o crime.

A série policial *O Vigilante Rodoviário* obteve sucesso em âmbito nacional, possibilitando a comercialização de várias linhas de produtos, que incluíam bonequinhos, miniaturas do carro Simca Chambord, uma revista de história em quadrinhos, dentre outros materiais que auxiliaram na consolidação da série na memória e no gosto popular dos

10 A mudança de moto para carro ocorreu depois de o cachorro Lobo sofrer uma queimadura numa das patas (segundo Ary Fernandes) ou de sua cauda (segundo versões populares) no escape da Harley-Davidson, negando-se a subir novamente nessa moto. Além disso, naquela época, a empresa Control cedeu para a produção de *O Vigilante Rodoviário* algumas unidades do carro Simca Chambord, que foram pintados e tiveram instalados sirene e rádio transmissor para figurarem na trama. Como esse modelo de carro estava em baixa no mercado automobilístico na época, com poucas vendas e pátios das concessionárias lotados, sua divulgação na série auxiliou a alavancar novamente as vendas do carro, dando sobrevida à montadora francesa no Brasil.

telespectadores por várias décadas, sedimentando, no imaginário social dos telespectadores brasileiros, a imagem romantizada da atuação dos heroicos policiais no combate contra o crime.[11]

## Das distantes dunas de Agadir à contemporânea cidade do Rio de Janeiro: mistérios, crimes diabólicos e assassinatos na teledramaturgia brasileira

A teledramaturgia brasileira, uma das produções mais populares e de maior audiência da programação televisiva, possui um papel vital na construção das representações audiovisuais e dos imaginários sociais sobre o crime e a violência no Brasil. Já nas décadas de 1950 e 1960, telenovelas como *O Direito de Nascer* (TV Tupi/TV Rio, 1964-1965) – principal representante do gênero melodramático na televisão latino-americana – foram construindo imagens e representações do vilão criminoso e de um universo marcado por tramas em que mistérios, planos diabólicos, malvadezas e assassinatos permeavam o imaginário social do telespectador brasileiro.[12]

---

11 Inclusive, a realidade imitou a ficção quando, três anos após o término da série, em 1962, o ator Carlos Miranda foi convidado pelo então comandante geral da Força Pública, general de exército João Franco Pontes, a ingressar na carreira policial, tornando-se, de verdade, um vigilante rodoviário. Depois de 25 anos na polícia, e tendo feito todos os cursos na corporação, Carlos Miranda passou para a reserva como tenente-coronel PM RES em 1998.

12 Em seus primórdios, é possível apontar a filiação da telenovela ao romance-folhetim, ao reconhecer a persistência de uma estrutura narrativa literária herdada do Romantismo do século XIX e aperfeiçoada pelo editor francês Émile Girardin (1806-1881), que resolveu publicar, em 1836, ficção em pedaços ou romance de rodapé (o *feuilleton-roman*), gênero seriado nos rodapés dos jornais franceses que atraía a atenção do público interessado na continuação da história. A origem da teledramaturgia no Brasil remete também à experiência precursora da radionovela (ou novela radiofônica) latino-americana, introduzida no país com a transmissão, através da Rádio Nacional do Rio de Janeiro, de *Em Busca da Felicidade*, original cubano de Leandro Blanco, em 12 de julho de 1941. Veja: Campedelli, *A telenovela*, p.18-9.

> O segredo da popularidade do melodrama estava provavelmente na maneira como encarava e explicava as relações humanas, na simplicidade – ou simploriedade – de suas concepções morais. O mal, para ele, não decorre das causas sociais, não possui raízes psicológicas complexas, não nasce da incompreensão, da neurose, do desencontro de opiniões ou de personalidades. Tem sempre forma concreta, personifica-se num indivíduo propositadamente mau: o tirano ou o vilão. Às vezes, esse foco de malignidade organiza em volta de si uma rede que funciona às ocultas, com nomes fictícios, usurpando cargos e títulos aristocráticos: é a conspiração, a trama diabólica.[13]

A partir da segunda metade da década de 1960, as emissoras de televisão Tupi, Excelsior, Globo e Record – com o apoio das companhias americanas de produtos sanitários e higiênicos, como a Colgate/Palmolive e a Gessy-Lever – passaram a investir decisivamente na produção de teledramaturgia, importando textos, roteiristas e diretores de países da América Latina, como Argentina, Cuba, Venezuela, Colômbia e México.[14] Ainda que nas décadas de 1950 e 1960 os trabalhos dos dramaturgos brasileiros – oriundos principalmente da radionovela – já fossem significativos, foram as telenovelas de Glória Magadan que ficaram conhecidas como os mais emblemáticos folhetins exóticos do período.[15]

---

13 Almeida Prado, O triunfo do melodrama In: ______, *João Caetano*, p.87-8 apud Campedelli, op. cit., p.29.

14 Hamburger, *O Brasil antenado:* A sociedade da novela, p.84. Conforme atesta a cientista social Esther Hamburger: "Durante a década de [19]60 o Brasil se inseria numa indústria continental de fabricação de novelas. Textos cubanos eram adaptados na Argentina. Readaptados no Brasil, seguiriam para a Venezuela, onde sofreriam nova transformação. No percurso, scripts passavam por alterações de local, tempo, tamanho, e se ajustavam às normas eventuais de censura local. Os escritores brasileiros de novelas, que logo assumiriam posição de destaque, começaram, portanto, refazendo originais de seus colegas de outros países de fala espanhola, produzindo textos que seriam por sua vez retransformados". Hamburger, Diluindo fronteiras: a televisão e as novelas do cotidiano. In: Novais; Schwarcz (orgs.), *História da vida privada no Brasil 4*, p.461.

15 A cubana Glória Magadan, nascida Maria Magdalena Iturrioz y Placencia, começou sua carreira na rádio, em Havana, mas em decorrência da Revolução Cubana de 1959, que levou ao poder Fidel Castro, ela se refugiou em Porto Rico, onde conseguiu emprego na estação de TV local Telemundo. Devido ao seu sucesso, passou a ser diretora do departamento de novelas da Colgate-Palmolive, em Miami,

A novelista cubana Glória Magadan se destacava como uma profunda conhecedora das fórmulas capazes de transformar uma telenovela em sucesso, apesar de suas produções não possuírem comprometimento algum com a realidade brasileira. Numa época em que o governo ditatorial do marechal Castelo Branco cassava direitos políticos e tentava silenciar à força qualquer voz dissonante, as novelas escritas por Glória Magadan, ou realizadas sob sua supervisão, apresentavam tramas ambientadas em paisagens estrangeiras e em tempos remotos como a França absolutista, o Marrocos sob o domínio dos nazistas, o México do imperador Maximiliano, o Japão das tradições dos samurais, a Rússia dos Romanov, a Espanha das touradas, os Estados Unidos dos gângsteres da década de 1920, a Áustria do século XIX, a Índia imaginária, onde atuavam personagens excêntricas e extravagantes num repertório que incluía condes, duques, piratas, ciganos, índios, gângsteres, vilões cruéis, mocinhas ingênuas e galãs virtuosos e corajosos, todos eles ostentando nomes estrangeiros, figurinos pomposos e linguagem rebuscada e formal.

Apesar das críticas e da imagem negativa construídas acerca do trabalho de Glória Magadan, a novelista cubana deixou um importante legado para a teledramaturgia brasileira, ao apontar o romance e o suspense como os ingredientes básicos necessários para o sucesso de uma novela. Afinal, se o romance era visto como o principal atrativo das novelas, o

para toda a América Latina e, mais tarde, diretora de programas para a América Latina e o Canadá. Pouco depois foi enviada para trabalhar na Venezuela, e em 1964 foi transferida para o Brasil, onde, com o auxílio de Walter George Durst e Daniel Más, iniciou a produção de telenovelas para a TV Tupi. No final de 1965, Glória Magadan foi contratada por Walter Clark a peso de ouro e com plenos poderes para assumir a direção do Departamento de Teledramaturgia da TV Globo, onde estreou em 1965 à frente de *Paixão de Outono*. Segundo recorda o ator e diretor global Daniel Filho: "O contrato de Glória Magadan com a emissora era claro. A emissora podia gerir dinheiro, mas a última palavra sobre a novela era dela: textos, atores, produção. Além do mais, a 'Dama de Ferro' da televisão tinha total autonomia em relação a horários. Isso irritava meio mundo. Boni ficava especialmente aborrecido com esse aspecto do problema, já que não podia dizer o que achava das novelas, dar palpites nos elencos, no tamanho e, pior de tudo, não tinha muita opção para armar a programação da emissora". Daniel Filho, *Antes que me esqueçam*, p.21.

suspense representava também um bom motor condutor das tramas, ao criar um clima de mistério ao desfecho de cada capítulo, fazendo que o telespectador voltasse continuamente a acompanhar a trama no dia seguinte, mantendo-o preso à novela por meses seguidos até a resolução do mistério ao final da trama.

O mistério em torno de "Quem matou?" é uma fórmula que agrada e aumenta a audiência. Comprovadamente, se uma novela vai mal, a inclusão de um assassinato pode ajudar a melhorar a performance da trama, pois o mistério de um crime mexe com o imaginário e a curiosidade das pessoas. Na verdade, esse clima de "quem matou" foi instaurado em *O Sheik de Agadir* (TV Globo, 1966-1967), novela de Glória Magadan baseada no romance *Taras Bulba*, de Nikolai Gogol, e dirigida por Régis Cardoso e Henrique Martins, que foi uma das mais representativas produções de teledramaturgia da "linha capa e espada" realizadas pela TV Globo na década de 1960.[16]

Ambientada na Arábia e na França ocupada pelos nazistas, a trama tinha como personagens centrais o sheik Omar Ben Nazir (Henrique Martins), que disputava o amor da francesa Janette Legrand (Yoná Magalhães) com o oficial do exército francês Maurice Dummont (Amilton Fernandes). Em meio ao romance, misteriosos assassinatos moviam a trama e garantiam o suspense da história, revelando ao público telespectador apenas que o criminoso – o primeiro *serial killer* da ficção televisiva nacional – usava a alcunha de Rato. O assassino soturno, sempre usando luvas pretas, surgia de repente, entre uma cena e outra de amor, para estrangular agentes nazistas e deixar sua "assinatura" sobre os corpos de suas vítimas: uma tarântula negra. O misterioso assassino reduziu bastante o elenco da novela, eliminando cruelmente diversos personagens.

---

16 Em virtude de não haver restado mais nenhum material audiovisual integral da telenovela, a análise apresentada neste artigo sobre *O Sheik de Agadir* é baseada nas informações extraídas da pesquisa realizada pelo Projeto Memória das Organizações Globo de 1999 a abril de 2003, publicadas em: Maior, *Almanaque TV Globo*, p.29-30; *Dicionário da TV Globo*, V.1: programas de dramaturgia & entretenimento, p.12; *Guia Ilustrado TV Globo:* novelas e minisséries, p.39.

Uma das mais comentadas vítimas do Rato foi o personagem de Sebastião Vasconcelos. Segundo relatos do Projeto Memória das Organizações Globo, a autora Glória Magadan, escritora exilada do regime castrista, achava o ator parecido com Fidel Castro e resolveu eliminá-lo sumariamente. Os atores que viveram os personagens nazistas ganharam a antipatia do público. Mário Lago, comunista assumido que driblou a resistência de Glória Magadan para ser admitido na novela, fazia o papel do coronel nazista Otto von Lucken, porém o mais odiado da tropa paramilitar SS (*Schutzstaffeln – Esquadrões de Proteção*), um grupo de elite formado em 1925, a partir da guarda pessoal de Adolf Hitler, era o implacável Hans Stauben (Emiliano Queiroz). O ator chegou a ser agredido a golpes de guarda-chuva por uma telespectadora enfurecida numa loja de departamento em Copacabana, no Rio de Janeiro, um dia depois da exibição da cena em que seu vilão havia assassinado o personagem de Cláudio Marzo, muito querido pelo público. "Assassino!", gritavam os telespectadores quando viam Emiliano Queiroz pelas ruas do Rio de Janeiro.[17]

Embalada pelo sucesso da novela, a TV Globo promoveu um concurso para incentivar os telespectadores a descobrir a identidade do personagem assassino, mas ninguém acertou. Inúmeras vezes por dia, a emissora veiculava a pergunta: "Quem é o assassino?". Ao final da novela, veio a surpreendente revelação: o Rato era a princesa árabe Éden de Bassora, interpretada pela jovem e franzina atriz Marieta Severo, então com 19 anos de idade, em seu primeiro papel em novelas.[18]

No final da década de 1960, a teledramaturgia já estava solidamente implantada como um dos mais importantes gêneros televisivos. Entretanto, a telenovela brasileira, mesmo dominando a grade de programação das emissoras de televisão, ainda não havia se libertado das origens radiofônicas e do estilo dramalhão herdado de suas matrizes latino-americanas. Havia, então, a necessidade de uma mudança modernizadora em seu conteúdo, estilo e linguagem, de forma a transformar a telenovela numa arte genuinamente brasileira. Nesse aspecto, a TV Tupi foi a responsável

17 Idem
18 Idem

pelo desenvolvimento e introdução de novas fórmulas na linguagem de suas novelas. A virada ocorreu definitivamente com *Beto Rockfeller* (TV Tupi, 1968-1969), novela de Bráulio Pedroso, dirigida por Lima Duarte e produzida por Cassiano Gabus Mendes, que é apontada pelos historiadores como um marco que inspirou e precedeu o estilo moderno e mais realista das novelas da TV Globo.

*Beto Rockfeller* abandonava a linha de atitudes dramáticas e artificiais que acompanhavam as novelas, sobretudo os representativos folhetins melodramáticos de Ivani Ribeiro e os exóticos de Glória Magadan, desde que o gênero havia conquistado o gosto nacional. A novela trouxe o universo contemporâneo das cidades grandes brasileiras, representadas inicialmente por São Paulo e Rio de Janeiro, além de ter incorporado em sua trama, pela primeira vez, os fatos do cotidiano noticiados pela imprensa da época, o que levou os personagens a comentar as notícias e as fofocas ao longo dos capítulos, resultando, assim, num realismo extra à história ficcional. Destaca-se ainda o fato de os diálogos serem coloquiais, bem próximos do cotidiano, inclusive com o emprego de gírias e expressões do dia a dia, que era uma novidade para a época.

Na reportagem "Antes e depois de Beto", de Alline Dauroiz, para o jornal *O Estado de S.Paulo*, em 15 de novembro de 2008, descrevem-se as origens dessa revolucionária trama novelística:

> Nada foi de caso pensado. O personagem que morava na Rua Teodoro Sampaio, trabalhava em loja de sapatos e, cheio de trambiques, sonhava em pertencer ao rico mundo da Rua Augusta surgiu na boate paulistana Dobrão, que pertencia a [Cassiano] Gabus Mendes.
>
> Uma menina da alta sociedade comemorava lá seu aniversário, quando, de repente, entra um camarada com roupa descolada, pega flores do balcão, dá para a aniversariante – que era lindíssima –, tira-a para dançar e, no final, acaba levando a moça embora.
>
> Perguntei para um amigo quem era o cara. Acredita que ninguém conhecia? Falei para o Cassiano: "Era um bicão!", e ele: "Bicão não, ele é um puta personagem", conta Luis Gustavo.[19]

19 Apud Xavier, Beto Rockfeller. In: *Teledramaturgia*. Disponível em: <http://www.teledramaturgia.com.br/beto-rockfeller/>. Acesso em: 11 ago. 2016.

Assim, ao invés do habitual galã engomadinho, surgia um novo tipo de protagonista de novela. Beto Rockfeller (Luis Gustavo) era uma espécie de anti-herói que derrubava os clássicos perfis/estereótipos maniqueístas dos personagens presentes, até então, na teledramaturgia brasileira. Ou, melhor dizendo, segundo aponta Nilson Xavier:

> o maniqueísmo vigente passou a ser integrante do próprio protagonista, pois o anti-herói assumiu os postos até então ocupados por personagens de caráter firme, sensatos, absolutamente honestos e capazes de qualquer proeza para salvar a heroína das adversidades. Sua concepção procurava se aproximar das pessoas comuns, isto é, ter as atitudes boas ou más conforme se apresenta a vida.[20]

Beto Rockfeller conta a história do malandro Alberto ("Beto"), um jovem de classe média baixa, que mora com os pais, Pedro e Rosa, e a irmã, Neide, no bairro de Pinheiros, em São Paulo, e trabalha como vendedor numa loja de sapatos na Rua Teodoro Sampaio. Com sua intuição, perspicácia e malandragem, o vendedor Beto se faz passar pelo milionário Beto Rockfeller, primo em terceiro grau do famoso magnata americano, para penetrar na alta sociedade, através de sua namorada rica, Lu, filha dos milionários Otávio (Walter Forster) e Maitê (Maria Della Costa). Assim, ele consegue frequentar as badaladas festas e as rodas da mais alta sociedade paulistana.

Ao mesmo tempo, Beto namora também Cida, garota humilde, moradora de bairro periférico, representante do subúrbio. Enquanto oscila entre os dois extremos – o gentil milionário e o grosseiro homem comum –,[21] a grã-finagem dobra-se ante seu maniqueísmo, e ele tem de fazer toda ordem de trapaça para que sua origem não seja descoberta. No entanto, ao final da trama, a identidade do malandro é revelada pelo milionário Otávio, que evita a concretização do "golpe do baú" pretendido por Beto. Apesar disso, o crime de falsidade ideológica perpetrado pelo protagonista não o impede de se mudar de São Paulo para o Rio de

---

20 Idem

21 Campedelli, *A Telenovela*, p.34.

Janeiro, local onde pretende aplicar novos golpes; afinal, para o malandro sem moral, um crime bem executado pode compensar.

Na TV Globo, os castelos, masmorras e calabouços dos dramalhões da era de Glória Magadan chegaram ao fim com a estreia do "Beto Rockefeller" global: Véu de Noiva (TV Globo, 1969-1970), novela de Janete Clair, dirigida e produzida por Daniel Filho, que anunciava uma nova proposta para o setor de teledramaturgia global: "Em Véu de Noiva tudo acontece como na vida real. A novela-verdade".

A trama, baseada em Vende-se um Véu de Noiva, radionovela escrita pela autora para a Rádio Nacional, apresentava um Rio de Janeiro efervescente, cosmopolita e dinâmico, com autódromos movimentados pelo sucesso do piloto Emerson Fittipaldi, marcando, assim, a aposta da emissora numa teledramaturgia com enredos modernos, que mostravam as belezas da capital carioca, com seus locais da moda mais badalados, além da presença de diálogos coloquiais e tramas paralelas.[22] No entanto, enquanto escrevia a novela, Janete Clair se viu diante de um imprevisto, conforme recorda Daniel Filho:

> No trigésimo capítulo, Geraldo Del Rey pediu para sair porque estava indo para a TV Tupi. Foi quando a Janete iniciou a longa série de assassinatos famosos: "Quem matou Luciano?". Assim, a saída do ator não criou nenhum problema. Ao contrário, serviu para criar um bordão, aquela frase que todo mundo repete...[23]

Ou seja, em virtude da rescisão do contrato do ator Geraldo Del Rey para atuar na novela *E Nós, Aonde Vamos?* (TV Tupi, 1970), última novela de Glória Magadan no Brasil, a novelista Janete Clair teve de matar Luciano, importante personagem da trama e, por ironia do destino, o crime repercutiu no aumento da audiência da novela com o mistério "quem matou Luciano". Ao final da trama, segundo recorda Nilson Xavier, é revelado que o assassino era Rita (Ana Ariel), que havia matado Luciano porque, em sua concepção, ele era um mau-caráter

---

22 Informações extraídas de *Dicionário da TV Globo*, op. cit., p.19-20.
23 Daniel Filho, op. cit., p.146.

que levara a desgraça à sua família, pois, de casamento marcado com uma de suas filhas, Andreia (Regina Duarte), engravidou a outra, Flor (Myrian Pérsia).[24]

A partir de *Véu de Noiva*, tornou-se recorrente inúmeras telenovelas se utilizarem do artifício de inclusão de tramas envolvendo crimes e misteriosos assassinatos para prender a atenção do público telespectador. Dentre os inúmeros casos que poderiam ser citados até os dias de hoje, iremos nos restringir apenas aos que consideramos serem os mais exemplares, representativos e de maior repercussão na época para a análise das representações do crime na teledramaturgia brasileira até o final da década de 1980, já que, a partir de então, o público telespectador passaria a se interessar mais em assistir aos crimes verídicos, apresentados – em tempo real – pelos telejornais policiais.

A novela *Selva de Pedra* (TV Globo, 1972-1973), escrita por Janete Clair, com direção de Daniel Filho e Walter Avancini, teve como ponto de partida a notícia de que um tocador de bumbo, numa praça do interior de Pernambuco, ao ser ridicularizado por outro rapaz, acabou matando o jovem a sangue-frio. Além disso, a trama central da novela foi inspirada em *Tragédia americana*, de Theodore Dreiser, romance literário publicado em 1925 e adaptado duas vezes pelo cinema americano.[25]

A trama inicia-se na cidade de Campos, interior do Rio de Janeiro, onde a jovem artista plástica Simone Marques (Regina Duarte) é testemunha da briga entre Cristiano Vilhena (Francisco Cuoco), filho de um pobre pregador evangélico, e o playboy Gastão Neves, morto no incidente. Sabendo que Cristiano é inocente, Simone encoberta o rapaz,

---

24 Xavier, op. cit., p.112.

25 As duas adaptações cinematográficas americanas foram: *Uma tragédia americana* (*An American Tragedy*, 1931), direção de Josef von Sternberg; e *Um lugar ao sol* (*A Place in the Sun*, 1951), direção de George Stevens. No livro e no cinema, um jovem ambicioso e pobre engravida uma operária, enquanto tenta escalada social na fábrica de um tio poderoso. No ambiente do tio, apaixona-se e é correspondido por uma moça rica. Acredita que a felicidade pode estar no casamento, mas o que fazer com a moça grávida? Planeja, então, o assassinato da primeira namorada, arrepende-se na última hora, mas é tarde demais. Acaba na cadeira elétrica. Cf. Xexéo, *Janete Clair:* a usineira de sonhos, p.72.

por quem acaba se apaixonando. Receoso de seu destino, Cristiano vai embora para o Rio de Janeiro trabalhar no estaleiro do tio rico, Aristides Vilhena, e Simone vai com ele vislumbrando um melhor futuro para sua carreira artística. Os dois se casam e vão morar na Pensão Palácio, de propriedade da alegre Fanny, onde conhecem o malandro Miro (Carlos Vereza), o vilão manipulador e, ao mesmo tempo, carente e carismático.

Na capital, o moço simples do interior é seduzido por sua "ambição desmedida". Em contato com a riqueza do tio, a ambição de Cristiano faz que ele se envolva com a rica Fernanda (Dina Sfat), uma das acionistas do estaleiro e noiva de seu primo Caio (Carlos Eduardo Dolabella). Dividido entre a vida simples ao lado de Simone, e o poder e dinheiro com Fernanda, Cristiano se deixa levar pelas artimanhas do mau-caráter Miro, que planeja matar Simone para que Cristiano, casando-se com Fernanda, assumisse o controle do estaleiro. Nesse aspecto, Miro lucraria com a ascensão socioeconômica do "amigo".[26]

Ao descobrir uma carta em que Miro incita o marido a matá-la, Simone foge de carro e, perseguida pelo bandido, acaba capotando na estrada Rio-Niterói, sendo dada como morta. Livre, Cristiano pode levar agora Fernanda, que terminou seu relacionamento com Caio, ao altar.[27] Mas, para a novela seguir em frente, o acidente de Simone não seria fatal. Por milagre, ela consegue sobreviver, mas decide se fingir de morta. Acreditando no envolvimento do marido no plano para matá-la, resolve fugir para a Europa e só retorna ao Brasil algum tempo depois, assumindo a identidade da irmã falecida, Rosana Reis, reconhecida como uma artista plástica famosa.

Contudo, a ideia inicial de Janete Clair não pôde ser realizada, pois, em agosto de 1972, a censura federal tinha proibido a exibição de todos os capítulos escritos após a "morte" de Simone, o que impediu a exibição da cena do casamento de Cristiano e Fernanda. Ainda que Cristiano acreditasse estar viúvo de Simone, considerada morta num desastre de carro (no que, inclusive, os demais personagens acreditavam), os censores alegaram

26 Maior, op. cit., p.88-9.

27 Ibidem

que "o público sabia a verdade", o que criava uma situação atentatória aos bons costumes da família brasileira, já que a personagem continuava viva e que, se Cristiano se casasse novamente, mesmo sem seu conhecimento, estaria incorrendo no crime de bigamia. Vinte e dois capítulos já escritos por Janete Clair foram inutilizados e dezenas de sequências foram regravadas, a começar pela cena em que Fernanda espera o noivo na igreja.[28] Mesmo com o contratempo causado pela decisão da censura,

> Em pouco mais de uma semana, já estava tudo nos eixos outra vez. "Ela [Janete Clair] reformulou toda a novela", contou Sabag, surpreendido, no Museu da Imagem e do Som. "Na verdade, começou a escrever uma novela nova, com uma categoria incrível." Na nova versão de *Selva de Pedra*, Cristiano não aparece na igreja no dia do segundo casamento. Fernanda não consegue esquecer a humilhação de ter sido abandonada no altar[29] e, a partir daí, duas mulheres passam a vingar-se do pobre galã. A trama escrita com a colaboração da censura atingiu números de audiência praticamente impossíveis. Durante a exibição do capítulo 152, a noite em que Rosana Reis seria desmascarada, o índice de aparelhos de TV sintonizados na novela chegou à marca de 100%. Não houve um único entrevistado do Ibope que revelasse estar assistindo a outro canal. *Selva de Pedra* tornou-se um sucesso tão grande que voltou ao ar – sempre no horário das oito – mais duas vezes: numa versão compacta em 1975 e, regravada com outro elenco, em 1986.[30]

Dessa forma, a trama de *Selva de Pedra*, através das personagens de Cristiano, Simone e Fernanda, inaugurara a fase dos chamados "triângulos amorosos" na teledramaturgia, algo até então incomum na TV brasileira. Só que, nesse triângulo amoroso, mais que o amor, seria o ódio a dar a tônica ao enredo: numa festa, Cristiano reconhece em Rosana sua mulher, mas ela o repudia por considerar que ele tentou matá-la e pretende se vingar do marido assassino. Enquanto isso, a polícia continua no encalço de Cristiano em virtude da morte de Gastão

28 Informações extraídas de: Maior, op. cit., p.88-9; *Dicionário da TV Globo*, p.35.

29 Anos mais tarde, a novelista Janete Clair inventou uma pequena "vingança" para Dina Sfat: na novela *O Astro* (1978), em que Dina voltou a fazer par romântico com Francisco Cuoco, foi Amanda (Dina Sfat) quem faltou ao casamento com Herculano (Francisco Cuoco).

30 Xexéo, op. cit., p.74.

Neves, e Simone é a única pessoa que poderá comprovar sua inocência. Por sua vez, humilhada e inconformada, Fernanda enlouquece e, cega de paixão, jura vingança contra Cristiano, atrapalhando-o em seus negócios no estaleiro, assim como sequestra Simone, mantendo-a em cárcere privado para evitar seu comparecimento ao tribunal para testemunhar a favor de Cristiano. As cenas de Simone totalmente impossibilitada de fugir, atada de pés e mãos a uma cama e, ainda por cima, paralisada pelo trauma do acidente anterior e pelo sadismo vingativo da atormentada Fernanda, levaram o ex-presidente do Brasil Juscelino Kubitschek, num encontro com a atriz Regina Duarte, a desabafar na época: "Minha filha, não aguento mais ver você sofrendo tanto naquela casa. Quando isso vai terminar?".[31]

Após tanto sofrimento, a novela termina com um final feliz – ao som da música "Rock and Roll Lullaby" – para o casal Cristiano e Simone, conforme destaca Ismael Fernandes:

> O país vivia a fase do "milagre brasileiro" e com prazer se reunia à frente da televisão para assistir a vitória do bem sobre o mal, como mostrou o último capítulo. Acontecia um milagre na vida de Cristiano e Simone (Francisco Cuoco e Regina Duarte). Eles voltavam a se entender como nos duros tempos, mas não eram mais os mesmos. Agora eles se amavam envolvidos pelo dinheiro ao sabor do sucesso pessoal. Era o milagre brasileiro mesmo!"[32]

Já a originalíssima trama da novela policial *O Rebu* (TV Globo, 1974-1975), de autoria de Bráulio Pedroso, dirigida por Walter Avancini e Jardel Mello, sob a supervisão de Daniel Filho, entrou para a história da teledramaturgia ao ter praticamente todos os seus 112 capítulos passados em apenas dois dias: o dia da festa em si, desde os preparativos até o crime, e o dia seguinte ao da festa, com a investigação da polícia. Em cenas de *flashback* eram apresentados os antecedentes dos personagens, suas histórias e tramas paralelas, mantendo o clima de suspense até o fim.[33]

31 Maior, op.cit., p.89.
32 Veja Fernandes, *Memória da telenovela brasileira*.
33 Xavier, op.cit., p.160.

Ambientada numa mansão no Alto da Boa Vista, bairro do Rio de Janeiro, propriedade do banqueiro Conrad Mahler (Ziembinski), a trama se inicia com uma festa oferecida pelo milionário para recepcionar a princesa italiana Olympia Compagni (Marília Branco), de visita ao Brasil. Ao final da festa é encontrado um cadáver boiando, de bruços, na piscina. Além de se desconhecer a identidade do assassino e a razão do crime ("Quem matou?" e "Por que matou?"), o outro mistério deixado ao público era saber a identidade e gênero de quem havia sido assassinado ("Quem morreu?"). Para deixar mais desorientados os telespectadores, a novela adicionou um ingrediente de mistério ao apontar que na noite da festa havia sido realizada uma brincadeira entre os convidados, em que algumas mulheres cortaram seus cabelos e se vestiram com roupas masculinas, fato que aumentou o suspense em torno da identidade da vítima, que poderia ser tanto um homem quanto uma mulher. Somente no Capítulo 50 o mistério acerca da identidade da vítima foi revelado: tratava-se da jovem Silvia (Bete Mendes), uma garota de boa família, mas ambiciosa e leviana, que também vinha sendo assediada pelo advogado do banqueiro, o dr. Álvaro Rezende, que lhe propunha casamento e uma vida pomposa na Europa.

Restava ainda saber quem era o assassino e quais os motivos do crime: todos os 24 convidados da festa eram suspeitos, assim como as outras pessoas que estiveram na mansão durante o evento. Muitos dos presentes tinham sérios problemas a resolver. Inclusive desencadeava-se uma velada disputa entre pessoas ligadas a grupos econômicos pelo domínio de uma grande rede bancária. Dentre os suspeitos, gente de todo o tipo, como Boneco (Lima Duarte), ladrão paulista que encontra o convite da festa durante um assalto e se faz passar por um industrial italiano para roubar o banqueiro; o milionário Carlos Braga Vidigal (José Lewgoy) e sua esposa, Lídia (Arlete Salles); e Laio (Carlos Vereza), industrial autista casado com Maria Helena (Maria Cláudia).

Nos primeiros cinquenta capítulos, o público telespectador sabia apenas que havia ocorrido um assassinato durante a festa. Dessa forma, sem seguir uma ordem cronológica, a novela funcionava como um quebra-cabeça, que o telespectador ia montando aos poucos, de acordo com as pistas deixadas pelo autor a cada capítulo. Para isso, a novela apresentou uma narrativa inovadora, com a ação se desenvolvendo em três tempos distintos: as investigações da polícia; *flashbacks* de eventos ocorridos durante a festa; e acontecimentos relacionados ao passado dos personagens. Para despistar a imprensa, também foram gravadas opções com os personagens Cauê (Buza Ferraz), Kico (Rodrigo Santiago), Lupe (Tereza Rachel) e Helena (Maria Cláudia). Ao final, o mistério é esclarecido: Silvia chantageia Conrad Mahler e leva uma pancada, que a faz cair do segundo andar da mansão, bater com a cabeça e morrer, para depois ter seu corpo removido para a piscina. Mahler, o anfitrião perfeito, quebra sua rotina festiva e ardilosamente mata Silvia, por ciúmes de seu relacionamento com Cauê, um jovem carioca que vivia sob sua proteção e com quem ele mantinha um caso homossexual.[34]

*Pecado Capital* (TV Globo, 1975-1976), novela de Janete Clair e direção de Daniel Filho, retratava com realismo o universo suburbano carioca a partir do triângulo amoroso formado por Carlão (Francisco Cuoco), taxista às voltas com um dilema ético depois que assaltantes de banco em fuga esquecem uma mala com dinheiro em seu táxi, debatendo-se entre entregar o dinheiro à polícia, correndo o risco de ser acusado de cúmplice do roubo, ou usar essa pequena fortuna para resolver seus problemas pessoais; Salviano Lisboa (Lima Duarte), dono de uma fábrica de confecções, viúvo, rico e solitário apesar de ser pai de seis filhos; e Lucinha (Betty Faria), uma jovem operária, noiva de Carlão, que acaba sendo escolhida para estrelar uma campanha publicitária da fábrica e começa a fazer sucesso como modelo-manequim. Entretanto, em virtude do machismo de Carlão e de sua família, que não aceitam sua nova profissão de modelo, Lucinha acaba por se interessar por Salviano Lisboa, dono da empresa em que trabalha.

No decorrer da trama, Carlão e Lucinha se separam. Enquanto ela inicia um romance com Salviano, ele, enciumado e procurando mostrar que também pode lhe oferecer um alto padrão de vida, lança mão do dinheiro

34 Informações extraídas de: *Dicionário da TV Globo*, p.51; *Guia ilustrado TV Globo*: novelas e minisséries, p.68.

encontrado em seu carro e compra uma frota de táxis, além de ajudar moradores de sua comunidade, dando início à sua ascensão social como empresário. Para provocar o ciúme de Lucinha, começa a namorar a viúva Eunice (Rosamaria Murtinho) e tenta empreender uma série de maquinações para impedir o casamento de sua amada com o rico empresário.

O alto padrão de vida, não condizente com sua classe social, faz que Carlão seja descoberto pela própria quadrilha que assaltara o banco, através de Eunice, que, para a surpresa do público, fazia parte dela, já que era ex-amante de um dos assaltantes.

Carlão resolve devolver todo o dinheiro roubado, mas, no último capítulo, perseguido pelos assaltantes do início da história, cai morto, agarrado à mala, em cena antológica gravada no canteiro de obras do metrô do Largo da Carioca, no centro do Rio de Janeiro. A novela termina com uma página de jornal, onde se encontra estampada uma grande foto da modelo Lucinha, para noticiar seu casamento com Salviano, assim como uma pequena nota sobre a morte de Carlão. O final de *Pecado Capital* representou uma verdadeira revolução em matéria de telenovelas, já que nenhum protagonista, até aquele momento, havia morrido no último capítulo da trama, assim como retrata que os assassinatos, em plena luz do dia, estavam se tornando cada vez mais comuns no cotidiano das grandes metrópoles brasileiras e que a morte de uma pessoa comum, como a do personagem fictício Carlão, ganha pouco destaque na imprensa e se torna apenas mais um número nos dados estatísticos sobre o aumento da criminalidade brasileira.

A história de *O Astro* (TV Globo, 1977-1978), novela de Janete Clair, dirigida por Gonzaga Blota sob a supervisão de Daniel Filho, tinha sua trama estruturada em torno da ascensão econômica e social do personagem Herculano Quintanilha (Francisco Cuoco). No início da história, ele e o amigo Neco (Flávio Migliaccio) aplicam um golpe na paróquia de Guariba Grande, uma pequena cidade do interior. Mas Neco engana Herculano e foge com o dinheiro roubado, deixando o companheiro nas mãos da polícia. Herculano consegue fugir da cadeia e some da cidade, abandonando a mulher, Doralice (Cleyde Blota), e o filho, Alan (Luiz Carlos Mendonça).

Tempos depois, Herculano reaparece trabalhando como mágico e vidente numa churrascaria quando conhece o jovem Márcio (Tony Ramos), filho do industrial libanês Salomão Hayala (Dionísio Azevedo). Márcio vive em eterno conflito com o pai por não querer assumir seu lugar na empresa da família, uma frustração para Salomão, que sonha ver o filho à frente de seu império. Influenciado por Herculano, o jovem decide assumir a posição de herdeiro e passa a ocupar seu lugar na diretoria da empresa, levando consigo seu guru espiritual. O encontro com o poderoso empresário muda a vida de Herculano, que passa a exercer influência sobre todos os membros da família Hayala.

No desenrolar da trama, Salomão Hayala, o patriarca da família, é assassinado misteriosamente, o que provoca uma alteração na vida de todos os personagens. Ao final da história, Herculano deixa o Brasil, abrindo mão do romance com Amanda (Dina Sfat), e se torna assessor de um governo ditatorial na América Central, reforçando assim o imaginário popular de que os criminosos conseguem fugir do Brasil e vão desfrutar da riqueza adquirida por meios ilícitos em cenários paradisíacos no exterior.

Apesar de hoje em dia *O Astro* ser considerado um grande sucesso popular, a novela só deslanchou mesmo depois que a autora lançou o mistério "Quem matou Salomão Hayala?". O personagem de Dionísio Azevedo saiu de cena no capítulo 42, exibido em 23 de janeiro de 1978. Durante cinco meses essa indagação permaneceu na cabeça dos brasileiros, levando o país a viver uma espécie de "comoção coletiva" e parar, literalmente, para assistir ao último capítulo e descobrir a identidade do assassino. Quinze dias antes da revelação do misterioso assassinato, a classe artística comemorou em Brasília a assinatura da lei de regulamentação da profissão de ator. No meio da festa, Daniel Filho, o diretor de *O Astro*, foi apresentado ao presidente Ernesto Geisel. O general não deixou escapar a oportunidade e, em meio aos cumprimentos, disparou: "Daniel, diga uma coisa, quem matou Salomão Hayala?". "Isso é segredo de Estado, e disso sei que vocês entendem!", respondeu o diretor da TV Globo.[35]

35 Xexéo, op.cit., p.13.

No último capítulo, finalmente, é revelada a identidade do criminoso. Na delegacia de polícia, em meio aos jornalistas e à família Hayala, aparecem o assassino e seu cúmplice algemados: o toxicômano Felipe Cerqueira (Edwin Luisi) e o cabeleireiro Henri (José Luiz Rodi) mataram Salomão com uma coronhada de revólver na cabeça e depois ele foi jogado de uma ribanceira dentro de um carro. Salomão sabia da ligação entre Felipe e sua mulher, Clô (Tereza Rachel), e que ele estava envolvido com drogas, chegando, inclusive, a ameaçar entregá-lo à polícia. Contudo, a revelação decepcionou o público, pois Felipe sempre fora o suspeito mais óbvio, já que era o amante de Clô Hayala, a esposa do morto.

Para quem conhecia Janete, não era difícil descobrir o assassino. Ela costumava dizer que, quando lhe faltava inspiração, lia os jornais. E foi em notícias de jornais que ela construiu seu crime de ficção. Quando *O Astro* estava para acabar, já fazia um ano que a imprensa carioca registrava, diariamente, tudo sobre um assassinato que mobilizara a cidade. Uma garota da classe média, Claudia Lessin Rodrigues, tinha sido morta durante uma festa regada a drogas num apartamento da zona sul. Os acusados do crime eram um jovem viciado em cocaína, Michel Frank, e seu amigo Georges Khour, um cabeleireiro que circulava na alta roda. Entre os suspeitos da novela, estavam Felipe Cerqueira, um jovem viciado em cocaína, e Henry, seu amigo cabeleireiro. Não deu outra.[36]

De qualquer forma, a novela realmente despertou uma comoção geral em torno da resolução do crime misterioso. Apesar dos cinco finais diferentes gravados para driblar a imprensa, três dias antes do final da novela, o *Jornal do Brasil* desvendou o mistério: "O assassino é Felipe". Segundo recorda o jornalista Artur Xexéo:

> Naquela semana, todos os cronistas do *JB* dedicaram suas colunas ao tema. José Carlos Oliveira comparou a trama de Janete com o caso ainda incompleto de Michel Frank. Misturando ficção e realidade, ele convocava Michel a voltar de seu refúgio na Suíça: "Felipe e o cabeleireiro já estão em cana. Isto quer dizer que você, Michel Frank, não matou ninguém e pode voltar ao Brasil no

36 Ibidem, p.13-4.

Figura 7.2
O crime na teledramaturgia brasileira: *O Sheik de Agadir*, *Selva de Pedra*, *O Rebu*, *Pecado Capital*, *O Astro* e *Vale Tudo*

**Fonte:** reprodução

momento que quiser, sem o risco de ser molestado por quem quer que seja". [...] [Carlos Eduardo] Novaes encerrava o seu texto comparando a novela ao crime do ano. "Eu acho que só há uma maneira de se saber quem foi o assassino de Claudia Lessin Rodrigues. É pedindo à Globo para fazer uma novela."[37]

A última grande telenovela a mobilizar imensamente a repercussão do público acerca do desvendamento de um crime misterioso foi *Vale Tudo* (TV Globo, 1988-1989), de autoria de Gilberto Braga, Aguinaldo

37 Ibidem, p.15.

Silva e Leonor Bassères, sob a direção de Ricardo Addington e Paulo Ubiratan, com supervisão de Daniel Filho.

Considerada um dos maiores sucessos da teledramaturgia brasileira, *Vale Tudo* conseguiu aliar os melhores elementos dos bons folhetins com uma crítica social ao país a partir de uma pergunta comum a milhões de brasileiros: "Vale a pena ser honesto no Brasil de hoje?", realizando, assim, uma crítica ao "jeitinho brasileiro" de se dar bem com o mínimo esforço, nem que para isso fosse preciso enganar ou passar por cima das pessoas. O ano era 1988 e a novela foi capaz de refletir, como nunca, nossos principais problemas políticos, retratando a falta de ética e a corrupção num Brasil recém-saído da ditadura militar. A novela teve uma abertura contundente, ao som da música "Brasil", composta por Cazuza e cantada por Gal Costa, que mostrava um mosaico de imagens compondo um retrato do país que, ao final, formava a bandeira brasileira, sob os versos: "Brasil/ Mostra tua cara/ Quero ver quem paga/ Pra gente ficar assim/ Brasil/ Qual é o teu negócio?/ O nome do teu sócio?/ Confia em mim".

Os autores centraram a discussão sobre honestidade *vs.* desonestidade, assim como trataram de forma direta e crua problemas sociais muito sérios a partir de um jogo de antagonismos: os personagens Maria de Fátima (Glória Pires), Odete Roitman (Beatriz Segall), Marco Aurélio (Reginaldo Faria), César Ribeiro (Carlos Alberto Riccelli) retratavam o que havia de ruim e corrupto no país, enquanto Raquel Accioli (Regina Duarte) e Ivan Meirelles (Antônio Fagundes) simbolizavam as difíceis condições de vida de milhões de brasileiros.

Na trama, Raquel Accioli é uma mulher simples e honesta que trabalha como guia turística em Foz do Iguaçu, pois para ela somente o trabalho é capaz de dar uma situação digna a uma pessoa. Separada do marido Rubinho (Daniel Filho), sempre lutou para criar a filha, Maria de Fátima, que é seu oposto: odeia a pobreza e acha que qualquer método é válido para melhorar de vida, já que tem certeza de que a honestidade não vale nada. Sem hesitar, ela vende a única propriedade da família, uma pequena casa em Foz do Iguaçu, e foge com o dinheiro para o Rio de Janeiro, com o intuito de tentar ganhar a vida como modelo, utilizando-se dos métodos mais sórdidos para alcançar seu objetivo: mentiras sobre a situação financeira da família, dissimulações e até roubos.

Após ter sido enganada pela filha, Raquel vai atrás dela e se estabelece também no Rio de Janeiro, onde conhece o administrador de empresas Ivan Meirelles, o homem por quem se apaixona, e para ganhar a vida passa a vender sanduíche na praia. Ao longo da trama, ela chega a se tornar dona de uma rede de restaurantes.

Por sua vez, na "Cidade Maravilhosa", Maria de Fátima se envolve com o mau-caráter César Ribeiro, que a estimula a conquistar o milionário Afonso Roitman (Cássio Gabus Mendes), filho de Odete Roitman, uma poderosa empresária que dirige com mão de ferro a Companhia Aérea TCA e, ao mesmo tempo, manipula a vida dos filhos. Além de Afonso, a ricaça esnobe e cruel, considerada uma das maiores vilãs da teledramaturgia brasileira, é mãe da alcoólatra Heleninha (Renata Sorrah), ex-mulher do desonesto Marco Aurélio, seu braço-direito na companhia.

Depois de muitas armações, Maria de Fátima se alia à poderosa empresária e consegue se casar com o filho dela, tirando Solange (Lídia Brondi), a namorada do rapaz, do caminho dos dois. A história tem uma reviravolta quando Raquel encontra 800 mil dólares, perdidos pelo desonesto empresário Marco Aurélio, e não aceita ficar com o dinheiro, como sugeriu Ivan. Os dólares desaparecem através de um plano arquitetado por Maria de Fátima e Odete Roitman, que levam Raquel a acreditar que Ivan foi o autor do delito. Os dois rompem e Ivan casa-se com Heleninha. Logo, porém, Odete descobre o romance entre Maria de Fátima e César, com quem ela própria mantinha um caso, e passa a perseguir a jovem inescrupulosa.

Contudo, o fim trágico da vilã malévola estava próximo. Entre dezembro de 1988 e janeiro de 1989, o Brasil viveu a euforia de mais um "quem matou?", que mexeu com a opinião pública. No capítulo 193, que foi ao ar na véspera do Natal de 1988, a vilã Odete Roitman foi assassinada com três tiros à queima-roupa. O mistério da identidade do assassino durou apenas treze dias, mas dominou todas as conversas pelo país e tornou-se motivo de apostas, rifas e sorteios. O fabricante do caldo de galinha Maggi promoveu um concurso para premiar quem adivinhasse o nome do assassino. A revelação de que Leila (Cássia Kiss) era a assassina foi dada no último capítulo, gravado e exibido em 6 de janeiro de 1989. Leila matara Odete por engano, achando tratar-se de Maria de Fátima, amante de seu marido, Marco Aurélio. Ao segui-lo, Leila adentra o apartamento aonde achava que ele havia ido para um encontro com Fátima. Descontrolada, dispara a arma contra uma porta de vidro onde se via apenas uma silhueta feminina. Mas ela se enganara: aquele era o apartamento de Odete Roitman, que havia chamado Marco Aurélio para um ajuste de contas, pois ele estava dando desfalques em sua empresa.[38]

Apesar da morte de Odete Roitman, a novela mostrou um final inusitado, ao não punir os personagens de índole má: Maria de Fátima se casa com um príncipe italiano, em mais uma das tramoias arquitetadas por seu amante César; e Marco Aurélio, o braço-direito de Odete, após aplicar um golpe financeiro depois do outro, foge impune do país com sua esposa Leila, levando malas de dinheiro, num jatinho. Numa cena antológica, ao levantar voo, o personagem de Reginaldo Faria olhou para a câmera e deu uma bela "banana", através do gesto com os braços, para o Brasil.

## O show dos horrores de um "mundo cão": o crime nos programas de auditório e nos telejornais policiais sensacionalistas

As representações audiovisuais sobre o mundo do crime e da violência construídas pela televisão, sobretudo até o início da década de 1990, foram abordadas, em grande parte, de forma romanceada e melodramática, apresentando uma visão de mundo maniqueísta, onde imperavam tramas marcadas pela clássica luta do bem contra o mal, de mocinhos *vs.* bandidos. Conforme já discutido no caso da teledramaturgia, ao mesmo tempo que as histórias de crime despertavam o interesse e a curiosidade do público telespectador, elas eram construídas pela cultura audiovisual

38 As informações sobre a novela *Vale Tudo* foram extraídas de: Xavier, op. cit., p.118.; *Dicionário da TV Globo*, p.164 e 169-70.

de uma forma monumentalizada e ainda distante da realidade cotidiana das pessoas comuns.

Se a presença de uma tônica realista acerca do mundo do crime e da violência ganhou destaque nos filmes realizados durante a fase do movimento do Cinema Novo Brasileiro, através de obras-primas como *Rio, 40 graus* (dirigido por Nelson Pereira dos Santos, 1955), *Deus e o Diabo na Terra do Sol* (dirigido por Glauber Rocha, 1964), *Os fuzis* (dirigido por Ruy Guerra, 1964), dentre outras, o mesmo não pode se dizer ter ocorrido na televisão brasileira. Enquanto as telenovelas apresentavam os crimes, as violências e demais mazelas sociais como resultantes das obras de vilões maléficos, sem refletir sobre as origens histórico-sociais determinantes dos males sociais, os demais programas televisivos, especialmente os programas de auditório e os telejornais policiais, passaram a ser criticados e até mesmo impedidos, em vários momentos, de apresentarem "cenas da barbárie" do mundo real.

No caso do telejornalismo, espera-se que a prática jornalística, ancorada no princípio democrático de garantir o direito à informação e à liberdade de expressão, através do compromisso ético com a verdade, a honestidade e a objetividade, exerça uma função mediadora entre o Estado e a sociedade, voltada para a informação, formação e educação do povo, contribuindo, assim, para a consolidação plena da democracia e da cidadania no Brasil.

Contudo, existe uma outra espécie de jornalismo, comumente denominada de jornalismo sensacionalista ou popularesco, que, ao contrário do jornalismo de prestígio, sério e objetivo, não se presta a informar uma notícia, mas a extrair do fato sua carga emotiva e apelativa, visando satisfazer as necessidades instintivas do público, por meio de formas sádicas e espetaculares, expondo pessoas ao ridículo. Para manter o público telespectador atraído e interessado por aquilo que é mostrado, garantindo assim a audiência, o telejornal sensacionalista apresenta um caráter popularesco, empregando linguagem popular, palavrão e gíria, de forma a passar a impressão de que o cotidiano das grandes metrópoles é retratado a partir do ponto de vista do próprio povo.

Os programas de caráter sensacionista da TV brasileira seguiam o modelo midiático desenvolvido nos Estados Unidos da América, para o qual o sensacionalismo estaria centrado em violência, sexo e esporte. Portanto, esse tipo de programa buscava mesclar-se a parâmetros jornalísticos, que atribuía à imprensa o papel de "cão de guarda" do povo, cabendo aos jornalistas fiscalizar e cobrar do poder público o efetivo atendimento aos cidadãos.[39] Já havia em sua vertente brasileira, segundo Muniz Sodré,[40] a tendência e apreço da televisão pelo grotesco, pois este era considerado como um traço da cultura popular nacional. Aspecto refletido na audiência dos programas "policialescos", que também se assenta na ideia de que há um suposto gosto popular pelo melodrama e pelo grotesco, comuns à tradição circense, ao teatro medieval e à estética dos programas de TV populares do Brasil reunidos sob a alcunha de "mundo cão", entendido como:

> Programas sensacionalistas com apelo à violência, ao escárnio e ao escatológico comumente exibem deformidades, casos extraordinários e mesclam esses "ingredientes" com a exibição de mulheres seminuas e/ou ao apelo ao erotismo. Marcaram os anos 1950 e 1960, momento em que a TV procurava estabelecer-se enquanto veículo popular no Brasil.[41]

O artigo "Mundo cão, não", publicado pela revista *Veja*, n.3, de 25 de setembro de 1968, apresentou uma matéria sobre as críticas realizadas pelos jornalistas do *Última Hora* (RJ), que acusavam "os programas de televisão especializados em apresentar casos de desgraça humana", em geral, aqueles que envolviam crime e violência, de realizarem uma "exploração sensacionalista da miséria pela TV". Ao retratar o "mundo cão", esse tipo de programa televisivo expunha o "grotesco na TV", conforme indicam os exemplos citados no artigo:

> A atriz Dercy Gonçalves ameaça sabotar a venda do jornal *Última Hora* (Rio), que a acusou de "exploração sensacionalista da miséria pela televisão".

39 Moura, Os programas "policialescos" no contexto histórico. In: Varjão, op. cit., p.8.

40 Veja Sodré, *A comunicação do grotesco*: introdução à cultura de massa no Brasil.

41 Varjão, op.cit., p.8, nota 2.

> [...] A campanha coincidiu com o escândalo do Orfanato Vivenda do Céu (Nova Iguaçu, estado do Rio), onde um casal maltratava e assassinava crianças. Um mês antes, os donos do orfanato tinham levado as crianças ao programa de Dercy, onde cantaram e obtiveram doações em dinheiro do auditório. *Última Hora* aproveitou o fato para reforçar suas denúncias, publicando-as em primeira página. [...] Entre os programas "mundo cão" denunciados por *Última Hora* estão também: *Casamento na TV*, *Os Sete Samurais*, *Desafio à Bondade* (Rio), e *SOS Amor*, *O Homem do Sapato Branco* (São Paulo). Danton Jobim, presidente da ABI e diretor de *Última Hora*, pediu ao governo que censure a "televisão-espetáculo".[42]

Além do caso do programa *Dercy de Verdade* (TV Globo, 1967-1970), a matéria prossegue citando outros programas "popularescos", sendo o polêmico *O Homem do Sapato Branco* (TV Globo, 1968-1969) o mais criticado, por explorar o chamado "mundo cão", ao retratar a miséria humana, conflitos familiares, histórias policialescas, prostitutas, homossexuais e mendigos, fato que o levou a enfrentar problemas com a censura federal e a ter sua exibição suspensa durante um breve período de tempo.

> A miséria em desfile – mendigos, indigentes, loucos, viciados, casais desajustados, ladrões. O desfile se repete há quatro anos no Rio e São Paulo para uma plateia que o Ibope revela ser fiel. Jacinto Figueira Jr. (TV Globo – São Paulo) diz ter sido inspirado em Nietzsche o título de seu programa: "O homem que veste branco tem a alma pura". Mas o produtor Mário Fanucchi, quando o batizou como *O Homem do Sapato Branco*, diz que pensou foi na "figura do malandro brasileiro, que adora sapato branco". Mais de 2 mil pessoas procuram semanalmente Jacinto, deputado estadual pelo MDB. Ele interroga suas personagens diante das câmaras com a maior violência. "Sem vergonha, explorando esses coitados que querem ser artistas", Jacinto está entrevistando um falso empresário que engana rapazes e moças que querem ser artistas de TV.[43]

O programa foi líder de audiência por vários anos, adotando uma linha que tinha por objetivo mostrar as mazelas da sociedade brasileira de maneira sensacionalista e era baseado no "grotesco chocante", que

42 Mundo cão, não, *Revista Veja*, n.3, 25 set. 1968, p.76.

43 Idem

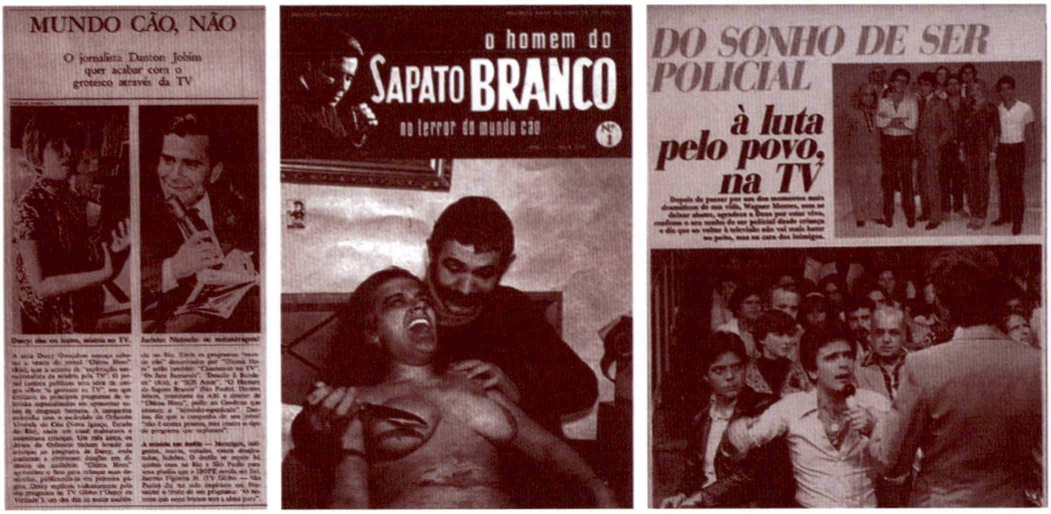


Figura 7.3 As críticas da imprensa aos programas televisivos que retratam o "mundo cão": *Dercy de Verdade*, *O Homem do Sapato Branco* e *O Povo na TV* na mira da censura

**Fonte:** reprodução

Muniz Sodré e Raquel Paiva definiram da seguinte forma: dão-se voz e imagem a energúmenos, ignorantes, ridículos, patéticos, violentados, disformes, aberrantes, para mostrar a crua realidade popular, sem que o choque daí advindo chegue às causas sociais, mas permaneça na superfície irrisória dos efeitos.[44]

O programa de Jacinto Figueira Júnior chocava a sociedade brasileira conservadora e, paradoxalmente, conforme apontava o artigo da revista *Veja*, conquistava um público fiel, levando para dentro das residências aquilo que as pessoas faziam questão de excluir de seu convívio: os mendigos, as prostitutas, os homossexuais, os marginais, enfim, todos os marginalizados da sociedade brasileira. O show de misérias do Homem do Sapato Branco permaneceu no ar por vários anos, sendo exibido também pela TV Bandeirantes, SBT e TV Cultura.

Nessa mesma linha sensacionalista foi produzido o programa *O Povo na TV* (TVS, atual SBT, 1981-1983), que seguiu o modelo de estrutura temática e organizativa de *Aqui e Agora: o Povo na TV* (TV Tupi, 1979-1980), apresentado originalmente por Wilton Franco em ambas as emissoras, e que também foi muito criticado na época em virtude de seu apelo sensacionalista:

44 Sodré; Paiva, *O império do grotesco*, p.133.

> Somente num programa que se considerava "o único espaço que realmente se coloca à disposição do povo" poderia caber tanta coisa: do programa feminino [...] até o gênero policial, exibido após às 23 horas, passando por denúncias sobre mau desempenho dos serviços públicos, em geral apresentados pelos noticiários locais. Como nos programas de rádio, procuravam-se pessoas desaparecidas, remédios dos quais se precisa com urgência ou carros roubados. Doentes de todas as espécies buscavam conseguir atendimento hospitalar, cirurgia e tratamentos, viessem eles dos médicos ou do curandeiro [Roberto] Lengruber. Lares desfeitos, inquilinos despejados e demais vítimas da "maldade alheia" procuravam encontrar justiça por meio dos advogados do programa ou do justiceiro Wagner Montes, mais conhecido como "Chicote do Povo". Violência, miséria, abandono, nem mesmo a morte deixaria de ser exibida em *O Povo na TV*.[45]

Não eram apenas os programas de auditório que abusavam dos elementos "popularescos", "sensacionalistas" e de "baixo nível" para entretenimento do público telespectador. A fórmula dos programas de jornalismo policial, que traziam o "mundo cão" para a TV na década de 1960, tais como *002 Contra o Crime* (TV Excelsior, 1965), *Patrulha da Cidade* (TV Tupi, 1965), *Plantão Policial Canal 13* (TV Rio, 1965-1966), *Polícia às Suas Ordens* (TV Excelsior, 1966) e *A Cidade Contra o Crime* (TV Globo, 1966), ressurgiram no final do século XX.

A década de 1990 marcou um período de transformação das representações do mundo do crime e da violência na teledramaturgia e, principalmente, no telejornalismo. A partir daquele momento, parecia que a vida real havia se tornado mais dramática que os dramas da vida ficcional. Nesse sentido, a narrativa audiovisual construída pela TV Globo sobre o Brasil sofreu um ataque do SBT e da TV Manchete, emissoras de televisão aberta, que rivalizaram contra a hegemonia de audiência mantida pela TV Globo até então, e procuraram apresentar alternativas de programação que recorreram a diferentes formas de representar novos estilos e conteúdos na teledramaturgia e no telejornalismo, como foram,

---

45 Mira, *Circo eletrônico:* o Silvio Santos e o SBT, p.114. Apud Roxo, A volta do 'jornalismo cão' na TV. In: Ribeiro; Sacramento; Roxo (orgs.), *História da televisão no Brasil:* do início aos dias de hoje, p.184.

respectivamente, os casos exemplares de *Pantanal* (TV Manchete, 1990) e de *Aqui Agora* (SBT, 1991-1997), responsáveis por descortinarem uma imagem de Brasil distinta – e para muitos "mais realista" – que a produzida pela cultura audiovisual da época.

Nessa nova fase do telejornalismo sensacionalista, o programa *Aqui Agora* (SBT, 1991-1997), que foi ao ar pela primeira vez entre 18h30 e 20h45 do dia 20 de maio de 1991, se tornou um marco histórico da televisão brasileira. Inspirado nos programas *O Homem do Sapato Branco* (TV Globo, 1968-1969), *Aqui e Agora*[46] (TV Tupi, 1979-1980) e *O Povo na TV* (TVS, atual SBT, 1981-1983), o novo *Aqui Agora*, que tinha como slogan: "um jornal vibrante, uma arma do povo, que mostra na TV a vida como ela é", recuperava a receita de seus antecessores:

> crimes e ocorrências policiais, com a reportagem acompanhando a perseguição aos supostos "bandidos" e outras tantas reportagens de impacto. A isso se acrescentavam fofocas sobre a vida dos artistas famosos e um quadro de "defesa dos direitos do consumidor" que, colocando frente a frente comprador e vendedor, muitas vezes terminava em agressão física.[47]

O programa passou por fases distintas e teve constantemente seus horários de exibição alterados, chegando a ser vespertino e a ter duas edições, até ser retirado do ar em 1997 (vale lembrar que teve um *revival* fracassado em 2008). Na primeira versão, o telejornal contou com vários apresentadores, que se revezavam no informe das notícias: Ivo Morganti, Patrícia Godoy, Christina Rocha, Silvia Garcia, Gióia Jr. e Liliane Ventura, além do já falecido Luís Lopes Corrêa (que apresentava as notícias internacionais) e do "casal 20" do jornalismo na década de 1980, Eliakin Araújo e Leila Cordeiro. Entre os comentaristas estavam Maguila, Eneás

---

46 O programa *Aqui e Agora* (com "e") era apresentado com esse nome na TV Tupi e na TV Bandeirantes. Foi somente no SBT que o título perdeu o "e" tornando-se *Aqui Agora*. A mudança no título ocorreu porque o nome do original era de propriedade do argentino Hector Mazelli. A emissora não comprou o nome, mas manteve a semelhança no título e no formato. Cf. informações extraídas de Roxo, op.cit., p.194, nota 9.

47 Mira, O moderno e o popular na TV de Silvio Santos. In: Ribeiro; Sacramento; Roxo (orgs.), op. cit., p.173.

Carneiro, Omar di Piero, Leão Lobo, Nelson Rubens e Sônia Abrão. Na previsão do tempo, o irreverente Felizberto Duarte (o "Feliz"), que, em meio a tantas notícias escabrosas, apresentava a previsão do tempo de forma bem-humorada – muitas vezes usando óculos de sol e capas de chuva, sempre terminando por desejar "boa noite e tempos felizes", arrematado com o bordão "piriri, pororó". Outras figuras proeminentes do telejornal foram o atual deputado Celso Russomanno no quadro em "defesa do consumidor", Gil Gomes com as crônicas policiais, Jacinto Figueira Jr., "o Homem do Sapato Branco", com os "causos" do cotidiano, e os jornalistas Wagner Montes, César Tralli e Madalena Bonfiglioli.

O sensacionalismo das matérias do programa *Aqui Agora* e o tom popularesco dado por seus apresentadores foram aspectos severamente criticados na época:

> O radialista, o papa do sensacionalismo policial [Gil Gomes], está arrancando declarações constrangedoras de assassinos miseráveis. Wagner Montes, sequela do defunto e lamentável *O Povo na TV*, também comparece invadindo o velório do padeiro baleado para entrevistar a viúva. Maguila [ex-lutador de boxe], de *black-tie* e luva de boxe, faz comentários econômicos cujo fecho sempre é "o povo, ó". Osmar Di Piero é o "defensor dos aposentados". Claro, o telespectador pode aguardar os comentários para as próximas eleições. Ambos, como o famoso "meu nome é Enéas", fazem ali a mais deslavada exploração da boa-fé pública. *Aqui Agora* poderia apenas ser um lixo se fosse apenas isso. O problema é que não é. É jornalístico. Pode-se ouvir uma informação sobre a última medida *soft* do governo federal e, segundo depois, dar de cara com um repórter nas ruas noturnas de Roma entrevistando travestis brasileiros que afirmam ganhar mil dólares por noite [...] *Aqui Agora* soube documentar a greve geral [convocada pela CUT]. Logo volta ao sensacionalismo corriqueiro, com o repórter Celso Russomanno chamando a polícia para prender o açougueiro que cobra ágio. Só mesmo no Brasil, onde o cumprimento da lei se torna show de TV.[48]

Apesar de ser considerado um dos maiores exemplos de jornalismo sensacionalista, o telejornal *Aqui Agora* revolucionou a linguagem do

---

48 "Aqui Agora" informa com mau gosto, *Folha de S.Paulo*, 26 maio 1991. Apud Roxo, A volta do "jornalismo cão" na TV. In: Ribeiro; Sacramento; Roxo (orgs.), op. cit., p.189.

Figura 7.4
O telejornalismo do *Aqui Agora* em ação no "mundo cão": Celso Russomanno (jornalista, deputado e paladino dos direitos do consumidor), Gil Gomes (cronista policial) e Maguila (de boxeador a "comentarista de economia")
**Fonte:** reprodução

jornalismo brasileiro e conseguiu uma audiência muito próxima à do *Jornal Nacional*.[49] Para Esther Hamburger, o sucesso do programa se devia ao fato de que:

> O *Aqui Agora* subverteu as convenções "chapa branca" que caracterizaram o telejornalismo da Globo desde 1969, quando o *Jornal Nacional* foi ao ar. [...] Assuntos ligados a iniciativas governamentais e à política institucional encontravam pouco espaço na pauta do telejornal popular, que transformou em notícia temas do cotidiano de telespectadores desprezados por outros telejornais. [...] Diferente do modelo de descrição pretensamente neutra e objetiva, de um jornalismo que se pautava pelas ações oficiais, o *Aqui Agora* [...] imiscuiu-se nas relações entre os cidadãos, empresas e instituições públicas como a polícia e a justiça. [...] O novo programa seria uma alternativa ao *Jornal Nacional*, definido como sério, "quadrado" e elitista. Ao dar visibilidade a agentes e vítimas de crimes violentos, de preferência crimes que ocorrem no domínio privado da família, o programa embaralhou as noções estreitas de espaço público e privado que guiaram o telejornalismo brasileiro até então. O modelo alternativo proposto acenava com a exibição "da vida como ela é" no cotidiano das classes populares [...].[50]

A revista *Veja*, em sua edição de 18 de novembro de 1992, publicou a matéria "O rosto da periferia", do jornalista Silvio Giannini, em que procurou compreender os fatores que transformaram o programa do

49 "Segundo o Ibope, a proporção de pessoas ricas e pobres que assistem ao *Aqui Agora* é equivalente à do *Jornal Nacional*. O *Aqui Agora* tem 22% de seu público nas classes A e B, contra 24% do *Jornal Nacional* – um empate técnico. Nas classes D e E situam-se 42% dos espectadores do *Aqui Agora*, enquanto no *Jornal Nacional* eles somam 45% da audiência. Cada vez mais gente encontra motivos para assistir ao *Aqui Agora*: eles falam de um país excluído do vídeo." Informações extraídas de Giannini, O rosto da periferia, *Veja*, p.99.

50 Hamburger, op. cit., p.122-4.

SBT num sucesso de audiência na época. Segundo a reportagem, destaca-se o aspecto do programa privilegiar as notícias locais de um "Brasil real", apresentando uma abordagem sensacionalista e popularesca, muitas vezes aliada a uma vertente de humor cômica, fazendo que o público telespectador se identifique com essas imagens tão presentes em seu cotidiano.

> Seu horizonte é o Brasil da periferia, aquilo que os sociólogos batizaram de país "real" [...] Sua especialidade é a violência, a injustiça e o crime, que ocorrem todos os dias nas capitais brasileiras. Dos estupros aos assaltos a banco, dos trombadinhas da Praça da Sé aos comerciantes desonestos, dos abusos da polícia à ação de empresários inescrupulosos. São temas que, nos demais telejornais do país, costumam ganhar espaço apenas nos casos mais rumorosos, ou são apresentados na linguagem asséptica das estatísticas.[51]

Outra fórmula importante utilizada pelo programa jornalístico foi conseguir passar para o público telespectador a sensação de apresentar as notícias no local e na hora em que elas estavam ocorrendo, ou seja, a partir de recursos de filmagem, o telespectador se sentia participando dos acontecimentos ao vivo.

> Ao contrário do que fazem os outros telejornais quando penetram nesse mundo, o *Aqui Agora* não filtra a violência e o drama com lentes moderadoras dos locutores e com as tomadas gerais. Os repórteres e cinegrafistas agem como se substituíssem o olho do telespectador. A câmera vai na mão, sobe e desce quando o cinegrafista passa por um buraco, balança nervosamente quando a cena é tomada no meio da multidão. O repórter conta o que descobre à medida que apura os fatos. O resultado, esteticamente, é mais tosco do que nas reportagens concorrentes, mas garante o impacto das imagens ao vivo, desperta no telespectador a sensação de testemunhar os acontecimentos enquanto eles se desenrolam.[52]

Esse efeito foi possível em virtude de o programa comprar material de cinegrafistas amadores, que haviam gravado imagens por puro acaso,

51 Giannini, op. cit., p.98.

52 Ibidem, p.99-100.

ou de independentes, que, possuindo ou não DRT de cinegrafista, trabalhavam regularmente vendendo imagens para a emissora. Por fim, há de se considerar ainda o papel desempenhado pelos repórteres do programa, que, assessorados por uma equipe técnica de quase cem pessoas, realizavam o papel de atuarem como "defensores da população".

No caso das reportagens policiais, um dos quadros mais importantes do *Aqui Agora*, destacou-se o trabalho do repórter Gil Gomes, considerado um dos mais famosos cronistas policiais, tendo atuando na Rádio Record de São Paulo e na Rádio Capital, onde fez carreira "dramatizando crimes escabrosos pelo rádio" até passar também a usar da "mesmíssima linguagem na TV". Da lista de crimes que lhe chegam ao programa policial matinal diário na rádio, ele selecionava um para apresentar na televisão. Em suas reportagens televisivas, era perceptível seu trabalho em mostrar que "um cadáver nunca é apenas uma pessoa morta, mas uma história recheada de drama, mistério e suspense, mesmo que o crime tenha se dado após uma simples briga de trânsito".[53]

> [...] Gil Gomes modela diretamente, a cada manhã, o relato de um sucesso selecionado entre os casos registrados pela imprensa na semana. E frente ao discurso da notícia – com sua negação do sujeito narrador e sua ocultação da trama discursiva – o narrador de rádio faz a história de crimes um *relato de experiência*. Do lado da enunciação, a experiência do narrador faz presente o "lado corporal da arte de narrar". Corpo que nesse caso é a voz que carrega de efeitos sensoriais o relato e explora a partir daí, desde o tom ao ritmo – que acelera, retarda, umedece, altera, grita, sussurra –, o universo das emoções. Do lado do enunciado é a interpelação à experiência das pessoas que escutam: aproximando o estranho do cotidiano, descobrindo-o entre suas dobras – a mãe, a mãe amorosa, a que não vive senão para a família, foi ela que matou o filho! – e conectando a experiência individual com o curso do mundo em forma de refrãos e provérbios, de saberes que conservam normas, critérios para classificar os fatos numa *ordem* com a qual enfrentar a incoerência insuportável da vida. *Dramatização do real*, o relato de Gil Gomes dota de rosto, situação e cotidianidade os anônimos personagens da crônica policial: "Esses personagens têm casa, endereço, família e, o que é mais importante, têm uma história de vida

53 Cf. Roxo, op. cit., p.190.

que inclui amor, amizade, ódio, vingança. Uma história que fala de seres reais e não de meras fichas de identificação".[54]

Nos primeiros anos de exibição do programa, o SBT encomendou uma pesquisa qualitativa à empresa Retrato Consultoria para saber o que público telespectador estava achando do telejornal. O resultado obtido fez as seguintes constatações:

- O telejornal não é comprometido com os segmentos de maior poder político e econômico.
- O telejornal não oculta, engana ou desfoca a realidade.
- O estilo violento e sensacionalista do *Aqui Agora* desperta interesse, pois evita subterfúgios.
- Para muitos telespectadores, a abordagem violenta da reportagem tem função educativa. Ela é um reflexo do que acontece nas ruas e, nesse sentido, orienta o público a lidar com a crescente onda de criminalidade.
- Muitos telespectadores se divertem com os recursos sensacionalistas do telejornal, tornando-o ainda mais atraente. De quebra, serve de atenuante à própria violência revelada pelo conteúdo da reportagem.[55]

A trajetória relativamente curta do programa de telejornalismo *Aqui Agora* foi desproporcional à sua influência na programação televisiva, já que ele ainda serve de inspiração para outros programas atualmente no ar. Apesar das mudanças, o jornalismo sensacionalista e policialesco continua ocupando o horário vespertino da programação televisiva nos dias atuais. A influência de *Aqui Agora* vai desde os programas vespertinos de Sônia Abrão (em *A Casa é Sua* e *A Tarde é Sua*, da Rede TV!, a jornalista alia jornalismo a fofocas de famosos, espetacularizando a violência e o drama), Marcia Goldschmidt (a "psicóloga formada pela vida" e dedicada

54 Martin-Barbero, *Dos meios às mediações*: Comunicação, cultura e hegemonia, p.318-9.

55 Giannini, op.cit., p.99.

aos barracos familiares apresentou vários programas televisivos, dentre eles *Hora da Verdade*, *Jogo da Vida* e *Márcia*, na TV Bandeirantes, capazes de transformar os casos familiares em boletins de ocorrência policiais, onde os "culpados" eram julgados pela apresentadora e seu "júri popular", composto pelo público espectador do auditório e de casa), Luiz Carlos Alborghetti (um dos baluartes do jornalismo-porrada, que especialmente no programa *Cadeia Nacional*, da década de 1990, grunhia, batia com o porrete na mesa, pedia para a polícia deixá-lo empalar os inimigos com o cassetete, atacava os próprios *cameramen*, recebia humildes para distribuir dentaduras, cadeiras de rodas e, não raro, incitava a linchamentos, cunhando vários bordões enquanto esculhambava a bandidagem)[56] e Ratinho (que obteve grande sucesso ao investir no filão popular dos testes de DNA) até os telejornais policialescos, tais como *Linha Direta* (TV Globo, 1990 e 1999-2007), *Cidade Alerta* (TV Record, 1995-2005, 2011-...), *Brasil Urgente* (TV Bandeirantes, 1997-...), dentre outros.

Nesse cenário, a TV Globo ousou também experimentar no telejornalismo policial e criou *Linha Direta*, programa semanal, exibido às quintas-feiras, das 22h50 às 23h50, que aliava jornalismo e dramaturgia para reconstituir casos policiais de crimes ainda sem solução e levar para a cadeia – a partir de denúncias anônimas de telespectadores, encaminhadas às autoridades – os criminosos que ainda se encontravam foragidos da justiça.

Segundo descrito em seu website, *Linha Direta* foi inspirado em programas de sucesso da televisão americana, tais como: *Yesterday, Today and Tomorrow* e *The Unsolved Mysteries*. O idealizador do projeto, o jornalista Hélio Costa, responsável também por apresentar a primeira versão do programa em 1990, pretendia adaptar o conceito dos programas americanos a um formato brasileiro, reconstituindo e dramatizando histórias de crimes famosos, inspirado no gênero "docudrama". Para conseguir

56 Os mais famosos bordões cunhados por Alborghetti foram: "Vagabundo! Cemitério nele! Bico do corvo nele!", "Esse já tá no colo do capeta!" (quando um meliante batia as botas), "Tá com pena dele? Leva para casa! Põe pra dormir em sua cama!", "Não tem que construir mais cadeias. Tem que construir mais cemitérios!". Cf. Braune; Rixa, op. cit., p.298.

criar um clima de suspense e mistério, o programa investia numa interpretação mais corporal dos atores, sem diálogos, com a voz de um narrador masculino contando o caso.[57]

O programa, o primeiro a ser realizado em parceria entre a Central Globo de Jornalismo e a Central Globo de Produção, foi apresentado em sua segunda versão por Marcelo Rezende (1999-2001) e Domingos Meirelles (2001-2007). De acordo com Marcelo Rezende, a proposta do *Linha Direta* era, desde o princípio, condenar a impunidade e retratar os casos policiais com o máximo de verossimilhança, utilizando para isso todo o *know-how* de teledramaturgia da Rede Globo. Para isso, em cada programa eram apresentados dois casos policiais, mostrando a cobertura jornalística na ocasião em que os crimes haviam sido cometidos, o processo de investigação e sua reconstituição baseada em depoimentos. Além de receber as sugestões de casos dos telespectadores, a equipe de reportagem – cerca de 150 profissionais (entre jornalistas, cenógrafos, figurinistas, atores) – viajava o Brasil todo produzindo matérias e buscando pautas.[58]

Uma grande inovação do programa foi ter uma central telefônica disponível 24 horas para receber denúncias de telespectadores, com garantia de sigilo total. A partir de maio de 2000, as denúncias passaram a ser feitas também pela página do programa na internet. Desde a estreia, através das denúncias dos telespectadores repassadas às autoridades, mais de 380 criminosos procurados pela justiça por crimes de assassinato, estupro e sequestro foram encontrados.[59]

Entre os casos abordados pelo programa, alguns tiveram repercussão nacional:

- A morte de Paulo César Farias, tesoureiro da campanha do ex-presidente da República Fernando Collor de Mello, e de sua namorada, Suzana Marcolino.

57 Informações extraídas de: <http://memoriaglobo.globo.com/programas/jornalismo/programas-jornalisticos/linha-direta/formato.htm>. Acesso em: 18 ago. 2016.

58 Idem

59 Idem

Figura 7.5
*Linha Direta* no combate ao crime: o apresentador Marcelo Rezende investiga e reconstitui a cena da morte de PC Farias e de Suzana Marcolino. Cartaz do programa investindo na localização de criminoso foragido
**Fonte:** reprodução

- O assassinato da estudante Ana Carolina da Costa Lino, durante um assalto no Rio de Janeiro.
- O sequestro de Wellington de Camargo, irmão dos cantores Zezé Di Camargo e Luciano.
- A tragédia envolvendo o estudante Márcio Gasparim da Silva, morto numa briga de torcidas no estádio do Pacaembu, em São Paulo.[60]

Segundo ressaltado no website do programa, algumas denúncias resultaram em prisão antes mesmo que o programa fosse ao ar. A exibição dos retratos dos procurados nas chamadas do *Linha Direta* foi o suficiente para que eles fossem localizados. A popularidade do programa era tal que no presídio Aníbal Bruno, em Recife, três bandidos presos graças às denúncias do programa foram apelidados de "Linha Direta 1, 2 e 3". Alguns foragidos se entregaram à justiça ao saberem que seus casos estavam sendo produzidos pelo programa. O objetivo era impedir o programa de ir ao ar, porque eles já estariam presos. Também era uma forma de evitar que os crimes se tornassem conhecidos em todo o Brasil. Exemplos desses casos são: Nelson Carpen, um estelionatário de Santa Catarina; e Omar Souto, pintor de Goiás acusado de abuso sexual de menores de idade. Em ambos os casos, os programas foram exibidos para não incentivar esse tipo de manobra.[61]

Em setembro de 2002, representantes do Centro Brasileiro de Defesa dos Direitos Humanos e de parentes de vítimas de crimes impunes

60 Cf. Maior, op.cit., p.412.

61 Informações sobre *Linha Direta* foram extraídas de: Maior, op. cit., p.412 e <http://linhadireta.globo.com>.

entregaram à TV Globo um abaixo-assinado solicitando a permanência do *Linha Direta* na programação da emissora. No documento, o programa é citado como de utilidade pública e de importância fundamental num país que não dispõe de um cadastro nacional de procurados.[62] No entanto, apesar do pedido público e de seu sucesso de audiência, o programa sairia do ar em 6 de dezembro de 2007.

Apesar de uma possível contribuição dos programas de telejornalismo policial como um serviço de utilidade pública no combate ao crime, o que tem sido visto atualmente são programas preocupados principalmente em utilizar a espetacularização da violência como artifício para aumento de audiência. Segundo Jonas Valente:

> Os chamados programas "policialescos" espetacularizam a violência por meio do reforço da cultura do medo e da cultura da repressão. Neles, multiplica-se, por exemplo, uma visão idealizada de agentes policiais e a defesa do uso da violência praticamente como única alternativa no combate ao crime. Se, por um lado, suspeitos e criminosos condenados são tratados da mesma maneira, ignorando-se o processo penal, a presunção de inocência, o direito de defesa e outras garantias do Estado Democrático de Direito, por outro, agressões aos moradores de favelas e mortes em zonas de conflito entre grupos criminosos e agentes da polícia são entendidas como "efeitos colaterais" da "guerra contra o crime".[63]

Segundo a publicação *Violações de direitos na mídia brasileira* (2015), coordenada por Suzana Varjão, o conjunto de violações de direitos humanos encontrado em tais programas vai muito além. O primeiro volume dessa publicação traz uma relação das principais violações observadas cotidianamente nos conteúdos "policialescos" veiculados em emissoras de rádio e TV:

> 1. Desrespeito à presunção de inocência; 2. Incitação ao crime e à violência; 3. Incitação à desobediência às leis ou às decisões judiciárias; 4. Exposição indevida de pessoa(s); 5. Exposição indevida de família(s); 6. Discurso de ódio e preconceito de raça, cor, etnia, religião, condição socioeconômica, orientação sexual ou

62 Maior, op. cit., p.412.

63 Valente, Casos emblemáticos de violação de direitos. In: Varjão, op. cit., p.13.

procedência nacional; 7. Identificação de adolescentes em conflito com a lei; 8. Violação do direito ao silêncio; 9. Tortura psicológica e tratamento desumano ou degradante.[64]

Ao ler o vasto material reunido nos três volumes da obra, é possível perceber que praticamente todos os principais telejornais policialescos incorreram – várias vezes – em algum desses crimes, gerando casos que ganharam repercussão nacional pela gravidade das violações cometidas e do alcance das mensagens transmitidas.

Na programação televisiva atual há dois telejornais policialescos que podem ser considerados os mais representativos e influentes desse modelo de espetacularização do crime e da violência: *Cidade Alerta* e *Brasil Urgente*.

*Cidade Alerta* é um telejornal policial da TV Record, que entrou em sua terceira fase, voltando a ser exibido no dia 4 de junho de 2012, de segunda a sexta-feira, às 16h45, e aos sábados, às 17h20. Segundo descrição de apresentação do telejornal realizada pela homepage da emissora:

> O jornal carrega muita história. Há tempos fora da grade da TV Record, o programa retorna[65] já consagrado pelos telespectadores, devido ao jeito ágil de passar a informação e com a credibilidade dos profissionais de jornalismo da emissora.
>
> Apresentado atualmente por Marcelo Rezende, com a participação de comandante Hamilton, Percival de Souza e o time de repórteres comandados pelo apresentador, o *Cidade Alerta* leva até você um olhar diferente da notícia habitual.[66]

Desde suas edições anteriores, a TV Record procurava valorizar o aspecto de que se tratava de um telejornal ágil, atual e popular, com qualidade editorial e acabamento técnico de elevado nível, possuindo material policial expressivo, sem perder de vista as referências sociais.

64 Varjão, op. cit., p.8.

65 Em sua primeira fase, o programa foi ao ar de 3 de abril de 1995 até 3 de junho de 2005. Voltou a ser exibido em sua segunda fase no período de 20 de junho de 2011 a 12 de setembro de 2011.

66 Disponível em: <http://noticias.r7.com/cidade-alerta/saiba-mais-sobre-o-programa-cidade-alerta-30072015>.

O telejornal valoriza a interação do apresentador com o público telespectador, dispondo de moderna tecnologia para realizar intervenções ao vivo, no momento das notícias, "sem desvios ou manipulações". Afinal, conforme ressaltava o texto de apresentação do programa em sua primeira fase, "as informações são de nossa responsabilidade, o julgamento, do telespectador".

Atualmente, a *homepage* do programa ressalta a importância e seriedade do apresentador Marcelo Rezende:

> O jornalista Marcelo Rezende tem mais de trinta anos de experiência e é conhecido como um dos maiores jornalistas investigativos do país.
>
> No currículo, uma história guiada pela coragem em tocar em feridas sociais. Do flagrante de abuso policial na Favela Naval, em Diadema (SP), à corrupção no futebol. Da revelação de rotas de tráfico internacional de armas ao inesquecível depoimento de Francisco Assis Pereira, o Maníaco do Parque.
>
> "Esse jornalismo que eu e alguns companheiros fazemos é o jornalismo que revela as mazelas do país."[67]

*Cidade Alerta* e *Brasil Urgente* são programas que rompem com os padrões clássicos do telejornalismo tradicional, baseados principalmente no modelo instituído pelo *Jornal Nacional* (TV Globo, 1969-...).[68] Nesses

67 Disponível em: <http://noticias.r7.com/cidade-alerta/conheca-marcelo-rezende-apresentador-do-cidade-alerta-29022016>.

68 No *Jornal Nacional* (JN), os apresentadores ficam sentados atrás de uma bancada de onde, seguindo um roteiro predeterminado, informam as notícias do dia e apresentam as reportagens, sempre numa linguagem culta, objetiva e neutra, sem tecer comentários sobre os assuntos tratados. Com duração entre trinta e sessenta minutos, o JN apresenta em média 22 reportagens por edição, sendo que cada uma delas dura de quinze a trinta segundos. As mais importantes costumam ser um pouco mais longas. Há ainda uma preocupação em passar uma imagem de sobriedade e seriedade dos apresentadores, que pode ser vista desde o uso de roupas sociais e de tons neutros até a discrição nas expressões faciais, contenção nas movimentações gestuais e olhares que passam uma sensação de confiança. Ou seja, tudo é planejado para estar de acordo com o padrão Globo de qualidade. No entanto, em virtude da queda de audiência, o JN está tendo de incorporar um ritmo mais dinâmico, atraente e amigável, inclusive passando a se utilizar de alguns elementos presentes nos telejornais policialescos, como por exemplo quando, no dia 27 de abril de 2015, o telejornal ganhou um novo cenário, mais informal, podendo

Figura 7.6
Marcelo Rezende no comando do programa *Cidade Alerta*
Fonte: reprodução

dois programas, segundo descreve analiticamente Jaime Carlos Patias, não há um roteiro predeterminado, as notícias são apresentadas com entradas ao vivo ou com reportagens gravadas, em geral dedicando mais tempo para as reportagens. Dentro do estúdio, num cenário geralmente moderno e formado por vários monitores de TV, o apresentador exibe as notícias de forma mais ágil e dinâmica, emitindo suas opiniões e aumentando o efeito dramático e sensacionalista das matérias. Como um homem-espetáculo, o apresentador noticia o telejornal de pé, e não mais sentado, acompanhando, junto com o espectador, a exibição das reportagens, chegando a interrompê-las para se comunicar pelo ponto eletrônico com a direção técnica do programa, seja para dar ordens ou para reclamar de algo que considera não estar sendo bem realizado pela equipe do programa. O apresentador mostra total liberdade em não precisar conter suas reações, gesticulando bastante com as mãos, abusando de expressões faciais, assim como se utilizando de uma linguagem coloquial, repleta de gírias e palavrões. Durante o programa, apresentadores como Marcelo Rezende e José Luiz Datena não se controlam quando veem, em *close-up*, os rostos dos criminosos na tela, proferindo seus julgamentos morais em meio a uma série de xingamentos que, comumente, taxam os bandidos de "vagabundo", "safado", "sem-vergonha", "escória da sociedade". Em meio a tudo isso, os apresentadores encontram tempo para divulgar os produtos e serviços oferecidos pelos patrocinadores, fazer sorteios e mandar recados aos telespectadores.[69]

---

os apresentadores, a partir de então, andar pelo cenário e interagir com os repórteres através de um telão, chegando até a se permitir um tom de conversa mais coloquial e extrovertido.

69 Patias, *O Espetáculo da violência no telejornal sensacionalista:* uma análise do *Brasil Urgente*, p.47-8.

Um exemplo de vários elementos constitutivos do modelo "policialesco" pode ser observado nos seguintes extratos da matéria jornalística "Sem piedade, os assassinos da dentista", apresentada no programa *Cidade Alerta*, exibido em 26 de abril de 2013, sob o comando do âncora Marcelo Rezende:

> Narrativas T11 (extrato 1): [Âncora]: "Olha esses aqui. Bota a cara ali" [imagem de três rapazes, de cabeça baixa, enfileirados num muro com emblema da Polícia Militar. Seus rostos estão à mostra. Mais à frente, outro rapaz, de perfil, cabeça baixa, mãos atrás das costas]. "Repara! É tudo classe média. O mais velho tem 21 anos. Você diz assim: 'Começaram no crime agora'... Começaram no crime agora ova nenhuma! Foram presos, droga, munição, armamento... E armamento daqueles! Correto? Entre três e mais dois. Os dois não estão aqui...'Tão' aqui no fundinho, ó... Bota lá o de vermelhinho... Ó lá... E tem outro no canto" [âncora aponta os adolescentes que estão tendo a identidade preservada]. "Sabe por que que é? Porque são menores de idade... Não pode mostrar o rosto. Se a gente tivesse mostrado o rosto daquele que tocou fogo na dentista, quantas mais pessoas poderiam identificá-lo por outros crimes? Esses aqui 'tão' envolvidos de roubo a banco a postos de gasolina. Sempre com violência! A pergunta que eu te faço é quanto tempo vai ficar na cadeia? Os de menor? Que cadeia...".[70]
>
> Narrativas T11 (extrato 4): [Âncora]: [TV, no fundo do estúdio, exibe imagem de suspeitos de matar o idoso, enfileirados numa parede]. "Ele tirou a vida da família! Exatamente isso. Eu não sei se eu já voltei com a corda toda, mas eu vou perguntar pro Percival, que passou esse tempo todo passeando pela Europa... mas eu vou perguntar pra ele o seguinte: Eu tô errado, Percival? 'Num' chegou um momento? Um momento definitivo de pegar esses tais menor e botar também numa pena de morte? Botar na cadeia... acabar com essa conversa fiada de menor de idade que o Brasil 'num' aguenta mais?"[71]
>
> Narrativas T11 (extrato 5): [Âncora]: "Mas pra se impor a pena de morte no Brasil, tem que ter uma questão do meu ponto de vista central. Qual é? Ter pena de morte também pro Congresso Nacional! Ter julgamento e cadeia. Não podemos nós pegarmos só o menor de idade que mata e que aí... 'cabô' esse negócio de menor de idade e tem pena de morte e bota na cadeia... Ok. Vai julgado, é

70 Varjão, op. cit., p.54.

71 Ibidem, p.111.

pena de morte... Ok. Mas vem cá... e esse monte de político que todo mês mete a mão no nosso bolso? E esse Congresso Nacional que custa, a mim e a você, por ano, 9 bilhões de reais? A pergunta é: são menos de seiscentos homens lá... Se fechar aquela joça lá, correto? [...].[72]

Narrativas T11 (extrato 6) [Âncora]: "Não tem... não tem... Pode deixar aqui a imagem do Hamilton. E 'num' tem esse negócio de Comissão de Direitos Humanos... Ok. Eu pergunto pra você... eu pergunto: naquele caso, em que o estudante foi morto na porta de casa pelo tal menor de idade, que no dia seguinte completaria 18 anos, você viu alguma Comissão de Direitos Humanos na casa da vítima? Não! Agora, nesse caso... Eu ainda tenho Douglas na linha? Se eu tiver o Douglas... Tenho o Douglas... Eu duvido! Eu duvido que tenha ido alguma Comissão de Direitos Humanos na casa da dentista pra apoiar... Quer ver? O Douglas vai dizer não... Mas eu vou falar só pro Douglas. Douglas, teve alguma Comissão de Direitos Humanos que foi visitar os pais da menina?".

[Repórter 3]: "Marcelo, não foram visitar e nem se ouviu falar sobre Direitos Humanos por quê? Porque no caso é... bandidos, né? Menor de idade que ateia fogo numa pessoa de bem...".

[Âncora]: "Você vê... os pais foram ao Conselho Regional de Odontologia pagar a mensalidade da filha que já foi enterrada, pra que ela pudesse não ter o nome sujo. É óbvio que 'num' caiu a ficha do casal. Mas, fundamentalmente... fundamentalmente, foi o que eu perguntei 'pro' Douglas... Foi alguma Comissão de Direitos Humanos? Não! Agora eu digo o seguinte... se eu disser aqui com todas as letras que quem toca fogo em alguém dessa maneira, por nada, deveria morrer da 'merma' forma... Desaba o mundo! Eu sou fascista, eu sou tudo de mal! Tudo de mal! Mas a pergunta é: Nós... quanto tempo mais nós vamos ser o alvo? Quanto tempo mais eu, você, pagamos pra sustentar 'ene' comissões de direitos humanos... Algumas muito sérias... Mas a maioria apenas pra encher o bolso!".[73]

Narrativas T11 (extrato 7) [Âncora]: "Eu falo aqui todo dia! E os repórter não conseguem entender que eu e você, nós dois, já não suportamos mais essa hipocrisia de dizer 'os menores foram apreendidos'... Eles são criminosos! E foram presos! É assim que se fala, correto? Dá o nome certo. O que a lei diz lá é problema da lei! Porque a lei no Brasil não funciona... Não bota o criminoso na cadeia...".[74]

72 Ibidem, p.112.
73 Ibidem, p.113.
74 Ibidem, p.114.

O discurso do âncora do programa *Cidade Alerta* é virulento e odioso, atacando não apenas o crime e os criminosos, mas também a impunidade no Brasil. A crítica principal é a considerada impunidade para menores que cometem crime. Através de um discurso que procura defender a população indefesa e vítima da violência e da criminalidade, Marcelo Rezende propõe a instauração da pena de morte no país, que deveria eliminar da sociedade não apenas os menores criminosos, mas também os políticos corruptos de Brasília. Os profissionais da Comissão de Direitos Humanos estão também na mira do apresentador, que os considera defensores de bandidos. Ao final do discurso, Marcelo Rezende reforça a noção de que a lei não funciona no Brasil, sendo ineficaz para colocar os bandidos e criminosos na cadeia, justificando o clima de medo e de pânico existente na sociedade brasileira.

Por sua vez, há dezenove anos no ar, *Brasil Urgente*, comandado por José Luiz Datena, tornou-se o mais antigo e duradouro programa de telejornalismo sensacionalista ainda em exibição na televisão brasileira. Sua estreia na programação da TV Bandeirantes ocorreu em 17 de fevereiro de 1997, sendo exibido de segunda a sábado, às 16h15. Atualmente, o programa e seu apresentador, tidos como referências desse tipo de telejornalismo, enfrentam polêmicas, elogios e muitas críticas.

A figura do jornalista José Luiz Datena tornou-se, inclusive, muito mais importante que o próprio telejornal que comanda. Um exemplo disso é que na homepage da TV Bandeirantes não há uma descrição sobre o programa *Brasil Urgente*, pois em seu lugar a emissora preferiu valorizar a apresentação do perfil biográfico de seu influente apresentador:

> Quando ele aparece na tela da TV, é impossível ficar indiferente ao seu estilo único e à força com que sua voz passa a mensagem aos telespectadores. Paulista de Ribeirão Preto, José Luiz Datena tem uma longa carreira nos meios de comunicação e é considerado um dos mais importantes e influentes apresentadores do Brasil.
>
> Datena começou sua trajetória no rádio, ainda em sua cidade natal. Fã de esportes, o comunicador lapidou seu talento para o jornalismo como repórter e narrador esportivo. Sua aptidão excepcional garantiu passagem pelas principais

> emissoras de televisão do Brasil e a conquista do prêmio Vladimir Herzog, um dos mais conceituados do jornalismo nacional.
>
> Sempre com um estilo polêmico, sem papas na língua, o apresentador também é conhecido pelos bordões que cria, entre eles os clássicos "Essa é a grande realidade!", "Me dá imagens" e "Me ajuda aí, ô!". Por falar em criatividade, foi ele quem começou, nos anos 90, a usar a abreviação Band para falar da emissora até então chamada Bandeirantes. Atualmente, Datena apresenta na Band o programa jornalístico *Brasil Urgente*.[75]

*Brasil Urgente* possui uma linha editorial popularesca e sensacionalista, adotando um estilo novelesco e melodramático de narração das notícias e das imagens exibidas pelas inúmeras coberturas de tragédias e reportagens sobre crimes hediondos e bizarros realizadas ao vivo, principalmente de São Paulo, Rio de Janeiro, Belo Horizonte, Salvador, Recife, Porto Alegre, Curitiba e Brasília, através da utilização dos recursos de imagem e linguagem característicos do mundo do espetáculo, apresentando um formato que adota a instantaneidade do rádio, o plano-sequência do cinema, a teatralidade e a linguagem televisiva. Utilizando-se de helicópteros, motolinks e repórteres nas ruas, o programa apresenta os fatos em tempo real, com riqueza de detalhes e forte apelo emocional, visando prender a atenção do público telespectador, que consome avidamente essas notícias e os produtos que aparecem nos merchandisings exibidos ao longo das reportagens. Ao mesmo tempo, criticando ferozmente a ineficiência do sistema judiciário e do Estado na resolução de crises, o programa *Brasil Urgente* – assim como *Cidade Alerta* – surge como um mecanismo alternativo para lutar contra a impunidade dos bandidos e assassinos, assim como para restaurar a ordem e a segurança públicas.[76]

Segundo destaca ainda Jaime Carlos Patias, a própria escolha do nome do programa – *Brasil Urgente* – reforça a ideia de uma reação firme e pontual diante de tantos crimes mostrados, que parece ser justamente o que o país não tem. Falta autoridade, segurança, justiça, vigilância...

75 Disponível em: <http://noticias.band.uol.com.br/brasilurgente/datena.asp>.

76 Patias, op.cit.

esse cenário caótico nacional demanda que algo precisa ser feito imediatamente. O título incorpora também a indicação da necessidade de o povo brasileiro exigir, reclamar, clamar, insistir, instar e impelir, enfim, demandar uma resposta URGENTE das autoridades brasileiras. Essa ideia motriz do programa é reforçada pela vinheta, puxada pelo helicóptero da Rede Bandeirantes, que, equipado com câmaras de longo alcance, está de olho na cidade para captar e mostrar os fatos em tempo real. Além de usar dois helicópteros, o programa é auxiliado por motolinks que, com repórteres em pontos estratégicos nas ruas, trazem a imagem do solo, ao vivo, dos acontecimentos mais urgentes da capital. Esse cenário dá a impressão de que nada escapa ao telejornal e a notícia é vista de todos os ângulos e com tecnologia de ponta. Assistindo ao *Brasil Urgente*, o telespectador ficará informado de tudo o que acontece.[77]

A interação de Datena com o público telespectador é, ainda segundo Patias, outra característica forte do programa, que usa todos os recursos para ouvir a população: "pesquisas" e enquetes na rua, telefone, e-mail ou o tradicional correio. Contando com o talento performático de Datena, o telejornal *Brasil Urgente* conquista a fidelidade do público através de artifícios muito similares aos empregados pelo universo ficcional das narrativas cinematográficas e de teledramaturgia. Temos a narração, como no rádio, para as imagens que vemos ao mesmo tempo no vídeo. Dramas vividos pela população invadem a sala do telespectador. O espetáculo toma o lugar do telejornalismo iluminista, seco e anacrônico, tornando-se bem mais atraente. Mais que informar, o telejornal sensacionalista assume a função de entreter, fazendo da notícia um show espetacular e ao mesmo tempo cínico, chegando por vezes a enaltecer a própria violência que deseja combater.[78]

Um exemplo disso pode ser observado nesta fala proferida por Datena durante a reportagem "Ladrão é agredido e tem o corpo queimado", exibida em 21 de fevereiro de 2014:

77 Patias, op. cit., p.58-9.

78 Ibidem, p.57-8.

Figura 7.7
Datena comanda o *Brasil Urgente*: sensacionalismo e interação com o público
**Fonte:** reprodução

Trecho 1 da narrativa. [Apresentador comenta casos de linchamentos]: "... O bandido menor vem, mata alguém e vai lá para a Fundação Casa, daí três meses está na rua. A lei tem que funcionar em relação a prender alguém e a julgar alguém... aliás, só fazem lei pra favorecer bandido...";

Trecho 2. [Apresentador]: " ... é por isso que a sociedade, cada vez mais vendo que não existe lei para ela, começa a ter essas reações... se não melhorarem as leis, eu falo até cansar, se não melhorar as leis o povo vai fazer justiça com as próprias mãos";

Trecho 3. [Apresentador]: "Tá bom, o bandido tem que ser protegido pela lei e o cidadão brasileiro não tem que ser? [...]. Por isso a gente vê esses casos bárbaros aí...".[79]

Assim como Marcelo Rezende, os bordões utilizados pelo apresentador Datena também criticam a ineficácia das leis brasileiras, que, segundo o apresentador, acabam protegendo apenas os criminosos. Além de argumentos equivocados, estereotipados e sensacionalistas, os discursos dos apresentadores dos telejornais policialescos acabam criando uma ideia de que quem defende a população são as pessoas que agem com truculência, violência e arbitrariedade. E isso significa também que não se crê no sistema de justiça para responsabilizar as pessoas que cometeram algum delito ou crime. É passada a ideia de que elas vão ser soltas, que não vão cumprir a pena, e que a pena nunca será adequada.

Em 27 de julho de 2010, Datena profere outro discurso polêmico e acaba incitando o ódio contra os ateus, ao afirmar:

Trecho 1 da narrativa. [Contexto: âncora faz enquete para saber quem acredita em Deus].

[Âncora]: "...ateu eu não quero assistindo meu programa. Ah, mas você não é democrático. Nesta questão eu não sou não, porque o sujeito que é ateu, na

79 Varjão, op. cit., p.48-9.

> minha modesta opinião, não tem limites, é por isso que a gente tem esses crimes aí...";
>
> Trecho 2. [Âncora]: "... isso é o exemplo típico do sujeito que não acredita em Deus. Matou o menino de 2 anos de idade, tentou fuzilar três ou quatro pessoas...";
>
> Trecho 3. [Âncora]: "... tem quase mil ateus ali, quase mil ateus. Isso é provado que tem bandido votando até de dentro da cadeia...".[80]

Nessa fala preconceituosa e que incita ao ódio, Datena ofende os ateus, creditando a esse grupamento o cometimento de crimes. Ou seja, o apresentador faz uma associação direta entre ateus e criminosos. Segundo relato do *Guia de monitoramento das violações de direito na mídia brasileira*, somente cinco anos depois de cometida a infração, a TV Bandeirantes foi definitivamente condenada a veicular uma campanha educativa sobre a diversidade de crenças no Brasil, reafirmando o caráter laico do Estado brasileiro, estando seus cidadãos livres para seguir – ou não – qualquer prática religiosa. No entanto, conclui que, além da morosidade dos processos, a responsabilização pelas infrações cometidas nos "policialescos" é rara, em função de diferentes obstáculos – dos estruturais (traduzidos na ausência de fiscalização do setor, por exemplo) aos ferramentais (como os valores das multas, considerados insignificantes diante do lucro auferido com a exibição dos "shows de horrores").[81]

Vimos, assim, que a questão do crime no Brasil é permeada por embates político-ideológicos que tiveram – e ainda têm – o espaço televisivo como palco. Formador de opinião, o veículo seleciona os casos que estarão ao alcance do público geral, assim como dá voz e corpo a premissas morais que escapam ao âmbito do direito público e civil brasileiro, formatando – nem sempre de forma direta – as perspectivas sobre diversas temáticas que envolvem o crime, metamorfoseando sua fisionomia no curso da história brasileira.

---

80 Varjão, op. cit., p.61.

81 Ibidem, p.61.

8

# "Mataram um estudante. Podia ser um filho seu": a morte do estudante secundarista Edson Luís em 1968

*Angélica Müller*

> O tiro partiu da direita. Desta vez os soldados do pelotão de choque da Polícia Militar da Guanabara responderam com fogo às pedras e vaias dos secundaristas. Em frente ao restaurante estudantil Calabouço caiu morto o jovem Edson Luís Lima Souto, aluno do curso de madureza, que viera de Belém do Pará para tentar faculdade no Rio de Janeiro. Segundo testemunhas, o estudante tentou correr, mas seus joelhos se dobraram, no rosto um olhar mais de espanto que de dor. A bala veio da direita, da entrada da galeria que dava para uma transversal da Avenida General Justo, perto do centro da ex-capital do país. O rapaz foi atingido no peito [...] O crime ocorreu ao final da tarde. Mais precisamente, às 18h20 do dia 28 de março. Corria o ano de 1968.[1]

O ano de 1968 já prometia ser repleto de manifestações alavancadas principalmente pelo movimento estudantil (ME) que, desde a implantação do golpe civil militar, em 1964, foi o principal ator na resistência contra o regime em vigor. Logo depois do golpe, a sede da União Nacional dos Estudantes (UNE), localizada na Praia do Flamengo,

1 Martins Filho, *A rebelião estudantil*: México, França, Brasil 1968, p.11.

n.132, na cidade do Rio de Janeiro, foi incendiada e a entidade foi colocada na ilegalidade. Entretanto, os estudantes trataram de se reorganizar como movimento mesmo sem sua sede histórica adquirida durante o Estado Novo. Foi assim que o restaurante estudantil Calabouço (local que outrora abrigara uma prisão), que também sediava a União Metropolitana de Estudantes (UME), passou a ser o foco de concentrações e manifestações estudantis. Elinor Brito, presidente da Frente Unida dos Estudantes do Calabouço (FUEC) em 1968, recorda o início das manifestações que ocorreram ainda no ano de 1965:

> Queríamos a melhoria da comida servida. Passamos na época o filme *O encouraçado Potemkin* e aquela revolta dos marinheiros contra a comida podre nos impressionou muito. Um dia, quando nos serviram peixe podre, não aguentamos e começamos, em sinal de protesto, a empilhar as bandejas, rejeitando a comida. Chamaram a polícia para conter o protesto e a recebemos com projéteis improvisados: pedaços de peixe podre. A polícia teve que recuar horrorizada. Foi um sucesso.

Mesmo com a constante vigilância dos órgãos de informação como o DOPS (Departamento de Ordem Política e Social), os estudantes protestavam, entre outras bandeiras, pela melhoria na qualidade da comida, contra o aumento de seu preço, contra a instalação física adversa do restaurante citado. Bernardo Joffily, vice-presidente da União Brasileira de Estudantes Secundaristas (UBES) naquele ano, relembra o cotidiano do Calabouço:

> Ficava todo mundo comendo – não eram 10 mil ao mesmo tempo, mas eram milhares de estudantes naquele galpão enorme – e, de repente, um estudante subia na cadeira e dizia: "Companheiros, acabo de descobrir uma barata aqui na sopa, no meu feijão, na minha bandeja". E aí todo mundo batia com os garfos. Já era combinado, todo mundo já sabia, não precisava ninguém explicar. Todos batiam com os garfos nas bandejas, faziam aquela barulhada imensa em protesto contra a barata descoberta. E havia a luta para defender o restaurante, que era mais séria.

No início do ano de 1968, várias manifestações aconteceram. Em 28 de março, mais uma estava programada, organizada pela FUEC e, dessa vez, a polícia invadiu o restaurante e acabou matando um estudante: Edson Luís, a primeira grande vítima do regime ditatorial, como lembra Vladimir Palmeira: "Uma primeira vítima mortal. Nós já tínhamos dito que um dia ia morrer estudante, sabíamos que ia morrer. Havia uma fronteira da polícia, e até onde ela chegaria? Um dia chegaria isso. Foi um clima de grande indignação".

Com receio de que a polícia sumisse com o corpo, os próprios estudantes o levaram para a Santa Casa, na Rua da Misericórdia. Ali, o médico Luís Carlos Sá Fortes Pinheiro anunciou que o estudante estava morto. Seus colegas, em seguida, levaram-no para o saguão da Assembleia Legislativa, local anteriormente previsto para o término da manifestação. E de lá o corpo só saiu para ser enterrado. Até mesmo a autópsia, que deveria ser realizada no Instituto Médico Legal, foi feita na Assembleia pelos peritos e na presença do secretário estadual de Saúde. Como afirmou a socióloga Maria Ribeiro Valle, a "batalha" pelo corpo do estudante pareceu até mesmo antecipar a prática da ditadura, que nos anos posteriores se tornou comum, de dar sumiço aos corpos de suas vítimas.[2]

Os estudantes organizaram um "Comando Informal do Calabouço" constituído de suas entidades representativas, parlamentares e intelectuais/artistas. Segundo a lembrança de Vladimir Palmeira, entre os nomes escolhidos estavam José Américo Pessanha – professor da Faculdade Nacional de Filosofia, pelos professores; Hélio Pellegrino, psicanalista e escritor, representando os intelectuais; e o ex-senador Marcelo Allencar (que teve seus direitos cassados em 1969), pelos políticos.

É interessante observar que o ME teve ciência do potencial que uma morte possuía para servir de arma contra o regime. Os estudantes ali presentes apoderaram-se do corpo do colega secundarista cientes de que, mais que a prova cabal do crime, ele se tornaria um símbolo da luta travada. A utilização da "Casa do Povo" e dos símbolos nacionais ajudaram na criação de um funeral digno de herói nacional. Tanto assim que se organizaram para divulgar amplamente a morte de Edson Luís, como

2 Valle, *1968:* o diálogo é a violência, p.69.

recorda Jean Marc von der Weid, presidente do Centro Acadêmico da Química da Universidade do Brasil naquele ano:

> Mas a reação à morte do Edson Luís foi de uma amplitude, de uma radicalidade que ninguém imaginava, mesmo os que achavam que o ano seria de mobilizações. Mas rapidamente a gente percebeu o potencial de mobilização para além da universidade – até porque o Edson Luís não era universitário, mas secundarista, comensal do restaurante do Calabouço. Ele era um menino que estudava à noite e trabalhava durante o dia [...]. A mobilização que se fez em torno disso, se fez dirigida para a classe média da Zona Sul. Fui eu que inventei a fórmula de parar os espetáculos em todos os teatros da Zona Sul para fazer a denúncia do assassinato do Edson Luís. Parei pessoalmente seis teatros e alguns cinemas. No começo, fazíamos com certa hesitação, mas depois fomos adquirindo confiança e as pessoas aderiam.

A assertiva se confirma com a reportagem publicada pelo jornal *Diário de Notícias* do dia seguinte, que dizia que

> [...] alguns teatros do Centro e da Zona Sul, que estavam funcionando quando se verificou o atrito entre a PM e os estudantes, suspenderam os espetáculos em sinal de solidariedade – e o público, ao ser inteirado do motivo, aplaudiu de pé.

Fato é que milhares de pessoas compareceram ao velório de Edson Luís, e o suplício da exposição de seu corpo acabou por tornar-se um ritual não somente religioso, como também político. Toda morte em si apresenta um fator religioso evocado pela sensibilidade espiritual que o acontecimento provoca. Nesse sentido, o ritual de passagem organizado pelos estudantes, mostrando o corpo ferido e a camiseta manchada de sangue, se aproximou da própria representação do suplício de Cristo. E, como nesta, não deixou de ser um ritual de preparação da morte e de reinserção social, nesse caso através da memória que se criou do evento.

A bandeira nacional enrolada no caixão, o corpo sobre o caixão e vários cartazes mostravam a verdade do crime: o Estado praticava violência contra estudantes. Esses acessórios carregados de simbologia ligados à exposição do corpo do secundarista foram instrumentos de uma retórica utilizada pelos estudantes para convencer a sociedade da culpabilidade do Estado, tornando assim legítima a ação estudantil.

**Na Assembléia, o velório logo se transformou em manifestação política**

O secretário de Finanças da Guanabara, Sr. Márcio Alves, terminava a sua exposição para o plenário da Assembléia Legislativa quando o Deputado Alberto Rajão entrou, anunciando aos gritos a morte do rapaz. Naquele momento os estudantes chegavam com o corpo de Édson Luís, carregando também o seu colega Benedito Frazão, ferido, que sangrava muito e estava desacordado. O garôto abriu os olhos — "não me batam, por favor" — e foi levado para o Hospital Sousa Aguiar, enquanto Édson Luís ficava estendido numa mesa, sem a camisa, que era exibida, tôda manchada de sangue, pelos oradores. Em poucos minutos surgiam velas e os primeiros cartazes. Só de madrugada, depois de processada a autópsia, foi possível armar o catafalco. A multidão aumentava a cada momento.

Figura 8.1
Reportagem sobre a morte do estudante Edson Luís, publicada na revista Manchete, em 20 de abril de 1968

**Fonte:** reprodução

Quando soube do acontecimento do Calabouço, o governador do Rio de Janeiro, Negrão de Lima, demitiu o general Oswaldo Niemeyer Lisboa do cargo de superintendente da Polícia Executiva, como primeiro passo visando a abertura de um inquérito para apurar os responsáveis pela morte. Ainda, o governador decretou luto oficial e todas as escolas públicas tiveram suas aulas suspensas. O ministro da Educação e Cultura (MEC), Tarso Dutra, não quis se manifestar sobre o incidente, nem seus assessores tiveram ordem para tanto. Em notas posteriores ao evento, Tarso Dutra alegou que o Restaurante Calabouço não pertencia ao MEC e sim à Companhia Brasileira de Alimentação (Cobal) e que, portanto, o incidente ocorrido não era de alçada daquele ministério. Declarou, ainda, em nota publicado no *Correio da Manhã* de 31 de março:

> Estudante, para o MEC, é o aluno de classe, dentro da universidade, diante do professor. Suas atividades de rua, relacionada com o exercício dos direitos civis, ficam situadas na área do trabalho da polícia do estado, pois nenhum

Ministério da República, e muito menos o da Educação e Cultura, tem atribuições políticas ou de controle da ordem pública.

Ainda na noite do dia 28, por volta das 22 horas, como noticiou *O Jornal* do dia seguinte, o general José Horácio da Cunha Garcia, comandante do I Exército, decretou prontidão em todas as guarnições da Guanabara. O clima tenso e ao mesmo tempo emotivo possibilitou a reunião de muitos estudantes, intelectuais e sindicalistas que passaram a noite velando o corpo de Edson Luís no Palácio Pedro Ernesto enquanto deputados, tanto da situação como da oposição, discursavam condenando as autoridades policiais pela morte do estudante.

Para Vladimir Palmeira, os momentos mais bonitos do velório de Edson Luís foram no dia seguinte, quando chegaram os alunos dos colégios de padres e de freiras. Segundo Palmeira:

> Lançaram aquela palavra de ordem "Podia ser um filho seu", que foi uma palavra de ordem notável, que também não foi uma liderança que criou. Aquilo foi uma criação coletiva, alguém fez. Fizeram uma faixa, o pessoal gritava, foi criando aquele tom.

Uma multidão se aglomerou na Cinelândia. Faixas e cartazes foram erguidos em todos os cantos: "Abaixo a ditadura fascista", "Brasil, seus filhos morrem por você", "Assassinaram um estudante". Estudantes e sindicalistas discursaram, como recorda Bernardo Joffily:

> O corpo guardado no saguão, na porta da Assembleia. A escadaria se transformou num palanque. As pessoas chegando, as escolas e faculdades fechando espontaneamente, e toda aquela massa de gente indo para a Cinelândia se somar ao velório. O William, que era o presidente da Ames (Associação Metropolitana de Estudantes Secundaristas), me disse para assumir, para começar a falar, porque ele estava rouco, tinha falado a noite inteira para a multidão, que não parava de crescer. [...] Eu nunca tinha falado para mil pessoas, quanto mais para 30 mil. Mas, ali, procurei fazer o que podia. Na verdade, foi uma manifestação que começou imediatamente depois do assassinato. [...] O fato é que a Cinelândia se encheu.

Figura 8.2
Manifestação durante o cortejo do caixão do estudante Edson Luís

**Fonte:** acervo Arquivo Nacional

## Do cortejo à missa de sétimo dia

O caixão deixou o recinto da Assembleia Legislativa no meio da tarde e seguiu por várias ruas da cidade, onde ocorreram alguns incidentes sem muita gravidade. Com estudantes revezando-se na condução da urna mortuária, o cortejo fúnebre tomou a Avenida Beira-Mar, seguindo, depois, pela Praia do Flamengo, onde, em frente ao prédio da UNE, um grupo de estudantes queimou uma bandeira americana e o presidente da UME, Vladimir Palmeira, e o presidente da FUEC, Elinor Brito, discursaram.

Segundo Bernardo Joffily:

> O enterro começou a sair de tardinha, e o corpo foi sepultado no Cemitério São João Batista, em Botafogo. Uma distância razoável. Foi uma passeata de 50 mil pessoas, que foi se enchendo, foi aumentando à medida que passava pela Praia do Flamengo. Lembro que a gente parou em frente ao prédio da UNE para fazer uma reverência. O prédio da UNE, que tinha sido fechado pela ditadura e não estava funcionando. Foi um dos momentos mais emocionantes. Lembro também que já estava escurecendo e algum dono de mercearia teve a ideia de doar todo o estoque de velas que ele tinha. Então, ficou uma coisa emocionante,

bonita, aquela procissão imensa, o crepúsculo e tudo, milhares de velas acesas pelo meio do caminho. Fomos até o cemitério, sepultamos o Edson Luís.

Na Praia de Botafogo, utilizando-se de pedras, os participantes do cortejo fúnebre quebraram lâmpadas dos postes. Conforme o relato do jornal *O Dia* (30 de março), na altura da Rua da Passagem os estudantes pediram a dois guardas que tirassem o quepe à passagem do corpo. Os policiais se recusaram e os estudantes jogaram seus quepes longe, o que quase originou um novo conflito. O grande número de acompanhantes atrasou o enterro, já que o caixão teve de permanecer por mais de uma hora à porta do cemitério, aguardando que a massa humana fosse retirada da frente. Os gritos e palavras de ordem se sucediam. Dezenas de coroas enviadas pelos diretórios estudantis e depositadas perto da gaveta 602, na quadra 14, local onde Edson foi enterrado.

Para Jean Marc, a manifestação no enterro do estudante foi absolutamente monumental:

> Há quem fale de 100 mil na manifestação posterior. Certamente não havia 100 mil. Mas no enterro, sim. Foi uma imensa manifestação, com um itinerário enorme, do centro da cidade até o Cemitério São João Batista, com muita mobilização de gente. Foi um marco.

Marco este somente comparável à mobilização popular no enterro do presidente Getúlio Vargas. Cabe ressaltar que a procissão e o enterro de Edson Luís foram a maior mobilização popular após o golpe de 1964, representando, segundo os estudantes, não somente a revolta contra o estudante assassinado, como também contra a própria ditadura, como noticiou o jornal da União Metropolitana de Estudantes, *O Metropolitano*:

> Aquele povo todo, operários, artistas, estudantes, funcionários públicos, mães e representantes de diversas classes estava ali motivado pelo crime da ditadura. Isso foi, possivelmente, a causa condicionante. Mas não se pode negar que todos estavam ali trazendo a sua revolta contida durante aqueles anos, trazendo para fora de si as contradições que apresentam com o sistema vigente, injusto.[3]

---

3 *O Metropolitano*, n.7, p.6 apud Valle, op. cit., p.49

A notícia da morte do secundarista se espalhou rapidamente para os outros estados ainda na própria noite do dia 28. Durante a semana que se seguiu, várias manifestações ocorreram em todas as partes do país. Segundo recorda o presidente da UNE à época, Luís Raul Machado:

> Lembro dos jornais de São Paulo com letras garrafais e a foto de Edson morto, com a bandeira do Calabouço e uma bandeja de alumínio com comidas aos pés. O movimento estudantil fervia em todo país. Durante uma semana – incluindo a data do quarto aniversário da ditadura militar –, os estudantes ganharam as ruas e foram violentamente reprimidos. Em Goiás, a polícia abriu fogo contra os estudantes que se protegiam na Catedral de Goiânia, ferindo três. Grandes passeatas em Belo Horizonte, em São Paulo, no Nordeste.

O caso das manifestações em Goiás, na verdade, teve um final trágico. No dia 1º de abril, os estudantes realizaram uma manifestação em repúdio à morte de Edson Luís e, dessa vez, os militares mataram um estudante à queima-roupa. Tratava-se de Orvelino Cândido da Silva, que foi morto por ser parecido com um militante estudantil que estava sendo procurado: Euler Vieira. O jornal *O Social* da época publicou uma reportagem dizendo que Orvelino era um transeunte alheio ao movimento estudantil que estava nas imediações quando, deliberadamente, um sargento da Polícia Militar sacou seu revólver e puxou o gatilho. Entretanto, investigações posteriores feitas pela Comissão Especial de Mortos e Desaparecidos Políticos (2007) apontam que o estudante, na noite anterior à sua morte, confeccionou cartazes e convidou amigos para participarem da manifestação.[4]

Olga D'Arc Pimentel era então presidente do Grêmio do Instituto de Educação de Goiânia e lembra do evento:

> O enterro desse menino foi surrealista. Levaram um caixão vazio para a casa da família, na tentativa de evitar manifestação, e levaram o corpo direto do Instituto Médico Legal para o cemitério. Percebemos a grande sacanagem e fomos, assim mesmo, em passeata até o cemitério. No cemitério, algumas lideranças

4 Secretaria Especial dos Direitos Humanos, *Direito à memória e à verdade:* história de meninos e meninas marcados pela ditadura, p.55.

> nem puderam entrar tamanho era o cerco policial, e os que entraram nem puderam assistir ao enterro-relâmpago porque a Polícia Federal, de arma em punho, saiu correndo e atirando atrás da gente.

Em Brasília, no dia do enterro, a tropa de choque atuou com veemência para reprimir as manifestações. Até mesmo o deputado federal do Movimento Democrático Brasileiro (MDB – o partido dito de oposição, consentido pelo regime), Mário Covas, foi agredido por policiais e levou jato d'água juntamente com estudantes que participavam de um protesto. Conforme o jornal *Correio da Manhã*, a Câmara dos Deputados teve uma sessão tumultuada que redundou em mais de seis horas de debates impulsionados pelos discursos de vinte deputados oposicionistas. Dentre os inúmeros estudantes presos na capital federal estava o filho do então deputado Nunes Leal e sobrinho do Ministro do Supremo Tribunal Federal Victor Nunes Leal.

Os estudantes pernambucanos realizaram uma passeata no centro de Recife e a polícia local prendeu setenta estudantes que foram liberados, posteriormente, pelo governador do Estado. Em São Paulo, os estudantes decretaram greve e uma grande passeata foi organizada para o 1º de abril, culminando com um ato no Largo de São Francisco, local da Faculdade de Direito, já tradicional pelas manifestações estudantis. Nesse mesmo dia, em Belo Horizonte, estudantes esperaram pela chegada do presidente Costa e Silva, na Pampulha, munidos de cartazes contra o governo.[5] O 1º de abril na Guanabara foi trágico: o Exército e a Marinha ocuparam as ruas com 5 mil policiais, segundo fontes do jornal *Correio da Manhã*, resultando na morte de um trabalhador, sessenta feridos em hospitais e mais de duzentos presos.

E a brutalidade continuou na missa de sétimo dia. Os estudantes cariocas, juntamente com a Igreja Católica, organizaram uma missa a Edson Luís na Igreja da Candelária. No dia, o centro do Rio de Janeiro foi cercado por 20 mil homens mobilizados pelas Forças Armadas com o intuito de conter qualquer tipo de manifestação.

---

5 *Correio da Manhã*, 30 mar. 1968, p.3 e 5.

Mesmo assim, a celebração contou com cerca de mil pessoas dentro da igreja e centenas e centenas de pessoas na rua. Na abertura da missa, o vigário-geral do Rio de Janeiro, dom José de Castro Pinto, entoou palavras de são Paulo: "Não vos conformei com as maldades deste mundo, mas transformai-o, pela força de vossos pensamentos". Prosseguiu dizendo que a Igreja da Candelária, que outrora presenciara acontecimentos alegres e tristes, assistia, naquele momento, a uma manifestação que ultrapassava a todas as outras "pela morte desse jovem anônimo que veio para o Rio buscar o conhecimento e encontrou a morte". Disse, ainda, que Edson Luís, com sua morte, tornara-se um símbolo da juventude nacional. Conclamou a juventude a continuar sua luta, sem esmorecer diante das incompreensões. Em seu sermão, o vigário Eduardo Koaik disse que "Edson Luís morreu porque desejava uma vida melhor para si, seus colegas e povo". Acrescentou que os jovens em todas as partes do mundo, com escandalizadora generosidade, não se conformam com regimes de opressão e reagem com energia contra os discursos demagógicos, buscando soluções rápidas e radicais para os grandes problemas.[6]

A celebração foi carregada da solenidade que lhe era apropriada e permitida. Inserida nos rituais da Igreja, essa foi a maneira encontrada para trabalhar com as categorias da presença e da ausência, do visível e do invisível: foi momento de denunciar o que não podia ser denunciado através de um discurso ancorado na fé, almejando um futuro diferente do presente vivido. Marcos Napolitano, num outro contexto, analisou a cerimônia de Vladimir Herzog ocorrida em 1975, evidenciando a apropriação das representações religiosas cristãs utilizadas numa perspectiva de protesto político.[7] Não obstante, as missas em homenagem a Edson Luís, em 1968, cumpriram esse papel apresentando a ligação entre religião e política. Em outras palavras: a ligação entre o sagrado e o profano.

Na saída da Candelária, os participantes foram acuados pelos cavalarianos. Quatro aviões da Força Aérea Brasileira sobrevoavam o local. No

6 *Jornal do Brasil*, 5 abr. 1968, p.2-3.

7 Müller, 1968: memória dos atores e seus reflexos, *História Oral*, p.174.

tumulto, uma mulher foi pisoteada e arrastada por um soldado da Polícia Militar. O vigário-geral do Rio de Janeiro, dom José de Castro Pinto, e os quinze cocelebrantes formaram um corredor de mãos dadas para que estudantes e populares não fossem molestados, escoltando-os, ainda em roupas litúrgicas, até a Avenida Rio Branco. Mesmo assim, o confronto com a polícia acabou resultando na prisão de 380 estudantes. À noite, o Exército recebeu uma denúncia de que duzentos estudantes estariam reunidos no Cinema Metro, em Copacabana. O cinema foi cercado e em torno de trezentas pessoas que saíam da última sessão foram presas. O saldo do dia: quase setecentos presos.

A comoção causada pela morte de um estudante acabou não só por abalar a sociedade, como também levou a uma mudança na forma de atuação, tanto dos estudantes como dos militares. Maria Ribeiro do Valle apresenta a tese de que a morte de Edson Luís foi a chave para a utilização da violência como arma revolucionária, por um lado, e como arma repressiva, por outro. É claro que sabemos que a violência já se fazia presente no cotidiano do regime. Houve algumas mortes de estudantes por parte da repressão policial, e as ideias revolucionárias com armas em punho já estavam sendo experimentadas mesmo antes do golpe.

Entretanto, a partir da morte de Edson Luís e das grandes manifestações que aconteceram ao longo do ano de 1968 com o desfecho da instauração do Ato Institucional (AI) n.5, os dispositivos de violência do Estado que já estavam sendo aprimorados foram acionados em sua máxima: a tortura institucionalizou-se como política para todos aqueles que praticassem atos contra o regime vigente. A polícia política sofisticou-se, criando, cada vez mais, agências e dispositivos que passaram não só a espionar, como também a usar indiscriminadamente de violência, em nome da lei e da ordem, contra os cidadãos em todas as áreas e domínios e, nesse cenário, o ambiente universitário ganhou destaque. O manifesto escrito pelo Diretório Central de Estudantes da PUC/RJ no dia da morte de Edson Luís, já destacava:

> Não temos medo de afirmar, sem tom demagógico, que esse fato assinalou, objetivamente, a implantação do terror. O crime de pensar, de querer coisa

> melhor não será mais punido com a simples violência física. Aberto o precedente, a morte poderá passar a ser, a qualquer momento, o castigo oficial. [8]

Para os estudantes, ainda, 1968 foi o momento de exaltação máxima contra o regime, momento em que o movimento estudantil ganhou amplo apoio da classe média e saiu das reivindicações estudantis para a denúncia geral contra a ditadura, como afirmou Jean Marc:

> O ano político começou com esse fato. Não era um tema específico reivindicatório. Quer dizer, ele mudou de uma questão reivindicatória ultraespecífica, que era melhoria da qualidade da comida do Calabouço, para uma questão mais macro, da denúncia contra a ditadura, contra a repressão, contra a violência, contra o arbítrio, essa coisa toda. Esse foi o marco do começo das mobilizações de 1968.

É importante dizer, ainda, que nem todo movimento estudantil aderiu às ações de guerrilha e que muitos estudantes continuaram a realizar uma resistência pacífica dentro das universidades mesmo durante os "anos de chumbo". Nesse sentido, por que a morte de Edson Luís toma outra dimensão? Por que ela passa a ser um ponto de inflexão na história do regime? Acredito que, para a consolidação do evento como importante ponto de memória, alguns elementos ajudaram, a saber: o papel da imprensa; a divulgação da obra *O poder jovem*, de Arthur Poerner, e a própria memória dos militantes estudantis.

## O papel da imprensa

Se por um lado, a grande repercussão da morte de Edson Luís se deve às movimentações realizadas pelos estudantes, por outro lado, o papel da imprensa foi fundamental. Toda imprensa deu ampla cobertura ao acontecimento, o que ajudou a consolidá-lo como evento de caráter nacional. A mobilização nacional dos estudantes em torno da morte de Edson

8 Fávero, *A UNE em tempos de autoritarismo*, p.51.

Luís encontrou eco nas páginas dos jornais e revistas da grande imprensa liberal (bem como da oposicionista), o que levou o evento a ter uma grande repercussão, tornando-o um "ponto de memória", não somente na história do ME, como também lembrado pela sociedade em geral.

Destaca-se que em 1968 boa parte da mídia que apoiou o golpe já era contrária ao regime. E a liberdade que a imprensa ainda usufruía, sem dúvida, contribuiu para o fechamento da ditadura, com a instalação do AI-5 no final daquele ano. No entanto, o interesse na divulgação do evento não aconteceu apenas pela questão política. Naquele momento, a morte de um estudante não era algo usual. E, inegavelmente, a morte, o crime e o horror, em todas as suas formas, sempre alimentam os jornais que, através de narrativas detalhadas, acabam por apresentar um espetáculo.

Os jornais do dia 29 de março deram grande destaque para a morte do estudante: "Polícia militar mata estudante" (*Correio da Manhã*); "Estudante morre a tiro no Calabouço" (*O Globo*); "Assassinato leva estudantes a greve nacional" (*Jornal do Brasil*); "Violência" (Última Hora). A foto do estudante morto estampou as capas dos jornais de norte a sul do país. Como afirmou o historiador Pascal Bastien,[9] é em torno do corpo da vítima que se constrói o "teatro punitivo": o corpo é, de alguma forma, a decoração do espetáculo, centro de um quadro cujo objetivo é representar toda a punição, estabelecendo assim um padrão para a denúncia dos desvios cometidos. Nesse sentido, os jornais, para além de registro e divulgação da informação, serviam como veículos de denúncia contra as arbitrariedades cometidas pelo regime.

Uma das revistas de maior circulação na época, a *Manchete*, apresentou em sua capa da edição de 13 de abril a foto dos estudantes conduzindo o corpo de Edson Luís com os dizeres: "A morte de um estudante traumatiza o país".[10] Nove páginas foram dedicadas à matéria, com inúmeras fotografias.

9 Bastien, Usage politique des corps et rituel de l'exécution publique à Paris, XVII-XVIII siècles. *Crimes, Histoire & Sociétés/Crime, History & Societies.*

10 *Manchete*, n.834, 13 abr. 1968, p.4-13.

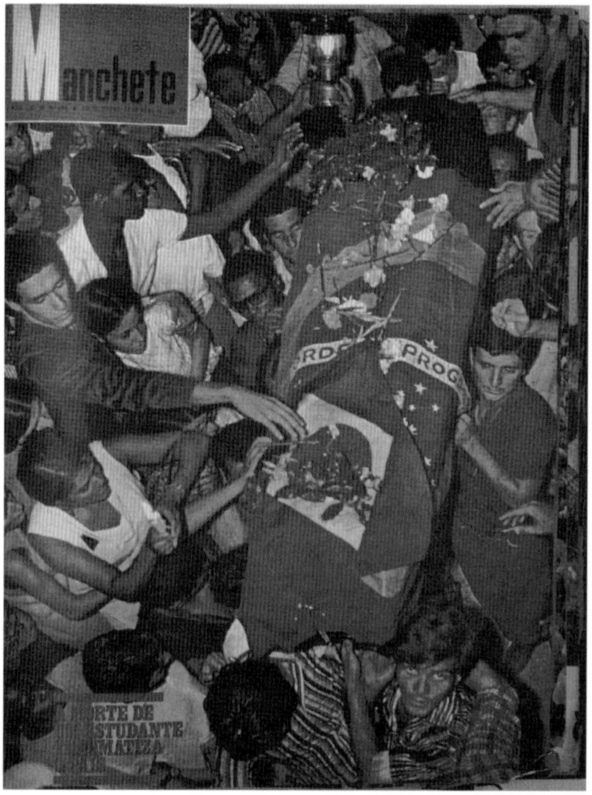


Figura 8.3
A revista *Manchete*, na edição de 13 de abril de 1968, apresentou extensa reportagem sobre o assassinato do estudante

**Fonte:** reprodução

Um dos combatentes mais acirrados, o *Correio da Manhã*, publicou inúmeras reportagens sobre o assunto em suas páginas. Num suplemento dominical (normalmente momento de maior circulação), apresentou um "dossiê" contendo textos de vários jornalistas sobre a tragédia da morte do estudante. Um de seus colaboradores, Hélio Pellegrino, que participou da Comissão do Calabouço e, portanto, de todo desenrolar dos fatos, redigiu o texto "Morte e ressurreição de Edson Luís". Entre outras reflexões, enfatizou:

> Tombou morto um jovem estudante brasileiro, nosso filho – não um porco. Edson Luís, varado pela bala assassina que o matou, não teve tempo de ter tempo. O tempo de sua vida ao qual tinha direito, e do qual foi miseravelmente roubado, ergueu-se de súbito diante da nação como uma imensa catedral sagrada, sob cujas abóbodas milhões de vozes deflagraram sua revolta. O tempo de Edson Luís, dilacerado e destruído pela bala homicida que o cortou, tornou-se de repente tempo histórico, tempo brasileiro, tempo de cólera e de consciência – tempo de gritar: Basta! Há instantes privilegiados em que um destino

> pessoal se dissolve no movimento da história. [...] Morto, ele nos comoveu a todos nós, além de qualquer palavra. E não só nos comoveu, mas nos moveu. E nos move. Sua morte é herança nossa. De todo o povo brasileiro.[11]

É interessante ressaltar a proximidade, para não dizer familiaridade, com que o jovem estudante, *post-mortem*, passou a ser apresentado. A partir de então, a figura de Edson Luís foi utilizada através dessa proximidade com a realidade de muitos outros estudantes. Edson Luís encarnou os ideais de um pobre jovem nortista que veio para o Rio de Janeiro estudar em busca de "um lugar" dentro da sociedade, como afirma a brasilianista Victoria Langland.[12] Além de representante genuíno das agruras de seu povo, a figura de Edson Luís passou a representar o silenciamento ao qual parte de uma juventude engajada foi relegada e, ao mesmo tempo, serviu de motor para a ação estudantil. A narrativa escrita por Pellegrinno instaura um vaivém entre passado, presente e futuro. A morte aqui não aparece como um peso morto. Aparece como uma força que serve para seguir, para lutar, para agir, ou melhor, para reagir. Resistir, no presente, significou um caminho de busca para mudanças futuras.

As entidades estudantis também se mobilizaram, emitindo notas que circularam para outros estados e foram publicadas em jornais como o do Diretório Acadêmico da Faculdade Brasileira de Ciências Jurídicas, publicada no jornal *Correio da Manhã* do dia 30 de março:

> O ato de ontem criou, em toda a classe estudantil do Brasil, tamanha revolta contra a força estadual que, de não muito querida, passou a ser odiada. O lamentável acidente, cerceando o direito de livre opinião e manifestação, veio provar o período por que passamos. Somos pela liberdade da classe estudantil. Temos que ser livre para amanhã conseguirmos, também, fazer o Brasil livre. A partir de hoje, a camisa tingida de sangue, de Edson Luís de Lima Souto, será erguida como estandarte das reivindicações por que anseiam a classe em prol da cultura e da liberdade.[13]

11 *Correio da Manhã*, 7 abr. 1968, p.4.

12 Langland, "Neste luto começa a luta": la muerte de estudiantes y la memória. In: Jelin; Sempol, *El passado en el futuro:* los movimientos juveniles, p.27.

13 *Correio da Manhã,* 30 mar. 1968, p.3.

Não somente os estudantes se mostravam estupefatos com o crime. Intelectuais e artistas também reagiram. Como Jorge Amado que, indignado, escreveu: "É intolerável que continuemos a viver num clima político que possibilita o assassinato de jovens brasileiros". Mais eloquente, o ex-ministro da Educação e Cultura e então decano da Faculdade de Direito da Universidade do Estado da Guanabara, Roberto Lira, apontou: "Que este morto governe os vivos, despertando a consciência dos responsáveis pelo destino do Brasil [...]. As vozes dos moços são palpitações do coração da pátria. Parar este coração é matar a pátria".[14]

## *O poder jovem* e a consolidação de uma memória histórica sobre o ME

Na ocasião da morte de Edson Luís, o jovem jornalista Arthur Poerner já estava com os originais prontos do livro *O poder jovem* (1968), cujo conteúdo apresenta a trajetória do movimento estudantil no Brasil desde a colônia. Foi quando seu editor Ênio Silveira, da Civilização Brasileira, pediu à Poerner para escrever uma nota suplementar que seria anexada ao final do livro. Redigida em cinco páginas, a nota, datada em 3 de abril de 1968, inicia com a constatação das previsões feitas pelo autor sobre o aumento da violência contra os estudantes. Poerner descreve os principais momentos do velório, cortejo e enterro de Edson Luís. Em suas conclusões, o tom militante, que prevalece em toda a obra, continua presente:

> Como saldo extraordinariamente positivo e importante, restou, de todos êsses acontecimentos, a constatação de que a morte de Edson Luís de Lima Souto levou os estudantes a procurarem, realmente, a total integração com o povo, sem a qual – conforme observei nos capítulos anteriores – a rebelião dos jovens se exaurirá por si mesma até que êles cheguem, naturalmente, aos postos que lhes estão reservados na sociedade brasileira – à custa dos enfartes e arterioscleroses que dizimarão, inevitàvelmente, com ou sem baionetas, os velhos

14 Ibidem

> que usurparam o poder nacional. [...] É claro que essa atitude estudantil foi facilitada pelo clima emocional provocado no país após o assassinato de Edson Luís – que incutiu ânimo de participação em amplos setores da população – da mesma forma que, por outro lado, a decisão dos jovens enfrentou enormes dificuldades, como o nível inferior de organização dêsses setores. Só mesmo a maturidade demonstrada por alguns líderes estudantis – que não posso elogiar, nominalmente, por motivos de ordem policial – propiciou a superação de tais problemas. (grafia original)

O tom romântico revolucionário da época impresso na passagem (e em toda a obra) apresenta também premissas do próprio Partido Comunista (PCB) do qual Poerner era filiado: conforme o autor, o objetivo central d'*O poder jovem* é mostrar a importância da participação política, um dos princípios da democracia. Participação esta que deveria existir através da juventude organizada, em franca oposição "aos velhos que usurpam o poder". Com a assinatura do Ato-5, *O poder jovem* foi um dos primeiros livros a ser censurado e, a partir de então, tornou-se a referência crucial para todas as gerações subsequentes de militantes, a "Bíblia" do movimento estudantil, como muitos afirmam. Não por acaso, o livro já se encontra em sua quinta edição (de 2004). Assim, *O poder jovem* pode ser entendido como a própria memória histórica do ME encabeçado pela UNE, e seu escrito, que fornece aos militantes um "modelo de vida", cristalizou a imagem da morte Edson Luís como o símbolo das lutas daquela geração.

## O trabalho/dever de memória

Dentre os inúmeros depoimentos da "geração 68", gostaria de destacar uma passagem de Bernardo Joffily, que foi vice-presidente da UBES em 1968:

> Os jornais da época contam que eles [a polícia militar] alegaram que estavam em inferioridade de fogo, que os estudantes começaram a atirar pedras, e o coronel que comandava a ação mandou atirar, terminando por matar o Edson,

um rapaz pobre que comia no Calabouço e que veio do Pará para o Rio de Janeiro. Ele tinha um esquema: como não tinha onde morar, acabou arrumando um lugar para dormir também lá, no Calabouço. O Edson Luís era uma pessoa meio que adotada pelo movimento. Não era uma liderança, mas uma pessoa muito querida. Foi morto porque estava numa passeata contra o fechamento de um restaurante estudantil – essa é a moral da história. Eu não estava nessa passeata. [...] No dia seguinte foi que comecei a ter noção do quanto custa para os opressores do povo matarem um estudante de 17 anos a tiros porque ele está pedindo que não fechem um restaurante.

Mais uma vez aparece a questão da proximidade (e a aproximação do depoente com o objeto). Joffily se refere ao estudante morto como "o Edson", mas deixa transparecer que não o conhecia. Ainda, como apresentado em outros estudos, Edson Luís era apenas um comensal do restaurante e não tinha ligação com a militância. Todavia, na lembrança de Bernardo Joffily, ele já aparece como "uma pessoa querida, meio que adotada pelo movimento". Ora, o movimento estudantil organizado passa a "adotar" Edson Luís a partir do momento de sua morte, mas não em vida. Se o jovem secundarista efetivamente não era um militante, sua morte serviu como catalisador de lutas e marcou, além de sua geração, as subsequentes através do simbolismo exercido, tornando-se dessa maneira um elemento central da memória histórica propagada pela UNE. Assim, podemos inferir que essa aproximação seja menor com a personagem em si do que com o que sua morte passou a representar.

Ainda, Joffily, como outros, não estava presente quando aconteceu o crime. Tomou conhecimento depois, sem saber de quem se tratava. Porém, através de sua lembrança, uma lembrança compartilhada, pôde traçar os acontecimentos do fatídico dia. A memória coletiva sobre a morte de Edson Luís relembrada passa a fazer parte de um histórico pessoal, remetendo ao "fenômeno de projeção" defendido por Michel Pollak, gerando, dessa maneira, uma afirmação ainda maior para seu presente. Toda a "geração 68" relembra dos acontecimentos mesmo sem tê-los vivenciado no ato. É o que Pollak define como "acontecimentos vividos por tabela", dos quais a pessoa nem sempre participou, mas que, no imaginário, tomaram tamanho relevo que, no fim das contas, é quase impossível que ela consiga distinguir se participou ou não.

Histórias relatadas, acontecimentos relembrados atravessam um tempo e são reconstruídos, trazendo a possibilidade de atualização do passado no presente. Afinal, a memória é a construção do passado pautada por emoções e vivências e os eventos são lembrados à luz da experiência subsequente e das necessidades do presente. Presente e passado se interpenetram. Relembrar a morte de Edson Luís em outros contextos significou recuperar um passado de luta que pudesse pautar a luta de então projetando novas possibilidades para o futuro. E assim, a memória sobre a morte de Edson Luís é reconstruída, passando a servir de "modelo" para orientar, "iluminar" os militantes do presente.

Em outro período da vida política do país, a UNE comemorou seus 75 anos em 2012, ano em que o governo instituiu a Comissão Nacional da Verdade. Uma solenidade foi organizada para o dia 11 de agosto (dia do estudante) no terreno da Praia do Flamengo, n.132 – o histórico local sede da entidade. A comemoração teve um mote especial: anunciar o início das obras da nova sede da entidade, projetada por Oscar Niemeyer. Ao entrar no terreno, o convidado passava por um túnel em cujo local foi montada uma exposição/homenagem aos mortos do ME. O texto de abertura da exposição, além de reforçar o já apresentado no convite, dizia:

> Nesse caso, não poderíamos deixar de homenagear aqueles que, com sua vida, defenderam nossos ideais na luta por liberdade. Quinze nomes foram escolhidos para representar as centenas de vítimas deste período negro de nossa história. Nomes que conferem uma importância suprema para o movimento estudantil. Nomes de jovens heroicos que foram presos, torturados e mortos por uma ditadura. O túnel mostra a passagem do tempo; a ponte une passado e presente. E se no passado vivemos uma escuridão, a travessia nos leva ao presente de esperanças renovadas e ao futuro desenhado pelos traços de Niemeyer.

No túnel escuro, apenas se viam as silhuetas de corpos. No panteão elegido pela UNE, a primeira imagem remeteu ao corpo de Edson Luís, um dos principais personagens através do qual a UNE consolidou sua identidade de grupo. Mais uma vez, a interpenetração dos tempos se mostrou capital. Reforçada, ainda, pela música que se escutava, na passagem do túnel: "Pesadelo", de MPB 4:

> Quando o muro separa uma ponte une
> Se a vingança encara o remorso pune
> [...]
> Você corta um verso, eu escrevo outro
> Você me prende vivo, eu escapo morto.

Mais que uma homenagem aos mortos, Edson Luís é evocado no discurso do presidente da UNE, Daniel Iliescu:

> Heróis como aquele de quem falaremos agora, um humilde jovem paraense, de origem pobre, que veio de Belém para o Rio de Janeiro na expectativa de um futuro melhor. Um jovem estudante, que chegou do Norte em busca da redenção para sua própria história pessoal, mas que acabou extraindo a redenção de toda uma geração, que inspirou milhões. Esse jovem, de quem nos lembramos agora e a quem homenageamos, é o nosso glorioso e imortal Edson Luís, um mártir, um símbolo, um bravo personagem da história brasileira covardemente subtraído da vida pelo tiro de um soldado. Edson Luís sabia o que fazia. Protestava em favor dos estudantes brasileiros no Restaurante Calabouço e dessa forma escolheu o destino de ser herói. O exemplo de Edson Luís preencheu de certeza o coração dos bons, inundou as ruas e as praças do Brasil, espalhou-se como uma metástase de esperança e resistência. Era preciso lutar, era preciso confiar, era preciso amanhecer.

A fala de Iliescu carrega todos os simbolismos que permeiam a história da entidade e que moldaram sua memória histórica: instala o maniqueísmo determinando o lado (bom) em que os jovens (sempre) estiveram, demarcado já na leitura de Poerner; utiliza, ainda, as metáforas da luz e escuridão, muito presente nos discursos de militantes. Nessa reconstrução realizada 44 anos depois do episódio, Edson Luís aparece como um militante consciente de seu papel na história, por isso um herói. As falas de Hélio Pellegrino, Arthur Poerner e Bernardo Joffily (para citar os três exemplos aqui apresentados) foram atualizadas, no presente, através do discurso de Iliescu. Nesse caso, tratava-se de não esquecer somente o que aconteceu no passado, como também de agir no presente para mudar o futuro: a morte de Edson Luís passou a ser evocada para que a sociedade jamais esqueça que, num passado não muito longínquo, viveu-se sob o jugo de uma ditadura que banalizou o crime e instituiu a morte e a tortura como política de Estado.

A figura do estudante secundarista rompe a barreira dos tempos para se eternizar; aquele cuja lembrança permanece na memória dos homens. Afinal, é no plano memorial que os homens podem imortalizar a morte. A morte de Edson Luís exerce a função de símbolo do ME, seu conceito de luta, peça fundamental de identidade para seus militantes. Lembrando que na Grécia antiga a representação de símbolo se apresentava através de um objeto cortado em duas partes que foram separadas (pelo tempo) e que posteriormente se encontraram, permitindo aos seus detentores se reconhecerem. E o símbolo de Edson Luís, apresenta, assim, uma ordenção dos tempos encampada pela UNE.

Trazer a "presença invisível" dos mortos é um modo, ainda, de acentuar a continuidade do movimento, que percebe no passado um campo de disputas por um futuro desejado. O que evidencia não só uma das características do ato de comemorar, mas que também exprime certa "ordem do tempo": maneira de usar um "patrimônio" – o passado vivido e reapropriado – seja na resistência contra a ditadura militar, seja nas lutas pelas quais a UNE empunha sua bandeira nestes últimos anos.

# 9

## Até que a morte nos separe

*José César Coimbra*

*Cadê meu celular?*
*Eu vou ligar prum oito zero*
*Vou entregar teu nome*
*E explicar meu endereço*
*Aqui você não entra mais*
*Eu digo que não te conheço*
*E jogo água fervendo*
*Se você se aventurar*
*[...]*
*Cê vai se arrepender de levantar*
*A mão pra mim*
*[...]*
*E quando tua mãe ligar*
*Eu capricho no esculacho*
*Digo que é mimado*
*Que é cheio de dengo*
*Mal acostumado*
*Tem nada no quengo*
*Deita, vira e dorme rapidim*
*[...]*
*Mão, cheia de dedo*
*Dedo, cheio de unha suja*
*E pra cima de mim? Pra cima de muá? Jamé, mané!*

ELZA SOARES, *MARIA DA VILA MATILDE*

O ano de 2015 foi pontuado por notícias que fazem ver de diferentes maneiras o tema violência contra a mulher. Seis delas: em julho, a matéria de capa da *New York Magazine* com os depoimentos, fotografias e vídeos (em sua versão on-line) de 35 mulheres que teriam sido molestadas sexualmente pelo ator Bill Cosby ao longo dos últimos trinta anos; em agosto, o prestigioso prêmio Pulitzer concedido ao jornal *The*

*Post and Courier*, na categoria "Serviço Público", pela série de reportagens especiais sobre crimes contra mulheres na Carolina do Sul, Estados Unidos; em setembro, a recusa por parte do governo australiano de permitir a entrada no país do *rapper* Chris Brown, que em 2009 admitiu ser culpado de um ataque dirigido à sua namorada à época, a cantora Rihanna; também em setembro, o lançamento do videoclipe da música de Lady Gaga, "Till It Happens To You", que conta a história de quatro jovens abusadas sexualmente num estabelecimento universitário; em outubro, o Colégio Pedro II, referência do ensino público no Rio de Janeiro, afasta três alunos adolescentes que teriam molestado sexualmente aluna de 12 anos e divulgado imagens dessa ação em redes sociais; no mesmo mês, o Exame Nacional do Ensino Médio apresenta questões relativas ao feminismo e à violência doméstica e familiar contra a mulher, o que resulta em discussões diversas em diferentes fóruns, muitas opiniões, algumas delas, inclusive, que quase não se poderiam crer possíveis.

É certo que, desde 2015, muitos outros casos foram divulgados. No entanto, os seis exemplos acima revelam a amplitude, a atualidade e as diferentes perspectivas que se lançam sobre o tema violência contra a mulher, em especial quando ocorre no espaço doméstico ou familiar. Isto é, no qual existem relações de proximidade ou parentesco entre autor e vítima. Seja no Brasil ou no exterior, as notícias cotidianas retratam casos desse tipo que não cessam de ocorrer, tanto no âmbito privado como no público. Leis são promulgadas, o sistema de proteção e responsabilização aperfeiçoa-se e, contudo, algo da ordem da desigualdade de gênero insiste em apresentar-se sob modos múltiplos de violência, quase independentemente da faixa etária ou do padrão socioeconômico em questão.

Nesse cenário, o que se pode entender por "violência contra a mulher"? Qual sua tipologia e prevalência? Que legislações existem e quais questões e polêmicas suscitam? Com a Lei Maria da Penha, o que mudou nas possibilidades de garantia de direitos e responsabilização? De que modo a sociedade percebe o fenômeno da violência doméstica ou familiar contra a mulher? Essas são algumas das perguntas que guiam a investigação realizada aqui.

As notícias acima retratam tipos de violência contra a mulher que ocorrem no universo privado e cujos efeitos transbordam para o espaço público. Essa porosidade entre privado e público tem várias implicações e acaba também por fazer ecoar um lema utilizado anteriormente pelo movimento feminista: "O pessoal é político". A mudança do entendimento de que nem tudo que ocorre no âmbito privado deve ficar encerrado ali abre novas possibilidades de respostas e questionamentos ao que se define como violência doméstica ou familiar. Da mesma forma, instaura outros modos de recusa à perpetuação dessas situações e de formas de responsabilização, completando o que se apresenta como objeto de análise aqui.

Nesse sentido, as notícias mencionadas apontam para a importância do tema violência contra a mulher na mídia e, mais em particular, para certa mudança na sensibilidade social no que se refere à garantia de direitos, com reflexos em diferentes tipos de instituições. No caso relativo a Bill Cosby, dez anos antes, catorze mulheres haviam feito acusações judiciais de estupro envolvendo o ator. Todavia, naquele momento, essas acusações não produziram nenhum efeito palpável. Da mesma forma, a situação dos diferentes tipos de violência contra a mulher nas escolas ou nos *campi* universitários, em particular os de natureza sexual, vem produzindo respostas institucionais de ordens e alcances variados. De todo modo, essas respostas, ainda que timidamente, avançam na publicidade necessária ao problema e procuram dar conta dos desafios apresentados.

O conjunto de notícias selecionado serve também para que se esteja advertido sobre os riscos envolvidos na atenção pública dedicada ao tema violência contra a mulher. A mídia tanto contribui para o esclarecimento sobre as manifestações violentas quanto pode divulgá-las de forma sensacionalista ou mesmo francamente desfavorável à mulher.

Que a atenção da sociedade esteja dirigida para esses casos, que haja indignação, mobilização social, leis e manifestações em prol da garantia de direitos da mulher, tudo isso não elide o fato de que a violência de gênero continua a ocorrer. Existe um paradoxo nesse cenário: maior visibilidade, ampliação, aperfeiçoamento do sistema de garantia de direitos e possibilidades de responsabilização e, no entanto, continuidade de tipos de violência e desigualdade que atravessam gerações.

A dimensão sexual da violência contra a mulher está estampada nos documentos da cultura que acompanham o cotidiano: músicas, filmes, romances, em tudo isso se nota de modo condensado não apenas o signo da violência, mas também a possibilidade de fruição que é oferecida e a disputa no estabelecimento de certa representação acerca do feminino e do masculino.

Não por outro motivo, Dunker detém-se num fragmento do filme *Carandiru*, de Hector Babenco, baseado em livro homônimo de Drauzio Varella, o qual retrata a experiência desse médico como voluntário naquele presídio. Ele quer apontar para a possibilidade de que a violência emerja no lugar do erotismo suprimido. Violência e erotismo estariam entrelaçados nesse fragmento de modo que um se expresse no lugar do outro. Daí o comentário do episódio em que uma jovem esposa recebe da vizinha a sugestão para reanimar sua vida sexual: o uso de uma banana como recurso erótico. Dunker escreve: "A resposta do marido vem em ato: ele mata a esposa, intuindo que a 'novidade' só poderia ter advindo de um relacionamento extraconjugal ou fosse, quiçá, uma alusão à sua insuficiente potência".[1] Concepções de masculinidade e feminilidade desenham-se no quadro montado por Babenco, Varella e Dunker. Essas concepções, as fragilidades em sua sustentação, a fixidez delas, estão presentes nas situações de violência contra a mulher e comportam, além de tudo, diferentes tipos de uso.

O entrelaçamento entre legalidade, sexualidade, suspeitas, crime e, eventualmente, morte interroga o Brasil pelo menos desde o século XVII. É isso que se pode ver nas Ordenações Filipinas, código que vigorou entre 1603 e 1830, no que se refere ao direito penal, sendo estendido até 1916, quanto ao direito cível. Ali, o homem traído que assassinasse a mulher adúltera não cometia crime. Nessa legislação, a defesa contra a agressão à honra isentava o homem de punição. No Código Penal de 1890, o adultério era penalizado apenas se praticado pela mulher. O homem seria considerado adúltero somente se mantivesse concubina teúda e manteúda. Conclusão: "O homem [...] tinha

1 Dunker, *Mal-estar, sofrimento e sintoma:* uma psicopatologia do Brasil entre muros, p.96.

plena liberdade de exercer sua sexualidade desde que não ameaçasse o patrimônio familiar".[2]

O horizonte acima não pode levar ao entendimento de uma pura e simples submissão feminina diante da desigualdade jurídica e social vivenciada. Soihet mostra casos em que mulheres vítimas de violência e oriundas de classes populares no Brasil, entre os séculos XIX e XX, lutaram contra a experiência de maus-tratos, chegando, inclusive, a atitudes extremas nas quais a morte do companheiro aparecia como única opção. Nesses casos, decisões judiciais mostraram-se favoráveis à mulher, reconhecendo a medida adotada como legítima defesa. Em outras situações, a decisão favorável ocorreria com base em argumentos que descreviam as mulheres como "criaturas frágeis, incapazes de suportar os embates da vida e assumir suas responsabilidades à semelhança do homem",[3] o que acabava por alimentar a discriminação.

Rinaldi,[4] ao analisar processos judiciais do período entre 1890 e 1940, nos quais mulheres aparecem como autoras de crimes contra seus parceiros íntimos ou rivais, observa que, de modo geral, os julgamentos judiciais eram realizados com base em padrões sociais acerca do que seria (ou deveria ser) o comportamento masculino e feminino. Rinaldi verifica que a postura ativa da mulher acabaria por ser representada nesses processos sob a forma de passividade, o que poderia ter efeitos positivos nas estratégias de defesa, tal como visto por Soihet em alguns processos judiciais que analisou.

No entanto, Rinaldi ressalta que não apenas a mulher aderiria a esse papel, mas também o homem que estivesse sob julgamento. Isto é, não se trataria de uma opção exclusiva da mulher, mas escolha de qualquer um que estivesse se defendendo no sistema judicial. A tese da "privação dos sentidos e da inteligência" parece apontar para essa dimensão de passividade, ao passo que, de certo modo, sua contrapartida, a legítima

2 Soihet, Mulheres pobres e violência no Brasil urbano. In: Priore; Pinsky, *História das mulheres no Brasil*, p.381.

3 Soihet, op. cit., p.375.

4 Rinaldi, *A sexualização do crime no Brasil*.

defesa da honra, também. De uma perspectiva ou de outra, trata-se de resposta a um constrangimento a que se estaria submetido, quase que independentemente de si mesmo. Fausto[5] observa que a "legítima defesa da honra" foi tese postulada pelos defensores dos réus a partir do desaparecimento da justificativa de "privação dos sentidos e da inteligência", com o Código Penal de 1940.

Na esfera dos fenômenos sociais, dos documentos da cultura, como mencionado antes, encontram-se, sem dificuldade, letras de canções que descrevem o sofrimento amoroso, o ciúme e, eventualmente, o desfecho violento de um relacionamento. A esse respeito, Blay analisa a canção "Cabocla Teresa", composta por João Pacífico e gravada por Raul Torres na década de 1940. Essa música teve diversas interpretações desde então: Toninho e Tinoco, Chitãozinho e Xororó, Fagner são alguns dos cantores que se dedicaram a ela. No diálogo entre narrador e assassino a história idílica do amor revela o desenlace fatal:

> [...] a Teresa, dotô/ Felicidade não quis/ Pus meus sonhos nesse olhar/ Paguei caro meu amor/ Por mordi [por amor de] outro caboclo/ Meu rancho ela abandonou/ Senti meu sangue ferver/ Jurei a Teresa matar/ O meu alazão arriei/ E ela fui procurar [...][6]

Em outro tipo de registro cultural, o filme *Amor?*, João Jardim recolhe sessenta relatos para apresentar oito deles, nos quais o fio condutor é a mescla entre relação amorosa e violência. Trata-se de documentário no qual testemunhos verídicos são interpretados por atores famosos. Os testemunhos interrogam os motivos dessa ligação estreita e o porquê da persistência do vínculo amoroso, mesmo num cenário de abundância de danos e de sofrimentos. Algumas respostas são desconcertantes, destacando do fundo desse cenário uma verdadeira compulsão que quase inviabilizaria qualquer mudança de comportamento ou reposicionamento subjetivo, seja da parte do homem ou da mulher. O diretor esclarece que o impulso para a realização do documentário partiu da

5 Fausto, *Crime e cotidiano:* a criminalidade em São Paulo (1880-1924).

6 Blay, *Assassinato de mulheres e direitos humanos*, p.35.

interrogação que ele via surgir quando lia sobre o assunto: "[...] Quando a violência acontece dentro da relação sempre é por amor [ao menos na opinião dos envolvidos]. Em que momento a violência começa a entrar no meio e em nome do quê? [...]".[7]

Gregori chama a atenção para que se perceba os riscos de qualquer interpretação do fenômeno da violência contra a mulher que reste capturada no esquema "vítima-algoz". Tal como no filme de Jardim, em algumas situações, o esforço para entender as articulações entre violência e prazer mostra-se de tal modo difícil que nem mesmo se torna passível de análise. Dessa forma, Gregori acentua a importância de que a avaliação de uma situação de violência inclua "o elemento da parceria",[8] como no fragmento de caso que analisa, relativo a Regina e seu marido.

É nesse olhar lançado sobre o caso concreto que se pode identificar elementos que de modo singular vinculam não apenas o casal, mas também o prazer (ou o gozo, em termos psicanalíticos) e a violência. No caso em questão, Gregori decompõe a cena numa sequência na qual a fala da mulher dá início à réplica do marido. A tréplica vem a seguir e daí numa escalada previsível chega-se aos tapas, socos, pontapés. Gregori destaca, desse fragmento, que existem inúmeras motivações para a ocorrência do episódio tido por violento. Dessa forma, a agressão pode fazer parte do jogo que liga o casal e através do qual fantasias são expressadas, sendo o confronto algo buscado por ambos os parceiros.

De outro modo, Fausto comenta que foi bastante comum o entendimento de que mulheres teriam propensão ao sofrimento, o que, por consequência, acabaria por expressar o vínculo entre prazer e agressão. Essa concepção estaria presente tanto em Nelson Rodrigues como, por exemplo, em Noel Rosa, o que seria visível em seu samba "O maior castigo que te dou": "O maior castigo que te dou é não te bater/ pois sei que gostas de apanhar".[9]

---

7 Conversa com João Jardim, n.p.

8 Gregori, *Relações de violência e erotismo*, p.90.

9 Fausto, op. cit., p.109.

A complexidade das situações de violência, como se nota, pode fazer tender as interpretações para polos que não contribuem para o esclarecimento seja do fenômeno em geral, seja do caso concreto. Fixar o homem ou a mulher, *a priori*, nos papéis de algoz ou vítima tende a obscurecer as questões que marcam o campo da violência doméstica ou familiar. Considerando as nuanças desse campo e a forma extrema de violência que é o assassinato, o que os processos judiciais podem mostrar?

## O assassinato de mulheres e o processo judicial

No levantamento de alguns casos de assassinatos de mulheres por seus parceiros íntimos no Brasil, Lage e Nader[10] cobrem o período de 1905 a 2008. O julgamento de João Pereira Barreto, acusado de matar sua esposa, Anna Levy Barreto, em 1912, grávida, evidencia estratégias argumentativas que remetem ao que se expressa no filme *O julgamento de Viviane Amsalem*. Tanto em 1912, no Brasil, quanto em 2014, nessa ficção israelense, revela-se que a adequação do homem a concepções preestabelecidas de seu papel social tem forte incidência nas chances de obter resposta favorável por parte do aparato judicial.

A contrapartida disso é a exaustiva necessidade de a mulher mostrar que não infringiu nenhuma regra dos "bons costumes", sem o que, talvez, o caso em julgamento seja interpretado à luz do "caráter" dela, do que eventualmente venha a ser entendido como desvio moral. O papel social da mulher, o ideal a que ela tem de responder, é bem mais estreito, menos passível de manobras, que aquele no qual se insere o homem.

A esse respeito, Fausto apoia-se em Mariza Corrêa para afirmar que os autos, isto é, o conjunto ordenado das partes de um processo judicial, não se caracterizam por serem propriamente uma "busca da verdade". Particularmente nos casos relacionados ao tema que se analisa aqui, trata-se, antes de tudo, de um tipo específico de "pulverização do fato

10 Lage; Nader, Violência contra a mulher: da legitimação à condenação social. In: Pinsky; Pedro, *Nova história das mulheres no Brasil*.

originário".[11] Isto é, do "enquadramento positivo ou negativo dos personagens em entidades sociais idealizadas".[12] Ou seja, a não correspondência do homem ou da mulher à imagem social preconizada para um e outro poderia implicar maior probabilidade de condenação, o que também foi apontado por Rinaldi.

Desse modo, tanto em 1912 quanto em 2014, nos exemplos citados, a preponderância do jogo no qual a qualificação do homem como digno, zeloso e cumpridor de suas obrigações, ou ainda boa pessoa, homem de caráter pacífico, caminharia passo a passo com a (tentativa) de desqualificação da mulher. Evaristo de Moraes, advogado de João Pereira Barreto, explora essas vias nas quais a índole e o motivo do crime podem ser utilizados a favor do acusado. Resultado: absolvição.

A respeito de João Pereira Barreto houve o entendimento de que, apesar de ser cumpridor de seus deveres, havia sido vítima de ciúme doentio, padecendo também de alcoolismo.[13] Absolver o homem com base em argumentos de que ele teria sofrido de loucura momentânea acabava por se traduzir no reconhecimento de que a vida da mulher poderia ser utilizada por ele como lhe aprouvesse.[14] Sobre isso, Rinaldi conclui que efetivamente o sistema judicial tendia a não condenar atos previstos como crime caso houvessem sido cometidos no âmbito de relações amorosas, seja quanto ao homem, seja quanto à mulher. O efeito direto dessa posição seria a legitimação da violência doméstica.

Fausto nota que "a imagem de um frio marido homicida raras vezes se ajusta à realidade",[15] havendo um número significativo de suicídios ou tentativas de suicídios após a realização do crime. Além disso, que o assassinato de Anna Levy Barreto tenha ocorrido durante o período de gravidez não deve passar despercebido. Blay[16] identifica Eleonora Menicucci de Oliveira, ex-titular da Secretaria de Políticas para as Mulheres

11 Fausto, op. cit., p.118.

12 Ibidem

13 Lage; Nader, op. cit.

14 Soihet, op. cit.

15 Fausto, op. cit., p.124.

16 Blay, op. cit.

da Presidência da República, como precursora, no Brasil, dos estudos acerca da reação violenta do homem à gravidez da mulher. É dessa forma que Oliveira e Vianna[17] entendem que a gravidez pode ser o ponto de partida do fenômeno da violência do homem contra a mulher, por causa de algumas variáveis que se associam à crise na imagem de onipotência; à insegurança relativa à paternidade; ao deslocamento da mulher da posição de objeto de desejo; à intimidação ou aversão geradas pelo corpo na gravidez.

Ângela Diniz, morta por Doca Street em 1976, havia convivido com ele por apenas três meses. Ela não estava grávida. Todavia, é um caso que reedita as estratégias de produção de culpa (da mulher) e inocência (do homem) estabelecidas acima. O advogado Evandro Lins e Silva apela ao argumento da "legítima defesa da honra" e qualifica Ângela Diniz de forma negativa, sobretudo explorando aspectos que supostamente caracterizariam o comportamento sexual dela: "mulher divorciada, de péssimos antecedentes e muito livre".[18] E, numa quase reedição da verdade que vimos expressa sob a forma de ficção no filme *Carandiru*, Blay recolhe de Lins e Silva os argumentos que teriam justificado o assassinato. Doca Street não suportava ser chamado de "corno" e ao ser convidado por Ângela Diniz para fazer amor a três, não teria suportado:

> A proposta de amor a três, com outra mulher, a um homem naquele momento inteiramente subjugado a uma paixão invencível, que queria a posse limpa e exclusiva de sua amada, era um insulto, uma ofensa, uma afronta, uma injúria grande demais para ser suportada.[19]

O lema "Quem ama não mata" é cunhado na esteira do julgamento de Doca Street. A forte mobilização social acabou por se traduzir num marco na história da garantia de direitos das mulheres, tendo havido, no segundo julgamento a que ele foi submetido, condenação a quinze anos de prisão.

---

17 Oliveira; Vianna, *Violência conjugal na gravidez.*

18 Lins; Silva apud Blay, op. cit., p.43.

19 Ibidem, p.44.

Figura 9.1
A farmacêutica Maria da Penha, no Palácio do Planalto em 2008, participa de evento dedicado aos dois anos da lei que leva seu nome

**Foto** Antonio Cruz (Agência Brasil)

Em 1981, cinco anos depois da morte de Ângela Diniz, outro caso ocupa a cena nacional: Lindomar Castilho, cantor, instrumentista e compositor, assassina com um tiro no peito Eliana de Grammont, cantora e compositora, de quem estava separado havia um ano, quando ela se apresentava num bar em São Paulo. Cinco tiros foram disparados. Motivo: ciúmes, pois ela manteria relacionamento amoroso com um primo do autor do crime. Argumento da defesa: "legítima defesa da honra". Resultado do julgamento: doze anos de reclusão, dos quais cumpriu menos da metade em regime fechado.[20]

Em 1976 e 1981, nos casos de Ângela Diniz e Eliana de Grammont, o argumento baseado na "legítima defesa da honra" foi utilizado, redundando, a cada vez, em menor efeito em prol da defesa dos autores do ato de violência e maior mobilização social contra esse tipo de justificativa. Mas é em 1983 que um divisor de águas começaria a estabelecer-se no Brasil. A dupla tentativa de assassinato de Maria da Penha Paula Fernandes, em Fortaleza, acabaria por levar a discussão sobre a violência contra a mulher a um patamar até então não alcançado, resultando no estabelecimento de uma legislação específica, na ampliação da visibilidade social desses casos e na estruturação de equipamentos especializados como delegacias e juizados.

Maria da Penha conheceu Marco Antônio Heredia Viveiros, colombiano naturalizado brasileiro, quando ambos cursavam pós-graduação

20 Blay, op. cit.

em São Paulo. Ela, biofarmacêutica; ele, economista. Depois de alguns meses de relacionamento, casaram-se. Ao final dos respectivos cursos, já com uma das três filhas da união e grávida da segunda, Maria da Penha retorna para Fortaleza e Marco Antônio a encontra lá alguns meses depois.[21]

Maria da Penha relata em entrevista um longo período de episódios de violência física e psicológica envolvendo seu marido, os quais teriam tido início quando do reencontro do casal em Fortaleza. Esse padrão de comportamento de Marco Antônio, segundo Maria da Penha, estaria em franca oposição ao que o caracterizara até então, inclusive quanto ao ciúme dirigido à família dela.[22]

Em maio de 1983, aos 35 anos de idade, Maria da Penha, quando se encontrava em sua residência, é alvo de um tiro que a deixa paraplégica. Marco Antônio também é ferido no ombro. A primeira versão do crime é de que dois assaltantes teriam entrado na residência do casal e efetuado disparos.[23] Em outubro do mesmo ano, depois de um período de tratamento, Maria da Penha retorna para casa. Duas semanas após sua chegada, Marco Antônio teria tentado eletrocutá-la durante o banho.[24]

Em novembro de 1983, Maria da Penha deixa a residência acompanhada das filhas, amparada em decisão judicial. No início de 1984, ela depõe pela primeira vez. Nesse momento, Marco Antônio passa a ser considerado o principal suspeito pelo que ocorreu. Em maio de 1991, Marco Antônio é condenado a quinze anos de prisão, mas o julgamento é anulado em decorrência de alguns erros na elaboração das perguntas aos jurados. Em 1996, ele é novamente condenado, agora a dez anos e seis meses de prisão. Marco Antônio recorre em liberdade e obtém redução da pena para oito anos e seis meses.[25]

Apesar da segunda condenação, Marco Antônio seguia em liberdade. Por esse motivo, em 1998, quinze anos depois de ter ficado paraplégica, Maria da Penha, apoiada pelo Centro para a Justiça e Direito

---

21 Galina, op. cit.

22 Ibidem

23 Azevedo, A Maria da Penha me transformou num monstro, *IstoÉ*.

24 Galina, op. cit.

25 Azevedo, op. cit.

Internacional (Cejil) e pelo Comitê da América Latina e Caribe para a Defesa dos Direitos da Mulher (Cladem), apela à Comissão Interamericana de Direitos Humanos da Organização dos Estados Americanos (CIDH/OEA). Na fase inicial desse procedimento, o Brasil não responde às interpelações da CIDH.[26]

Em 1999, a CIDH adverte o Brasil, e em 2001 o Relatório da Comissão responsabiliza o Estado brasileiro por "omissão, negligência e tolerância em relação à violência doméstica contra as mulheres brasileiras".[27] A Comissão considerou que o Brasil deixou de agir conforme princípios definidos na Convenção Interamericana para Prevenir, Punir e Erradicar a Violência contra a Mulher, conhecida como Convenção de Belém do Pará, da qual o país era signatário.[28]

O Relatório da CIDH estabeleceu recomendações voltadas para o caso concreto de Maria da Penha, bem como de alcance mais amplo. Dentre as recomendações, destacam-se: completar o processo penal de Marco Antônio; investigar as irregularidades que teriam tido por resultado o atraso injustificado do processo criminal; reparar simbólica e materialmente Maria da Penha; promover capacitação de funcionários envolvidos no atendimento de casos relativos à violência contra a mulher; simplificar os procedimentos judiciais; promover formas alternativas de resolução de conflitos relativos à família.[29]

A demanda de Maria da Penha dirigida à CIDH/OEA foi o primeiro caso em que foi aplicada a Convenção de Belém do Pará, tendo havido responsabilização de um país quanto ao tema da violência doméstica e familiar contra a mulher. Em 2002, frente à CIDH, o Brasil se compromete em implementar as recomendações estabelecidas. Em 2004, Marco Antônio começa a cumprir a pena em regime semiaberto. Em 2006 há a promulgação da Lei Maria da Penha. Em 2012, a pena de Marco Antônio chega ao fim. Nas entrevistas que concede, destaca que

26 Ibid; Cladem, 2002.

27 Cladem, Caso Maria da Penha, n.p.

28 CIDH, Convenção de 9 de junho de 1994.

29 CIDH, op. cit.; Cladem, op. cit.

a condenação que sofreu inviabilizou sua reinserção profissional e prejudicou o estabelecimento de vínculos familiares mais prolongados. Depois da relação com Maria da Penha, Marco Antônio viveu duas uniões, filhos, um episódio de adoção que acaba malogrado e experimentaria penúria econômica.[30]

Vale mencionar que o caso Maria da Penha e a condenação do Brasil junto à CIDH não foram suficientes para reverter a lenta resposta judicial a episódios de assassinatos de mulheres por parceiro íntimo. Em 2000, num caso de grande repercussão, Sandra Gomide, jornalista, é morta a tiros por Pimenta Neves, namorado de quem estava em vias de separação e que era então diretor de redação do jornal *O Estado de S.Paulo*. Depois de julgamentos e recursos que completaram onze anos, o processo judicial chega ao fim. Pimenta Neves permaneceu em regime fechado por cerca de dois anos, passando depois ao regime semiaberto. Os assassinatos de mulheres por seus parceiros não terminaram nesse caso.

## A Lei Maria da Penha

Antes da entrada em vigor da Lei n.11340/06, também conhecida como Lei Maria da Penha, parte dos casos de violência doméstica e familiar era julgada conforme a Lei n.9099/95, junto aos Juizados de Especiais Criminais. Essa legislação dispõe de recursos bastante interessantes e importantes para a intervenção junto às demandas apresentadas ao Judiciário, como se nota em seu artigo 2º: "O processo orientar-se-á pelos critérios da oralidade, simplicidade, informalidade, economia processual e celeridade, buscando, sempre que possível, a conciliação ou a transação".[31]

No artigo 60 da Lei n.9099/95, vê-se que os Juizados Especiais Criminais são voltados ao "[...] julgamento e a execução das infrações penais

30 Azevedo, op. cit.

31 Lei n.9099, de 26 set. 1995.

de *menor potencial ofensivo* [...]".[32] Essa definição e a percepção de que alguns casos relativos à violência doméstica e familiar acabavam por redundar apenas em pagamento de cestas básicas por parte dos autores, fruto da transação penal, acabaram por ser ingredientes no fomento à constituição de um novo ordenamento jurídico, pautado nas questões de gênero. Importa frisar, contudo, que o uso de penas pecuniárias, mesmo em situações de violência interpessoal, não é forçosamente um problema, tal como verificado por Hillsman.[33]

Assim, o artigo 5º da Lei Maria da Penha define violência doméstica ou familiar como "qualquer ação ou omissão baseada no gênero que [...] cause [à mulher] morte, lesão, sofrimento físico, sexual ou psicológico e dano moral ou patrimonial".[34]

O artigo 5º da Lei Maria da Penha estabelece definições relativas ao que seria doméstico e familiar: a unidade doméstica é o "espaço de convívio permanente de pessoas, com ou sem vínculo familiar, inclusive as esporadicamente agregadas"; o âmbito da família compreende "a comunidade formada por indivíduos que são ou se consideram aparentados, unidos por laços naturais, por afinidade ou por vontade expressa".

À parte essas definições, o artigo 5º esclarece que a relação íntima de afeto que a legislação tem em perspectiva refere-se tanto ao presente quanto ao passado, não se restringido à existência de coabitação. Ou seja, a Lei Maria da Penha alcança ex-maridos; ex-namorados; qualquer relacionamento amoroso, mesmo que não se traduza na convivência num mesmo endereço. Nesse mesmo artigo, tem-se que as relações pessoais alvo da legislação independem da orientação sexual. O artigo 6º expressa que "A violência doméstica e familiar contra a mulher constitui uma das formas de violação dos direitos humanos". A condenação do Brasil no caso Maria da Penha, junto à Comissão Interamericana de Direitos Humanos, já apontava nesse sentido.

---

32 Ibidem, grifo nosso.

33 Hillsman, Fines and Day Fines, *Crime and Justice*.

34 Lei n.11340, de 7 ago. 2006.

O artigo 5º da Lei Maria da Penha tem como alvo a violência que ocorre no âmbito da unidade doméstica, da família e em qualquer relação íntima de afeto. Nesse sentido, independeria de orientação sexual. No entanto, não existe uma interpretação unificada no meio jurídico sobre a aplicação da Lei Maria da Penha a homossexuais masculinos, bem como a transgêneros. Ainda assim, há alguns exemplos de interpretação favorável a esse entendimento: em outubro de 2015 o Tribunal de Justiça do Estado de São Paulo (TSJP) aplicou as medidas protetivas da Lei Maria da Penha em favor de uma transexual que era ameaçada por seu ex-companheiro. Há também juízes que aplicaram a Lei Maria da Penha para a proteção de homens, o que também estaria longe de ser um consenso na comunidade jurídica.

A Lei Maria da Penha, em seu artigo 14, estabelece a possibilidade de criação dos Juizados de Violência Doméstica e Familiar contra a Mulher, o que denota o caminho da especialização dos atendimentos relativos a esses casos. Nesse sentido, uma diferença substancial com o tratamento baseado na legislação anterior, quando a violência de gênero era tratada juridicamente no bojo de outras situações, é encontrada tanto no artigo 16 quanto no artigo 17 da Lei Maria da Penha.

No artigo 16, fica estabelecido que a mulher não poderá renunciar ao processo, salvo "em audiência especialmente designada com tal finalidade, antes do recebimento da denúncia e ouvido o Ministério Público". Em casos que envolvam ameaça, por exemplo, diferentemente do período anterior à vigência da Lei Maria da Penha, a mulher não poderá ir à delegacia de polícia para "retirar a queixa". Para tanto, ela deverá participar de "audiência especialmente designada para esse fim". Esses casos são definidos como "ações penais condicionadas à representação". Neles, a ofendida precisa sinalizar seu interesse na causa para que o Ministério Público tenha a iniciativa da ação penal.

Nos casos de lesão corporal, ao contrário, relacionados à "ação penal pública incondicionada", a iniciativa do Ministério Público ocorre independentemente da demanda da ofendida. A esse respeito, e embora relativo a pesquisa de período diverso daquele coberto pela Lei Maria da Penha, Fausto constata algo importante para esta análise. A "ação pública" embaralha as esferas pública e privada, havendo, por conseguinte, "casos em que a atividade da justiça acaba por resultar na condenação do acusado não obstante o desejo das partes diretamente envolvidas".[35]

No artigo 7º, a Lei Maria da Penha apresenta os tipos de violência que ensejariam resposta do poder público, sendo certo que essa classificação não se pretende exaustiva:

I – *a violência física*, entendida como qualquer conduta que ofenda sua integridade ou saúde corporal;

II – *a violência psicológica*, entendida como qualquer conduta que lhe cause dano emocional e diminuição da autoestima ou que lhe prejudique e perturbe o pleno desenvolvimento ou que vise degradar ou controlar suas ações, comportamentos, crenças e decisões, mediante ameaça, constrangimento, humilhação, manipulação, isolamento, vigilância constante, perseguição contumaz, insulto, chantagem, ridicularização, exploração e limitação do direito de ir e vir ou qualquer outro meio que lhe cause prejuízo à saúde psicológica e à autodeterminação;

III – *a violência sexual*, entendida como qualquer conduta que a constranja a presenciar, a manter ou a participar de relação sexual não desejada, mediante intimidação, ameaça, coação ou uso da força; que a induza a comercializar ou a utilizar, de qualquer modo, a sua sexualidade, que a impeça de usar qualquer método contraceptivo ou que a force ao matrimônio, à gravidez, ao aborto ou à prostituição, mediante coação, chantagem, suborno ou manipulação; ou que limite ou anule o exercício de seus direitos sexuais e reprodutivos;

IV – *a violência patrimonial*, entendida como qualquer conduta que configure retenção, subtração, destruição parcial ou total de seus objetos, instrumentos de trabalho, documentos pessoais, bens, valores e direitos ou recursos econômicos, incluindo os destinados a satisfazer suas necessidades;

V – *a violência moral*, entendida como qualquer conduta que configure calúnia [imputação falsa de um fato criminoso], difamação [imputação de ato ofensivo à reputação] ou injúria [ofensa à dignidade].

35 Fausto, op. cit., p.200.

No artigo 17 da Lei Maria da Penha, nota-se posição simétrica aos procedimentos adotados no período anterior a 2006. Nesse artigo está prevista a proibição de aplicação do pagamento de cestas básicas, prestação pecuniária ou o pagamento isolado de multa.

As medidas protetivas de urgência talvez se constituam como a novidade mais importante da Lei Maria da Penha. Elas seriam uma das primeiras respostas do poder público à demanda de reparação feita pela mulher. Por isso, a legislação regula o tempo para o início da intervenção dos atores envolvidos nesse procedimento, autoridade policial e juiz, por exemplo, e facilita ao máximo as condições para sua aplicação, conforme se verifica do artigo 18 ao 24.

As medidas protetivas têm por alvo o autor da violência e a vítima. Quanto àquelas que obrigam aos autores de violência, podem ser citadas, conforme o artigo 22, suspensão ou restrição da posse de armas; afastamento do lar, domicílio ou local de convivência com a ofendida; proibição de aproximação da ofendida ou contato com ela; proibição de frequentar determinados lugares; restrição ou suspensão de visitas a dependentes menores; prestação de alimentos provisionais ou provisórios.

Em 2015, entrou em vigor legislação voltada especificamente para o homicídio de mulheres, tornando-o crime hediondo. A Lei n.13.104/15[36] altera o Código Penal e prevê aumento de um terço da pena se o homicídio ocorrer durante a gestação; na presença de ascendente ou descendente da vítima; nos três meses posteriores ao parto; se envolver menor de 14 anos ou maior de 60 anos.

## Os desafios da Lei Maria da Penha

A Lei Maria da Penha, como se nota, inova em muitos aspectos da garantia de direitos das mulheres. Essa inovação produz novos desafios institucionais que ainda não se encontram superados. Esses desafios impõem-se sobretudo ao poder público, nas áreas da saúde, da

36 Lei n.13104, de 9 mar. 2015.

assistência social, mas, sem dúvida alguma, também aos aparatos judicial e policial.

O simples fato de o Juizado de Violência Doméstica e Familiar contra a Mulher, previsto na Lei Maria da Penha, ser responsável por causas cíveis e criminais é, por si mesmo, algo que requer novas competências por parte dos atores jurídicos (juízes, promotores de justiça, defensores públicos) que atuam nesse campo.

Ou seja, não se trata apenas de condenar alguém, mas também de, potencialmente, intervir no direito de visitar um filho. Isso tudo com base na mesma legislação e no mesmo equipamento, o que, em outras circunstâncias, seria tratado em campos distintos: vara de família e vara criminal, por exemplo. A despeito da previsão feita na Lei Maria da Penha acerca da competência cível dos Juizados de Violência Doméstica e Familiar, há formulações oriundas de fóruns jurídicos que visam alinhar o entendimento sobre o que seria próprio desses juizados e o que deveria ser tratado nas varas de família.[37]

Diante de todas as mudanças descritas, a Lei Maria da Penha seria eficaz? Observa-se que esse tipo de avaliação é difícil de ser feita, embora seja nítido que a ideia de "direitos da mulher" ficou muito mais patente no senso comum a partir da vigência dessa legislação. É uma lei que todos conhecem, em algum grau. Contudo, as pesquisas com o objetivo de avaliar a eficácia da Lei Maria da Penha encontram ora resultados distintos, ora apontam aspectos de reparo, sobretudo quando o foco é o assassinato de mulheres.

É dessa forma que o Instituto de Pesquisa Econômica Aplicada (Ipea) encontrou resultados distintos a partir de duas pesquisas realizadas, a primeira em 2013 e a segunda em 2015. Na primeira, concluiu-se pela ineficácia da Lei Maria da Penha quanto a evitar o assassinato de mulheres;[38] na segunda, demonstrou-se sua efetividade, com a ressalva de que evitar o feminicídio não seria o principal objetivo dela.[39]

37 Fonavid, Enunciados do VI Fórum Nacional de Juízes de Violência Doméstica e Familiar contra a Mulher.

38 Garcia et al., *Violência contra a mulher:* feminicídios no Brasil.

39 Cerqueira et al., Avaliando a efetividade da Lei Maria da Penha.

O pedido de ajuda da mulher, quando dirigido ao poder público, usualmente é mediado por equipamentos que se filiam a instituições diversas e que nem sempre estão articulados como necessários nem como previstos na Lei Maria da Penha. Esses equipamentos e instituições formalmente guardam algum tipo de ligação entre si, de graus variados: a polícia militar; a polícia civil; a defensoria pública; o juizado de violência doméstica e familiar contra a mulher; o ministério público; os centros de referência, aí incluídos não apenas os especializados em questões de gênero, mas também os relativos à saúde e à assistência social; organizações sociais diversas. Essa articulação é necessária, inclusive, no que se refere à medida de prestação de serviço à comunidade, prevista na Lei Maria da Penha. Não se trataria apenas de enviar o homem para a realização de atividades junto a um estabelecimento por tempo determinado, mas do significado que o trabalho realizado e o tempo sequestrado significam para ele e da associação entre a medida e o ato praticado. Não seria importante que o estabelecimento que recebe o homem sentenciado estivesse alinhado aos princípios previstos na Lei Maria da Penha, assim como ao próprio aparato judicial como um todo? Da mesma maneira, não é importante que as polícias militar e civil cumpram rapidamente suas atribuições (verificar a queixa e colher depoimentos, por exemplo), a fim de que se evidencie para os envolvidos a presença de um terceiro na cena conflituosa?

Quando se sabe que, ao menos no que se refere ao Rio de Janeiro, 80% dos registros de ocorrência relativos à violência doméstica e familiar são feitos em delegacias não especializadas, tem-se a dimensão da importância do treinamento e das dificuldades para esse acolhimento, que em geral é a porta de entrada para a intervenção do poder público no universo privado da família que passa pela experiência da violência doméstica.

O contexto acima orienta Machado[40] e sua equipe à pesquisa sobre o feminicídio íntimo no Brasil e à conclusão da necessidade de conscientização e sensibilização dos atores jurídicos (juízes, defensores, promotores de justiça e advogados) para esse tema e, de forma mais ampla, para

40 Machado, *A violência doméstica fatal:* o problema do feminicídio íntimo no Brasil.

o da violência doméstica. Machado identifica na pesquisa realizada que os crimes cometidos contra mulheres têm na premeditação uma característica importante, aspecto também observado nos casos analisados por Jimeno,[41] ainda que não haja unanimidade na literatura sobre isso.[42] Essa observação leva a um outro aspecto do desafio acerca da eficácia da Lei Maria da Penha ou das políticas públicas voltadas para o tema da violência contra a mulher: evitar a repetição de episódios.

Nesse sentido, Souza e Sabini investigam os motivos que levariam à permanência de mulheres com seus parceiros violentos e criticam o fato de não haver política pública de proteção que alcance aquelas que se encontram nesse contexto. Elas constatam que um conjunto de variáveis incidem nessa decisão da mulher: a crença de que o modo agressivo do parceiro amoroso poderia findar; a solidão; os filhos; a tentativa de assegurar bens materiais. Todos esses elementos, para as autoras, seriam inteligíveis a partir das expectativas dessas mulheres acerca do que seria o amor: "[essas expectativas] tangenciavam a construção de planos e projetos juntos, a possibilidade da edificação de sonhos e objetivos, a criação de laços e a constituição de bens materiais".[43]

Todavia, como indicado por Gregori, a permanência da mulher numa situação de violência não pode ser resumida a essas expectativas, o que torna mais complexa a concepção e realização de políticas públicas para esse campo, bem como da avaliação de sua eficácia e efetividade.

## Significados da violência contra a mulher e alguns números

Fausto compila alguns números interessantes. Ele aponta que as mulheres aparecem como vítimas em 18,6% dos processos judiciais e em 24,4% das notícias divulgadas pela imprensa no período que analisa,

41 Jimeno, *Crimen pasional*: contribución a una antropología de las emociones.
42 Cerqueira et al., op. cit.
43 Souza; Sabini, Mas o que é o amor? Representações sociais em mulheres em contexto de violência doméstica, *Perspectivas em Sociologia*, p.168.

referente à passagem do século XIX para o século XX. A pesquisa realizada por Fausto cobriu 768 processos judiciais, dos quais 221 relacionados a homicídios. Ele verifica nos processos judiciais analisados que as mulheres sofrem "esmagadoramente a ação de seus familiares, por razões de algum modo vinculadas à afetividade",[44] em particular de seus maridos ou companheiros: 25 entre 41 das vítimas estariam enquadradas nesse tipo de situação.

Machado, para o período atual, destaca aspectos que caracterizariam a violência doméstica ou familiar contra a mulher. Esses aspectos podem ser divididos em dois quadros que dizem respeito ao tempo e ao contexto. O tempo seria traduzido na repetição de episódios que envolvem as mesmas personagens. Nesse sentido, o homicídio, ou especificamente o feminicídio, seria o último momento de uma série. O contexto expressa as situações responsáveis por dar início às experiências de violência: pedido de separação por parte da mulher; emancipação econômica; não obediência ao companheiro.[45]

É importante lembrar que os casos de violência contra a mulher ocorrem em toda parte, ensejando um posicionamento da Organização das Nações Unidas (ONU) através da Convenção para a Eliminação de Todas as Formas de Discriminação contra a Mulher e do Comitê para a Eliminação da Discriminação contra a Mulher (Cedaw).[46] A despeito dessa amplitude, Heise e Kotsadam[47] constatam que os casos de violência contra a mulher têm distribuição desigual no mundo, conforme o grau de desenvolvimento socioeconômico da região. É assim que se pode ver, na série elaborada pela WomanStats,[48] não tanto uma relação causal entre

44 Fausto, op. cit., p.91.

45 Machado, op. cit.; PNUD, Feminicídio é tema de pesquisa da FGV-SP, por meio de projeto do MJ em parceria com PNUD.

46 United Nations, Resolution 34/180, The Convention on the Elimination of all Forms of Discrimination Against Women; The Committee on the Elimination of Discrimination against Women.

47 Heise; Kotsadam. Cross-national and multilevel correlates of partner violence: an analysis of data from population-based surveys, *The Lancet Global Health*.

48 WomanStats, *The WomanStats Project*.

bem-estar e igualdade social, por um lado, e menor incidência de crime contra a mulher, por outro. Mas uma correlação entre esses conjuntos, em especial no que se refere ao assassinato e estupro de mulheres.

Se a distribuição global dos casos de violência contra a mulher é desigual, o mesmo ocorre quando se analisa a situação em cada país. É isso que a série "Till Death Do Us Part", do jornal *The Post and Courier*, mencionada anteriormente, exemplifica. A Carolina do Sul é o estado com maior número de casos desse tipo nos Estados Unidos.[49]

O conteúdo ali disponibilizado permite saber que nos últimos dez anos, na Carolina do Sul, mais de trezentas mulheres foram assassinadas das mais diferentes maneiras. A matéria posiciona-se fortemente contra a inação do Estado, que nada teria feito para alterar esse contexto, sendo certo que a taxa de assassinatos nesse estado seria o dobro da média nacional. Na Carolina do Sul, pode-se receber pena de cinco anos de prisão por maus-tratos a animais domésticos, mas o máximo de um mês se a violência física contra a mulher tiver sido cometida pela primeira vez.[50]

Ao se verificar os dados relativos ao Canadá, país de alto desenvolvimento socioeconômico, situando-se entre os dez primeiros do mundo quanto ao Índice de Desenvolvimento Humano, a ocorrência de casos de violência doméstica que culminam em morte também chama a atenção por algumas características. É o que se conclui do Relatório elaborado pelo Domestic Violence Death Review Committee, subordinado ao Ministry of Community Safety & Correctional Services (MCSCS), que analisou casos da província de Ontário, publicado em 2015.

Considerando-se o período 2003-2014 tem-se os seguintes números (grifos nossos):[51]

- 199 casos que resultaram em 290 mortes;
- 61% desses casos foram homicídios;
- *39% dos casos envolveram homicídio e suicídio;*

49 Pardue et al., *Till Death do us Part:* Post and Courier Special Investigation.

50 Ibidem

51 Lucas, *Domestic Violence Death Review Committee:* 2013-14 Annual Report, grifos nossos.

- *72% dos casos são relativos a casais com histórico de violência doméstica;*
- *69% dos casos envolvem casais em processos de separação.*

Dawson,[52] com base em pesquisa também realizada na região de Ontário, conclui que o ciúme ou suspeita de infidelidade e a disputa de guarda de filho(s) pode aumentar o risco de dano a um dos pais, geralmente as mulheres.

No Brasil, Engel[53] identifica em seu levantamento que o uso de álcool e drogas é um importante potencializador de reações violentas em conflitos interpessoais. Desse cenário, não seriam excluídos os casos específicos de violência contra a mulher. De fato, observa-se empiricamente que, nos atendimentos a mulheres envolvidas em situações de violência doméstica ou familiar, a narrativa apresentada por elas inclui, com bastante frequência, a associação do uso dessas substâncias por parte dos parceiros íntimos, sem que isso seja traduzido, pura e simplesmente, como causa. A referência ao uso imoderado de álcool e suas implicações nos crimes de natureza familiar é uma constante também na pesquisa de Fausto,[54] sendo igualmente observado por Cerqueira et al.[55]

O levantamento de Engel sublinha ainda que a falta de rede de apoio no país contribui para violências graves contra as mulheres, em particular o homicídio. Essa constatação encontra eco em Cerqueira et al.,[56] quando verificam que o nível de institucionalização da Lei Maria da Penha e dos mecanismos de garantia de direitos previstos variam significativamente no Brasil. Nesse sentido, o Conselho Nacional de Justiça (CNJ) aponta que os Juizados de Violência Doméstica e Familiar contra a Mulher no país não possuem parâmetros unificados para sua criação, o que implica dizer que nem mesmo critérios populacionais são utilizados para seu

52 Dawson, Canadian trends in filicide by gender of the accused: 1961-2011, *Child Abuse & Neglect*.

53 Engel, *Diagnóstico dos homicídios no Brasil:* subsídios para o Pacto Nacional pela Redução de Homicídios.

54 Fausto, op. cit., p.234.

55 Cerqueira et al., op. cit.

56 Ibidem

Figura 9.2
Mulheres fazem ato em frente a Assembleia Legislativa do Estado do Rio de Janeiro (Alerj), em repúdio ao estupro praticado por mais de 30 homens contra uma adolescente

**Foto:** Marcelo Carnaval (Agência O Globo)

dimensionamento. Em 2012, havia 66 juizados exclusivos para o atendimento dos casos de violência doméstica ou familiar contra a mulher. Esses juizados registraram 677.087 procedimentos nesse ano. Dentre esses procedimentos, 280 mil foram relativos às medidas protetivas de urgência.[57] No estado do Rio de Janeiro, em 2015, estavam em trâmite cerca de 133 mil processos judiciais de violência contra a mulher, tendo sido deferidas cerca de 18 mil medidas protetivas de urgência.[58]

A taxa de morte violenta de mulheres no Brasil, segundo Engel,[59] é mais baixa que a de homens. Mas tanto num caso como no outro, a constante é a da preponderância de mortes de negros e jovens. No caso das mulheres negras, para o ano de 2013, a taxa de mortes para a população de 100 mil habitantes foi de 7,2 *vs.* a taxa de 3,2 para mulheres brancas. Em números absolutos, foram mortas 3.468 mulheres negras e 1.571 mulheres brancas.

Waiselfisz[60] destaca também essa distinção na morte de mulheres negras e brancas. Mais que isso, verifica que as taxas de homicídio da população branca tendem à queda, o contrário do que acontece com a

57 CNJ, O Poder Judiciário e a aplicação na Lei Maria da Penha.

58 TJRJ, TJRJ lança Observatório Judicial da Violência contra a Mulher.

59 Engel, op. cit.

60 Waiselfisz, *Mapa da violência 2015:* homicídio de mulheres no Brasil.

população negra. Se, como foi visto acima, em 2013 o número de homicídios de mulheres brancas girou em torno de 1.500, em 2003 esse número foi de pouco mais de 1.700: uma queda de quase 10% em dez anos. Por outro lado, ainda segundo Waiselfisz, o homicídio de negras passou de 1.864, em 2003, para 2.875, em 2013, número um pouco menor que o estabelecido por Engel para o mesmo período.[61] Em todo caso, Waiselfisz encontra um aumento do número de mulheres negras mortas de quase 55% em dez anos. Esse perfil racial foi comentado também por Fausto.[62] Nos processos judiciais analisados por ele, o assassinato de mulheres negras ocorre por obra de seus companheiros, amantes ou maridos brancos, de classe média ou alta, e têm como motivo principal a alegação de adultério.

Em 2007, um ano após a entrada em vigor da Lei Maria da Penha, a taxa de homicídios de mulheres tem um leve declínio, para em seguida voltar a subir. Cerqueira et al.[63] chamam a atenção para que essa continuidade no aumento da taxa de homicídio não seja entendida como sinal de ineficácia da lei: como comentado, o nível de institucionalização da Lei Maria da Penha varia significativamente no Brasil, o que torna desigual sua eficácia e efetividade ao longo do território nacional, o que pode ser observado na análise por regiões realizada pelos autores.

Waiselfisz[64] identifica a arma de fogo como o principal instrumento para a realização de homicídios, tanto para homens como para mulheres. Em segundo lugar, também para ambos os sexos, encontram-se os objetos cortantes ou perfurantes. Todavia, o uso de armas de fogo no homicídio de homens tem um peso maior que no caso de homicídio de mulheres.

Mesmo quando não se trata de homicídio, Waiselfisz aponta para outro número que ajuda a perceber o fenômeno da violência contra a mulher. Em 2014, diariamente, 405 mulheres procuraram alguma

---

61 Engel, op. cit.
62 Fausto, op. cit.
63 Cerqueira et al., op. cit.
64 Waiselfisz, op. cit.

unidade de saúde em busca de atendimento para violência sofrida, sobretudo por parceiros ou ex-parceiros (67,2% do total de atendimentos). Ainda conforme Waiselfisz, são esses mesmos parceiros ou ex-parceiros os autores de 33,2% dos homicídios de mulheres cometidos em 2013.

A reincidência é elevada nos casos de violência contra a mulher, sobretudo nas adultas e idosas, segundo Waiselfisz.[65] Machado,[66] Souza e Sabini,[67] de modos distintos, também chamam a atenção para essa característica. Esse dado deve fazer pensar sobre o alcance da lei nesses casos. Seria possível indagar: do número de processos iniciados nos Juizados de Violência Doméstica e Familiar, quantos autores são, de fato, julgados? Entre estes, existem quantas condenações? E ainda: qual seria o tipo de pena aplicado com mais frequência? Por fim, chegaríamos à principal interrogação: seria o direito criminal, exclusivamente, o melhor modo de intervenção nas situações de violência doméstica ou familiar?

Sobre essas interrogações, Waiselfisz[68] contribui com alguns dados que auxiliam a análise:

Se consideramos que, em 2013, havia no sistema penitenciário nacional, por motivo de violência doméstica, um número estimado de 7.912 pessoas privadas de liberdade, condenadas ou aguardando julgamento, temos que, no limite, *7,4%* dos agressores domésticos, acusados de cometerem violências relativamente sérias contra vítimas que demandaram atendimento no sistema de saúde do país foram condenados ou estão esperando julgamento – o que não significa que serão condenados (grifo nosso).[69]

Deve-se esclarecer que no artigo 129 do Código Penal, nos parágrafos 9º, 10º, 11º e 12º, há previsão de penas para os casos relativos à violência doméstica, inclusive aquelas derivadas de agravantes. Assim, segundo o artigo 9º, "se a lesão for praticada contra ascendente, descendente, irmão, cônjuge ou companheiro, ou com quem conviva ou tenha

---

65 Ibidem

66 Machado, op. cit.

67 Souza; Sabini, op. cit.

68 Waiselfisz, op. cit.

69 Ibidem, p.76.

convivido, ou, ainda, prevalecendo-se o agente das relações domésticas, de coabitação ou de hospitalidade", a pena será de detenção, entre três meses e três anos.[70] Isso significa que o início do cumprimento da pena será no regime semiaberto ou aberto, diferentemente das penas de reclusão, que são cumpridas em regime fechado. A pena de reclusão é aplicável aos casos de feminicídio, variando entre doze e trinta anos, conforme artigo 121 do Código Penal.

Fausto tece uma consideração relevante para as questões apontadas antes, embora voltado a um contexto diferente: "As elevadas penas cominadas nos Estados Unidos para o estupro não têm como necessária consequência a punição eficaz do delito".[71] Apoiando-se em Susan Brownmiller, ele afirma que "uma reivindicação dos círculos feministas é a redução das penas, alegando-se que a sua gravidade acaba por levar muitos jurados a optar pela absolvição".[72] Essas interrogações e afirmações apontam para a necessidade de prosseguir as investigações nesse campo, considerando as importantes lacunas que permanecem, sobretudo quanto aos limites do direito penal no cenário da violência doméstica.

## Até que a morte nos separe?

"Se você não for minha, não será de mais ninguém." Essa frase é conhecida de qualquer um que tenha contato com autos ou registros de ocorrência relativos à violência contra a mulher. Ela acaba por assumir um tom sinistro, não apenas pelo que é explícito em seu enunciado, mas também por portar de modo cifrado os votos de união eterna que selam muitas cerimônias de casamento. Passado e presente reunidos de estranha maneira.

---

70 Lei n.2848, de 7 dez. 1940.

71 Fausto, op. cit., p.197.

72 Ibidem

Figura 9.3
Cenas do vídeo dirigidc por Vítor diCastro para a canção *Maria de Vila Matilde*, música gravada por Elza Soares em 201

**Fonte:** reprodução a partir de <http://www.youtube.com/watch?v=RQMq4ijqYTA> Acesso em: 24 set. 2017

Que essa frase seja repetida e repetida, um número interminável de vezes, não é algo que seja exclusivo dos brasileiros, como aponta Jimeno.[73] Que Elza Soares tenha de dar voz à sua Maria de Vila Matilde e que essa voz tenha de demarcar um limite para o homem, eis algo sobre o que se deve prestar atenção. Que esse homem tenha de se haver com o que fez ou faz, que tenha de remanejar os fundamentos de sua posição subjetiva e mudar seu comportamento, tal como a mulher, talvez seja algo impossível de ser feito. Outros precisam intervir. É o que nos diz Elza Soares.

Na letra que narra a (des)ventura de sua personagem, Elza Soares diz que o passo a ser dado por ela não pode ser feito na solidão. É o celular que é buscado; é o 180 que será demandado; é um Outro que precisa aparecer. O movimento feito pela mulher, que poderá retirá-la do papel de vítima, implica igualmente um novo lugar para o homem que não apenas o de agressor que age cegamente segundo os ditames da honra ou da biologia.

Que a solidão não dê as cartas por fim, talvez seja o que resta da letra que apresenta essa Maria de Vila Matilde. A canção é dirigida para todos que se colocam em posição de ouvi-la e que podem fazê-la ecoar com base na vulnerabilidade que liga uns e outros. Nessa letra podem ser reconhecidos tanto os apitos das mulheres de Recife, que se mobilizam contra a violência física desde há tempos, quanto a reação ao assédio em

73 Jimeno, op. cit.

redes sociais dirigido à menina de 12 anos que participou de um programa de TV no Brasil, em outubro de 2015.

Na canção também se manifesta a oposição ao Projeto de Lei n.5069/15, que modifica a lei de atendimento às vítimas de violência sexual; as mulheres islandesas, que em 1975 fizeram greve reivindicando igualdade de direitos, e as mães de Acari, que não deixam esquecer a chacina de seus entes queridos, ocorrida no Rio de Janeiro em 1990. Trata-se de uma multidão sem fim, todos estão na letra e são também seus destinatários, trabalho para a construção de novos horizontes.

'Jamé!' é a palavra que interrompe, que aposta numa nova cena. 'Jamé!' é a palavra que precisa ser repetida para que, talvez, outras histórias tenham vez.

# 10

## “A impunidade mata e desmata”: o caso Dorothy Stang uma década depois

*Marcelo Timotheo da Costa*

### Introdução

É dia de confissões na pequena igreja do interior do país. O sacerdote ouve a frase cerimonial da parte do fiel que se ajoelha.

– Padre, perdoe-me porque eu pequei.

– Antes de seguirmos, é importante que eu saiba quem você é, nunca o vi por aqui. Por exemplo, qual sua profissão?

– Eu sou matador, padre.

Segue-se longo silêncio. Recuperado da revelação impactante, o sacerdote pergunta:

– E você está aqui por conta dos homicídios que cometeu? Deseja arrepender-se, mudar de vida?

– Não, padre, sou matador. Continuarei assim. Mas sou um matador cristão.

– Como pode ser isso?

– Eu miro entre os olhos do sujeito que vai morrer. Ele não sente nada.

Isso dito, o forasteiro passou a enumerar o que considerava serem seus pecados. Pecados banais.

Figura 10.1
David Stang, irmão da missionária, mostra a cena do crime ocorrido em 2005
**Foto** The Denver Post / Getty Images

O episódio acima narrado, embora pareça ficcional, aconteceu de fato. Foi relatado ao autor destas linhas pelo clérigo que oficiava aquela confissão, sem que se violasse o segredo sacramental garantido pela Igreja. Contou-se o ocorrido, não sendo fornecida informação alguma que levasse a qualquer pista do fiel, o autoproclamado "matador cristão". Sabe-se a data aproximada, final do século XX, anos iniciais do milênio seguinte. Nem mesmo o local exato foi dito. Conhecendo-se a biografia do sacerdote envolvido, depreende-se que tal fato ocorreu em uma diocese do sul do Pará, Amazônia Legal, no chamado "Brasil profundo", área onde a pistolagem e as mortes contratadas são fatos cotidianos. Território onde a extrema banalização do homicídio permite que crimes de sangue sejam vistos como deveres profissionais. E, como tal, sejam interpretados como atos lícitos e até passíveis de absurda "cristianização".

O presente texto aborda um dos muitos homicídios praticados naquela imensa porção do território brasileiro. Tratar-se-á, nas linhas seguintes, do assassinato da freira católica e ativista social Dorothy Stang, dado em fevereiro de 2005. Morte divulgada pela imprensa nacional e internacional, ao contrário de tantas outras semelhantes a ela. Crime que, apesar de sua ampla difusão e da justa comoção que despertou no Brasil e no exterior, continua esperando por justiça para a totalidade dos envolvidos nele, espera comum a tantos outros casos tragicamente análogos.

## A personagem e sua circunstância

Dorothy Mae Stang (7 de junho de 1931-12 de fevereiro de 2005) foi uma religiosa católica da Congregação de Notre Dame de Namur. A freira Stang, de origem norte-americana, radicou-se no Brasil em 1966, país onde viveria até a morte. Ela se fizera noviça aos 17 anos, desejando ser enviada em missão para a China, conforme escreveu em sua ficha de inscrição na congregação. Logo depois, seja no período de formação que se seguiu à sua admissão como noviça entre as irmãs de Notre Dame, seja nos primeiros trabalhos pastorais ainda nos Estados Unidos, teve longo contato com famílias de imigrantes pobres, em sua maioria vindos do México. Tal encontro, decisivo na trajetória pessoal de nossa personagem, despertou na jovem Dorothy preocupações sociais que serão lidas a partir de sua fé. Nesse sentido, a vinda ao Brasil será decisiva para firmar nela o compromisso com cristianismo questionador, no qual as obras de caridade, marcas tradicionais da presença católica entre os mais pobres, são associadas à luta por melhores condições de vida para a gente mais simples.

É importante ligar a personagem a seu contexto vital. Dorothy Stang não estava sozinha na associação, em clave progressista, entre fé e militância. A vinculação entre credo cristão e determinada práxis social questionadora do *status quo*, na segunda metade dos anos 1960, funcionava como espécie de "pedra de toque" para setores importantes da Igreja Católica latino-americana. Impulsionados pela renovação promovida pelo Concílio Vaticano II (1962-1965), evento que aproximou a Igreja Católica da cultura contemporânea, importantes atores no universo eclesial da América Latina propuseram nova abordagem dos problemas sociais, econômicos e políticos do continente a partir da fé cristã.

Assim ocorreu entre alguns membros da hierarquia, bispos como o brasileiro Hélder Câmara, o chileno Manuel Larraín e o mexicano Samuel Ruiz. Outros prelados se uniriam a eles, em especial nos anos 1970, quando a contestação às ditaduras latino-americanas esteve na agenda de lideranças religiosas como os cardeais de São Paulo, dom Paulo Evaristo Arns, Raúl Silva Henríquez, de Santiago, e o bispo argentino de La Rioja, Enrique Angelelli, morto por agentes do regime de exceção em seu país, em 1976. O próprio Conselho Episcopal Latino-Americano (Celam) procurou adaptar o *aggiornamento* católico, fruto do Concílio Vaticano II, a nosso continente, em encontro histórico dado em Medellín, na Colômbia, em 1968. Ali, os bispos da região de presença católica mais massiva do globo afirmaram que a pobreza e miséria continentais constituíam situação de pecado. Atente-se à novidade: com chancela do mais alto colégio episcopal da América Latina, a ideia de pecado, com tanta frequência remetida ao longo dos séculos a faltas do fiel individual, passava a ser retratada como decorrente das ações – e também das omissões – do conjunto do corpo social. E, portanto, para os prelados reunidos em Medellín, a exclusão social que vitimava tantos era "fato coletivo [...] injustiça que clama aos céus". Tratava-se de nova mirada analítica que pavimentaria a célebre "opção preferencial pelos pobres", adotada no encontro seguinte do Celam, em Puebla, México, em 1979.[1]

Vale dizer que, desde meados dos anos 1950, na base do edifício eclesial, estudantes secundaristas e universitários, como os reunidos em torno da Juventude Estudantil Católica (JEC) e da Juventude Universitária Católica (JUC) brasileiras, já apontavam o subdesenvolvimento e a pobreza/miséria de milhões na América Latina como desafio aos cristãos. Na década seguinte, a inquietação ganha força nos seminários católicos. Inquietação que levou um grupo de postulantes ao sacerdócio a propor a redefinição do próprio conceito de santidade. Para eles, como

---

1 Citações retiradas das conclusões de Medellín (seção sobre a Justiça: 1,1) e Puebla (com seção própria intitulada "opção preferencial pelos pobres", quarta parte, capítulo 1).

alguns dos estudantes do Seminário de Viamão, no Rio Grande do Sul, centro de excelência na formação de clérigos, o "santo moderno" deveria ser um "santo social".[2]

Ainda em fins dos anos 1960, no campo da produção intelectual, o peruano Gustavo Gutiérrez lançava as estruturas da Teologia da Libertação. Em breve, Gutiérrez teria a companhia do brasileiro Leonardo Boff, do uruguaio Juan Segundo e de Jon Sobrino, de origem basca, radicado em El Salvador. Este último chegou a resumir numa pergunta o dilema que o cristão deve enfrentar na América Latina, local tão marcado por profundas desigualdades socioeconômicas, situação esta que produz muitos milhões de empobrecidos e contingente assombroso de pessoas em situação de absoluta indigência. A indagação de Sobrino, formulada a partir do imaginário bíblico, é: "Como falar de Deus em continente de crucificados?".

Propõe-se, no presente texto, que Dorothy Stang pretendeu realizar exatamente isto: falar de seu Deus e sua fé à gente mais simples, assumindo as dores e lutas de seu público. A realidade dos mais pobres da terra que a acolhera, nos confins da floresta tropical, transformou definitivamente seu já citado ímpeto missionário original, ímpeto da época de sua admissão às irmãs de Notre Dame. Para ela, não estava mais em jogo, como desejara um dia, partir para a China e levar o Evangelho àqueles que não o conheciam, movimento bem de acordo com ideário de missão dos mais tradicionais. O contato com o chamado "Brasil profundo" levou Dorothy a repensar sua atuação como religiosa, num país já (ao menos formalmente) católico. Em sua prática diária, pode-se dizer que lhe era recorrente questão similar à que se apresentara a Sobrino, na América Central: como ser missionária – em outras palavras, pregar a fé da Igreja – observando tanta miséria entre os homens e tamanha destruição na natureza?

2 Para maior desenvolvimento, veja o quinto capítulo de Serbin, *Padres, celibato e conflito social:* uma história da Igreja Católica no Brasil.

## Dorothy Stang no Brasil: conversão aos pobres dos pobres

Se vale o paralelo com Jon Sobrino, um intelectual sistemático envolvido na luta dos mais pobres da América Latina, há que se dizer que Dorothy Stang não se notabilizou pela formulação de proposições teológicas. A trincheira da Irmã Dorothy foi diversa.

Ela chegou ao Brasil com três outras religiosas da Congregação de Notre Dame de Namur, na segunda metade dos anos 1960. O grupo passou os seis meses subsequentes, no Rio de Janeiro, aprendendo o idioma e a cultura do novo país e, ao final desse período, foi enviado para Coroatá, no Maranhão. Ali, Dorothy entrou em contato com o drama fundiário nacional, trabalhando com famílias de sem-terra, incentivando sua organização em sindicatos e atuando em escolas municipais da área rural. Em 1974, de volta ao Rio de Janeiro, refinou o conhecimento prático obtido nos sertões pátrios junto ao Instituto Brasileiro de Desenvolvimento (Ibrades), centro progressista de estudos mantido por padres jesuítas, sob o "guarda-chuva" protetor da Conferência Nacional dos Bispos do Brasil (CNBB), para quem o supracitado Instituto prestava consultoria. O Ibrades também assessorou a Juventude Operária Católica e movimentos populares e era tido como subversivo pelo regime ditatorial vigente – havia sido, inclusive, invadido por forças de segurança em 1970. Ali, a religiosa aprimorou-se em curso de Sociologia, Política e Economia do Brasil.

De retorno ao Norte, Stang trabalhou na localidade de Abel Figueiredo, no Pará, entre 1974 e 1977, deslocando-se depois para Jacundá, no mesmo estado, onde permanece até o início da década de 1980. Se nosso personagem muda de lugar, os problemas que ela encontra continuam tendo suas raízes mais profundas na miséria do público a quem a Irmã Dorothy atende. Em Jacundá, a freira atuou com posseiros de terras da União, em lotes limítrofes à rodovia BR-230, conhecida como Transamazônica.

Cumpre recordar que, no início da década de 1970, com a decisão do general presidente Médici de construir a Transamazônica, houve grande fluxo de camponeses empobrecidos para o Pará, população que estava atraída pela promessa do governo federal de distribuir lotes de terras para colonos que se fixassem às margens da rodovia. Do Maranhão, partiu contingente significativo de pessoas, e a própria mudança de Stang – e de outras religiosas que trabalhavam com ela – para o estado vizinho seguiu tal fluxo. Anos depois, uma dessas freiras afirmaria que se tratava então de acompanhar aqueles que as religiosas já consideravam "seu povo". Portanto, Dorothy e seu pequeno grupo ilustravam, na prática, a proposição de Leonardo Boff, dos mais célebres autores ligados à Teologia da Libertação latino-americana, sobre o significado da conversão à fé cristã (e à causa dos mais pobres). Converter-se ao cristianismo, sustentou Boff em várias ocasiões, é "mudar de lugar social".

As obras para a BR-230, em plena floresta tropical, revelaram-se desastrosas em termos humanos e ambientais. Exemplo nefasto diz respeito aos primeiros ocupantes daquele território. Para a pavimentação da gigantesca estrada, foram deslocadas à força tribos indígenas e, segundo a Comissão Nacional da Verdade (2015), daí decorreu a morte de 8 mil índios. Grandes fazendeiros também se aproveitaram da oportunidade para tomar terras de pequenos agricultores, valendo-se de grilagem e violência. E, por falta de planejamento e manejo adequado, a natureza foi severamente agredida. Dorothy e sua pequena comunidade de religiosas testemunharam, pois, o sofrimento dos homens e as agressões ao meio-ambiente.

De Jacundá, Dorothy deslocou-se para a região de Anapu, em 1982, onde morou até sua morte. Nessa área, a convite do bispo local, o austríaco dom Erwin Kräutler, outro missionário estrangeiro feito aliado da Amazônia e de sua população carente, ela confirmou sua militância entre os deserdados da terra: pequenos lavradores, posseiros, migrantes pobres, boias-frias. Gente deslocada pelo avanço predatório do latifúndio e de grandes madeireiras. Uma vez mais, Stang constata a devastação em amplo espectro: em paralelo às sequelas sociais produzidas pelo avanço indiscriminado (e muitas vezes ao arrepio da lei) do chamado agronegócio, ela vê agravar-se a destruição das ricas fauna e flora regionais. Cada vez mais, a floresta, antes fechada, cede lugar aos pastos, sendo explorada de modo ambientalmente não sustentável. Em outras palavras, se a grande empresa do agronegócio e do extrativismo auferia ganhos crescentes para poucos, dado o modelo de exploração implantado naquela vasta área, do outro lado da equação, aumentavam o débito social e ambiental, custo a ser repartido por muitos, pelos mais frágeis, a natureza inclusive.

Tal exploração não constitui fenômeno extemporâneo na lógica produtiva construída na Amazônia Legal, e sim o corolário de mentalidade predatória ao extremo, modelo de produção antigo e reiterado ao longo do tempo. Já em 1971, na fase mais repressiva de nossa última ditadura, o então jovem bispo Pedro Casaldáliga, catalão de origem e titular da Prelazia de São Félix do Araguaia, inaugurara seu pastoreio denunciando a perversa associação entre grande propriedade agrícola e pobreza, no corajoso documento "Uma Igreja da Amazônia em conflito com o latifúndio e a marginalização social". Em que pesem algumas mudanças, sobretudo no incremento da capacidade da sociedade civil de pressionar e denunciar abusos, os avanços das causas progressistas no campo, por conta do poder da agroindústria e de seus representantes políticos, ainda são bastante tímidos. Basta dizer que, no ano da morte de Stang, deu-se o maior índice de desmatamento na Amazônia. E a violência contra quem é visto como inimigo dos interesses de latifundiários e outros detentores do poder político e econômico local e regional mantém-se vigente. Assim, são ameaçados aqueles que militam em torno de propostas de política social redistributiva, como a da reforma agrária; de assuntos ecológicos, caso dos projetos de preservação do meio-ambiente e manejo sustentável da floresta; e de iniciativas humanitárias, como a luta pela erradicação da situação análoga à escravidão, também conhecida por "escravidão moderna", vergonhosa chaga nacional que, segundo números informados pelo próprio grupo do Ministério do Trabalho que busca reprimir tal prática (dados de 2003), mantinha cativas, por dívidas, cerca de 40 mil pessoas no Brasil, no campo e na cidade.[3] E, se os problemas – sociais, ambientais e humanitários – são variados, os "jurados para morrer" igualmente o são: contam-se, entre eles, religiosos e agentes de pastoral, advogados, sindicalistas, jornalistas,

3 Veja <http://reporterbrasil.org.br/2003/01/nova-escravidao-e-tema-de-oficina>.

lideranças populares. Todos podem tornar-se alvo de perseguição cotidiana e, em muitos casos, letal.

Retorne-se à Anapu de Dorothy Stang. Nesse local e suas cercanias, ela trabalhou na criação de escolas de formação de professores para o ensino fundamental e médio. E dedicou-se com especial empenho ao grave problema fundiário daquela região. Ali, muitos posseiros viviam em terras cedidas pela União a agricultores do Sul e do Sudeste do país. Estes últimos eram proprietários de glebas alienadas ainda nos anos 1970, no bojo do esforço colonizador da Amazônia, porém, em sua maioria, jamais se deslocaram efetivamente para o Norte do país. Diante da ocupação de fato de posseiros nas referidas terras, configurava-se conflito fundiário de monta, situação aumentada em potência pela incapacidade (mormente por razões políticas) do Instituto Nacional de Colonização e Reforma Agrária (Incra) de resolver o impasse. Stang estudou a legislação fundiária brasileira e buscou esclarecer posseiros e suas famílias sobre seus direitos, posto que ocupavam a terra havia anos, em muitos casos, décadas. Ainda em prol dos pequenos agricultores, a missionária auxiliou na organização dos trabalhadores rurais em associações, buscando fixar o homem à terra e lhe dar condições dignas de vida e trabalho, campanha para a qual contou com o apoio da Comissão Pastoral da Terra (CPT), órgão vinculado à CNBB que luta pela reforma agrária no Brasil.[4]

Nos anos derradeiros de sua vida, Stang esteve à frente de iniciativa que coadunava preocupações sociais e ambientais. Empreendimento que, sob a sigla PDS (Projeto de Desenvolvimento Sustentável), buscava reunir agricultores em glebas onde 20% da área total estivessem direcionados à produção e os 80% restantes seriam destinados a manejo ambiental. Tais glebas seriam divididas a partir da redistribuição de terras da União destinadas à reforma agrária. Enfim, terras públicas, todavia, com frequência, já ocupadas por particulares – graças à grilagem, à

4 A propósito, Stang ajudou a fundar a seção paraense da Comissão Pastoral da Terra, em 1976. Já a CPT nacional fora fundada alguns meses antes, em julho de 1975, em Goiânia.

confecção de títulos de propriedade falsos e, não raro, à intimidação, violência física e homicídios.

O PDS foi lançado em 1999 e teve o reconhecimento do governo federal em 2003, no primeiro ano do governo de Luís Inácio Lula da Silva. Desde logo, a ideia do PDS – com sua reivindicação de reforma na estrutura agrária e também por seu zelo ecológico – agregou inimigos de peso: latifundiários, proprietários de madeireiras e até comerciantes de Anapu, que financiaram campanhas e manifestações contra Stang. No bojo da reação, chegam à praça pública tentativas de desconstruir as intenções da freira. Ela passa a ser apresentada por seus detratores como perigosa agitadora e até como agente do governo dos Estados Unidos que, disfarçada de religiosa, prepararia a tomada da Amazônia pelo governo de Washington. Informações que, sem qualquer amparo nos fatos, se juntam à pretensa argumentação econômica: opositores de Stang alegaram, por exemplo, que, sem as serrarias, que seriam inviabilizadas pelo manejo ambiental proposto pela freira e seu PDS, Anapu teria sua existência ameaçada. Discurso que faz lembrar certas assertivas de defensores do trabalho escravo, no século XIX brasileiro. Como se sabe, segundo as vozes contrárias à Abolição, uma vez findo o labor compulsório dos negros, o Brasil poderia ser arrastado para uma crise econômica grave.

Indo além da retórica, já bastante agressiva em sua tentativa de torcer os fatos, os inimigos de Dorothy Stang apelam à ameaça direta. Em 1999, sintomaticamente mesmo ano da implementação do PDS por Stang, ela passa a receber ameaças de morte. E, em 2002, em inequívoca inversão de valores, a Câmara de Vereadores de Anapu aprovou menção que declarava a religiosa *persona non grata* no município. Ação reveladora. Em vez de declarar solidariedade àquela sob risco de assassinato, os agentes políticos locais ratificam, ao menos em nível simbólico, a ameaça recebida por Dorothy Stang. Afinal, quando autoridades de dado lugar sustentam, de forma oficial, que determinada pessoa é indesejável, estão afirmando também o desejo de que essa mesma pessoa deixe o território em questão. Logo, pela moção acima registrada, a Câmara de Vereadores de Anapu pressionou Stang a ausentar-se daquele município. Ausência, um dos nomes para a morte.

## Crime e castigo?

A "morte anunciada" de Dorothy Stang tornou-se realidade em fevereiro de 2005. Abordada por dois pistoleiros, ela foi assassinada com cinco tiros à queima-roupa. Antes, segundo um agricultor que testemunhou o crime, Rayfran das Neves Sales aproximou-se de Stang, perguntando-lhe se ela estava armada. A freira teria brandido sua Bíblia de uso pessoal, afirmando ser aquela sua "única arma". Na sequência, tendo se certificado de que a septuagenária não reagiria, Rayfran disparou em direção à missionária, atingindo sua cabeça e tronco, causando morte imediata. O assassino estava acompanhado de Clodoaldo Batista, ambos contratados por Amair Feijoli Cunha, que atuou como intermediário entre a dupla de executores e os mandantes da morte de Stang. Entre estes últimos, foram identificados os fazendeiros Regivaldo Pereira Galvão, conhecido pela alcunha de "Taradão", e Vitalmiro Bastos de Moura, apelidado de "Bida". Seriam apenas os dois – já que a atuação de Stang incomodava a tantos? O Ministério Público de Anapu chegou a declarar que havia um "consórcio de homens poderosos" interessado na eliminação da Irmã Dorothy, mas não logrou reunir pistas suficientes para novas denúncias. Diga-se, em acréscimo, que o trabalho da Promotoria ficou prejudicado com a desaparição de importante testemunha da acusação que, talvez sob coação, deixou o Pará.

A macabra dinâmica da trama que tirou a vida da Irmã Dorothy é bem conhecida. Américo Leal, advogado que defendeu os executores do homicídio e um dos acusados de ordená-lo, chegou a dizer frase sintomática, ao ser entrevistado para o documentário *Mataram a irmã Dorothy*. Alegando tratar-se de crime decorrente de simples discussão seguida de desentendimento entre as partes envolvidas, Leal afirmou: "É muito difícil você sobreviver quando aborrece as pessoas naquela região".[5] Frase

5 O documentário norte-americano *Mataram a irmã Dorothy* ("They killed Sister Dorothy", 94 minutos), dirigido por Daniel Junge, foi produzido em 2008, sendo veiculado pelo Discovery Channel e exibido no Festival do Rio, no mesmo ano. Ele está disponível no site YouTube, na íntegra (<https://www.youtube.com/

Figura 10.2
Manifestantes prestam homenagem a Dorothy Stang em 7 de junho de 2005, data em que a freira completaria 74 anos

**Foto** Evaristo Sá (Agence France Presse / Getty Images)

que permite outra leitura, em direção contrária ao interesse os constituintes de Leal. Ao retratar, tragicamente e não sem razão, o interior do Pará como região onde é possível ser assassinado por motivos tolos, Leal permite a pergunta: e qual é o destino, naquela área, daqueles que contrariam grandes interesses, interesses dos potentados locais?

Como ficou provado no julgamento dos envolvidos no crime, em vários júris populares, a Irmã Stang não morreu por razões fúteis. Seu assassínio repete a triste lógica da morte de outras lideranças que se opuseram ao *status quo* do "Brasil profundo", resistindo àqueles que se julgam acima da lei, em rincões onde o Estado e suas instituições, muitas vezes, assemelham-se a miragens tropicais. A lista de caídos a qual se juntou Dorothy Stang é longa. Basta que se lembre, por exemplo, do Padre Josimo Tavares, coordenador da Comissão Pastoral da Terra do Araguaia-Tocantins, morto em Imperatriz, Maranhão, em maio de 1986. E de João Canuto, primeiro presidente do Sindicato dos Trabalhadores Rurais de Rio Maria, Pará, executado no ano anterior. Igual infortúnio tiveram dois filhos de Canuto, assassinados em 1990, ano da morte de Braz de Oliveira, diretor do mesmo sindicato. E Expedito Ribeiro de Souza, sucessor de João Canuto na liderança classista em Rio Maria,

watch?v=vj5sQI0mz9s>) e também em segmentos de duração variada. Além da versão integral, registro outra de fôlego mais curto, de pouco mais de 43 minutos, disponível em <https://www.youtube.com/watch?v=25BdfKA3wH4>. Nesta última, a afirmação citada de Leal pode ser ouvida entre os minutos 37 e 38. Acesso em: abr. 2016.

conheceu semelhante final em 1991. Já entre os nomes dos que se destacaram na causa ambiental, sem prejuízo de outras reivindicações progressistas, Chico Mendes é o mais notório. Morto em dezembro de 1988, em Xapuri, no Acre, Mendes adquiriu status global como defensor da Amazônia. Infelizmente, a divulgação planetária de sua luta não impediu outros assassinatos, como o do casal de extrativistas e ambientalistas José Claudio Ribeiro da Silva e Maria do Espírito Santo, "tocaiados" em 2011, em Nova Ipixuna, no Pará.

São nomes e itinerários mais notórios, rostos que se destacaram em meio a uma multidão de assassinados no campo, ao longo de décadas. Segundo a Comissão Pastoral da Terra, que produz importantes documentos sobre o drama agrário nacional, de 1985, ano da redemocratização brasileira, até 2013, houve 1.270 casos de homicídio no campo. Apenas no decênio compreendido entre 2005 e 2014, de acordo com a mesma entidade, ocorreram 325 mortes, mais de dois terços (67,3% dos casos) se deram na Amazônia.[6] Situação que fez outra organização não governamental célebre por seu empenho em causas ambientais e de impacto social, o Greenpeace, afirmar: "Este círculo vicioso de mortes, impunidade e mais violência alimenta uma indústria que vem financiando há anos o desmatamento da Amazônia".[7]

A aludida impunidade também tem expressão numérica: dos já mencionados 1.270 assassinatos no campo, para o intervalo entre 1985 e 2013, somente 108 foram a júri (8,5% do total), gerando 86 condenações. Entre os mandantes, apenas 28 foram apenados.[8]

Indo do geral ao particular, quanto à execução de Dorothy Stang, mesmo com a ampla difusão do episódio, repercussão nacional e internacional, esta última impulsionada pelo natural interesse despertado em meio

6 Os números deste parágrafo foram informados pela Agência Brasil, que cita a CPT. Veja <http://agenciabrasil.ebc.com.br/direitos-humanos/noticia/2015-02/caso-dorothy-situacao-de-reus-gera-sensacao-de-impunidade-diz>. Acesso em: abr. 2016.

7 O sangue ainda corre na floresta. Disponível em: <http://www.greenpeace.org/brasil/pt/Noticias/O-sangue-ainda-corre-na-floresta/>. Acesso em: abr. 2016.

8 Cf. <http://agenciabrasil.ebc.com.br/direitos-humanos/noticia/2015-02/caso-dorothy-situacao-de-reus-gera-sensacao-de-impunidade-diz>. Acesso em: abr. 2016.

à mídia norte-americana, a justiça também não foi feita a contento, embora, a princípio, todos os envolvidos tenham sido condenados pelo crime.

Dos três executores do assassinato, Rayfran das Neves Sales, que disparou contra Stang, foi sentenciado a 27 anos de prisão. Beneficiado por bom comportamento durante o tempo em cárcere fechado, passou a cumprir prisão domiciliar, em 2013. Em 2014, envolveu-se em outro homicídio, retornando à cadeia. Clodoaldo Batista, que acompanhou Rayfran na ação contra Stang, foi condenado, como coautor do crime, a dezessete anos de reclusão. Beneficiado, tempos depois, com o regime semiaberto, deixou de se apresentar às autoridades em 2011. Foi considerado foragido e voltou a se apresentar em 2014, volvendo igualmente ao regime prisional semiaberto. O pecuarista Amair Feijoli da Cunha, elemento de ligação entre contratantes e executores do homicídio de Irmã Dorothy, teve sentença estipulada em dezoito anos de reclusão, sendo-lhe também concedido o regime semiaberto após determinado período de encarceramento. O fato de a trinca ter passado apenas uma fração de suas penas em regime fechado deve-se à legislação nacional, que muitos têm por excessivamente magnânima, embora nossas condições prisionais sejam, em geral, muito ruins. Debates jurídicos e de política carcerária à parte, resta a certeza: a flexibilização das penas, em tempo relativamente curto, dos três executores da morte de Stang reforça a impressão de impunidade em relação aos autores do crime em lume.

Quanto aos mandantes, evidencia-se a percepção de crime sem castigo ainda com maior força. Afinal, ambos, apesar de terem sido condenados a pena máxima prevista na lei brasileira, trinta anos de reclusão, pouco ou quase nada cumpriram dela. Regivaldo Pereira Galvão, o "Taradão", ficou preso por apenas um ano e quatro meses, graças a um recurso concedido pelo Superior Tribunal de Justiça (STJ), em 2012. De maneira similar, Vitalmiro Bastos de Moura, o "Bida", apelou seguidamente da sentença inicial. Após mais outros três julgamentos, a condenação a trinta anos de prisão foi ratificada em 2013. Confirmação de sentença máxima que não o impediu de deixar com presteza o regime fechado, para gozar de regime semiaberto. Em fevereiro de 2015, quando a morte de Irmã Dorothy completou dez anos, Vitalmiro encontrava-se em prisão domiciliar, por alegados problemas cardíacos.

Assim, especialmente quanto aos mandantes do crime, o ditado amazônico é validado: "A impunidade mata e desmata".

## Conclusão

> Madrugada na casa paroquial adjacente à igreja de Nossa Senhora das Graças, em Redenção, sul do Pará, início dos anos 1990. O toque insistente da campainha acorda tio e sobrinho. Aquele, padre missionário radicado no Brasil desde 1960; este, jornalista fotográfico em viagem de turismo à América Latina. Ambos são holandeses. O tumulto, grande, devia-se à operação realizada, horas antes, por delegados e agentes da Polícia Federal e fiscais do Ministério do Trabalho, que vinham de batida em extensa propriedade rural da região, ação esta que libertara dezenas de cidadãos submetidos ao que se convencionou chamar de condição análoga à escravidão. Libertado, o grupo de escravizados modernos fora conduzido ao local mais próximo que poderia receber provisoriamente tamanho número de pessoas, no adiantado da hora. A ideia dos policiais era alojar homens e mulheres, de forma emergencial, na nave do templo. Os bancos da igreja seriam as camas onde os ex-cativos passariam o resto da madrugada. Assim que percebeu o que acontecia, o tio se dirigiu ao sobrinho no idioma natal. Mais que um conselho, tratava-se de uma ordem: "Vá para seu quarto, pegue a câmera e faça o registro. Se você não fizer o que lhe digo, ao voltar à Europa, você vai pensar que sonhou tudo isso".

Como o relato contido na abertura dessas linhas, que reporta o diálogo entre padre confessor e matador que se apresenta por "cristão", a narração acima consignada é verídica. Ela foi confiada àquele que assina o presente texto. À semelhança do primeiro relato, o segundo episódio é especialmente revelador. Se, no primeiro caso, cumpria assinalar a trivialização do homicídio, agora, cabe apontar o papel da memória na denúncia do violento meio rural brasileiro. Violência que vitimou Dorothy Stang e muitos antes dela, e que continua a acrescentar novos nomes à longa lista de assassinados no campo nacional. Violência que também é o sinal distintivo de tantas outras práticas no mesmo universo, como a manutenção, mais de cem anos após a Lei Áurea, de grande contingente de homens e mulheres em situação análoga à escravidão.

De acordo com o visto no diálogo disposto logo acima, toda aquela ação da madrugada e, principalmente, sua motivação, a repressão ao trabalho escravo moderno, estão bem distantes do cotidiano de um europeu contemporâneo em visita aos nossos trópicos. Já o tio deste, o pároco há muito radicado no Brasil, não apenas acredita no que vê como exige, dirigindo-se ao sobrinho: "pegue a câmera e faça o registro". Só assim o que poderia ser tomado como sonho revela-se, de corpo inteiro, na forma de pesadelo. Pesadelo real, assustadora e desafiadoramente concreto. E que deve ser imortalizado.

Ao ordenar ao sobrinho que gravasse em fotos o que viam, o sacerdote resumiu o papel da memória na luta por transformação social. Tratava-se de evitar o esquecimento, consignar os fatos, dar testemunho, recordar o inominável. Não deixar que o olvido vencesse. Tarefa de ontem e hoje: manter acessa a Memória, alimentar a História, fomentar câmbios. Transformações que, no futuro que tanto tarda, levem à interrupção do ciclo de violência e impunidade imperante no campo nacional.

Para tanto, é necessário, pela recordação constante, despertar a maioria da população de nosso país para a realidade denunciada por Dorothy Stang, na militância de décadas e que veio a lhe custar a vida. Cumpre informar aos brasileiros, especialmente aos cidadãos radicados nas grandes cidades, sobre o drama vivido em nosso meio rural, em grande parte motivado pelo latifúndio. Afinal, a grande propriedade agrícola, em suas imensas dimensões, concentradora de terra, renda e poder político, é muitas vezes glamourizada pelo uso do termo da moda, *agribusiness*, atividade apresentada como escolha inescapável para a modernização da nação. Urge, com efeito, que o mundo rural brasileiro seja efetivamente modernizado. Empreitada bem mais árdua que a mera anglicização do discurso para escamotear velhos problemas quer fazer supor. Tal acontecerá quando o Estado de Direito prevalecer, de fato, em cada palmo de terra do país. E no dia, aquele dia que parece nunca chegar, em que seja implementado – em nossas fazendas, matas e florestas – modelo de exploração econômica humanamente, ecologicamente, sustentável. Para que se consiga tal meta, é fundamental a obtenção de efetiva e abrangente reforma agrária, reforma que nos é negada desde a libertação dos escravos, em fins do século XIX .

A isto, a humanização do campo e a preservação das fauna e flora, Dorothy Stang dedicou-se com entusiasmo, tendo por combustível sua fé, credo cristão lido em clave crítica, questionadora. Leitura que uniu, na mesma personagem, opção religiosa e atuação progressista entre os homens. Enfim, como postularam os (à época) jovens seminaristas católicos brasileiros de meados dos anos 1960, aqueles que desejavam redefinir o modelo tradicional de santidade, modelo que todo fiel foi ensinado a perseguir, não seria o "santo moderno" um "santo social"?

11

# A banalização do ódio: os crimes de intolerância contra as religiões afro-brasileiras

*Quezia Brandão*

*Nunca se esquecem as lições aprendidas na dor.*
*Uma mentira estraga mil verdades.*

Provérbios africanos

*Campo Grande, subúrbio do Rio de Janeiro, 2008. Dirijo-me a uma igreja evangélica instalada, suntuosamente, na famosa Esquina do Pecado.*[1] *A entrada, toda trabalhada em mármore, confere um aspecto monumental ao templo. Homens de ternos muito bem alinhados e gravatas de nó impecável conduziam as pessoas que chegavam ao local por duas amplas escadas laterais que desembocavam na nave da igreja. As paredes do templo, com cerca de 5 metros de altura, terminavam num teto decorado com pinturas que retratavam importantes passagens da Bíblia, aquelas dos chamados Heróis da Fé e também da peregrinação de Jesus Cristo. O altar ficava a dez metros das escadas, era alto, com um púlpito central de vidro de aparência monumental. Diferentes cadeiras ficavam dispostas em simetria hierárquica sobre o altar, demarcando as mais diferentes posições eclesiásticas daquela igreja, todas preenchidas por homens. Sentada num banco de madeira comprido, entalhado*

1 A esquina é o cruzamento da Avenida Cesário de Melo com a Rua Arthur Rios, no centro do bairro de Campo Grande, no Rio. A esquina tem esse nome por conta do funcionamento de um famoso bordel nos anos 1940.

*nas laterais e forrado com veludo vermelho, observei a estrutura vertical do lugar; não só esta que dizia respeito ao espaço físico, mas às pessoas. Tudo ali lembrava ordem, clareza, santidade, submissão a Deus. À diferença das igrejas católicas do centro histórico do Rio de Janeiro que havia muito eu conhecia, não existiam estátuas, imagens, terços, Cristos crucificados. O início do culto – como são chamadas as celebrações que ocorrem não só aos domingos à noite, mas também em alguns dias da semana – é demarcado por uma oração, quando todos se levantam e fazem uma prece com o pastor. Em seguida, sentados de novo, todos abrem suas bíblias no livro indicado e fazem uma leitura responsiva do texto. Na sequência, de pé, segue-se um período de músicas – os hinos – e celebrações. Por fim, tem início a pregação, onde um ministro (alguém que leva a palavra de Deus, podendo não ser, necessariamente, um pastor) lê uma passagem bíblica que serve de base para seu sermão. De exortações a palavras de conforto, o tom de voz enérgico, bem como os gestos, deixa transparecer claramente a cultura doutrinária e dogmática da religião. Para eles, só havia um Deus a quem recorrer. Uma só palavra. Uma só verdade.*

*Padre Miguel, subúrbio do Rio de Janeiro, 2015. Dentro do táxi, viro a esquina na Rua Olímpia Esteves, no bairro do Murundu, próximo ao cemitério. O asfalto irregular e as crianças que brincavam na rua nos obrigaram a diminuir o ritmo até meu destino: Casa da Vovó do Congo, um terreiro de candomblé muito antigo e conhecido no Rio de Janeiro. Desço do táxi e me deparo com um portão de ferro pintado de branco. Sobre toda a extensão do muro, igualmente branco, pendia o Mariwô, chamado de igi* ôpê *pelo povo de santo. Feito de folha de dendezeiro desfiada, o Mariwô é consagrado a Ogum e utilizado para proteção. Entro na casa. Há pessoas sentadas conversando descontraidamente enquanto aguardam para fazer o jogo – búzios, tarô... – e consultar entidades. Sento-me. Observo com intensa curiosidade a disposição do lugar: há cadeiras por todos os lados, formando um semicírculo. O teto de telhas de amianto quase não segurava o calor sufocante do verão carioca. Sob o telhado havia mais Mariwôs. Muitas estátuas preenchiam o local, eram de vários tamanhos. Via-se uma grande estátua de uma mulher negra com uma coroa sobre a cabeça, de formas acentuadas, e com um lindo vestido azul. Era Iemanjá. Do outro lado, uma mulher igualmente negra, representada com desconcertante sensualidade, tinha vestes vermelhas que mal lhe cobriam as pernas, e só as pernas. Era Maria Padilha. Olho atrás de mim e de sobressalto identifico aquele velho diabo que me apresentaram na Igreja, mas era, na verdade, Exu. Havia apetrechos por toda parte, alguidares vazios, com comida, com frutas. A mãe de santo chega e canta algo em yorubá, dando início aos trabalhos. Tudo era simples; sublime, porém simples. Não havia pessoas mais e menos importantes. Todos pareciam ter sua experiência particular com aquela fé. Todos eram bem-vindos. Todos que quisessem, como quisessem. Todos que precisassem.*

*As duas experiências me revelariam, posteriormente, que eu havia sido exposta a universos particulares, distintos. A experiência histórica, social, econômica, sensorial, visual, espiritual dos dois contextos religiosos – e sociais – havia se construído através de cerca de quatrocentos anos de história brasileira e sedimentada sob mitos, inverdades, intolerância, desigualdades social e racial. A partir de então, comecei a compreender que os acontecimentos recentes que me estarreciam todos os dias ao abrir o jornal – os casos de violência, ódio, preconceito, intolerância – mereciam uma atenção histórica, sóbria, comprometida.*

Nos últimos anos, estamos presenciando um crescimento vertiginoso dos casos de crimes de intolerância religiosa no Brasil, impetrados, de forma quase exclusiva, contra os praticantes das religiões afro-brasileiras.[2] Paralelamente, observamos a expansão de várias denominações de Igrejas Evangélicas Pentecostais, que têm angariado muitos adeptos e grande expressão midiática na sociedade brasileira, tornando-se, inclusive, poderosos formadores de opinião, sobretudo entre as classes mais populares. Ambos os fenômenos sociais estão relacionados e geram um terceiro, de tipo político, a chamada *Bancada Evangélica* ou, oficialmente, a *Frente Parlamentar Evangélica.*

A bancada é uma frente parlamentar que atua no Congresso Nacional brasileiro e reúne políticos evangélicos de diferentes partidos, não

2 Vale salientar que, de acordo com dados divulgados pelo Centro da Promoção da Liberdade Religiosa & Direitos Humanos (Ceplir), os grupos mulçumanos, em especial as mulheres, por conta do uso do *hijab* (véu islâmico), sofrem inúmeros casos de agressão, ameaça e discriminação social no Brasil.

Figura 11.1
Culto realizado no Plenário Nereu Ramos, Câmara dos Deputados[4]
**Fonte:** reprodução

incluindo professantes católicos. A bancada é foco de intensas controvérsias políticas no país, sobretudo no que tange à acusação de ferir o Estado laico, princípio constitucional que veda, dentre outras práticas, a relação de dependência ou alianças com igrejas, cultos religiosos ou seus representantes. Em 2015, notícias sobre a realização de cultos religiosos na Câmara dos Deputados, contando, inclusive, com a presença de cantores gospel[3] e outros convidados do círculo evangélico, expuseram o fenômeno da fusão entre política e religião no Congresso brasileiro, esvaziando as articulações políticas de uma esperada isenção religiosa e gerando um desequilíbrio na representatividade democrática.

Na ocasião, o culto foi celebrado pelo pastor Gilmar Santos – não parlamentar –, que iniciou sua pregação citando o livro de Tiago, do Novo Testamento bíblico, em seu capítulo 5 e versículo 17. A perícope disserta sobre o profeta Elias e foi utilizada pelo pastor para construir a noção de que, assim como Elias, os deputados e senadores deveriam ser persistentes em suas orações na "luta contra o mal" e na "destruição de

3 A palavra *gospel* significa "boas-novas" e refere-se aos ensinamentos de Jesus. Aqui, no entanto, o termo designa, dentre outras coisas, o segmento dos artistas evangélicos e que produzem músicas, livros etc., com mensagens de cunho religioso cristão.

4 Disponível em: <http://noticias.uol.com.br/politica/ultimas-noticias/2015/10/19/bancada-evangelica-cresce-e-mistura-politica-e-religiao-no-congresso.htm>.

idólatras e endemoniados". O discurso traz marcas muito bem definidas do clima de intolerância veiculado pela bancada e por alguns canais da mídia evangélica no país.

Criada em 2003, a Frente Parlamentar Evangélica, que contava, em 2014, com 69 deputados e 3 senadores, está envolvida em constantes polêmicas acerca de temas que atingem diretamente o estatuto dos direitos humanos, como o fim da discriminação contra a comunidade LGBT, a questão da eutanásia, o direito ao aborto, a visibilidade de gênero, a educação infantil por meio de violência, a igualdade racial e o direito de voz dos praticantes das religiões afro-brasileiras, pejorativamente chamados por estes de "macumbeiros". A designação possui uma conotação depreciativa que foi sendo utilizada ao longo das relações entre brancos e africanos no Brasil, já que *macumba* é o nome de um instrumento de percussão africano utilizado em cultos afro-brasileiros, e o termo acabou por adquirir a rubrica adjetiva aos praticantes das religiões de matriz africana em tom insultuoso, que ignora as especificidades de culto de cada uma das vertentes que existem no país. Além disso, a bancada pôs em pauta, no início de 2016, um projeto que visava a inclusão do criacionismo na base curricular das escolas públicas e a exclusão do ensino sobre a história das religiões de matriz africana, tópico fundamental, pois versa sobre uma das especificidades da cultura e da formação histórica do Brasil. Este, dentre outros projetos que tramitam no Legislativo, acabam por alijar os praticantes das religiões de matriz africana de seu direito à igualdade e representatividade política.

Respaldados em sólidos discursos intolerantes e preconceituosos contra as religiões de matriz africana e seus praticantes, vereadores, deputados e senadores da bancada articulam projetos de lei que visam marginalizar esses grupos e mesmo dificultar a criminalização dos atos de intolerância religiosa, que vêm, quase sempre, acompanhados de violência física, moral e social. O Centro da Promoção da Liberdade Religiosa & Direitos Humanos (Ceplir) – entidade ligada à Secretaria de Estado de Assistência Social e Direitos Humanos – apresentou, em 18 de agosto de 2015, um relatório à Assembleia Legislativa do Estado do Rio de Janeiro (Alerj) no qual constava que, em dois anos e meio, a entidade recebeu mais de mil denúncias de casos de intolerância religiosa,[5] expondo de maneira contundente a alarmante situação de agravo à liberdade religiosa e aos direitos humanos que tem sido vivenciada no Brasil.

O Ceplir foi criado em 2012 sob a coordenação da Superintendência de Direitos Individuais, Coletivos e Difusos da Secretaria de Assistência Social e Direitos Humanos, e tem por objetivo a defesa, a garantia, a promoção dos direitos humanos e expressão da liberdade de crença e filosofia de indivíduos e instituições religiosas, e comunidades tradicionais, segundo reza seu estatuto. De modo mais efetivo, a entidade trabalha para o enfrentamento da intolerância religiosa, sendo um órgão legítimo ao qual as vítimas de intolerância podem recorrer. A criação do Ceplir, no Rio de Janeiro, vem se somar a outras medidas que já vinham sendo implantadas pelo governo brasileiro, como o Dia Nacional de Combate à Intolerância Religiosa, fixado na data de 21 de janeiro, que foi oficializado pela presidência da República, na figura do então presidente Luís Inácio Lula da Silva, em 2007, pela Lei n.11.635.

A data é simbólica – como não poderia deixar de ser – e remete ao dia do falecimento da iyalorixá Mãe Gilda, do Terreiro Axé Abassá de Ogum (fundado em 1996, em Salvador – Bahia), vítima de intolerância religiosa. O caso, antigo, remonta ao período das movimentações sociais no Brasil em torno do pedido de impeachment do presidente Fernando Collor de Mello, na década de 1990. Mãe Gilda saiu às ruas para se somar às massas em protesto, fato que foi noticiado pela revista *Veja*, em 26 de setembro de 1992, no intuito de mostrar como vários grupos sociais estavam envolvidos na agitação política vivida no país. No entanto, em 1999, a Igreja Universal do Reino de Deus (IURD) utilizou a foto de Mãe Gilda e a publicou em seu jornal (*Folha Universal*), numa matéria onde acusava os candomblecistas "macumbeiros" de charlatões e ladrões de dinheiro dos praticantes. Com a grande circulação de que dispunha o jornal da IURD, a matéria causou reações extremas na população local, levando várias pessoas a agredirem Mãe Gilda e seu marido,

---

5 Disponível em: <http://g1.globo.com/rio-de-janeiro/noticia/2015/08/rj-registra-mil-casos-de-intolerancia-religiosa-em-2-anos-e-meio.html>.

a quebrarem seu terreiro e deixá-la sob permanente ameaça. O ocorrido terminou por fragilizar em demasia a saúde já debilitada de Mãe Gilda, que faleceu em 21 de janeiro de 2000.

Além do dia 21 de janeiro e da consolidação das Secretarias Estaduais de Governo, há outras entidades envolvidas no projeto de combate à intolerância, como a Comissão de Combate à Intolerância Religiosa (CCIR), a Delegacia especializada em Crimes de Intolerância Religiosa, a oficialização do Fórum Permanente de Liberdade de Crença e Cultura de Paz, na cidade de São Paulo, no início de 2016, além de diversas iniciativas como marchas, passeatas, caminhadas, "twitaços", entre outras. Em 1989, foi aprovada a "Lei Caó",[6] que penalizava, de início, os crimes relativos a raça ou a cor. No entanto, essa lei foi alterada, em seu artigo 1º, pela Lei n.9.459/1997, que inclui crimes contra etnia, religião e procedência nacional.

O que nos chama a atenção é a observação do crescimento mais expressivo de movimentações dos governos acerca da questão da intolerância, o que demarca dois fenômenos de alta relevância na história brasileira: o reconhecimento legítimo da vasta pluralidade religiosa no Brasil e o igual reconhecimento de um problema civil envolvendo violências, abusos e preconceitos que precisam ser penalizados e divulgados como crimes. Pretende-se, tão logo, compreender de que modo tem se configurado esse cenário de intolerância, levando em consideração as relações históricas – e portanto sociais e culturais – entre os principais grupos religiosos envolvidos, ou seja, os praticantes das religiões de matriz africana e os cristãos da vertente protestante, problematizando o envolvimento destes últimos – já que não se pode generalizar o comportamento dos fiéis em relação ao tema – e buscando, em primeiro lugar, os mitos, lendas e antagonismos históricos que os praticantes dessas religiões sofreram, e o papel que a mídia contemporânea e o avanço do chamado "fundamentalismo moderno" na política brasileira detêm com relação à questão.

6 Lei n.7716/1989.

## Entre templos e terreiros: a construção da intolerância

O antropólogo Claude Rivière faz uma interessante reflexão sobre a ordem do crer numa sociedade, ao afirmar que "os mitos incidem sobre o desconhecido". Se tomarmos essa premissa como ponto de partida para a análise do universo espiritual que começou a ser construído nos tempos da colonização do território hoje concebido como Brasil, levando em consideração o choque inevitável de crenças e culturas que a empresa atlântica europeia desencadeou, temos um indício sobre como os antagonismos e sincretismos religiosos se delinearam ao longo da história brasileira. Segundo Serge Gruzinski, a colonização aprisionou o continente americano numa rede de imagens que se ampliou cada vez mais, modificando-se através de estilos, políticas, reações e oposições vigentes, metamorfoseando os imaginários sociais, sendo, como o autor denominou, uma verdadeira "guerra das imagens". Nos tempos da colônia, a turbulência no universo espiritual dos indivíduos que aqui estavam era intensa, e foi dando contorno aos imaginários em relação ao *outro*, em especial no confronto religioso entre brancos europeus sobre indígenas e negros africanos. Pouco a pouco, não apenas a terra foi colonizada, mas também a religiosidade, as crenças e a estrutura psíquica dos indivíduos que se encontravam em posição hierárquica inferior na sociedade colonial.

A religiosidade negra foi depreciada desde os períodos mais longínquos da história brasileira. Essa faceta de nossa sociedade nunca angariou espaço nos grandes manuais de história dos séculos passados, sendo encontrada em parcos registros policiais sobre as derrotas das revoltas negras e o avanço marginal dos terreiros, ou mesmo nos documentos de autoridades da Igreja Católica que reduziam as religiões de matriz africana a mera feitiçaria, como aponta a historiadora Mary Del Priore. Nos processos do Tribunal do Santo Ofício, os rituais africanos eram descritos de modo pernicioso, e seus símbolos e imagens eram associados ao diabo cristão. O trecho de um processo de 1747 traz uma descrição do acontundá (ou Dança de Tunda), e sua caracterização pelo tribunal é extremamente preconceituosa, como se lê no excerto: "Quem mais se destacava na Dança da Tunda ou *Dança Diabólica* era uma negra mina

Caetana [...] Para entrarem nesta dança armavam primeiro um boneco que tinham feito com feitio de cabeça e nariz à imitação do diabo [...]".[7]

Vê-se que os ritos e simbologias africanas eram assiduamente associados à crença diabólica e, no geral, às coisas "do mal". Fazendo sua própria leitura dessa religiosidade, a Igreja Católica relegou seus praticantes à condição de ilegalidade naquele período, e sedimentou os mitos e estigmas sobre as religiões afro-brasileiras. Acontundá, candomblés e xangôs, assim como o calundu, todas essas formas de religiosidade oriundas dos povos africanos sofreram processos de sincretismo com o cristianismo e, naturalmente, foram consideradas formas heréticas de culto aos santos cristãos. Isso em virtude de o Novo Mundo ter se desenrolado sob a forte influência do imaginário dualista europeu, que alternava virtude e pecado, Deus e o Diabo, bem e mal, puro e impuro, sagrado e profano, como nos conta a historiadora Laura de Mello e Souza.

O cristianismo governou, desde os primórdios de seu triunfo, de acordo com o princípio da existência do Diabo e sua presença em todas as coisas do mundo, delimitando o divino no interior das fronteiras da Igreja. Logo, como assinala Gerald Messadié, tudo o que esteve fora dos domínios eclesiásticos pertencia ao Diabo, remetendo à conhecida passagem bíblica do livro de Mateus, capítulo 12, versículo 30, onde se encontram as seguintes palavras de Jesus: "Quem não é por mim é contra mim; e quem comigo não ajunta, espalha".

No continente americano, introduzidos no território pelo escravismo, os negros africanos deixam de pertencer ao seu sistema de crença – que se agregava, em suas comunidades originais, à estrutura política, social e econômica – para integrar um mundo de regras, medos, misticismos e antagonismos europeus, o que faz que sua trajetória histórica no Brasil seja permeada, desde o início, por uma visão depreciativa, excludente e racista. Na condição de escravos, negros, estrangeiros no território e na cultura, as formas de religiosidade não poderiam ser, de modo algum, reconhecidas pelos colonizadores. Num sistema inquisitorial, onde o Diabo era tão ou

7 Trecho do processo de 1747 do Tribunal do Santo Ofício de Lisboa. Apud Priore, *Religião e religiosidade no Brasil colonial*, p.30.

mais frequente que o próprio Deus cristão, não houve lugar digno e sacralizado para os deuses e rituais africanos. É valido lembrar que, no século XVI, a Europa vivia o período das reformas religiosas e isso, consequentemente, alargou o abismo entre o mundo cristão e "os outros", o que torna o encontro entre negros, indígenas e brancos marcado por alteridades.

A perseguição às religiões afro-brasileiras perdurou por muito tempo. Além da questão puramente religiosa da crença de que as práticas africanas eram diabólicas e maléficas, o fator político motivou, quase sempre, a repressão a essa forma de religiosidade. Com a utilização da língua yorubá nos rituais, a riqueza de elementos africanos e a unanimidade do culto entre os escravos negros, a Coroa portuguesa, bem como o Império brasileiro e o período republicano que se sucederam, viam nos terreiros a semente maldita da insurreição contra a ordem estabelecida. Outrossim é a questão da sexualidade e das escravas negras durante toda a duração da instituição escravista e, mais tarde, a imagem da mulata no Carnaval. Indispensável nas relações extraconjugais dos homens brancos da elite colonial, a mulher negra, tida como objeto de prazer sexual e, tão logo, associada aos pecados da carne, é destituída de moralidade e valores cristãos em sua essência, o que tem repercussão direta em sua religiosidade, já que seria impossível uma mulher, considerada inferior em sua raça, em sua própria condição feminina numa sociedade patriarcal e misógina, impura em sua sexualidade, acessar o divino real através de seus rituais "delirantes e diabólicos".

Outra vertente cristã, mais fundamentalista e declaradamente iconoclasta, que participou de forma um pouco mais tímida do processo de segregação cultural das religiões de matriz africana, pelo menos até o fim do século XIX, foi o protestantismo. Entre os séculos XVI e XVII, a colônia portuguesa foi invadida pela França, no Sudeste, e pela Holanda, no Nordeste. Muitos dos invasores eram protestantes: huguenotes, calvinistas, luteranos etc. Dentre os franceses, destaca-se Nicolas Durand de Villegaignon, simpatizante da Reforma, que comandou a expedição aportada na Baía de Guanabara, em 1555. Villegaignon escreveu ao reformador João Calvino, solicitando colonos e pastores protestantes para ser enviados à Guanabara. Em 10 de março de 1557, após a chegada da segunda expedição com os pastores Pierre Richier e Guillaume Chartier, foi realizado o primeiro culto protestante da história do Brasil. As relações, no entanto, foram marcadas por divergências quanto a determinados sacramentos, levando Villegaignon a condenar à morte vários huguenotes após as sedições. Em resposta, Jean de Bourdel, Matthieu Verneuil, Pierre Bourdon e André La Fon redigiram a *Confissão de fé da Guanabara,* em 1558, demarcando posições extremamente ortodoxas quanto à religiosidade cristã. No decorrer dos desdobramentos históricos, os protestantes ficaram concentrados no sul do Brasil, local onde a presença negra foi menor e, consequentemente, a presença das religiões de matriz africana foi menos expressiva que no restante do território.

A relação da Igreja Protestante no Brasil com os governos e com a hegemônica Igreja Católica foi marcada ora por conflitos, ora por esquecimentos. O século XX é o momento mais fértil para a religião e conta com importantes denominações tradicionais, a saber a Igreja Congregacional, a Presbiteriana, a Metodista, a Batista, a Luterana e a Episcopal, pelo menos até 1964, de acordo com o teólogo Alderi Sousa de Matos[8]. O pentecostalismo e o neopentecostalismo têm seus lugares já no século XX, sobretudo a partir de 1910, com a chegada da Assembleia de Deus e da Congregação Cristã no Brasil. Entre as décadas de 1950 e 1960, o pentecostalismo sofreu fragmentações, dando origem a novas denominações, dentre elas o Evangelho Quadrangular e Deus é Amor. Já entre os anos 1970 e 1980, o neopentecostalismo começa a se delinear e ganhar força com a Igreja Universal do Reino de Deus, a Igreja Internacional da Graça, entre outras, já que nesse momento a noção de manifestação e revelação do Espírito Santo – mais enfatizada pelo neopentecostalismo – aventa a possibilidade de criação de diversas igrejas, visto que seu estabelecimento era considerado obra e vontade direta de Deus.

É importante tomar conhecimento das fases de desenvolvimento do protestantismo no Brasil, pois o surgimento das legendas pentecostais e neopentecostais está intimamente ligado ao processo de crescimento da religião protestante no país, da expressividade midiática de seus líderes,

8 Matos, Breve história do Protestantismo no Brasil, 2011.

e do crescente enfrentamento religioso entre as religiões afro-brasileiras e os evangélicos, já que estes se opõem frontalmente às práticas religiosas de matriz africana, e a Igreja Pentecostal se vê em disputa de um mesmo público, visto que tanto os candomblés e umbandas quanto as Igrejas Evangélicas têm como cenário principal os subúrbios das grandes cidades brasileiras.

## Política, mídia e religiosidade: a legitimação do ódio

*Ninguém nasce odiando outra pessoa pela cor de sua pele, por sua origem ou ainda por sua religião. Para odiar, as pessoas precisam aprender.*

*Nelson Mandela*

O pentecostalismo e, sobretudo, o neopentecostalismo estão no centro do que talvez seja o cenário mais conturbado dos embates religiosos no Brasil contemporâneo. Esse embate tem forte raízes conservadoras e encontra legitimidade numa ideologia há muito difundida na sociedade brasileira, sendo respaldada por uma política agitadora e agressiva. Na virada do século, algumas denominações neopentecostais conquistaram espaço na mídia televisiva, além de o mercado da música gospel ter se ampliado e se popularizado, angariando, inclusive, seu lugar de prestígio e reconhecimento no meio secular. A chegada das Igrejas à mídia é o fator culminante para o crescimento do número de fiéis e da aceitação, cada vez maior, de seus discursos sobre família, valores e ordem na sociedade brasileira. A cultura veiculada pela mídia ajuda a construir a rede da vida cotidiana através das imagens, dos sons e espetáculos, controlando o momento de lazer, moldando as opiniões políticas e os comportamentos sociais, e subsidiando a matéria que constitui a identidade coletiva, analisa Douglas Kellner. Com o objetivo principal de serem canais para a propagação do Evangelho, da "palavra de salvação, cura e libertação", muitos líderes usam seu espaço midiático para opinar sobre as principais pautas políticas do país, desde economia e administração pública até direitos sociais, dentre eles a delicada questão da liberdade religiosa.

Dentre os vários nomes que se destacam hoje nas polêmicas relacionadas às religiões afro-brasileiras, a Igreja Universal do Reino de Deus – com seus diversos programas de televisão, emissoras de rádio, sítios eletrônicos, jornal impresso e até uma editora – está entre os principais, envolvida em inúmeros processos judiciais por intolerância religiosa, calúnia, difamação e injúria contra terreiros de candomblé e umbanda, pais e mães de santo, além de recentes processos por incitação ao ódio. Outro nome de peso nas contendas religiosas é o do pastor e psicólogo Silas Malafaia, que apresenta o programa *Vitória em Cristo* e é líder da denominação homônima – a Assembleia de Deus Vitória em Cristo, que há poucos anos se desmembrou da Assembleia de Deus para dar origem à nova Igreja. Este, à diferença dos demais, é um grande formador de opinião sobre as questões deliberadas pela bancada evangélica, pois está constantemente envolvido nos debates da Câmara dos Deputados acerca de diversos projetos de lei e até emendas constitucionais, sempre trazendo em seu programa de televisão discussões sobre os principais assuntos políticos do país, inclusive o processo de impeachment da presidente Dilma Rousseff. Há também outras denominações que possuem programas de televisão e de rádio, como a Igreja Internacional da Graça de Deus, fundada pelo missionário Romildo Ribeiro Soares,[9] e a Igreja Mundial do Poder de Deus, fundada pelo apóstolo Valdemiro Santiago, ambas não escapando ao discurso de intolerância que acaba sendo apresentado em suas pregações diárias nos canais de TV.

A Igreja Universal do Reino de Deus está no topo das batalhas judiciais por crimes de intolerância contra candomblecistas e umbandistas. No final do ano de 2014, a denominação criou um grupo chamado Gladiadores do Altar, composto por homens membros da Igreja, com uniforme análogo ao utilizado pela Tropa de Choque do Rio – o Bope – e chamado pelos pastores da Igreja de "Exército de Cristo".

---

9 Conhecido como R. R. Soares, o missionário é cunhado de bispo Edir Macedo e também atuou como um dos fundadores da Igreja Universal do Reino de Deus.

Figura 11.2
Gladiadores do Altar em saudação ao comandante do grupo na Igreja Universal[9]
**Fonte:** reprodução

De estética e postura militarista, o grupo encarna a ideologia beligerante da denominação, convocando jovens brasileiros ao alistamento. De acordo com a Força Jovem Universal, os Gladiadores congregam soldados "que lutam em nome da palavra de Deus",[11] "afinal, Deus é o Senhor dos Exércitos",[12] afirmou o bispo Marcelo Brayner, responsável pelo movimento. Em seu site, a Igreja afirma que os Gladiadores são "um exército contra o mal". Apesar de não deixarem explícito o que exatamente entendem pelo mal a ser combatido, o surgimento do grupo foi interpretado por representantes políticos das minorias – como o deputado Jean Wyllys – e pelos líderes de diversas religiões afro-brasileiras como uma ofensiva ao pleno exercício da liberdade religiosa dos terreiros e seus frequentadores, já que, frequentemente, bispos e pastores da Igreja Universal, em rede nacional, associam as entidades do candomblé e da umbanda ao Diabo, figura máxima do mal para os cristãos. Em 2015, o cartunista Vitor Teixeira publicou uma charge onde um Gladiador aparece com o símbolo da IURD golpeando com espada uma mãe de santo de joelhos.

10 Disponível em: <http://mais.uol.com.br/view/1575mnadmj5c/o-que-a-universal-quer-com-os-gladiadores-do-altar-especialistas-explicam-04020C183464C0A15326?types=A&>

11 Disponível em: <http://www.universal.org/noticia/2015/03/08/conheca-o-novo-projeto-gladiadores-do-altar-32332.html>

12 A expressão "Senhor dos Exércitos" aparece diversas vezes no Antigo Testamento. A referência mais utilizada é Salmos 46, 7.

Exus, pombajiras, Oxalá, Iansã, dentre tantas outras entidades e deuses dos cultos afro-brasileiros, são tidos por demônios que devem ser combatidos e destruídos. Para tanto, uma passagem bíblica serve de respaldo e incentivo: "Eis que vos dei autoridade para pisardes serpentes e escorpiões e sobre todo o poder do inimigo [diabo], e nada, absolutamente, vos causará dano" (Lucas 10, 19).[13]

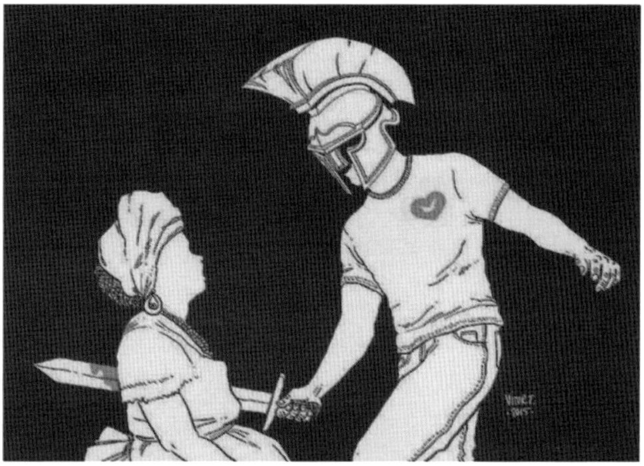

Figura 11.3
Charge do cartunista Vitor Teixeira sobre os Gladiadores do Altar (2015)

**Fonte:** reprodução

Em 1997, a Unipro Editora, pertencente à IURD, lançou o livro do bispo Edir Macedo intitulado *Orixás, caboclos e guias:* deuses ou demônios? O livro traz o argumento de que as religiões de matriz africana e as espiritualistas comportam "manobras satânicas" e de que delas se origina toda a sorte de males humanos, como doenças, vícios, desavenças etc. A obra afirma, inclusive, que essas religiões – umbanda, quimbanda, candomblé e espiritismo – são "seitas demoníacas" responsáveis pelo subdesenvolvimento do país. No Capítulo 1 do livro, encontra-se a seguinte passagem:

> O povo brasileiro herdou, das práticas religiosas dos índios nativos e dos escravos oriundos da África, algumas "religiões" que vieram mais tarde a ser reforçadas com doutrinas espiritualistas, esotéricas e tantas outras que tiveram mestres como Franz Anton Mesmer, Allan Kardec e outros médiuns famosos. Houve, com o decorrer dos séculos, um sincretismo religioso, ou seja, uma mistura curiosa e diabólica de mitologia africana, indígena brasileira, espiritismo e cristianismo, que criou ou favoreceu o desenvolvimento de cultos fetichistas como a umbanda, a quimbanda e o candomblé. Não vamos falar sobre cada um desses assuntos, pois este livro tem a finalidade principal de esclarecer o leitor

13 Disponível em: <http://oglobo.globo.com/sociedade/religiao/universal-ameaca-processar-cartunista-por-charge-sobre-os-gladiadores-do-altar-15698178>. O chargista foi acusado de violação da liberdade religiosa pela IURD e de levantar falsa acusação sobre o real propósito do grupo.

em relação à verdade que está escondida por trás de tudo isso, e não tem a preocupação de transmitir ensinamentos sobre essas coisas.[14]

A abordagem preconceituosa reduz as religiões de matriz africana a um engodo histórico e desconsidera suas origens, especificidades e reais crenças, colocando todas as religiões não puramente cristãs no mesmo seguimento, ignorando suas diferenças e diversidades. Mais adiante, Edir Macedo declara que "no Brasil, em seitas como vodu, macumba, quimbanda, candomblé ou umbanda, os demônios são adorados, agradados ou servidos como verdadeiros deuses".[15] Fica evidente a relação direta do mal cristão – o diabo – com os deuses das religiões de matriz africana. Esse tipo de discurso enseja, naturalmente, uma visão negativa, cheia de prejulgamento, gerando hostilidades em relação aos praticantes, já que, segundo esses evangélicos, todos podem vir a ser vítimas de "macumbaria", criando um clima de medo, tensões e ódio em massa.

Por essas e outras atividades da Igreja Universal do Reino de Deus, cada vez mais os praticantes das religiões afro-brasileiras se manifestam judicialmente contra a entidade, acusando-os de ódio, racismo, intolerância, injúrias, agressão à liberdade de culto, dentre outros agravos, responsabilizando-os pela onda crescente de crimes perpetrados contra os praticantes de candomblé e umbanda.

Por outro lado, não muito distante, a Frente Parlamentar Evangélica tem se posicionado contrariamente a diversos temas que envolvem direta ou indiretamente as religiões afro-brasileiras. Uma delas é o ensino compulsório de religião nas escolas. Além de incluir a teoria criacionista em detrimento do conhecimento científico sobre a origem do mundo e das espécies, as religiões de matriz africana ficam, nesse modelo proposto, excluídas do currículo escolar. A motivação para tal exclusão é contraditória, já que alegam que as crianças e jovens aprenderiam sobre uma religião e seriam influenciados a segui-la, mas ignoram o fato de que, se assim o for, o mesmo ocorrerá para a religião cristã e, no mínimo, fere-se aí o

14 Macedo, *Orixás, caboclos e guias:* deuses ou demônios?, p.8.

15 Ibidem

direito à igualdade. Não pode ser deixado de lado o fato de que o cristianismo já consta no currículo da disciplina de História por ser um tema fundamental da história da humanidade e, igualmente, eliminar as religiões de matriz africana – que sequer foram incluídas de modo expressivo e efetivo nos livros didáticos – é omitir um aspecto fundamental da história do Brasil e de outras sociedades históricas.

Em 2013, o deputado e pastor Marco Feliciano, integrante da bancada evangélica, publicou na rede social Twitter a seguinte afirmação: "Africanos descendem de ancestral amaldiçoado por Noé. Isso é fato".[16] A declaração racista atingiu não somente os negros em todo o país, mas também os praticantes das religiões de matriz africana, que viram no argumento do deputado uma tentativa de legitimar um discurso de ódio e intolerância contra a religiosidade dos terreiros, já que em seguida Feliciano afirmou que "toda maldição é quebrada por Cristo [...] e os africanos que têm devotado sua vida a Deus têm o peso da maldição retirado". Africanos, negros, brasileiros, portadores de uma africanidade histórica, diluída em sua raça, religiosidade e cultura, de modo geral, são, em consonância a esse discurso, amaldiçoados, e a única forma de se livrarem da "maldição" é por meio de um processo de aculturação e subjugação aos valores cristãos.

O discurso beligerante desses líderes cria um clima propício à intolerância, segundo, inclusive, a análise de René Kivitz, pastor da Igreja Batista, que vê nas medidas das lideranças na bancada e nas pregações de determinados pastores na mídia um avanço extremista que tende para o fundamentalismo religioso.[17] Os casos de intolerância ganham cada vez mais as páginas dos jornais brasileiros, indício contundente do cenário de tensão vivido pelos praticantes do candomblé e umbanda. Em 2015, uma menina de 11 anos foi atingida por uma pedra na cabeça quando saía de um terreiro de candomblé, no bairro de Vila da Penha, no Rio de

16 Disponível em: <http://g1.globo.com/politica/noticia/2013/04/ao-stf-feliciano-diz-que-historia-e-biblia-mostram-maldicao-africanos.html>.

17 "Tom 'bélico' de alguns líderes evangélicos cria clima propício à intolerância, diz pastor", BBC Brasil, 23 jun. 2015. Disponível em <http://www.bbc.com/portuguese/noticias/2015/06/150622_entrevista_pastor_pai_jp>. Acesso em: 20 jul. 2016.

Janeiro. Os relatos são de que dois homens se aproximaram da menina e alvejaram-na com uma pedra, aos gritos de "diabo!", "Vai queimar no inferno" e "Jesus está voltando!". A criança foi parar no hospital, com o sangue escorrendo pelo rosto.[18] O caso teve grande repercussão na mídia e gerou intensos debates sobre o avanço do discurso de ódio contra as religiões afro-brasileiras. O ocorrido, dentre tantos outros casos, expôs a situação de medo e isolamento à qual estão sujeitos candomblecistas e umbandistas no Brasil, não podendo expor os preceitos publicamente, controlando o fluxo do público nos terreiros e tendo de lidar, todo dia, com a vergonha imposta pelo preconceito e ignorância gerados por discursos irresponsáveis e extremistas.

A situação, como se pode ver, revela um problema histórico, que tem raízes profundas e sólidas em nossa sociedade. O mundo globalizado tem vivenciado uma crise econômica, social e política de grandes proporções, e os momentos de crise geram, invariavelmente, um cenário favorável a todo tipo de extremismo. Gustave Le Bon, em *A psicologia das massas*, afirma que estas possuem uma tendência de retorno ao passado obscurantista, um retorno às superstições, o que ele identifica como retrocesso político e social. Desta feita, os discursos tecidos por tais líderes religiosos desencadearam um processo histórico que, à luz da teoria de Freud, é levado a cabo a partir da estrutura psíquica das massas. O medo, a insegurança e o desconhecimento colocam um enorme contingente de fiéis e simpatizantes das Igrejas Neopentecostais numa postura defensiva e por vezes agressiva, fazendo dos grupos religiosos afro-brasileiros alvo de todo tipo de agressões, psicológica, moral e física. É necessário, portanto, assinalar esses fatos políticos e sociais como crimes, compreendendo de forma lúcida as tensões que dão vida ao problema.

18 "Vítima de intolerância religiosa, menina de 11 anos é apedrejada na cabeça após festa de Candomblé", *Extra*, 16 jun. 2015. Disponível em: <https://extra.globo.com/casos-de-policia/vitima-de-intolerancia-religiosa-menina-de-11-anos-apedrejada-na-cabeca-apos-festa-de-candomble-16456208.html>. Acesso em: 18 jul. 2016.

12

# O caso do desaparecimento de Rubens Paiva: os avanços da investigação da Comissão Nacional da Verdade

*Vivien Fialho da Silva Ishaq*
*Carolina de Campos Melo*

Na manhã da quarta-feira, dia 20 de janeiro de 1971, era feriado de São Sebastião, padroeiro da cidade do Rio de Janeiro, e fazia muito sol, quando Rubens Paiva e sua família foram surpreendidos pela chegada, em sua casa, de seis agentes do Centro de Informações de Segurança da Aeronáutica (Cisa), à paisana e armados com metralhadoras, que entraram pela porta dos fundos. A casa tinha dois andares, de frente para o mar do Leblon.

Rubens Beyrodt Paiva era paulista, nascido na cidade praiana de Santos. Engenheiro civil e empresário, foi eleito em outubro de 1962 deputado federal por São Paulo, pelo Partido Trabalhista Brasileiro (PTB), o mesmo partido do ex-presidente João Goulart, ou simplesmente Jango, como ficou conhecido. Na Câmara dos Deputados, fora vice-líder do partido e vice-presidente da Comissão Parlamentar de Inquérito (CPI) instalada em 1963 para apurar as atividades do Instituto de Pesquisa e Estudos Sociais (Ipes) e do Instituto Brasileiro de Ação Democrática (Ibad), investigados pelo recebimento de recursos internacionais para desestabilizar o governo.

Em 31 de março de 1964, com o golpe militar que destituiu o governo constitucional, foi instaurado no país um regime ditatorial que duraria 21 anos. O presidente deposto morreria no exílio, na Argentina, em 1976. Uma Constituição democrática só seria promulgada em 1988. Entre 1964 e 1985, os militares governaram o Brasil por meio de atos institucionais e medidas de exceção que permitiram a perseguição aos opositores e dissidentes com demissões, a cassação de direitos políticos, prisões e o exílio; tempos em que a tortura, os assassinatos e os desaparecimentos forçados foram sistematicamente utilizados contra aqueles que contestavam o regime. Os generais presidentes construíram um sistema repressor complexo que permeava as estruturas administrativas dos poderes públicos e exercia uma vigilância permanente sobre as principais instituições da sociedade civil: sindicatos, organizações profissionais, universidades, igrejas, partidos. Foi criada também uma burocracia de censura que proibia manifestações de opinião e de expressões culturais identificadas como hostis ao regime militar.

Na madrugada do dia 2 de abril de 1964, portanto dois dias depois do golpe, Rubens Paiva saiu de Brasília para discursar ao vivo pela Rádio Nacional, no Rio de Janeiro, em defesa da legalidade do governo Jango, que acabara de ser deposto, conclamando o povo a resistir ao golpe, classificando os militares como fascistas e golpistas. Rubens Paiva acabou cassado logo no primeiro Ato Institucional, de 9 de abril de 1964. Temendo ser preso, o deputado tentou fugir de Brasília num pequeno avião, episódio que acabou abortado devido à rápida ação das forças repressivas; apesar disso, não conseguiram evitar que o parlamentar escapasse, ileso, do tiroteio do cerco policial montado contra ele. Em fuga com o carro em disparada pela cidade, finalmente conseguiu se refugiar na embaixada da Iugoslávia. Seu filho, Marcelo, lembra que pedia ao pai contar e recontar a história para os amigos, pois "era incrível imaginar um cara meio gordo, sempre de sapato, terno e gravata, com abotoaduras, meio sedentário, num momento cinematográfico, heroico".[1] A família mudou-se para Brasília, e assim puderam vê-lo cotidianamente durante

1 Paiva, *Ainda estou aqui*, p.101.

os três meses que ele permaneceu protegido na embaixada. Em junho de 1964, Rubens Paiva deixou o Brasil, partindo para o exílio sozinho, primeiro indo para a Iugoslávia, depois seguindo para Paris. Ainda em 1964, saiu de Paris em direção ao Uruguai e, durante a escala no Rio de Janeiro, impulsivamente desceu do avião, caminhou pela pista, entrou no saguão e tomou um táxi até o Aeroporto Santos Dumont, de onde embarcou para São Paulo, aparecendo de surpresa na casa da família. Dois anos depois, mudaram-se para o Rio de Janeiro, onde alugaram uma casa em frente à praia do Leblon, na esquina da Rua Delfim Moreira com a Almirante Pereira Guimarães. Esse foi o local em que teve o último contato com a família. A esposa Maria Eunice Facciola Paiva e seus cinco filhos – Vera Sílvia, Maria Eliana, Ana Lúcia, Maria Beatriz e Marcelo – ainda não puderam velar Rubens Paiva.

Durante os meses de trabalho da Comissão Nacional da Verdade (CNV), entre 2012 e 2014, um caso de latrocínio no Sul do país, o depoimento do "agente Y" e o envolvimento de um general deram novos contornos ao caso, somados a depoimentos e documentos sistematizados ao longo das últimas décadas. Nesse mesmo período, cinco militares reformados foram denunciados pelo Ministério Público Federal por crimes cometidos contra o deputado. Os resultados da investigação da CNV não guardam ligação com a versão apresentada pelos militares à época dos fatos.

## A CNV e as investigações sobre a prática das graves violações de direitos humanos pela ditadura

A Comissão Nacional da Verdade foi instalada em 16 de maio de 2012 e extinta em 16 de dezembro de 2014. Seu caráter temporário encontrou parâmetro em dezenas de experiências de comissões da verdade que já se instalaram nos cinco continentes, em períodos de transição para a democracia ou com a celebração de acordos de paz. Sua instituição ocorreu mais de 26 anos após o fim da ditadura militar, expressando que a passagem do tempo não foi um obstáculo para que o Brasil pudesse enfrentar seu legado trágico de graves violações de direitos humanos. Cumprindo o mandato que lhe foi conferido pela Lei n.12.528, de 18 de novembro de 2011, realizou o exame e o esclarecimento de graves violações de direitos humanos praticadas no período de 18 de setembro de 1946 a 5 de outubro de 1988, datas de promulgação das constituições democráticas, tendo, portanto, como horizonte de sentido o direito à memória e à verdade histórica. Em agosto de 2012, poucos meses depois de sua instituição, o colegiado da CNV aprovou a resolução que definiu o campo de suas investigações: as graves violações praticadas por agentes públicos, pessoas a seu serviço, com o apoio ou no interesse do Estado. Foram excluídas, portanto, as condutas de particulares, muitas das quais já haviam sido objeto de investigação e julgamento pela justiça militar durante a ditadura.

Ao definir competências, a lei apresentou uma lista de quatro graves violações de direitos humanos que deveriam ser investigadas em razão de sua gravidade: tortura, morte, desaparecimento forçado e ocultação de cadáver. A expressão "graves violações de direitos humanos" designa violação a direitos considerados inegociáveis, como o direito à vida e à integridade pessoal, não sendo suscetíveis de suspensão mesmo em situações excepcionais como a guerra e o estado de emergência. Ao longo dos dois anos e meio de trabalho, a CNV contemplou em seu mandato, também como graves violações de direitos humanos, as detenções ilegais e arbitrárias, assim como os casos de violência sexual, ambos uma realidade imposta pelo regime militar.

Por não ter sido instituída logo após a transição para a democracia, teve por referência iniciativas de familiares de mortos e desaparecidos, de setores da sociedade civil e de diversas organizações e instituições, que vinham, desde o regime militar e especialmente após a democratização, causando fissura na narrativa oficial sobre o ocorrido. Basta lembrar o abaixo-assinado dos presos políticos de São Paulo, ainda em 1975, em que se demonstravam o caráter uniforme dos abusos, com referências aos mesmos termos e procedimentos, e a identificação de agentes militares de diversos níveis hierárquicos. Ou a publicação, em 1985, do "Brasil Nunca Mais" pela Arquidiocese de São Paulo e pelo Conselho Mundial de Igrejas. Ou, ainda, a publicação, em 1995, do "Dossiê de mortos e desaparecidos políticos a partir de 1964", promovido pela Comissão de Familiares de Mortos e Desaparecidos Políticos. Couberam ao Estado brasileiro outros avanços anteriores à CNV, como aqueles promovidos pelo Ministério Público Federal, pela Comissão Especial sobre Mortos e Desaparecidos e pela Comissão de Anistia do Ministério da Justiça. Junto ao Arquivo Nacional, foi analisado o arquivo do extinto Serviço Nacional de Informações (SNI), recolhido em 2005, assim como vasto repertório documental sobre a ditadura. O que não se pôde prever – e que foi de grande impacto para o funcionamento da CNV – foi a criação de mais de uma centena de outras comissões da verdade, em nível estadual, municipal, em universidades, sindicatos e outros segmentos.

Seu relatório foi tornado público em 10 de dezembro de 2014, composto de três volumes e com mais de 4 mil páginas. A última parte do Volume I é reservada às conclusões e recomendações. Os resultados das investigações possibilitaram a eleição de quatro conclusões de ordem geral: 1) a comprovação das graves violações de direitos humanos entre 1946 e 1988, notadamente durante a ditadura militar; 2) a comprovação do caráter generalizado e sistemático das graves violações de direitos humanos, havendo a repressão e a eliminação dos opositores se convertido em política de Estado; 3) a caracterização da ocorrência de crimes contra a humanidade, no contexto de ataque à população civil – homens, mulheres, crianças, adolescentes, idosos, vinculados aos mais diferentes grupos sociais, como trabalhadores, camponeses, indígenas e estudantes –, e portanto, não passíveis de anistia ou prescrição; 4) a persistência do quadro de graves violações de direitos humanos nos dias de hoje, o que resulta em grande parte da impunidade pelos atos cometidos durante a ditadura militar. Foram também adotadas 29 recomendações para que tais violações não voltem a ocorrer no Brasil, com a sinalização de passos ainda a ser dados para o fortalecimento da democracia.

Os homicídios eram cometidos pelos órgãos de segurança com uso arbitrário da força em circunstâncias ilegais, já nos primeiros dias que seguiram o golpe de 1964. Foram identificadas 191 mortes por execução sumária ou decorrentes de tortura, perpetradas por agentes a serviço do Estado, e 243 pessoas vítimas de desaparecimentos forçados, ou seja, mais da metade das 434 vítimas fatais da ditadura. A CNV assume que esses números certamente não correspondem ao total de mortos e desaparecidos, mas apenas aos de casos cuja comprovação foi possível, apesar dos obstáculos como a falta de acesso à documentação produzida pelas Forças Armadas.[2] Esses crimes foram praticados no interior da complexa estrutura criada no aparelho estatal, ou com a vítima sob custódia do Estado, ainda que fora de uma instalação policial ou militar, ou em locais destinados exclusivamente à prática de tortura e execuções. A grande maioria das mortes ocorreu em decorrência de tortura, durante os longos interrogatórios a que os presos políticos eram submetidos. Para ocultar as reais circunstâncias desses assassinatos, os órgãos de segurança montaram encenações de falsos tiroteios, suicídios ou acidentes. Quase sempre ocultados, alguns corpos foram entregues às famílias para seu sepultamento civil em caixão lacrado, a fim de esconder as marcas de sevícia.

Os desaparecimentos forçados foram parte da estratégia da ditadura para ocultar crimes perpetrados por agentes do Estado. Em sintonia com os parâmetros internacionais sobre o tema, foram considerados delitos permanentes que se perpetuam até que sejam identificados os restos mortais da vítima. Em outras palavras, o desaparecimento forçado não cessa enquanto não se conhecer o paradeiro da vítima e enquanto não se certificar de sua identidade. Não basta, portanto, para a cessação da conduta criminosa, que a morte seja presumida por meio da emissão de certidão de óbito ou de algum reconhecimento oficial do Estado.

A prisão, a tortura, a morte e o desaparecimento forçado de Rubens Paiva foram resultado de uma política sistemática do regime militar contra opositores políticos, baseada na hierarquia, planejamento, execução, uso ilegal de bens públicos, procedimentos, orçamento e honrarias – é o que se extrai do trabalho da Comissão Nacional da Verdade.[3]

---

2 Comissão Nacional da Verdade. *Relatório*, p.963.

3 Parte das investigações sobre o caso na CNV foi apresentada em fevereiro de 2014, em audiência pública realizada no Arquivo Nacional. Foi tratado como emblemático,

## A detenção ilegal de Rubens Paiva

Momentos antes da invasão da casa no bairro do Leblon, por volta das 10 horas, Rubens Paiva havia atendido um telefonema de uma pessoa que queria lhe entregar uma correspondência proveniente do Chile. O filho Marcelo lembra que os pais estavam na sala, prontos para ir à praia. Por volta das 11 horas, a filha Eliana se despediu e lembra que o pai lhe perguntou: você não vai me dar um beijo? Ela disse: "Claro que vou". Eliana relatou que nunca esqueceria aquele momento, pois "foi a última vez que vi papai".[4] Marcelo relata que os militares fecharam todas as janelas e cortinas da casa e começaram a fazer perguntas, trocando informações pelo rádio. Avisaram a Rubens Paiva que eles deveriam levá-lo para prestar depoimento. O deputado subiu as escadas para se arrumar, colocou terno e gravata, relógio no pulso, umas cadernetas no bolso. Saiu escoltado por dois agentes, enquanto outros quatro ficaram na casa. Toda a família, com exceção das filhas Eliana e Vera – a primeira estava na praia e a segunda em Londres –, foi mantida detida e incomunicável na própria casa pelos agentes, enquanto Rubens Paiva foi levado no carro da esposa Eunice para o quartel da 3ª Zona Aérea, localizado ao lado do aeroporto Santos Dumont e comandado pelo tenente-brigadeiro João Paulo Moreira Burnier. Era a maneira de garantir que ninguém saberia da detenção de Rubens Paiva.

Por volta das 14 horas, a filha Eliana chegou em casa de volta da praia e encontrou a mãe muito assustada, que lhe contou que o pai havia sido preso. Eunice pediu à filha que tentasse sair de casa para avisar o tio, que era advogado. Eliana conseguiu sair e dar o telefonema para o tio. Ela lembra do retorno à residência: "O mais fortão perguntou: 'O que você foi fazer na rua?', respondi que tinha ido jogar. E ele, furioso:

no Relatório Final, entre os casos de desaparecimento forçado (Capítulo 12), assim como mereceu análise no Volume III, dedicado às vítimas fatais.

4 *Revista Época.* Filhos de Rubens Paiva falam sobre o dia em que o pai não voltou. Disponível em: <http://epoca.globo.com/vida/noticia/2015/08/filhos-de-rubens-paiva-falam-sobre-o-dia-em-que-o-pai-nao-voltou.html>. Acesso em: 20 jan. 2016.

Figura 12.1
Rubens Paiva e família
**Foto:** Arquivo Nacional, fundo Comissão Nacional da Verdade

'Não, você não foi, você foi avisar seu tio que teu pai está preso'. Como ele sabia? Meu tio, como um bom advogado, ligou para casa para saber o que tinha acontecido. Eles escutaram pela extensão". Eunice também pediu ao filho Marcelo que levasse um bilhete escondido numa caixa de fósforo à vizinha, que dizia "Rubens foi preso, ninguém pode vir aqui, senão é preso também".[5]

No dia seguinte, 21 de janeiro, os agentes do Cisa levaram Eunice Paiva e Eliana, então com 15 anos, para o Destacamento de Operações de Informações (DOI) do I Exército, situado no bairro da Tijuca. Por volta das 11 horas, elas foram levadas num Fusca e, em frente ao Maracanã, colocaram capuzes pretos em suas cabeças. Apesar da confirmação dos agentes do DOI de que Rubens Paiva lá estava detido, Eunice e a filha não estiveram com ele. Eliana passaria todo o dia encapuzada, em pé, encostada numa parede, enquanto pessoas passavam e diziam:

5 Idem

"comunista!". Foi assediada sexualmente e levava coques, pancadas na cabeça dadas com os dedos. Eliana passou por três interrogatórios, o primeiro numa sala pequena, sem janelas, na qual havia um pau de arara e sangue no chão. Após responder a perguntas sobre inúmeras pessoas e até a respeito de um trabalho escolar seu sobre a revolução na Tchecoslováquia, acabou sendo libertada. Eunice permaneceria presa por doze dias, até 2 de fevereiro.[6]

Ao ser libertada, Eunice viu o carro no qual Rubens Paiva havia sido levado de casa, um Opel Kadett, no pátio interno do quartel, carro que, mais tarde, foi devolvido à família mediante recibo de entrega do Ministério do Exército. Marcelo lembra que a mãe voltou para casa muito magra e sem o pai. A família, contudo, tinha esperança em rever logo Rubens, pois, conforme explica Marcelo, "naquela época, muita gente ia presa. Prestava depoimento, ficava uns dias e saía. Foi assim com muitos amigos da família. Não se falava ainda em desaparecido político, meu pai foi o quinto no Brasil".[7]

Movida pelo sentimento de esperança, a família levava roupas e objetos para Rubens Paiva, entregues no segundo andar do Ministério do Exército, no Rio de Janeiro. Passados alguns dias, uma nova entrega de roupas foi recusada, sob a alegação de que ele não se encontrava em nenhuma organização militar sob o comando do I Exército.

Para encobrir o desaparecimento forçado de Rubens Paiva, o I Exército divulgou uma versão na qual alegou que, quando era conduzido por agentes de segurança para ser interrogado sobre fatos relacionados a "atividades subversivas, teve seu veículo interceptado por elementos desconhecidos, possivelmente terroristas, empreendendo fuga para local ignorado, o que está sendo objeto de apuração por parte deste Exército".[8] A mesma versão foi sustentada pelo Ministério do Exército em pleno regime democrático, em 1993, em relatório encaminhado ao Ministro

6 Idem

7 Idem

8 Arquivo Nacional, Fundo SNI, BR.DFANBSB.V8.AC.ACE.58477.86.

da Justiça, afirmando que, após o episódio da interceptação e fuga, não existe nenhum registro de seu paradeiro.[9]

## CNV: pesquisa nos arquivos da repressão

Muitos esforços foram envidados para a investigação do caso Rubens Paiva antes da CNV. Seu nome consta do "Dossiê ditadura: mortos e desaparecidos políticos no Brasil (1964-1985)", bem como consta do Anexo I da Lei n.9.140/1995, na primeira lista oficial de mortos e desaparecidos assim reconhecidos pelo Estado brasileiro. Seu mandato de deputado federal foi restituído simbolicamente em sessão solene promovida pela Câmara dos Deputados, em 2012.

Para os avanços na investigação, muitos divulgados em audiência pública realizada no Arquivo Nacional em fevereiro de 2014, a CNV localizou um inquérito que foi instaurado em 1986 para apurar o desaparecimento do deputado. Em depoimento prestado na Delegacia de Ordem Política e Social da Superintendência Regional do Departamento da Polícia Federal no Rio de Janeiro (DOPS/SR/DPF/RJ), em setembro daquele ano, Cecília de Barros Correia Vieira de Castro afirmou que, na noite anterior à detenção ilegal de Rubens Paiva, 19 de janeiro, agentes do Cisa efetuaram sua prisão e a de Marilene de Lima Corona no Aeroporto do Galeão, onde desembarcaram de um voo procedente do Chile.

De acordo com o termo de declarações de Cecília no mesmo inquérito: as duas foram retiradas de dentro do avião da Varig, levadas "para uma das dependências do Aeroporto do Galeão, mais precisamente na Base Aérea, antigo aeroporto"; e na revista foram encontradas várias cartas de exilados políticos no Chile para ser entregues no Rio de Janeiro.[10] Os agentes identificaram que uma das cartas apreendidas era destinada a Rubens Paiva. Ainda no dia 19, após o encontro das cartas, Cecília foi

9 Arquivo Nacional, Fundo SNI, BR.DFANBSB.V8.AC.ACE.13761.86, p.47.

10 Arquivo Nacional, Fundo SNI, BR.DFANBSB.V8.AC.ACE.58801.86.

levada com a cabeça coberta com um capuz para outra dependência do Galeão, local em que sofreu ofensas pessoais, tendo sido despida. Passou o restante da noite sofrendo ameaças e todo tipo de humilhações.

No dia seguinte, 20 de janeiro, Cecília recordou que uma pessoa não identificada chegou no recinto onde ela estava fazendo o seguinte comentário: o "doutor" já chegou. Era Rubens Paiva, como se certificaria horas mais tarde. Cecília contou que, ao ser colocada no carro, encontrou em seu interior um homem com as mãos amarradas, com a camisa em desalinho, tendo notado algumas manchas de sangue no tecido da camisa, e o que mais a havia marcado foi a fisionomia dele, que estava com os olhos "esbugalhados". Cecília reconheceu o homem como sendo Rubens Paiva, e também foi reconhecida por ele, pois era professora na escola dos filhos do deputado, Colégio Sion, sem, contudo, trocarem ali nenhuma palavra. Declarou também que ele estava bastante vermelho e evidentemente estava vivo até aquele momento. Durante o trajeto, momentos antes de chegar no DOI, ela, Marilene e Rubens Paiva tiveram de colocar uma toalha pequena sobre o rosto.

A CNV identificou, no acervo do SNI, um documento da agência Rio de Janeiro, de 25 de janeiro de 1971, que complementa o testemunho de Cecília, relatando o ocorrido com precisão. Segundo o informe, "Rubens Beyrodt Paiva foi localizado, detido e levado para o QG da 3ª Zona Aérea e, de lá, conduzido juntamente com Cecília e Marilene para o DOI".[11] O documento reafirma os termos do depoimento de Cecília Viveiros de Castro em que revelou que estava no mesmo carro em que Rubens Paiva foi colocado, no Quartel da 3ª Zona Aérea, que os levaria ao DOI.

No DOI, Cecília lembra que foi guiada por uma pessoa até determinado ponto, onde lhe enfiaram um capuz na cabeça, e ordenou-se que Rubens Paiva pusesse as mãos na parede e que também soletrasse seu sobrenome. Cecília relembrou que, durante a identificação, um agente gritava com eles, e que o deputado teve de soletrar seu primeiro

---

11 Arquivo Nacional, Fundo SNI, BR.DFANBSB.V8.ARJ.ACE.446.71.

sobrenome.[12] Rubens Paiva foi levado para a sala de interrogatório, e não foi mais visto por Cecília e Marilene.

A versão oficial do Exército de que Rubens Paiva teria escapado em resgate nas imediações do Alto da Boa Vista sofreu outros abalos, também no ano de 1986, quando novas informações provenientes de depoimentos começaram a preencher as lacunas na história do desaparecimento.

O primeiro deles foi o depoimento do então tenente médico do Exército Amílcar Lobo ao Departamento de Polícia Federal, em 25 de setembro de 1986, no mesmo inquérito policial instaurado para apurar o desaparecimento de Rubens Beyrodt Paiva. Amilcar Lobo declarou que, numa certa madrugada do mês de janeiro de 1971, foi chamado em sua residência para fazer um atendimento. Quando chegou ao DOI, foi encaminhado a uma dependência denominada presídio, onde, numa das últimas celas, encontrou um indivíduo com fortes dores abdominais. Ao examinar o paciente, verificou que ele se encontrava na condição de abdômen em tábua, o que em linguagem médica pode caracterizar uma hemorragia abdominal, sendo que, naquela situação, parecia ter havido uma ruptura hepática. Durante o início do exame e ao final deste, o paciente lhe disse se chamar Rubens Paiva. O médico aconselhou à pessoa que o conduziu até aquela dependência que o paciente fosse hospitalizado no mesmo instante, e que, diante do estado clínico apresentado, ele teria apenas algumas horas de vida, e que suas chances de sobreviver seriam de apenas 20%. Mais tarde, Amílcar recebeu a notícia de que a pessoa a quem fizera atendimento de madrugada havia falecido.[13]

O segundo depoimento foi do capitão Raimundo Ronaldo Ramos, que estava conduzindo Rubens Paiva durante o "resgate" e disse ter visto "uma pessoa atravessar a rua em meio a outro carro". Por sua vez, no depoimento prestado pelo sargento Jurandyr Ochsendorf e Souza, em 25 de setembro de 1986, no mesmo inquérito policial, este afirmou ter acompanhado o então capitão ao Alto da Boa Vista, junto com seu irmão sargento Jacy Ochsendorf e Souza, e que não podia afirmar ter visto o

12 Arquivo Nacional, Fundo SNI, BR.DFANBSB.V8.AC.ACE.58801.86

13 Arquivo Nacional, Fundo SNI, BR.DFANBSB.V8.AC.ACE.13761.86, p.20-23.

prisioneiro se evadir do local nem precisar se a pessoa que estavam transportando era mesmo Rubens Paiva e

> [...] que, a bem da verdade, o declarante não sabia o nome do prisioneiro que estava conduzindo [...] que o declarante não pode afirmar se era realmente Rubens Paiva a pessoa a quem transportara naquele dia em que ocorreu a interceptação, que o declarante não pode precisar da forma que tomou conhecimento do nome do prisioneiro como sendo Rubens Paiva, mas que pode ter sido através dos órgãos.[14]

Somente em 2013, a versão da fuga de Rubens Paiva foi definitivamente sepultada com o depoimento do coronel da reserva do Exército brasileiro Raymundo Ronaldo Campos, à Comissão da Verdade do Estado do Rio de Janeiro (CEV-RIO), que esteve lotado no DOI entre o final do ano de 1969 até os primeiros meses do ano de 1971.

O coronel contou à CEV-RIO que, na noite entre o dia 21 e 22 de janeiro de 1971, o chefe do setor de operações de plantão, o major Francisco Demiurgo Santos Cardoso, o chamou e disse: "Olha, você vai pegar o carro, levar num ponto bem distante daqui, vai tocar fogo no carro para dizer que o carro foi interceptado por terroristas e vem para cá". Que chegou a questionar seu superior perguntando "Ué, por quê?", tendo ouvido como resposta que era "para justificar o desaparecimento de um prisioneiro".[15] Raymundo Ronaldo Campos afirmou que o major Demiurgo não lhe deu o nome do prisioneiro e só o fez depois, quando voltou ao quartel e preencheu o mapa de missão; somente aí é que foi informado de que se tratava de Rubens Paiva, motivo pelo qual no mapa de missão aparece o nome do preso político. Raymundo finalizou seu depoimento dizendo que, segundo ouviu do major Demiurgo, a pessoa que deveria estar no carro morreu no interrogatório e não lhe foi dito em que condições essa pessoa morreu no interrogatório, e que o major apenas informou "morreu, morreu, morreu no interrogatório".[16]

---

14 Arquivo Nacional, Fundo SNI, BR.DFANBSB.V8.ARJ.ACE.13761.86.001.002.

15 Comissão da Verdade do Rio, *Relatório*, p.186.

16 Comissão Nacional da Verdade, *Relatório*, p.563.

## Avanços da investigação: agentes militares da repressão identificam torturador de Rubens Paiva

O caso contou com grande avanço com a entrega, em novembro de 2012, de documentos que estiveram sob o poder do coronel Júlio Miguel Molinas Dias, ex-comandante do DOI do I Exército, no Rio de Janeiro. Os documentos haviam sido apreendidos pela Polícia Civil do Estado do Rio Grande do Sul após o assassinato do coronel Molinas, ocorrido em 1º de novembro de 2012. Entre os documentos apreendidos, estava o documento do DOI intitulado "Turma de Recebimento", que constituiu importante prova para o esclarecimento das circunstâncias da prisão ilegal e arbitrária de Rubens Paiva. Nesse documento, fica comprovada a entrada do deputado no DOI no dia 20 de janeiro de 1971, encaminhado pelo QG-3, pela equipe do Cisa, e nele consta a lista de documentos e objetos pessoais de Rubens Paiva, como cartão de identificação de contribuinte, cartão Diners Club, carteira de habilitação, cinto de couro preto, canetas, relógio, dinheiro, 14 livros, 4 cadernos de anotações.[17] No mesmo documento, há uma anotação manuscrita registrando a entrega dos cadernos ao então major José Antônio Nogueira Belham, o comandante do DOI.

Mais um passo foi dado pela CNV ao tomar depoimentos, em momentos distintos, de dois militares que haviam pertencido aos quadros do 1º Batalhão de Polícia do Exército e que presenciaram a tortura que resultou na morte de Rubens Paiva, no DOI do Rio de Janeiro. O primeiro, o oficial do Exército Ronald José Mota Batista de Leão, e o segundo, seu subordinado e testemunha ocular das torturas sofridas por Rubens Paiva. Ao amparo do disposto do inciso I, do artigo 4º da Lei n.12.528/2011, este teve protegida sua identificação de testemunha, sendo denominado como "agente Y".

O então capitão Ronald Leão relatou que a chegada de Rubens Paiva ao batalhão ocorreu à noite, e que ele foi trazido pelos agentes do Centro de Inteligência do Exército (CIE), entrando pelo portão dos fundos. Este procurou saber de quem se tratava, mas foi impedido pelos

17 Ibidem, p.564.

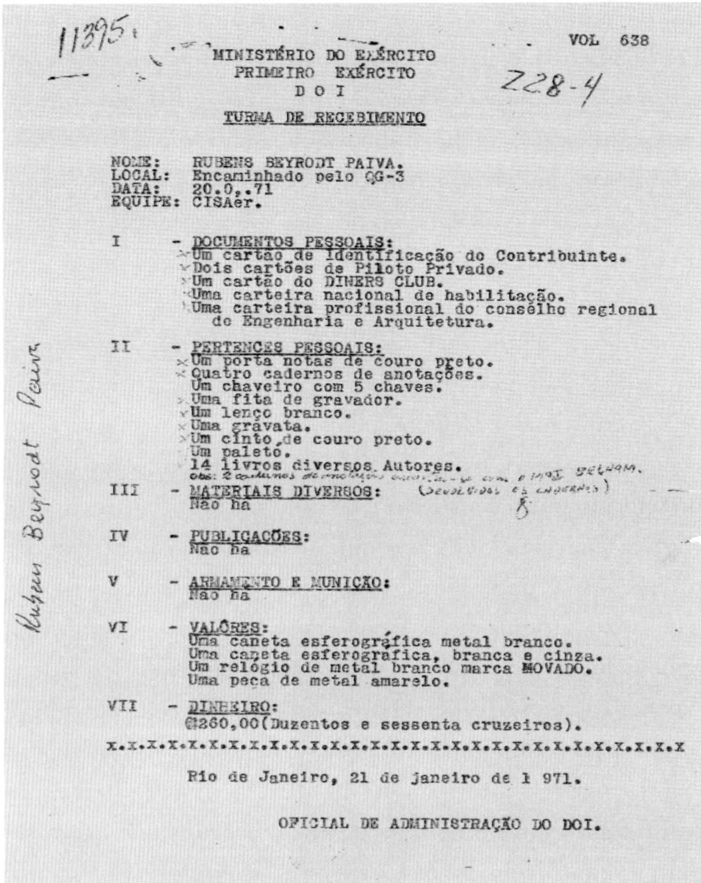

11395

VOL 638

MINISTÉRIO DO EXÉRCITO
PRIMEIRO EXÉRCITO
D O I

228-4

TURMA DE RECEBIMENTO

NOME: RUBENS BEYRODT PAIVA.
LOCAL: Encaminhado pelo QG-3
DATA: 20.0,.71
EQUIPE: CISAer.

I - DOCUMENTOS PESSOAIS:
Um cartão de identificação do Contribuinte.
Dois cartões de Piloto Privado.
Um cartão do DINERS CLUB.
Uma carteira nacional de habilitação.
Uma carteira profissional do conselho regional de Engenharia e Arquitetura.

II - PERTENCES PESSOAIS:
Um porta notas de couro preto.
Quatro cadernos de anotações.
Um chaveiro com 5 chaves.
Uma fita de gravador.
Um lenço branco.
Uma gravata.
Um cinto de couro preto.
Um paletó.
14 livros diversos Autores.

III - MATERIAIS DIVERSOS:
Não há

IV - PUBLICAÇÕES:
Não há

V - ARMAMENTO E MUNIÇÃO:
Não há

VI - VALÔRES:
Uma caneta esferográfica metal branco.
Uma caneta esferográfica, branca e cinza.
Um relógio de metal branco marca MOVADO.
Uma peça de metal amarelo.

VII - DINHEIRO:
Cr$260,00 (Duzentos e sessenta cruzeiros).

X.X.X.X.X.X.X.X.X.X.X.X.X.X.X.X.X.X.X.X.X.X.X.X.X.X.X.X.X

Rio de Janeiro, 21 de janeiro de 1 971.

OFICIAL DE ADMINISTRAÇÃO DO DOI.

Rubens Beyrodt Paiva

Figura 12.2
Documento que comprova a entrada de Rubens Paiva em 20 de janeiro de 1971 no Destacamento de Operações DOI do I Exército, comandado, à época, pelo major José Antônio Nogueira Belham

**Fonte:** Arquivo Nacional, fundo Comissão Nacional da Verdade

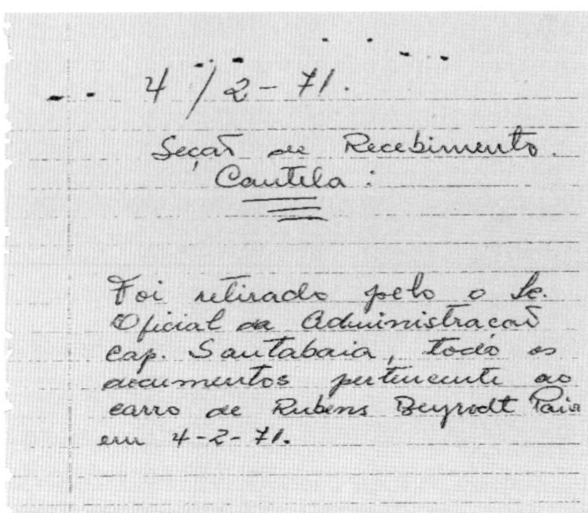

4/2-71.

Seção de Recebimento.
Cautela:

Foi retirado pelo o Sr. Oficial de Administração cap. Santabaia, todos os documentos pertinente ao carro de Rubens Beyrodt Paiva em 4-2-71.

Figura 12.3
Anotação manuscrita registrando a entrega dos cadernos ao comandante do DOI

**Fonte:** Arquivo Nacional, fundo Comissão Nacional da Verdade

militares do CIE, o major Rubens Paim Sampaio e o capitão Freddie Perdigão, sob alegação de que era um preso importante e que estava sob responsabilidade do CIE e do DOI-CODI. Ronald contou ter alertado o comando do Batalhão e, em seguida, ter ido para casa. No dia seguinte à tarde, no dia 21 de janeiro, Ronald Leão foi procurado pelo "agente Y" em sua sala para avisá-lo de que "algo estranho estava acontecendo" no interrogatório do preso que havia chegado na noite anterior. Diante da gravidade do fato presenciado, tomaram a decisão de ambos relatarem o ocorrido ao então major Belham. Em seguida, dirigiram-se ao comandante do Batalhão, coronel José Ney Fernandes Antunes, relatando a conversa com o major Belham. Na manhã do dia seguinte, 22 de janeiro, ao chegar ao quartel, Ronald teria sido informado "sobre uma possível fuga do referido preso e a abertura de uma sindicância para apurar os fatos".[18]

Em sua carta à CNV, o militar Ronald Leão arrolou os nomes dos militares que poderiam esclarecer as circunstâncias da morte, tortura e desaparecimento de Rubens Paiva. São eles: general Belham, que na época chefiava o DOI-CODI e estava em suas dependências quando da chegada do sr. Rubens Paiva, e ressaltando que ele sabia quem interrogou o preso e o que aconteceu. O segundo militar acusado foi o oficial da Reserva, interrogador do DOI, de nome Hughes, caracterizado como sendo um homem forte, de olhos azuis que, "após ser licenciado pelo Exército, foi para os Correios e Telégrafos". O terceiro acusado foi o coronel Raymundo Ronaldo Campos, oficial de cavalaria, que participava dos interrogatórios. E o quarto e último envolvido, Rubem Paim Sampaio, era chefe da equipe do CIE que interrogou Rubens Paiva.[19]

O "agente Y", em abril de 2013, encaminhou à CNV um termo de declaração, confirmando as declarações prestadas por Ronald Leão, reafirmando que Rubens Paiva chegou ao DOI durante a noite, quando o expediente no Batalhão já estava encerrado e ele já tinha ido para casa. Foi por esse motivo que soube da chegada do preso apenas no dia seguinte, pelos comentários ouvidos. Nesse mesmo dia, e quase ao

18 Arquivo Nacional, Fundo CNV, 00092.003667/2014-28.

19 Arquivo Nacional, Fundo CNV, 00092.003667/2014-28.

término do expediente, por volta das 17 horas, ele reparou que a porta de uma das salas de interrogatório do DOI estava entreaberta e, ao se dirigir para fechá-la, deparou-se com um interrogador do DOI, de nome Hughes, em seu interior, "utilizando método não tradicional de interrogatório" numa pessoa que, de relance, pareceu ser de meia-idade. O "agente Y" declarou que pressentiu que o que tinha visto poderia ter consequências fatais, e se dirigiu diretamente à sala do capitão Ronald Leão para relatar o que havia presenciado. O capitão Ronald e o "agente Y" decidiram informar ao chefe do DOI, e atestaram que falaram "pessoalmente com o então major Belham o que fora visto, alertando-o para as possíveis consequências".[20]

A descrição do agente Hughes como torturador de Rubens Paiva, fornecida pelo capitão Ronald Leão e pelo "agente Y", coincide com a descrição do chefe do interrogatório dada por Cecília de Barros Correia Viveiros de Castro a Marcelo Paiva, que contou que ela, Marilene e seu pai permaneceram de pé muito tempo, com os braços para cima, num recinto fechado. Com a longa duração do castigo, Cecília teria fraquejado, tendo sido amparada por Rubens Paiva, que estava ao lado dela. A atitude de Rubens Paiva teria irritado o chefe do interrogatório, descrito por Cecília como um oficial loiro, de olhos azuis,

> que atacou meu pai e começou a surrá-lo. "Vocês vão matá-lo", gritou uma das mulheres. Isso fez que esse oficial ficasse completamente fora de si e, agarrando a mulher pelos cabelos, forçou-a a aproximar-se do meu pai, já estirado no chão. "Aqui não se tortura, isso é uma guerra", gritou o oficial.[21]

A investigação da CNV identificou o oficial "Hughes" como sendo Antônio Fernando Hughes de Carvalho, nascido no Rio de Janeiro em 1º de junho de 1942 e falecido no ano de 2005, como sendo o interrogador visto pelo "agente Y" em sala do DOI, submetendo Rubens Paiva a torturas. Em depoimento prestado à CNV em 24 de fevereiro de 2014, o "agente Y" identificou uma foto de Antônio Fernando Hughes de Carvalho,

20 Arquivo Nacional, Fundo CNV, 00092.000306/2014-98.

21 Paiva, *Feliz ano velho*, p.71-2.

apresentada pela conselheira Rosa Cardoso, como sendo o agente que ele viu torturar Rubens Paiva de forma extremamente violenta e que pode ter sido a causa principal de sua morte. Segundo o "agente Y", "na oportunidade, tendo em vista as condições físicas do próprio senhor, tive o sentimento de que ele poderia não resistir. Não posso, entretanto, dizer se as condições físicas do sr. Rubens Paiva tinham outros antecedentes, ou se esse fato gerou sua morte".[22] Antônio Fernando Hughes de Carvalho recebeu a Medalha do Pacificador "como uma homenagem especial do Exército, pelos assinalados serviços prestados no combate à subversão, colaborando dessa forma para a manutenção da lei, da ordem e das instituições".[23]

## Militares envolvidos na tortura e desaparecimento de Rubens Paiva

Entre os militares arrolados na declaração de Ronald Leão, dois já faleceram: Amílcar Lobo e Freddie Perdigão Pereira. Em 13 de junho de 2013, a CNV convocou o general da reserva José Antonio Nogueira Belham para prestar esclarecimentos ao conselheiro Cláudio Fonteles, sobre o caso de desaparecimento de Rubens Paiva e outros fatos relacionados com seu serviço no Exército brasileiro. Quatro meses antes, em 14 de fevereiro de 2013, o general Belham já havia encaminhado à CNV uma documentação na qual declarou ter exercido a chefia do DOI do I Exército, no período de novembro de 1970 a maio de 1971. Anexada ao documento, foi encaminhada sua folha de alterações, documento que registra os dados funcionais de militares.

O general Belham foi informado da existência dos depoimentos prestados à CNV por testemunhas oculares da prisão e tortura sofrida por Rubens Paiva do DOI do I Exército. O general tomou conhecimento do conteúdo das declarações das duas testemunhas e que, no dia 21 de janeiro de 1971, após presenciarem as torturas sofridas pelo deputado,

22 Arquivo Nacional, Fundo CNV,00092.000306/2014-09.

23 Comissão Nacional da Verdade, *Relatório*, p.570.

as duas testemunhas tinham estado com ele, em seu gabinete, onde relataram a cena vista na sala de interrogatório. Diante dos fatos expostos, o general Belham confirmou conhecer as testemunhas, mas negou a existência de tal episódio, alegando que não estava no DOI naquele dia 21 por se encontrar de férias, estando inclusive fora da cidade do Rio de Janeiro. Entretanto, sua resposta foi contestada pelo conselheiro Cláudio Fonteles, a partir da análise de sua folha de alterações, correspondente ao período de 1º de janeiro a 30 de junho de 1971, que identificou que o militar estava de serviço nos dias 2, 5, 8, 11, 14, 17, 20, 23, 26 e 29 de janeiro de 1971, pois há o registro de deslocamentos sigilosos com saque de diárias.[24] É importante assinalar que o dia 20 de janeiro de 1971 é a data em que o deputado federal Rubens Paiva foi trazido, no final do dia, ao DOI do I Exército. O general Belham encerrou seu depoimento se comprometendo a enviar comprovação de que não esteve no DOI no dia 21 de janeiro de 1971. A CNV não recebeu qualquer documentação do general nesse sentido.

Do documento encaminhado pelo general, antes de sua convocação pela CNV, consta a afirmação de que:

> [...] nos períodos de novembro de 1970 a 17 de fevereiro de 1971 e 17 de fevereiro a maio de 1971, quando exerceu a chefia, não houve mortes no DOI/IEX. A determinação do então comandante do I Exército, general Sylvio Frota, pessoa religiosa (católica) e responsável, era que nenhum preso fosse maltratado e que quando desse entrada no DOI/IEX, todo e qualquer preso tinha de ser submetido a um exame médico rigoroso para verificar seu estado físico.

A despeito dessa declaração, durante o período de comando no DOI, a CNV identificou que pelo menos quatro presos políticos que estiveram detidos naquele órgão continuam desaparecidos: Celso Gilberto de Oliveira, da Vanguarda Popular Revolucionária (VPR), desaparecido em 10 de dezembro; Antônio Joaquim de Souza Machado e Carlos Alberto Soares de Freitas, ambos da Vanguarda Armada Revolucionária Palmares (VAR-Palmares) e desaparecidos em 15 de fevereiro; e

24 Ibidem, p.568.

Aluízio Palhano Pedreira Ferreira (VPR), desaparecido em 20 de maio. Igualmente, verificou que no período em que o general Belham esteve à frente do DOI, outros cinco presos políticos foram executados naquela unidade: Aderval Alves Coqueiro, do Movimento Revolucionário Tiradentes (MRT), morto em 6 de fevereiro de 1971; Gerson Theodoro de Oliveira e Maurício Guilherme da Silveira, ambos da VPR e mortos em 22 de março; Marilena Villas Boas Pinto e Mário de Souza Prata, ambos da Ação Libertadora Nacional (ALN) e mortos em 3 de abril.[25]

## Política de Estado: autoria, instituições e locais

A nomeação dos autores das graves violações de direitos humanos por parte da CNV teve por pressuposto a atuação da repressão por meio de cadeias de comando. A demonstração de que tais violações resultaram de uma política de Estado coloca por terra qualquer argumento no sentido de que "excessos" foram cometidos nos "porões" da ditadura. A indicação da autoria, como no caso Rubens Paiva, teve por pressuposto a "participação coordenada de agentes em diferentes níveis hierárquicos e no exercício de funções distintas, organizados sob a forma de cadeias de comando".[26] A CNV estabeleceu três categorias de segmentação para a autoria das graves violações de direitos humanos. A responsabilidade político-institucional, envolvendo os presidentes militares, ministros das três Forças Armadas e os chefes dos centros de informação – CIE, Cisa e Centro de Informações da Marinha (Cenimar), considerou o poder de definição, estruturação, planejamento e decisão sobre as políticas de persecução e repressão de opositores ao regime militar. A responsabilidade pelo controle de estruturas e pela gestão de procedimentos contemplou aqueles que permitiram, por ação ou omissão, no exercício da hierarquia, que a prática de graves violações de direitos humanos ocorresse, de forma sistemática ou ocasional, em unidades do Estado sob sua administração.

25 Ibidem, p.732.

26 Ibidem, p.843.

A terceira categoria corresponde à responsabilidade pela autoria direta e é voltada àqueles que executaram e deram causa direta e imediata às graves violações de direitos humanos. Para as três categorias, a CNV chegou a uma listagem de 376 agentes públicos.

A CNV apontou no Volume III a cadeia de comando dos órgãos envolvidos na prisão, tortura, morte e desaparecimento do deputado e a autoria direta das graves violações, com a identificação da fonte documental/testemunhal que lastreou a nomeação: Antônio Fernando Hughes de Carvalho (1942-2005); João Paulo Moreira Burnier (1919-2000); José Antônio Nogueira Belham (1934-), Rubens Paim Sampaio (1934-); Amílcar Lobo Moreira da Silva (1939-2005); Jurandyr Ochsenrdorf e Souza (1939-); Jacy Ochsenrdorf e Souza (1945-); Raymundo Ronaldo Campos (1935-), Freddie Perdigão Pereira (1936-1996), José Ney Fernandes Antunes (1926-) e Francisco Demiurgo Santos Cardoso (1930-).

A CNV identificou como locais de graves violações de direitos humanos de Rubens Paiva: sua residência, na Avenida Delfim Moreira, no Leblon, na qual foi detido ilegalmente; o comando da III Zona Aérea, na Avenida General Justo, local em que foi torturado; e o DOI-CODI, onde teria sido torturado, morto e seu cadáver, inicialmente ocultado. Mesmo diante do depoimento do coronel reformado Paulo Malhães à CNV, de que este teria jogado o corpo do deputado no mar, sem qualquer outro indício que confirmasse a afirmativa, a CNV entendeu permanecer responsabilidade do Estado brasileiro a identificação dos restos mortais, sua devolução à família e o esclarecimento das circunstâncias de sua morte. Neste e em muitos outros casos os avanços na investigação do caso não foram suficientes para se determinar o paradeiro das vítimas.

Ainda no decorrer dos trabalhos da CNV, em maio de 2014, a Justiça Federal no Rio de Janeiro recebeu uma denúncia proposta pelo Ministério Público Federal em face de cinco ex-militares acusados pelo homicídio e ocultação de cadáver do deputado.

O general José Antônio Belham, ex-comandante do DOI, e o ex-integrante do CIE, Rubens Paim Sampaio, foram denunciados por homicídio triplamente qualificado, ocultação de cadáver e associação criminosa armada. A denúncia menciona ainda a participação de João

Paulo Moreira Burnier, Antônio Fernando Hughes de Carvalho, Freddie Perdigão Pereira e Ney Fernandes Antunes, já falecidos. O coronel reformado Raymundo Campos e os irmãos Jurandyr Ochsendorf e Souza e Jacy Ochsendorf e Souza foram acusados de ocultação de cadáver, fraude processual e associação criminosa armada. Para o MPF, Francisco Demiurgo Santos Cardoso, Freddie Perdigão Pereira, Antônio Fernando Hugues de Carvalho, Syseno Sarmento, Ney Fernandes Antunes e Ney Mendes, já falecidos, ocultaram o cadáver da vítima. Coerente com as investigações da CNV, o processo criminal foi autorizado sob o argumento de que nem a Lei de Anistia nem a prescrição se aplicam aos crimes praticados contra Rubens Paiva, por serem considerados crimes contra a humanidade. A decisão judicial foi confirmada, por unanimidade, pelo Tribunal Regional Federal da 2ª Região, no Rio de Janeiro, num inédito posicionamento do Judiciário, no sentido de que o instituto da anistia não se aplica a crimes cometidos por agentes da ditadura militar contra a oposição ao regime. A ação penal, contudo, encontra-se suspensa desde setembro de 2014, por decisão do ministro do Supremo Tribunal Rederal, Teori Zavascki, morto em janeiro de 2017, com base em decisão do tribunal de 2010 que confirmou a conformidade da Lei de Anistia de 1979 com a Constituição Federal. Em novembro de 2015, atendendo a pedido da Procuradoria Geral da República, o ministro autorizou que a Justiça Federal do Rio de Janeiro procedesse à oitiva de três das quinze testemunhas no processo, por conta da idade avançada e do delicado estado de saúde.[27] Com o julgamento do mérito, o que se encontra atrelado a novo julgamento pelo STF, aguarda-se a confirmação por parte da mais alta corte nacional sobre a possibilidade de que aqueles acusados por crimes contra a humanidade possam ser julgados no Brasil.

---

27 Supremo Tribunal Federal. Juiz deve ouvir apenas testemunhas listadas pela PGR no caso Rubens Paiva. Disponível em: <http://www.stf.jus.br/portal/cms/verNotciaDetalhe.asp?idConteudo=304838>. Acesso em: 11 ago. 2016.

## Conclusão

O caso Rubens Paiva indica sinergia entre a atuação do MPF e da CNV, inclusive durante a vigência da CNV. No dia 10 de dezembro de 2014, o Relatório Final da CNV foi entregue à presidenta Dilma Rousseff, em cerimônia no Palácio do Planalto, e à sociedade civil, em reunião na Ordem dos Advogados do Brasil; na mesma data, a CNV fez a entrega de seu relatório final, em audiência, ao procurador geral da República para que prontamente chegassem ao Ministério Público as investigações realizadas.

Uma vez findas as atividades da CNV, o MPF instaurou novos procedimentos de investigação criminal, de forma a contemplar os 434 casos de mortos e desaparecidos que compõem o Volume III do relatório final da CNV. Desde então, novas denúncias criminais têm sido apresentadas ao Judiciário, algumas das quais com considerações sobre as conclusões do informe e os documentos revelados pela CNV.[28]

À CNV coube o papel da reconstrução da história dos casos de graves violações de direitos humanos e identificação das estruturas, os locais, as instituições e as circunstâncias relacionados à sua prática e suas eventuais ramificações nos diversos aparelhos estatais e na sociedade. Mesmo que as investigações não tenham conferido a todos os familiares de desaparecidos a oportunidade de dar a seus entes queridos uma sepultura digna, passos significativos foram dados na compreensão da estrutura repressiva, suas instituições, seus agentes e a forma de atuação. Documentos, testemunhos, provas e indícios sistematizados no acervo da CNV encontram-se hoje sob a custódia do Arquivo Nacional, acessíveis ao público.

As 29 recomendações apresentadas com vistas a assegurar a não repetição de graves violações de direitos humanos orientam para reformas legais e institucionais ainda esperadas pela democracia brasileira. Cabe aqui a referência às duas primeiras: o reconhecimento pelas Forças Armadas de sua responsabilidade institucional pela ocorrência de graves

28 Martins; Osmo; Melo, Aportes y repercusiones del informe de la comisión nacional de la verdad, *Revista Puentes*.

violações de direitos humanos durante a ditadura militar, assim como a determinação da responsabilidade jurídica – criminal, civil e administrativa – dos agentes públicos que lhes deram causa. Na medida em que a impunidade se encontra na raiz da persistência do quadro de graves violações de direitos humanos, a CNV não poderia permanecer silente no que se refere ao alcance da anistia concedida em 1979. Aos que porventura tenham apostado que a Comissão Nacional da Verdade significaria uma alternativa à justiça no Brasil, esta respondeu que a verdade e a justiça constituem hoje as duas faces de uma mesma moeda, instrumento necessário para o aprofundamento do Estado democrático de direito.

13

# Corrupção, velha senhora

*Vitor de Angelo*

Há um ditado popular muito conhecido no Brasil que diz o seguinte: "devo, não nego; pago quando puder". Para algumas pessoas, talvez ele tenha a ver apenas com a situação financeira de muitos brasileiros. Mesmo endividado, o brasileiro, supõe-se, não nega suas obrigações nem foge delas. Apenas não tem condições de quitá-las, em muitos casos. Para outras, no entanto, pode ser que esse ditado expresse justamente o contrário, isto é, o espírito de malandragem e o caráter duvidoso do brasileiro médio; a percepção de que, nas relações sociais cotidianas, buscamos levar vantagem em todas as transações através do *jeitinho* – esse traço que nos distinguiria de outras sociedades. Enfim, o fato de que teríamos, por assim dizer, uma "natural desonestidade".[1]

Essa é uma percepção moral estreitamente relacionada à questão da corrupção. Isso porque, todos os dias, com a revelação de novos casos, em esquemas envolvendo cifras cada vez maiores, ficamos com a sensação de

1 Filgueiras, A tolerância à corrupção no Brasil: uma antinomia entre normas sociais e prática social, *Opinião Pública*, p.386.

pertencer a uma sociedade degenerada, corrompida e incorrigível. Dessa forma, vai se disseminando, na sociedade brasileira, um sentimento de impotência diante da corrupção, de leniência em relação a esse problema e, sobretudo, uma percepção difusa de que o país só não é melhor por causa da corrupção. Não é à toa que pesquisas mais recentes indicam que, hoje, a corrupção é vista como o maior problema do Brasil,[2] embora ela, em geral, seja identificada como uma prática de funcionários públicos. Em outras palavras, no plano de nossa cultura política, a corrupção é muito mais associada à figura do Estado do que à da sociedade civil.[3]

A corrupção é um problema complexo, pois envolve aspectos morais, como a percepção sobre o que é e o que não é corrupção, e também institucionais, sociais e econômicos. A corrupção é um desafio aos mais elementares princípios democráticos, uma vez que essa prática leva não apenas a que decisões importantes sejam tomadas fora do alcance dos cidadãos de modo geral, mas que elas sejam dirigidas – através do suborno, por exemplo – em benefício apenas de alguns deles. É, igualmente, um problema social, visto que, com a corrupção, perde-se hoje algo em torno de 5% do PIB mundial. Em 2015, a ONU estimou em aproximadamente R$ 2,6 trilhões o valor gasto com corrução em todo o mundo, sendo R$ 200 bilhões só no Brasil.[4] Esse valor é superior ao que o governo brasileiro investe em saúde e educação anualmente. Com ele, seria possível custear o Programa Bolsa Família por oito anos, por exemplo.

Da mesma forma, a corrupção é um problema econômico, dado seu caráter essencialmente anticompetitivo. Ao invés de atuarem segundo as regras de mercado, competindo entre si, as empresas tenderão, num contexto assim, a buscar atalhos através da corrupção, onerando o processo produtivo, aumentando o preço do produto final e exigindo maior dispêndio de dinheiro. A corrupção também é uma questão complexa porque simplesmente não há como mensurar, em termos empíricos, qual

---

2 *Folha de S.Paulo*, 29 nov. 2015.

3 Filgueiras, op. cit.

4 Corruptos desviam R$ 200 bilhões por ano no Brasil, segundo a ONU. Disponível em: <http://tvuol.uol.com.br/video/corruptos-desviam-r-200-bi-por-ano-no-brasil-segundo-a-onu-04028C9B3768D4A13326>. Acesso em: 15 fev. 2016.

sua extensão. Apesar dos dados disponíveis, como os da Organização das Nações Unidas, o fato é que todas as estimativas, mesmo as mais sérias, precisariam ser vistas com cautela. Afinal, as diferentes medições do problema podem conter uma série de outros fatores que influenciam na percepção sobre a corrupção, além de conflitos de interpretação.[5]

Assim, meu objetivo, neste capítulo, é discutir, a partir do debate existente no Brasil de hoje, o problema da corrupção no país. Nos dias atuais, o combate à corrupção tem dominado a agenda da mídia, das instituições políticas e da sociedade civil organizada como um todo. Com isso, muitos podem ter a sensação de que esse é um problema recente, que começou há pouco tempo ou que se reduz ao governo e ao partido que está no poder; e não que se trata, como disse a presidente Dilma Rousseff em 2015, de uma "senhora bastante idosa",[6] presente na política e na sociedade, na iniciativa pública e privada, sem excluir ninguém.

A corrupção está de tal modo estabelecida em nossas instituições e na prática cotidiana que, para muitos brasileiros, esse é um problema maior, até mesmo, que a própria desigualdade social – uma das características mais nefastas do país. Curiosamente, não se trata de uma percepção apenas dos brasileiros, já que pesquisas recentes indicam que a corrupção é vista como o maior problema do mundo por 21% das pessoas, bem à frente da crise econômica (14%), da desigualdade social (12%) e do desemprego (10%).[7] No entanto, a história e o debate sobre esse problema guardam algumas singularidades no caso brasileiro, como veremos adiante, a começar pelo fato de que, aqui, muito mais pessoas consideram que a corrupção é o principal problema no mundo atual – quase 30% dos brasileiros. Com certeza, isso é consequência do quanto o acalorado debate sobre a corrupção influencia a visão sobre o problema.

5 Abramo, Percepções pantanosas: a dificuldade de medir a corrupção, *Novos Estudos CEBRAP*, p.33-7.

6 *Folha de S.Paulo*, 16 mar. 2015.

7 *O Globo*, 10 abr. 2014.

## Os sentidos da palavra *corrupção*

Antes de mais nada, o que vem a ser corrupção? O grande sociólogo francês Pierre Bourdieu escreveu, certa vez, que "as palavras do léxico político trazem a marca da polêmica na forma da polissemia que é o vestígio dos usos antagonistas que grupos diferentes delas fizeram e delas fazem".[8] Em outros termos, o que Bourdieu queria dizer era que as palavras tinham significados, e que eles jamais eram neutros. Nesse sentido, a etimologia da palavra *corrupção* – ou seja, o estudo das origens e dos diferentes significados que a palavra teve ao longo do tempo – é muito útil para melhor compreendermos a visão frequentemente partilhada a seu respeito nos dias de hoje.

Corrupção, do latim *corruptio*, é a ação de corromper, vocábulo que, em português, provém do termo *corrumpere*, formado pelo prefixo *co*, de companhia, contiguidade; e pelo verbo *romper*, de *arrombar, transgredir, violar* e *infringir*.[9] O sufixo *-tio*, de *corruptio*, tem, no latim, o sentido de *ação* e *efeito*. Corrupção, dessa forma, é uma prática que envolve ao menos duas pessoas – o corrupto e o corruptor –, associada ao ato de corromper e às suas consequências; à ideia de decomposição ou de apodrecimento; e, ainda, à noção de desmoralização e devassidão. O sujeito da corrupção, o corrupto, tanto em sua forma ativa como passiva, leva esse nome por causa da palavra latina *corruptus*, particípio passado de *corrumpere*. Desse ponto de vista, corrupto é aquele que corrompe ou se deixa corromper; o que estragou.[10] Foi nesse sentido, aliás, que a palavra entrou para a língua portuguesa, a partir século XV, remetendo à ideia de podre, adulterado, alterado.

Também são chamados de *corruptos* um tipo de crustáceo decápode semelhante ao camarão, muito comum no litoral brasileiro. Esse crustáceo é empregado em larga escala na atividade pesqueira como isca para a caça de peixes maiores. Os corruptos são chamados assim porque, numa

8 Bourdieu, *O poder simbólico*, p.143.

9 *Michaelis – moderno dicionário da língua portuguesa.*

10 *Dicionário Houaiss da língua portuguesa.*

analogia aos que praticam a corrupção tal como nós a conhecemos, os crustáceos vivem enterrados na areia, estão presentes em grande quantidade nas praias brasileiras, quase não aparecem e são difíceis de capturar.[11]

A corrupção, como podemos ver nessa breve recuperação de alguns de seus significados, tem uma natureza negativa, é malvista, reprovável e indesejada. Não é por outra razão que, no Brasil, por exemplo, corrupção constitua um crime. Pelo menos desde 1940, quando o presidente Getúlio Vargas, através do Decreto-Lei n.2.848, instituiu o Código Penal Brasileiro, aqueles que corrompem ou se deixam corromper estão sujeitos à pena de reclusão e ao pagamento de multa.

Na legislação brasileira, a corrupção passiva (art. 317) é tipificada como o ato de "solicitar ou receber, para si ou para outrem, direta ou indiretamente, ainda que fora da função ou antes de assumi-la, mas em razão dela, vantagem indevida, ou aceitar promessa de tal vantagem".[12] A corrupção ativa (art. 333), por sua vez, é definida como a ação de "oferecer ou prometer vantagem indevida a funcionário público, para determiná-lo a praticar, omitir ou retardar ato de ofício". A legislação também define como crime a prática de concussão (art. 316), que significa "exigir, para si ou para outrem, direta ou indiretamente, ainda que fora da função ou antes de assumi-la, mas em razão dela, vantagem indevida".[13]

Originalmente, no Código Penal de 1940, as corrupções ativa e passiva previam penas de um a oito anos de prisão, mais o pagamento de multa no valor de três a quinze contos de réis, no caso da passiva; e de um a quinze contos, na ativa.[14] Já a concussão tinha pena de dois a oito anos, mais multa, que variava de dois a vinte contos de réis. A pena por

11 Silva, *De onde vêm as palavras*: origens e curiosidades da língua portuguesa.

12 República dos Estados Unidos do Brasil, *Coleção das leis de 1940*, p.187.

13 Segundo Hungria e Fragoso (*Comentários ao Código Penal*, p.360), concussão é diferente de corrupção passiva porque, nesta prática, "o funcionário solicita ou aceita: na concussão, exige".

14 A unidade monetária da época era *mil-réis*. Réis era usado para o que atualmente seriam os centavos. Um conto de réis, então, equivalia a 1 milhão de réis ou a mil mil-réis. Como parâmetro, lembremos que o salário mínimo em vigor no momento da instituição dessa legislação era de 240 mil réis. Logo, a multa pela corrupção passiva correspondia a cerca de 12 a 60 salários mínimos; pela corrupção ativa, de

condenação em corrupção passiva era aumentada em um terço se, "em consequência da vantagem ou promessa", o funcionário retardasse ou deixasse de praticar qualquer ato de ofício ou se o praticasse contrariando seu dever funcional. Caso o funcionário público infringisse suas obrigações, "cedendo a pedido ou influência de outrem", poderia ser preso – de três meses a um ano – *ou* condenado a pagar multa – 400 mil réis a dois contos de réis.[15] No caso da corrupção ativa, os que oferecessem ou prometessem "vantagem indevida a funcionário público, para determiná-lo a praticar, omitir ou retardar ato de ofício", teriam a pena aumentada em um terço caso o funcionário concretizasse o retardo ou a omissão de sua obrigação em face da vantagem ou da promessa.

## O recente debate sobre a corrupção na esfera legislativa

Mesmo com as multas e penas de prisão, a legislação brasileira, em vigor há mais de setenta anos, não foi capaz de coibir a prática de corrupção tal como se imaginava. Por isso, de tempos em tempos, a cada novo escândalo descoberto, voltam a ser discutidas, na esfera legislativa, medidas que, endurecendo a legislação vigente, poderiam ajudar a coibir essa prática. Em 2014, por exemplo, um levantamento feito pela Câmara dos Deputados mostrou que, apenas naquela Casa, existiam 141 projetos de lei sobre o tema. Deles, vinte tinham sido apresentados havia mais de dez anos.[16]

---

4 a 60 salários. Disponível em: <http://www.mte.gov.br/salario-minimo/evolucao-salario-minimo>. Acesso em: 27 jan. 2016.

15 Em valores da época, a multa correspondia entre pouco menos de dois salários mínimos a cerca de quatro vezes o salário mínimo. Notemos que, no caso do funcionário público, a prisão e a multa não eram cumulativas. O juiz deveria aplicar uma pena *ou* outra.

16 Quase 70% dos deputados querem tornar corrupção crime hediondo. Disponível em: <http://g1.globo.com/politica/noticia/2015/01/quase-70-dos-deputados-querem-tornar-corrupcao-crime-hediondo.html>. Acesso em: 11 fev. 2016.

Figura 13.1
Lei da Ficha Limpa, aprovada pelo Congresso Nacional e sancionada pelo presidente Luís Inácio Lula da Silva, em julho de 2010

**Foto:** Ailton de Freitas (Agência O Globo)

Na história recente do Brasil, uma das poucas iniciativas que prosperou no combate à corrupção, ainda que não fosse esse seu único objetivo, foi a Lei Complementar n.135/2010, popularmente conhecida como Lei da Ficha Limpa. Encabeçada pelo Movimento Nacional de Combate à Corrupção, que congrega dezenas de entidades da sociedade civil organizada com o objetivo de combater uma variante específica da corrupção, que é a corrupção eleitoral, o projeto de lei de origem popular contou com a assinatura de mais de 1,3 milhão de eleitores, sendo apresentado à Câmara dos Deputados como um projeto de lei de iniciativa popular, conforme previsto no artigo 61 da Constituição Federal de 1988. Em julho de 2010, após ampla discussão no Congresso Nacional, a proposta foi aprovada e sancionada pelo então presidente Luís Inácio Lula da Silva.

A Lei da Ficha Limpa endureceu a legislação anterior ao ampliar as hipóteses para impedir um cidadão de ocupar cargos eletivos. Parte delas tem a ver diretamente com o combate à corrupção, ao buscar garantir a probidade administrativa e a moralidade no exercício do mandato. Aqueles que intentam contra a administração e o patrimônio público, por exemplo, podem ser punidos com a cassação dos direitos políticos por oito anos. Até aqui, a lei já foi aplicada em três eleições – em 2012, 2014 e 2016. Dados de setembro de 2012 mostram que, naquele ano, ao menos 868 candidatos a prefeitos, vice-prefeitos e vereadores de todo o país foram considerados *fichas-sujas*, sendo barrados pela Justiça Eleitoral em decisões de segunda instância. Na época, eles representavam cerca de 0,2% das candidaturas registradas. Em setembro de 2014, ano de eleições gerais no Brasil, mais de 250 candidaturas foram impugnadas – algo em torno de 1% das candidaturas. Nas eleições municipais de 2016, esse percentual ficou em 0,5%. [17]

Antes da Lei da Ficha Limpa, uma discussão importante que ocupou a atenção do Congresso Nacional foi o aumento das penas para os crimes de corrupção, bem como sua classificação como crime hediondo. Em 2003, as penas de reclusão para os casos de corrupção passiva e ativa já tinham aumentado de um a oito anos de prisão para dois a doze anos. Em termos percentuais, a pena mínima de reclusão foi acrescida em 100%, e a máxima, em 50%. No entanto, a transformação da corrupção em crime hediondo foi um debate mais polêmico e tortuoso, que até o presente ainda não foi concluído.

Em 13 de maio de 1999, o então deputado federal Sérgio Novaes, do PSB do Ceará, apresentou à Câmara dos Deputados um projeto de lei (n. 925/1999) transformando em hediondos os crimes previstos nos artigos 316, 317 e 333 do Código Penal, com o aumento das respectivas penas, que poderiam chegar a vinte anos de prisão. No final do ano seguinte, um outro projeto de lei (n. 3.961/2000) também foi apresentado pelo deputado Babá, do PT do Pará, propondo a classificação como crime hediondo dos crimes de corrupção ativa e passiva nos casos em que a vantagem indevida fosse de grande proporção e produzisse grave dano individual ou coletivo. Na volta dos trabalhos legislativos em 2001, o PL n.3961/2000 foi apensado ao projeto do deputado Sérgio Novaes.

A proposta, agora unificada, ficou parada na Casa por mais de dois anos, quando, finalmente, acabou rejeitada pelo relator da Comissão de

---

17 Veja o ranking dos barrados pela Ficha Limpa, por partido. Disponível em: <http://congressoemfoco.uol.com.br/noticias/veja-o-ranking-dos-barrados-pela-ficha-limpa-por-partido>. Acesso em: 11 fev. 2016. PMDB e PSDB lideram os barrados na Ficha Limpa. Disponível em: <http://congressoemfoco.uol.com.br/noticias/pmdb-e-psdb-lideram-os-barrados-na-ficha-limpa>. Acesso em: 25 set. 2017.

Constituição e Justiça e de Cidadania, deputado Ibrahim Abi-Ackel,[18] parlamentar há várias legislaturas e ex-ministro da Justiça do governo João Baptista Figueiredo – o último presidente da ditadura. Na época, Abi-Ackel alegou que o legislador, ao tipificar os crimes considerados hediondos, estabeleceu algumas práticas que assim poderiam ser classificadas. O deputado, porém, refutou a ideia de que, sendo hediondo o delito "repugnante, asqueroso, sórdido, depravado, abjeto, horroroso, horrível", fosse possível enquadrar a concussão e as formas passiva e ativa de corrupção como crimes dessa natureza.

Curiosamente, se voltarmos ao significado da palavra corrupção, veremos que haveria sentido, desse ponto de vista, sua classificação como crime hediondo. Afinal, *corruptio* e *corrompere*, termos em latim de onde vem a palavra corrupção, estão ligados à ideia de violação, apodrecimento, desmoralização, devassidão. Em outras palavras, remetem ao que é abjeto, ao que se poderia considerar como hediondo. O parecer do relator, no entanto, nem chegou a ser votado pela CCJC.

Quase um ano depois da divulgação do parecer de Abi-Ackel, a Comissão Parlamentar Mista Especial sobre Segurança Pública apresentou ao plenário do Senado o projeto de lei n.7.017/2002, modificando a pena dos crimes de corrupção ativa e passiva.[19] A Comissão tinha sido criada no início de 2002 com o propósito de diagnosticar as causas e os efeitos da violência no Brasil, "no bojo da escalada da violência no início deste janeiro [de 2002], mais especificamente por ocasião do desate de ondas intermináveis de sequestros".[20]

---

18 Em 15 de agosto de 2001, praticamente um mês antes da divulgação do parecer do relator, um novo projeto de lei tratando do mesmo tema foi apresentado à Câmara dos Deputados. Por determinação da mesa diretora, o PL n.5.112/2001, de autoria do deputado Paulo Baltazar (PSB-RJ), também foi anexado ao projeto de lei n.925/1999. No entanto, pela data em que isso ocorreu, seu conteúdo não chegou a ser analisado pelo deputado Abi-Ackel, que relatou, em setembro de 2001, apenas os PL n.925/1999 e n.3.961/2000.

19 Projetos de Lei do Senado (PLS). Disponível em: <http://www.senado.gov.br/relatorios_sgm/RelPresi/2002/023-Pls.pdf>. Acesso em: 4 fev. 2016.

20 Comissão Parlamentar Mista Especial sobre Segurança Pública, *Relatório final*, p.4.

Naquele contexto, dizia o relatório final da Comissão, "o Congresso Nacional viu-se, na obrigação de mobilizar todas as forças partidárias em prol da superação de tão grave problema". O tema da corrupção entrou nos trabalhos dos membros da Comissão sob o argumento de que, ao lado de outros fatores, como a "decadência dos costumes, a instabilidade familiar, a degradação ética [...], a impunidade e a frouxidão das leis", a "generalização da corrupção" funcionaria como "pano de fundo estrutural para o recrudescimento da violência".[21] Assim, uma das iniciativas da Comissão foi apresentar ao Senado um projeto de lei alterando o Código Penal no tocante aos crimes de corrupção passiva e ativa, dispondo sobre o regime de cumprimento e a dosagem da pena nesses dois delitos.

Na época, os parlamentares propuseram que o condenado por crime contra a administração pública tivesse a "progressão de regime do cumprimento da pena condicionada à reparação do dano que causou, ou à devolução do benefício que auferiu".[22] Na opinião dos membros da Comissão, não seria justo que o condenado por corrupção, sendo um "assaltante dos cofres públicos", fosse beneficiado pela progressão do regime do cumprimento da pena sem a obrigação de devolver ao erário os valores que subtraiu.

Os parlamentares também propuserem que fosse aumentada a pena por corrupção passiva e ativa para o período de dois a doze anos de prisão, mais multa, a fim de "adequá-las à pena cominada no caso de peculato".[23] Essa foi justamente a proposta submetida pela Comissão ao plenário do Senado em 19 de junho de 2002. A esse projeto foram anexados todos os PL anteriores versando sobre o tema, isso é, os projetos dos deputados Sérgio Novaes, Babá e Paulo Baltazar. O projeto foi aprovado pelo Senado em primeiro turno no dia 23 de maio de 2002 e, em segundo turno, no dia 29 do mesmo mês, sendo enviado à Câmara em seguida.

21 Ibidem, p.7.
22 Ibidem, p.261.
23 Ibidem, p.262.

Contudo, em maio de 2003, um ano depois, diante da demora do processo legislativo na Câmara, os líderes partidários assinaram requerimento solicitando a tramitação em regime de urgência do PL n.7.017/2002. O requerimento foi aprovado e, ainda no mesmo mês, seguiu para a Comissão de Constituição e Justiça e de Cidadania, onde se designou a nova relatora da matéria, deputada juíza Denise Frossard (PSDB-RJ). Após intensa discussão no âmbito da CCJC, o PL seguiu para votação, sendo aprovado em 8 de julho de 2013, convertendo-se na Lei n.10.763, de 12 de novembro de 2003, sancionada pelo então presidente Lula.

Em resumo, como podemos ver, mais de catorze anos se passaram entre a emenda ao Código Penal apresentada pelo deputado Sérgio Novaes e sua aprovação pelo Congresso Nacional. Nesse período, não cessaram os casos de corrupção no país, nem tampouco sua ampla divulgação por parte da mídia. Em paralelo, várias instituições – caso do Congresso Nacional e do Ministério Público, por exemplo – e organizações da sociedade civil passaram a se mobilizar cada vez mais firmemente em torno do problema da corrupção.

## "O gigante acordou"

Saindo do debate estritamente parlamentar, o tema da corrupção voltou com toda a carga a partir de 2013, um ano que pode ser considerado chave para a discussão que vem sendo feita, hoje, no Brasil, sobre esse problema. Por isso, ainda que em termos introdutórios, vale a pena retomar um pouco do contexto de meados de 2013, quando milhões de brasileiros foram às ruas protestar. As manifestações ocorridas em junho daquele ano poderiam ser divididas em três fases, com duração de uma semana cada uma, aproximadamente.[24]

Entre os dias 6 e 13 de junho, os protestos se concentraram sobretudo na cidade de São Paulo, animados pelo Movimento Passe Livre. Eram

24 Singer, Classes e ideologias cruzadas, *Novos Estudos CEBRAP*, p.23-40.

manifestações semelhantes às que o MPL já tinha promovido em outros anos, em praças diferentes. Em São Paulo, a bandeira do movimento se restringiu à luta contra o reajuste na tarifa do transporte público promovido pelo prefeito Fernando Haddad (PT) e pelo governador Geraldo Alckmin (PSDB), sintetizada na expressão "Não é só por 20 centavos". A violentíssima e desproporcional repressão da Polícia Militar paulista e a simpatia despertada em relação aos manifestantes ensejou novos protestos entre os dias 17 e 20 de junho – a segunda fase das "Jornadas de Junho", como passaram a ser chamadas por alguns.

Nessa segunda fase, as mobilizações foram engrossadas por novos apoios. Os protestos, que ocorreram também em outras cidades além de São Paulo, passaram a contar com centenas de milhares de pessoas. O MPL ainda continuava à frente das manifestações, convocando novos atos pela internet. No entanto, a presença de mais pessoas nos protestos fez diluir a questão principal do movimento, que era a luta contra o aumento das passagens. Dizia-se, na época, que o "gigante tinha acordado", numa referência à capacidade – muitas vezes subestimada – de a sociedade brasileira se insurgir contra as mazelas e os problemas nacionais. Fazia muito tempo, aliás, que o país não via tantas pessoas irem às ruas, num espírito de relativo congraçamento, como foi essa segunda fase, para simplesmente protestar.

Foi nesse momento que o tema da corrupção entrou na agenda das manifestações. Havia um sentimento difuso, permeando toda a sociedade brasileira, de crítica à nossa elite política. Se, na primeira fase, estivemos diante de uma "nova esquerda, em sintonia com aquela do 'Occupy Wall Street' norteamericano e dos 'Indignados' espanhóis",[25] na segunda fase, a entrada de novos segmentos sociais alterou não apenas a correlação de forças, mas também a própria pauta das mobilizações. Assim, elas deixaram de ser propriamente protestos animados pelo "novo proletariado" que se formou nos últimos anos no Brasil – ou seja, pessoas com baixa remuneração, alta rotatividade no mercado e más

25 Singer, op. cit., p.33.

condições de trabalho –, e passaram a ser hegemonizadas por jovens de classe média, sobretudo.

Ao mesmo tempo, a luta contra o aumento nas passagens se transformou, então espelhada pelo Brasil afora, numa campanha com várias pautas, das quais a mais importante foi, sem dúvida, o combate à corrupção. Nesse momento, porém, o sentimento anticorrupção passou a focalizar essencialmente a elite política nacional, indicando que haveria uma crise no sistema político brasileiro que envolvia questões como ética, republicanismo e democracia.[26] Todavia, ao apagar o papel da sociedade civil em todo o processo, assumiriam uma perspectiva cada vez mais abertamente oposicionista ao governo federal nos anos seguintes.

Na terceira e última fase dos protestos, ocorrida entre o dia 21 e o final do mês de junho, houve um estilhaçamento das propostas. Antes concentradas na luta contra o aumento das passagens em São Paulo, passando depois para uma crítica generalizada contra os gastos da Copa do Mundo de 2014, a qualidade das políticas sociais, a atuação dos representantes políticos e a corrupção, tivemos, nesse terceiro momento, desde protestos contra o programa "Mais Médicos" à reivindicação por redução de pedágios. No entanto, o tema da corrupção ganhara tal centralidade que, no dia 24, a presidente Dilma Rousseff coordenou uma reunião de emergência com todos os governadores e 26 prefeitos de capitais, em Brasília, para apresentar os encaminhamentos que o governo daria como resposta "ao momento delicado em que vive o país".[27]

Na ocasião, a presidente anunciou cinco "pactos em favor do Brasil" que seu governo assumiria.[28] No caso da corrupção, a presidente avaliava

26 Moreira; Santiago, Vem pra rua, 2013, p.13-21.

27 Discurso da presidenta da República, Dilma Rousseff, durante reunião com governadores e prefeitos de capitais, 24 jun. 2013. Disponível em: <http://www2.planalto.gov.br/acompanhe-o-planalto/discursos/discursos-da-presidenta/discurso-da-presidenta-da-republica-dilma-rousseff-durante-reuniao-com-governadores-e-prefeitos-de-capitais>. Acesso em: 4 abr. 2016.

28 A proposta do governo contemplava pactos envolvendo questões como (1) responsabilidade fiscal, estabilidade econômica e controle da inflação; (2) convocação de Assembleia Nacional Constituinte através de plebiscito para realização de reforma política, endurecimento das penas contra crimes de corrupção e ampliação do acesso

que o recado das ruas tinha sido muito claro: a sociedade queria "mecanismos mais eficientes de combate à corrupção que assegurem o bom uso do dinheiro público". Assim, após vários anos, a antiga proposta de transformar a corrupção em crime hediondo voltava a ser debatida. Depois de 2003, a primeira iniciativa concreta nessa direção ocorrera em 9 de dezembro de 2009 – Dia Internacional contra a Corrupção –, quando o então presidente Lula encaminhou ao Congresso Nacional uma proposta classificando como crime hediondo as práticas de corrupção ativa, passiva, peculato e concussão. Na época, Lula admitiu que até "pode ser que não resolva, mas pelo menos a gente começa a passar para a sociedade [a ideia de] que não há impunidade".[29]

Quatro anos depois, num dos pactos que assumiu na reunião com governadores e prefeitos, Dilma Rousseff ressuscitou essa bandeira, que, para muitos críticos, era totalmente inócua. O ex-ministro do Supremo Tribunal de Justiça Gilson Dipp, por exemplo, argumentaria, tempos depois, quando a discussão ainda dominava a agenda política nacional, que, "se aumento de pena fosse intimidar, não teríamos mais crimes hediondos [...], mas o tráfico aumenta, o homicídio aumenta".[30] Nas palavras da presidente, "uma iniciativa fundamental" para responder à sociedade seria apresentar uma nova legislação classificando "a corrupção dolosa como equivalente a crime hediondo, com penas severas, muito mais severas".

Um dia depois, em 25 de junho, foi a vez de o presidente do Senado Federal, Renan Calheiros, também anunciar algumas propostas do Legislativo para responder aos protestos. No caso da corrupção, o

---

a informações públicas; (3) melhoria nos serviços de saúde, com mais investimentos, contratação de novos profissionais e incentivos ao deslocamento de médicos para regiões carentes desses profissionais; (4) isenção de impostos sobre óleo diesel para ônibus e energia para metrô e trens, investimento em planos de mobilidade urbana e criação do Conselho Nacional do Transporte Público; e (5) destinação de 100% dos *royalties* do petróleo para a educação (Cf. Discurso da presidenta da República, Dilma Rousseff, durante reunião com governadores e prefeitos de capitais, 24 jun. 2013).

29 *O Estado de S.Paulo*, 9 dez. 2009.

30 *Folha de S.Paulo*, 11 mai. 2015.

senador se comprometeu a colocar em regime de urgência o projeto de 2009 que fixava a corrupção como crime hediondo, em clara convergência com Dilma Rousseff. No dia seguinte, em sessão do Senado Federal, Renan Calheiros determinou o apensamento de todas as proposições em tramitação na Casa que tratavam do mesmo assunto e colocou em regime de urgência a apreciação do projeto de lei do Senado n.204, de abril de 2011, de autoria do senador Pedro Taques (PDT).[31]

Em síntese, o projeto propunha aumentar a pena dos delitos de corrupção. Até junho de 2013, o destino do projeto tinha sido passar pela CCJC, onde havia permanecido por vários meses, e, na sequência, pela Comissão Temporária de Reforma do Código Penal Brasileiro, onde ficou por mais de um ano, até ser reabilitado em caráter de urgência pelo presidente da Casa, em meio aos protestos de 2013. A matéria foi aprovada pelo plenário do Senado no final de junho e enviado à Câmara dos Deputados no início do mês seguinte.

Na Câmara, o projeto ganhou uma nova numeração – projeto de lei n.5.900/2013 – e foi colocado em tramitação também sob regime de urgência. A proposta foi despachada para a CCJ e às Comissões de Segurança Pública e Combate ao Crime para parecer quanto ao mérito e à constitucionalidade. A matéria, contudo, não foi analisada pelos deputados, mesmo com a chegada à Câmara, em 2015, de muitos parlamentares favoráveis à proposta. Pesquisa de opinião realizada com os 513 parlamentares que assumiram seus mandatos em fevereiro de 2015 revelou que quase 70% eram, na ocasião, a favor de transformar a corrupção em crime hediondo.[32] Porém, nem mesmo um percentual tão elevado como esse foi suficiente para fazer a proposta prosperar no Legislativo. Nessa mesma época, o Senado discutia propostas semelhantes, em meio à tramitação do PLS n.236/2012, de autoria do senador

31 Atividade Legislativa, Projeto de Lei do Senado n.204, de 2011. Disponível em: <http://www25.senado.leg.br/web/atividade/materias/-/materia/100037>. Acesso em: 4 fev. 2016.

32 Quase 70% dos deputados querem tornar corrupção crime hediondo. Disponível em: <http://g1.globo.com/politica/noticia/2015/01/quase-70-dos-deputados-querem-tornar-corrupcao-crime-hediondo.html>. Acesso em: 11 fev. 2016.

José Sarney, dispondo sobre o novo Código Penal Brasileiro. Porém, até o final de 2015, a matéria também estava parada numa das Comissões do Senado Federal.[33]

Diante da persistência dos casos de corrupção e do ritmo lento de novas medidas contra esse crime no Congresso Nacional, o Ministério Público Federal passou a liderar um esforço de mobilização em torno do assunto. Em 27 de julho de 2015, a Câmara de Combate à Corrupção do MPF lançou oficialmente a campanha "10 medidas contra a corrupção". A ideia do MPF era colher 1,5 milhão de assinaturas em todo o Brasil para apresentar a proposta ao Congresso como projeto de iniciativa popular, nos mesmos moldes da Lei da Ficha Limpa.

Em fevereiro de 2016, o Ministério Público Federal já tinha conseguido 1,3 milhão de assinaturas em apoio ao projeto, que contempla iniciativas como a criminalização do enriquecimento ilícito; o aumento das penas para corrupção de altos valores e sua classificação como crime hediondo; a celeridade nas ações de improbidade administrativa; a reforma no sistema de prescrição penal; a responsabilização dos partidos políticos; a criminalização do chamado "caixa dois"; além da inclusão do crime de corrupção no rol de crimes hediondos, como vem sendo discutido há anos pelo Congresso Nacional.[34] Em janeiro de 2016, a própria Transparência Internacional manifestou seu apoio público à iniciativa do MPF, chamando-a de "janela de oportunidade" que deveria ser aproveitada para que "a fortuna desviada anualmente em decorrência da corrupção no Brasil possa ser empregada para melhorar as condições do desenvolvimento econômico e social, em proveito de todo brasileiro".[35]

---

33 Novo Código Penal. Disponível em: <http://www25.senado.leg.br/web/atividade/materias/-/materia/106404>. Acesso em: 11 fev. 2016.

34 *O Estado de S.Paulo*, 5 fev. 2016.

35 Carta de apoio contra a corrupção, Transparency International. Disponível em: <http://politica.estadao.com.br/blogs/fausto-macedo/wp-content/uploads/sites/41/2016/02/Carta-de-Apoio-da-Transparencia-Internacional.pdf>. Acesso em: 12 fev. 2016.

## As investigações da Operação Lava Jato

A campanha encabeçada pelo Ministério Público Federal teve origem nas medidas de combate à corrupção apresentadas pelo procurador geral da República, Rodrigo Janot, no dia 20 de março de 2015. As propostas do MPF foram formuladas com base no trabalho que procuradores federais vinham fazendo desde outubro de 2014 no âmbito da Operação Lava Jato, da Polícia Federal. Os procuradores concluíram, em pouco tempo de trabalho, que o Estado brasileiro precisaria tomar algumas iniciativas no sentido de dificultar os crimes de corrupção, punindo-os com maior severidade.

Assim como no caso da Lei da Ficha Limpa, a ideia do MPF era iniciar um grande movimento nacional de coleta de assinaturas para o encaminhamento das propostas ao Congresso Nacional. Seria dos parlamentares, no entanto, conforme prevê a Constituição de 1988, a prerrogativa de acolher ou não a matéria, transformando-a num projeto de lei. De todo modo, a simples articulação de diferentes setores da sociedade civil organizada em torno das medidas apresentadas pelo MPF indica a importância que o assunto ganhou na agenda pública do país recentemente. As medidas defendidas pelos procuradores da República inclusive coincidem, em parte, com o pacote anticorrupção que o governo havia apresentado na antevéspera, 18 de março, como resposta às manifestações de rua ocorridas no dia 15.

No que diz respeito ao combate à corrupção, a Operação Lava Jato é, sem dúvida, um marco importante na história recente do país. Nesse sentido, independentemente de seus resultados na esfera jurídica, com certeza podemos considerar que, por causa dessa operação, 2014 foi um ano divisor de águas no combate à corrução no Brasil. Ao menos, por expor de maneira detalhada uma parte da impressionante estrutura erigida ao longo dos anos para desvio de verbas públicas. Igualmente notáveis são os números dessa operação da Polícia Federal. Até o início de 2016, a Lava Jato já tinha instaurado 1.016 procedimentos, com 396 ações de busca e apreensão e 119 mandados de prisão cumpridos. Quarenta acordos de delação premiada foram firmados com pessoas físicas, e cinco, com empresas. Quase 180 pessoas foram acusadas por diversos crimes, dentre os quais o de corrupção. Mais 14,5 bilhões de reais foram pedidos a pessoas físicas e jurídicas envolvidas nesses delitos, dos quais 2,8 bilhões de reais já foram recuperados por meio dos acordos de cooperação firmados com as pessoas e empresas acusadas. Até o início de 2016, os oitenta condenados pela Justiça já somavam, juntos, mais de 783 anos de prisão.[36]

A Operação Lava Jato foi deflagrada em março de 2014 pela Polícia Federal do Paraná contra organizações criminosas ligadas a doleiros que movimentavam recursos ilícitos por meio de postos de combustíveis e lava jatos de automóveis.[37] Esses doleiros, dos quais o principal era Alberto Yussef, já vinham sendo investigados desde 2009. Através desses estabelecimentos, que acabaram dando nome à própria operação, as organizações investigadas pelo Ministério Público Federal daquele estado *lavavam*, como se diz em linguagem popular, o dinheiro obtido ilegalmente.

Ainda no primeiro semestre de 2014, as investigações descobriram que Yussef tinha negócios com um ex-diretor da Petrobras, chamado Paulo Roberto Costa – ambos presos pela Operação Lava Jato em Curitiba em março daquele ano. A partir de então, as investigações ganharam uma dimensão inesperada, ao trazer para o centro da operação o esquema de corrupção envolvendo a principal estatal brasileira. No início do segundo semestre, Paulo Roberto Costa e Alberto Yussef firmaram os primeiros acordos de delação premiada com a justiça do Paraná em troca da redução de suas penas em caso de condenação. Pelo acordo, ambos se comprometeram a denunciar outros nomes de diretores da estatal que cobravam propina e repassavam o dinheiro a políticos.

A cronologia dos fatos, aqui, é muito importante para o que aconteceria nos meses seguintes. No segundo semestre de 2014, houve eleição

36 A Lava Jato em números. Disponível em: <http://lavajato.mpf.mp.br/atuacao-na-1a-instancia/resultados/a-lava-jato-em-numeros-1>. Acesso em: 12 fev. 2016.

37 As informações a seguir, de domínio público, estão disponíveis em: <http://lavajato.mpf.mp.br/entenda-o-caso> e <http://arte.folha.uol.com.br/poder/operacao-lava-jato>. Acesso em: 12 fev. 2016.

para presidente da República. O Partido dos Trabalhadores, no poder havia doze anos, ia para sua sétima eleição presidencial, com Dilma Rousseff concorrendo à reeleição. A certa altura da corrida presidencial, o discurso político-eleitoral se misturou às sucessivas fases da Operação Lava Jato, que iam revelando toda a estrutura de corrupção erigida na Petrobras ao longo dos anos anteriores. Nesse sentido, não foi difícil começar a associar os nomes indicados pelo governo do PT para gerir a estatal aos desvios de verba pública que a justiça do Paraná revelava diuturnamente, em cifras e extensão surpreendentes até mesmo para os padrões brasileiros.

Um mês antes das eleições, quando trechos do depoimento de Paulo Roberto Costa foram divulgados pela imprensa, Aécio Neves, então candidato do PSDB à sucessão presidencial, classificou o caso, que chamou de "mensalão 2", como "as mais graves denúncias da história recente do país". Na época, Aécio se apressou em associar a corrupção na Petrobras apenas ao PT, embora outros nomes, de outros partidos, também tivessem sido citados no depoimento: "é o PT patrocinando o assalto às nossas empresas públicas para a manutenção de seu projeto de poder".[38]

Parte da imprensa, que desde o início dos anos 2000 já tinha assumido uma posição oposicionista ao governo do PT, também passou a fazer uma cobertura vinculando os desvios na Petrobras quase exclusivamente ao partido, datando o início dos casos de corrupção ao primeiro mandato do ex-presidente Lula, embora nomes como os de Paulo Roberto Costa e Alberto Yussef, por exemplo, já estivessem em atuação desde o segundo mandato do ex-presidente Fernando Henrique Cardoso. O esquema, que então passou a ser chamado pela imprensa de "Petrolão", envolveria desde o financiamento da campanha da presidente Dilma Rousseff em 2010 com dinheiro de corrupção à compra de apoio parlamentar com recursos provenientes de desvio de verbas públicas.[39]

Passada a eleição de 2014, da qual Dilma Rousseff saiu vitoriosa no segundo turno, pela pequena margem de 3,28% sobre o segundo

38 *Folha de S.Paulo*, 7 set. 2014.

39 *Veja*, 22 out. 2014.

colocado, Aécio Neves, as investigações da Lava Jato continuaram a se avolumar. Com isso, ainda que o governo tivesse conseguido isolar as denúncias provenientes das delações do processo eleitoral em si, o fato é que o Palácio do Planalto, assim como o PT de modo mais amplo, desgastava-se progressivamente perante a opinião pública com as novas denúncias que iam surgindo. A tal ponto que, em fevereiro do ano seguinte, com a revelação de novos fatos, Maria da Graça Foster, presidente da Petrobras e aliada de primeira hora da presidente Dilma Rousseff, sucumbiu à pressão e renunciou ao cargo.

A situação de Graça Foster se tornara politicamente insustentável quando, dias antes, a estatal divulgara, com dois meses de atraso, em razão das dificuldades de calcular as perdas com a corrupção na empresa, seu balanço do terceiro trimestre de 2014. Quando o documento foi divulgado, em 28 de janeiro de 2015, Graça Foster disse que cálculos preliminares indicavam um prejuízo de 88,6 bilhões de reais nos ativos da Petrobras, sendo parte desse valor de verbas desviadas no esquema investigado pela Operação Lava Jato.[40] Apenas nesse dia, as ações da estatal caíram 11,2% na Bolsa de Valores de São Paulo.

O agravamento da situação tinha ocorrido no final de 2014, pouco depois da eleição, quando a PF deflagrou a sétima fase da Operação Lava Jato, chamada de "Juízo Final".[41] Nela foram presos um ex-diretor da Petrobras, Renato Duque, e dezessete presidentes de grandes empreiteiras do país. Juntas, essas empresas tinham contratos com a estatal brasileira que somavam 59 bilhões de reais. A prisão desses executivos abriu uma nova frente de investigações. A Polícia Federal e o Ministério Público Federal acabaram identificando um esquema de corrupção que envolvia as maiores empreiteiras brasileiras. A suspeita é que elas se organizavam em cartel, elevando os preços a ser pagos pela estatal nas licitações, e pagavam propina de 1% a 5% dos valores dos contratos superfaturados.[42]

---

40 *Folha de S.Paulo*, 29 jan. 2015.

41 As 22 fases da Operação Lava Jato. Disponível em: <http://oglobo.globo.com/brasil/as-22-fases-da-operacao-lava-jato-15884147>. Acesso em: 12 fev. 2016.

42 Entenda o caso. Disponível em: <http://lavajato.mpf.mp.br/entenda-o-caso>. Acesso em: 13 fev. 2016.

Nesse esquema, duas peças eram de fundamental importância: os funcionários da Petrobras e os políticos. Os primeiros, por se omitirem em relação ao cartel ou mesmo por agir deliberadamente a seu favor. De acordo com os dados divulgados pela própria estatal no curso das investigações, "eram feitas negociações diretas injustificadas, celebravam-se aditivos desnecessários e com preços excessivos, aceleravam-se contratações com supressão de etapas relevantes e vazavam informações sigilosas".[43] Já os políticos eram importantes porque deles era a responsabilidade pela indicação ou manutenção nos cargos dos funcionários que participavam do esquema de corrupção.

Não por outra razão, após as prisões de doleiros, de funcionários da Petrobras e de executivos de empreiteiras integrantes do cartel, a Operação Lava Jato alcançou o núcleo político do esquema, em fevereiro de 2015.[44] Naquele mês, o tesoureiro do PT, João Vaccari Neto, foi levado pela PF para depor em Curitiba. No início de abril, os ex-deputados André Vargas (PT), Luiz Argôlo (Solidariedade) e Pedro Corrêa (PP) também foram presos. No mesmo mês, Vaccari, então afastado do cargo de tesoureiro do Partido dos Trabalhadores, foi preso em São Paulo. Em agosto, foi a vez de o ex-ministro da Casa Civil, José Dirceu, também ser preso. No mesmo mês, um ex-vereador do PT em Americana (SP), Alexandre Correa de Oliveira Romano, foi preso sob suspeita de operar um esquema de corrupção.

No final de novembro, até mesmo um senador da República, Delcídio do Amaral (PT), foi preso pela força-tarefa da Lava Jato. Foi a primeira vez na história do Brasil pós-redemocratização que um senador no exercício do mandato foi preso. A prisão do senador ocorreu após escutas telefônicas revelarem que ele tentava demover um ex-diretor da Petrobras, Nestor Cerveró, de assinar um acordo de delação premiada com a justiça, oferecendo ao ex-funcionário da estatal uma mesada de

43 Idem

44 Os dados a seguir estão em: As 22 fases da Operação Lava Jato. Disponível em: <http://oglobo.globo.com/brasil/as-22-fases-da-operacao-lava-jato-15884147>. Acesso em: 12 fev. 2016.

R$ 50 mil.[45] Ainda de acordo com as escutas, Delcídio do Amaral oferecera auxílio para que Cerveró fugisse para a Espanha.

## Os protestos contra a corrupção em 2015

Quando a Operação Lava Jato começou o cerco a políticos envolvidos no esquema de corrupção da Petrobras, no início de 2015, a presidente Dilma Rousseff, reeleita havia muito pouco tempo, já iniciava seu segundo mandato extremamente desgastada em termos políticos. Além do agravamento do quadro econômico e da adoção de determinadas políticas que, na interpretação de muitos, eram contraditórias com as promessas de campanha, Dilma teve de enfrentar outro problema: a descoberta de que pessoas de sua base aliada e de seu partido, em particular, estavam diretamente ligadas àquele que já era chamado de o maior escândalo de corrupção da história do Brasil.[46] Alguns analistas, no afã de conferir um maior superlativo ao caso, chegaram mesmo a dizer, ainda que sem um estudo comparativo que sustentasse tal conclusão, que o Petrolão seria "o maior escândalo de corrupção da história da humanidade".[47] O próprio ministro do STF Gilmar Mendes afirmou, em novembro de 2014, que, comparada às investigações no âmbito da Lava Jato, a Ação Penal n.470 – conhecida como Mensalão – teria de ser julgada num "juizado de pequenas causas".[48]

Nesse contexto, o país foi surpreendido não apenas com a prisão de políticos, mas também com protestos realizados simultaneamente em

45 *Folha de S.Paulo*, 27 nov. 2015.

46 Escândalo na Petrobras é o maior esquema de corrupção do Brasil, diz presidente do TCU. Disponível em: <http://noblat.oglobo.globo.com/entrevistas/noticia/2014/11/escandalo-na-petrobras-e-o-maior-esquema-de-corrupcao-do-brasil-diz-presidente-do-tcu.html>. Acesso em: 13 fev. 2016.

47 Maior caso de corrupção mundial chama-se Petrolão. Entrevista de Marco Antonio Villa à TVeja. Disponível em: <https://www.youtube.com/watch?v=mFR4yVIZXZ8>. Acesso em: 13 fev. 2016.

48 *O Globo*, 20 nov. 2014.

Figura 13.2
Manifestação contra o governo da presidente Dilma Rousseff na avenida Paulista, em São Paulo, em 15 de março de 2015

**Foto** Zecintra/Futura Press

mais de 150 municípios brasileiros, incluindo todas as capitais, no dia 15 de março de 2015. Por trás das manifestações, estavam grupos que se tornariam conhecidos do grande público nos meses seguintes, como o "Vem Pra Rua", o "Revoltados Online" e o "Movimento Brasil Livre". Pelo Facebook e WhatsApp, basicamente, além de algum apoio político-partidário, como se tornaria público mais tarde, esses grupos organizaram a convocação dos protestos em todo o país, reunindo quase 1 milhão de pessoas só em São Paulo, segundo cálculos da Polícia Militar.

A onda de protestos que dominou o país naquele mês tinha começado, na verdade, no domingo anterior, dia 8 de março, quando a presidente fez um pronunciamento em cadeia de rádio e televisão. A pretexto de saudar as brasileiras pelo Dia das Mulheres, Dilma Rousseff usou o espaço para defender as medidas impopulares tomadas pelo governo nos primeiros meses de 2015. Durante fala da presidente, um "panelaço" e um "buzinaço" foram promovidos em diversas capitais do país. Àquela altura, os organizadores dos protestos do dia 15 tinham a expectativa de reunir 100 mil pessoas na manifestação da semana seguinte.[49] Sua pauta

49 *Folha de S.Paulo*, 9 mar. 2015.

ia desde o simples protesto contra o governo ao afastamento da presidente e à intervenção das Forças Armadas.

A enorme adesão aos protestos do dia 15, no entanto, pegou o governo de surpresa. Desde 9 de março, dia seguinte ao pronunciamento da presidente, integrantes e aliados do governo já vinham criticando a politização da crise, acusando a oposição de querer fazer uma espécie de *terceiro turno*. Assim como já tinha ocorrido durante a campanha, misturavam-se, então, dois processos: de um lado, o político-eleitoral; de outro, o investigativo-criminal, contra a corrupção.

Tal como as manifestações de 2013 em sua segunda fase, os protestos de março de 2015 também eram contra a corrupção. No entanto, a hegemonização das mobilizações por parte de setores mais conservadores da sociedade havia atingido seu ápice em 2015. As duas manifestações, portanto, não guardavam mais do que essa coincidência. Em março, o conservadorismo dos manifestantes e de suas lideranças ficou evidente na pauta anticorrupção. Para combatê-la, muitos passaram a apostar no *impeachment* da presidente Dilma Rousseff, reeleita há cerca de quatro meses, ou mesmo na intervenção das Forças Armadas, numa reprise do que ocorrera em 1964, quando os militares também foram chamados a resolver um impasse político.

No dia seguinte, o ministro da Justiça, José Eduardo Cardozo, reconheceu que uma das principais razões para os protestos tinha sido "a insatisfação contra a corrupção, o que é uma insatisfação legítima".[50] Afinal, segundo ele, "todos os brasileiros, ao tomarem conhecimento de fatos que estão sob investigação da Lava Jato, manifestam legítima indignação". Na pesquisa realizada pelo Datafolha com os manifestantes que protestaram na Avenida Paulista, em São Paulo, 47% disseram ter participado do ato para protestar justamente contra a corrupção, embora um viés antigoverno pudesse ser percebido nos elevados percentuais de quem havia ido às ruas para defender o *impeachment* da presidente (27%) e para protestar contra o PT (20%).[51]

50 *Folha de S.Paulo*, 16 mar. 2015.

51 Idem, 17 mar. 2015.

Outra pesquisa feita em São Paulo indicou que 64% dos manifestantes foram à Avenida Paulista para "protestar contra a corrupção na política em todas as esferas".[52] Em virtude disso, já na noite anterior, logo após os protestos, o ministro da Justiça anunciara que o governo apresentaria um pacote anticorrupção, o que aconteceu três dias depois, em 18 de março[53] – no dia 20, o Ministério Público lançaria seu "10 medidas contra a corrupção". Embora as duas propostas tivessem pontos em comum, o pacote do governo, em contraste com o do MPF, era muito mais uma resposta às ruas que ao protagonismo dos procuradores da República integrantes da Operação Lava Jato.

Ao longo do ano, aconteceram duas outras grandes manifestações contra o governo federal. A primeira, em abril; a outra, menor, em agosto. Apesar da evolução do quadro político-econômico e da mudança na pauta e nas estratégias dos manifestantes, o combate à corrupção ainda permaneceria como uma questão importante, que agregava vários apoios aos protestos. Assim como em março, as manifestações de 12 de abril e 10 de agosto de 2015 ocorreram em várias cidades brasileiras, reunindo milhares de pessoas.

Pesquisas feitas à época revelaram como a luta contra a corrupção foi considerada, por muita gente, o principal motivo para participar dos protestos. Em Belo Horizonte, no protesto de abril, 66,8% dos manifestantes consideraram que o principal problema do Brasil era a "corrupção e falta de ética".[54] O viés político-partidário pode ser percebido na grande maioria que acreditava que os governos de Lula e Dilma tinham sido os mais corruptos da história do Brasil pós-1964, em percentuais

52 Relatório Pesquisa Manifestação-SP – Março 2015. Disponível em: <https://drive.google.com/file/d/0B_X0JJgtT4-RTG9Ja2R1b1FpdXc/view>. Acesso em: 13 fev. 2016.

53 Dilma anuncia pacote anticorrupção e oficializa entrega ao Congresso. Disponível em: <http://g1.globo.com/politica/noticia/2015/03/dilma-encaminha-ao-congresso-nacional-pacote-anticorrupcao.html>. Acesso em: 13 fev. 2016.

54 Perfil ideológico e atitudes políticas dos manifestantes – Belo Horizonte, 12 de abril de 2015. Disponível em: <https://drive.google.com/file/d/0B1_d2uNS-ZSvLURXdTdISTNLY3M/view?pref=2&pli=1>. Acesso em: 14 fev. 2016.

muito mais elevados que aqueles que consideravam o governo Collor – que sofreu um *impeachment* justamente por denúncias de corrupção – e os governos militares (1964-1985) bem menos corruptos, em comparação aos governos petistas. No protesto de agosto, em Vitória, 62,57% afirmaram que a insatisfação com o governo e a corrupção tinha sido a principal razão para comparecer ao ato.[55]

A continuidade das investigações e dos protestos fez que a percepção sobre a corrupção fosse mudando. Na antevéspera da manifestação de abril, por exemplo, pesquisa do Datafolha indicou que a corrupção já era considerada o segundo principal problema do país, perdendo apenas para a saúde (22% contra 23%). Em junho de 2013, no entanto, a corrupção era vista como o terceiro principal problema do Brasil, segundo dados do mesmo instituto, com percentual muito menor (11%).[56] No período entre a realização dessas duas pesquisas, o Brasil chegou até mesmo a melhorar algumas posições no *ranking* mundial de corrupção elaborado pela ONG Transparência Internacional. O país ficou à frente de vários vizinhos latino-americanos, como Argentina, Bolívia, Paraguai e Venezuela.[57] Todavia, a maneira como o problema passou a ser visto pelos brasileiros ganhou cada vez mais importância.

Tanto é que outra pesquisa do Datafolha aferindo a opinião sobre a corrupção no Brasil apontou, pela primeira vez, em novembro de 2015, que esse era considerado o principal problema do país para 34% dos eleitores – percentual muito acima da economia, que ficou com 5% das opiniões, a despeito do quadro de grave crise econômica vivido pelo

55 Pesquisa Manifestação 16/8 – Perfil e percepções dos participantes em Vitória (ES). Disponível em: <http://www.uvv.br/edital_doc/relatorio%20survey%20manifestacao%2016.08%20-%20FINAL_cba51022-5e83-4284-bde6-9c397e514938.pdf>. Acesso em: 14 fev. 2016.

56 Cf. Combater a corrupção é "meta constante" do governo, diz Dilma. Disponível em: <http://www1.folha.uol.com.br/poder/2015/04/1615707-combater-a-corrupcao-e-meta-constante-do-governo-diz-dilma.shtml>. Acesso em 13 fev. 2016.

57 Brasil melhora três posições no ranking mundial de corrupção. Disponível em: <http://www1.folha.uol.com.br/poder/2014/12/1556772-brasil-melhora-tres-posicoes-em-ranking-mundial-de-corrupcao.shtml>. Acesso em: 14 fev. 2016.

país naquele momento.[58] Observando-se a percepção dos brasileiros ao longo do tempo, chama a atenção o fato de que a corrupção tinha, em 1996, apenas 4% das respostas. Em maio de 2006, mês em que começou o escândalo do Mensalão, o percentual não passou de 3%. Quatro anos depois, na época do julgamento da Ação Penal n.470 pelo STF, a percepção teve um pico de 6%. A partir de junho de 2013, porém, o percentual foi aumentando vertiginosamente até alcançar 34%, no final de 2015. Logo, não foi com surpresa que, no início de 2016, no *ranking* da Transparência Internacional, o Brasil tivesse caído da 69ª para a 76ª posição.[59]

## "Velha senhora"

De posse desses fatos, pesquisas e números, qualquer um que se interessasse em acompanhar o debate sobre a corrupção no Brasil poderia ter a falsa impressão de que esse é um problema novo, que surgiu há pouco tempo ou que tem a ver com o partido que está no poder. Entre 2013 e 2016, o crescente envolvimento de autoridades policiais e judiciais no combate à corrupção, a mobilização cada vez maior da sociedade civil e a ampla cobertura da mídia a respeito dos mais diversos casos de desvio de verbas públicas deram, para muitos, a sensação de que vivemos, hoje, um momento diferente. Haveria não apenas mais corrupção, como esse aumento indicaria uma crise ética sem precedentes na trajetória política e social brasileira.

Contudo, apenas no período republicano – ou seja, de 1889 para frente –, a história do Brasil nos fornece inúmeros exemplos de corrupção. Não por outro motivo, nas diferentes rupturas político-institucionais que tivemos desde então, a corrupção sempre apareceu como

58 Pela primeira vez, corrupção é vista como maior problema do país, diz Datafolha. Disponível em: <http://www1.folha.uol.com.br/poder/2015/11/1712475-pela-1-vez-corrupcao-e-vista-como-maior-problema-do-pais.shtml>. Acesso em: 14 fev. 2016.

59 Para uma crítica a esse *ranking*, veja Abramo, op. cit.

tema importante do debate político nacional.[60] Em 1930, por exemplo, os revolucionários liderados por Getúlio Vargas frequentemente acusavam o período anterior e seus representantes de *carcomidos* – aparecido, corroído, que se deteriorou.[61] Em razão disso, aliás, muitos se referiam aos anos da Primeira República (1989-1930) como República "Velha", maculando aquele período pelas características negativas a ele associadas, tal como a corrupção.

No lugar de um Estado liberal que defendesse a autorregulação da sociedade segundo a lógica de mercado, mas que, na prática, tinha sido "pródigo em criar mecanismos de intervenção estatal para defender os interesses da burguesia cafeeira",[62] os revolucionários de 1930 buscaram estabelecer uma nova relação entre Estado e sociedade. Ao longo da década de 1930, a estruturação de um Estado mais intervencionista na esfera econômica, política e social, indutor de um ciclo de desenvolvimento econômico de cunho nacionalista, com a incorporação de uma classe trabalhadora anteriormente excluída da distribuição das riquezas e dos direitos sociais, provocou uma mudança muito profunda no Brasil e na relação entre o Estado e a sociedade nos anos seguintes.

Nesse contexto, setores da sociedade brasileira começaram a fazer coro ao discurso de que a "hipertrofia intervencionista"[63] típica dos anos 1930 teria provocado o aumento da corrupção. Essa era uma acusação que se tornaria comum, décadas mais tarde, por parte dos críticos ao Estado de Bem-Estado Social implementado na Europa e nos Estados Unidos, principalmente. O argumento era que, com o aumento da intervenção estatal, a burocracia teria ganhado mais poderes. Logo, aqueles que tivessem canais privilegiados de acesso a ela poderiam obter benefícios por parte do Estado, influenciando o aparelho estatal para que

60 Carvalho, Passado, presente e futuro da corrupção brasileira. In: Avritzer, *Corrupção*: ensaios e crítica.

61 *Dicionário Houaiss da língua portuguesa* e *Michaelis – moderno dicionário da língua portuguesa*.

62 Aggio, *Política e sociedade no Brasil (1930-1964)*, p.21.

63 Ibidem, p.108.

agisse de modo a beneficiar determinados grupos sociais e econômicos, por meio das políticas públicas.[64]

No Brasil, esse discurso teve como principal porta-voz no plano político-institucional a UDN, partido liberal criado no final do primeiro governo Vargas reunindo políticos de oposição ao presidente. O caráter "antipovo" embutido no "liberalismo restrito" da UDN conduziu o partido a tomar posições cada vez mais elitistas.[65] Com o país vivendo sob o regime do Estado Novo e Vargas governando como ditador, o discurso oposicionista da UDN focou na defesa da democracia. No entanto, em virtude de seu elitismo, o regime defendido pelos udenistas era limitado, sem necessariamente prever a incorporação das massas ao mundo da política, por meio do qual, naquela época, os trabalhadores buscavam travar sua luta por mais reconhecimento político-social e melhor distribuição de renda.

O "moralismo", outra característica da UDN, associava-se ao elitismo de maneira muito direta. O moralismo udenista tinha como um de seus principais alvos justamente o combate à corrupção. Dado que na Era Vargas o Estado ficara marcado por um maior intervencionismo, ao qual a UDN associava o crescimento da corrupção, o partido passou a combater, por causa de seu elitismo, a classe social que muito se beneficiou daquele período, que foi a dos trabalhadores – especialmente os do meio urbano, vinculados ao mercado formal de trabalho. Nessa sequência, portanto, combater a corrupção era lutar contra Vargas; e combater o presidente era assumir uma perspectiva elitista, em contraposição à política social mais ampla que o Estado intervencionista dos anos 1930 havia implementado.

Esse discurso, difundido em larga escala entre setores da classe média urbana e das Forças Armadas, também antivarguistas, dominou todo o período de 1945-1960. Conhecido como o "partido da eterna vigilância", em referência ao seu moralismo, a UDN empregou largamente a imagem da lanterna e da tocha olímpica para expressar sua luta constante

64 Moraes, *Neoliberalismo:* de onde vem, para onde vai?

65 Benevides, *A UDN e o udenismo*, p.149.

contra a corrupção.[66] Na primeira metade dos anos 1950, quando Vargas voltou ao poder democraticamente, a oposição politico-partidária encontrou amplo apoio na imprensa liberal antivarguista, sobretudo em jornais do Rio de Janeiro e São Paulo. Foi nessa época que começou a atuar a conhecida figura oposicionista de Carlos Lacerda, um dos mais virulentos acusadores de corrupção no governo Vargas.

Durante a própria eleição de 1953, a oposição escolheu a corrupção como o tema comum sobre o qual se basearia toda a campanha.[67] Após a eleição de Vargas, numa outra frente, a imprensa da época focou sua atenção na criação do jornal Última Hora, de tendência pró-Vargas. Com boa parte da imprensa contra seu governo, Getúlio buscou facilitar a criação de um jornal que o apoiasse. Em 1951, Vargas aprovou um empréstimo do Banco do Brasil a Samuel Wainer para montagem de uma nova cadeia de jornais pró-governo. Embora Wainer, proprietário do Última Hora, tivesse pago o empréstimo com os lucros obtidos na venda do próprio jornal, os opositores de Vargas usaram desse episódio como um exemplo do uso "cínico" que o governo fazia de verbas públicas. Em 1953, a UDN chegou a conseguir a montagem de uma CPI para investigar o empréstimo do Banco do Brasil a Samuel Wainer, o que, à época, ajudou a oposição a mobilizar setores da sociedade incomodados com as notícias de corrupção no governo, especialmente a classe média.[68]

Os casos de corrupção também não cessaram no governo seguinte, o de Juscelino Kubitschek. O contexto foi diferente daquele vivido por Getúlio, e um novo ingrediente foi adicionado aos casos de corrupção dos quais o governo era acusado: as empreiteiras. Entre 1955 e 1960, JK liderou a construção de Brasília, a nova capital federal. Nesse processo, houve uma demanda crescente pelas empresas de construção pesada, que deixaram de ter uma atuação limitada à sua região para se nacionalizar em torno do projeto de construção de Brasília.[69]

---

66 Cf. Aggio et al., op. cit.

67 Skidmore, *Brasil*: de Getúlio a Castelo.

68 Skidmore, op. cit.

69 Campos, *A ditadura dos empreiteiros*: as empresas nacionais de construção pesada, suas formas associativas e o Estado ditatorial brasileiro – 1964-1985.

Durante o governo JK, houve uma espécie de monopólio na contratação de empreiteiras por parte do Estado, estabelecendo-se, assim, uma relação de interesses por parte de setores privados da economia em relação às políticas públicas implementadas pelo governo federal. Consequentemente, apesar da relativa calmaria política que marcou os anos JK, não faltaram acusações, por parte da imprensa, de corrupção durante o governo Kubitschek, com denúncias de suborno a funcionários públicos, enriquecimento ilícito e favorecimento a determinadas empresas. Na época, deputados da UDN chegaram a pedir a criação de uma CPI para investigar a atuação da Novacap – a empresa responsável pela construção de Brasília –, embora a iniciativa não tivesse prosperado.[70]

O ponto alto do discurso anticorrupção no período anterior ao golpe de 1964 aconteceu no governo Jânio Quadros, que se elegeu, com apoio da UDN, tendo como plataforma política-eleitoral justamente o combate à corrupção. Durante sua campanha, em 1960, ficou famoso o *jingle* que dizia "varre, varre, vassourinha... varre, varre a bandalheira",[71] numa referência direta ao mau uso dos recursos públicos. Em vista das acusações contra o governo JK, não foi coincidência que o novo presidente tivesse autorizado a suspensão dos contratos das empreiteiras que conduziam as obras na nova capital federal.[72] Em parte, a vitória de Jânio se deveu à sua promessa em estabelecer uma democracia "honesta", o que atraiu o apoio de diversos setores da sociedade que havia muito tempo já se opunham à corrupção.

Da mesma forma, a corrupção esteve presente no período pós-1964, quando os militares e seus apoiadores civis defenderam a deposição do presidente João Goulart sob o pretexto de combater a subversão e a corrupção. Em 1985, ano que marcou nossa última mudança de regime político – da ditadura para a democracia da Nova República –, não faltaram denúncias de corrupção que teriam ocorrido nos governos militares. A ditadura foi um período de construções pesadas de grandes obras

70 Skidmore, op. cit.

71 Citado em Aggio, op. cit., p.108.

72 Campos, op. cit.

Figura 13.3
Construção de Brasília
**Fonte:** Arquivo Público do Distrito Federal

públicas (Ponte Rio-Niterói, Itaipu Binacional, Transamazônica), com investimentos vultosos por parte do governo federal e do insulamento da burocracia estatal, que então ganhava mais poderes num contexto de valorização do saber técnico-especializado dos funcionários públicos de alto escalão.

Novamente, as empreiteiras apareceram, nesse período, como atores privados, com interesses particulares, e que, através de canais privilegiados de acesso às instâncias de decisão sobre políticas públicas, influenciaram, muitas vezes, a aplicação dos recursos públicos. Essa dinâmica, tal como no governo JK, não aconteceu sem que houvesse suspeitas de favorecimento e de corrupção. Apesar disso, a memória mais comum sobre esse período recente da história do Brasil nem sempre associa os governos militares à corrupção, mas sim à eficiência, à racionalidade, à impessoalidade, ao patriotismo e à ética – isso tudo, o avesso do problema tratado até aqui.

Em síntese, todos esses fatos ajudam a reforçar a declaração da presidente Dilma Rousseff no dia seguinte à grande manifestação de março de 2015: “a corrupção não nasceu hoje. Ela [...] é uma senhora bastante idosa nesse país".[73] Na época, a afirmação da presidente foi muito contestada por políticos da oposição, que buscaram reduzir a corrupção a uma parte do Estado (o governo federal) e a um momento da história do Brasil (o período pós-2003), apenas.

O ex-presidente Fernando Henrique Cardoso, por exemplo, polemizou com Dilma Rousseff ao garantir que a corrupção era "uma mocinha, um bebê, quase".[74] O deputado federal Eduardo Cunha, presidente da Câmara, disse, por sua vez, que "a corrupção não está no Poder Legislativo, a corrupção está no Executivo".[75] Em ambos os casos, era uma tentativa de circunscrever o problema da corrupção apenas aos mandatos do PT à frente do governo federal. Contudo, quando olhamos para a história desse crime no Brasil, nada nos autoriza a pensar que a corrupção se limita tão somente ao Executivo, ou apenas ao mundo da política, nem tampouco que começou em tempos recentes.

---

73 *Folha de S.Paulo*, 16 mar. 2015, p.A2.

74 Em resposta a Dilma, FHC diz que corrupção é um bebê. Disponível em: <http://politica.estadao.com.br/noticias/geral,em-resposta-a-dilma-fhc-diz-que-corrupcao-e-um-bebe,1654623>. Acesso em: 15 fev. 2016.

75 Corrupção está no Executivo, não no Legislativo, diz Eduardo Cunha. Disponível em: <http://g1.globo.com/politica/noticia/2015/03/fala-de-ministros-apos-manifestacoes-foi-um-desastre-diz-eduardo-cunha.html>. Acesso em: 15 fev. 2016.

14

# Cartão vermelho para os cartolas do futebol

*Mauricio Murad*

*A história é um profeta com o olhar voltado para trás: pelo que foi e contra o que foi, anuncia o que será.*

EDUARDO GALEANO,
*VEIAS ABERTAS DA AMÉRICA LATINA*

## Preliminares

A regra de número 12, das dezessete do futebol, não deixa margem a dúvidas: a principal sanção a ser aplicada na modalidade é o cartão vermelho, ou seja, a expulsão inapelável, para as mais graves transgressões dentro de campo feitas pelos jogadores. A sociologia jurídica já firmou e consolidou, como um princípio filosófico clássico, universal, portanto, que a toda transgressão deverá corresponder uma sanção, em proporções e extensões equivalentes, punição exemplar de caráter jurídico, sim, mas acima de tudo pedagógico, sob pena de a impunidade ou de o sentimento de impunidade incentivar novos delitos, novos crimes. A ideia do cartão vermelho é exatamente a de concretizar, em rito sumário e à vista de todos, esse princípio referencial, quando aplicado aos atletas profissionais de futebol, em suas faltas graves no campo do jogo, pela autoridade local máxima, o árbitro, que é regulamentado pela regra de número 5.

Contudo, as transgressões no mundo do futebol não se limitam àquelas ocorridas nas jogadas e nos jogos nas "quatro linhas", mas vão muito além e também merecem punição exemplar, jurídica e pedagógica. Em termos simbólicos, é a aplicação do "cartão vermelho" da justiça, tanto no âmbito cível quanto criminal e da ética, sim, da ética, como fundamento ordenador da *res publica*, ou seja, do tratamento da chamada "coisa pública", daqueles interesses e necessidades que são gerais, coletivos. Não raro, bem mais sérias que as faltas graves em jogadas dentro de campo são as *jogadas* em torno do futebol. Poderosas redes de articulação de interesses particulares, corporativos, mercantilistas e empresariais de dirigentes de clubes, federações, confederações e até mesmo e sobretudo da federação internacional, a poderosa e planetária Fédération Internationale de Football Association (Fifa), nos jogos econômicos, políticos e culturais que fazem parte do futebol, para além de uma modalidade esportiva, a mais popular do mundo, mas do futebol como fenômeno de massa, identidade cultural, simbologia coletiva, representação social. *Jogadas* e ilegalidades nos diversos *campos do futebol*, campos de prestígio social, lucro econômico, poder político. O custo social da Copa de 2014 no Brasil, por exemplo, só não foi maior que seu não legado – promessas altas, realizações baixas. (O que parece se aplicar também em relação aos Jogos Olímpicos de 2016, no Rio de Janeiro). Um custo geral altíssimo e mais especificamente humanitário: estima-se que 250 mil pessoas foram desalojadas, ou quase, de suas moradias, de modo autoritário, brutal e sem perspectivas razoáveis, para a viabilização de obras diversas, segundo os relatórios de 2014 da Ancop/Conectas.

O maior escândalo da história do futebol mundial, que parece não ter fim, tantas são as denúncias e os envolvidos, a saber, a corrupção criminosa na Fifa, foi exposto ao grande público a partir do primeiro semestre de 2015. Com evidente capilaridade multicontinental, extensiva também à Confederação Brasileira de Futebol (CBF), se de um lado mereceu e merece forte denúncia e intenso repúdio, de outro é uma metáfora de dados de realidade, de contradições sociais, de modos culturais de ser, de formação histórica, de paradoxos existenciais. Para demonstrá-la, basta contextualizar o que acontece no universo do futebol, nacional ou internacional, e fazer as devidas relações com aquilo que ocorre no universo social mais amplo.

José Lins do Rego, nome fundamental da literatura e do pensamento social brasileiros, é o autor de Água mãe (1941), considerado o primeiro grande romance sobre futebol em nossa arte literária. Advogado, cronista, jornalista, formador de opinião, militante, agitador cultural. Apaixonado pelo "esporte bretão", era *flamengo até morrer*, e escreveu 1571 crônicas esportivas no *Jornal dos Sports*. Ricas e reflexivas, essas crônicas pensavam o Brasil através do futebol e sinalizavam que o futebol é uma via de acesso para se entender as raízes e as contradições das formações históricas e das realidades socioculturais que o contextualizam. Nessas crônicas, ele era recorrente em postular ideias variadas, que estavam circunscritas na seguinte formulação: "O conhecimento do Brasil passa pelo futebol, porque através deste podemos fazer uma psicossociologia daquele". E isso, afirmava, vale não somente para o Brasil, mas para a interação dialética do futebol, como manifestação cultural dos povos, com diversas sociedades em inúmeros outros contextos.

Então, a modo de José Lins do Rego e com fundamento sociológico, podemos reiterar o que foi dito acima e que muito auxilia no entendimento da temática em questão neste capítulo: as redes mafiosas dos escândalos no futebol, tão acertadamente denunciadas e repudiadas, são expressões profundas das realidades socioeconômicas e políticas onde estão inseridas. São manifestações violentas e criminosas *no* futebol e não *do* futebol, é bom que fique claro. Nem sempre foi assim, escandalosamente assim, e teve seu marco decisivo, o salto para uma instituição de *ethos* mafioso – conforme atestam diversos especialistas –, a partir de 1974, quando o brasileiro João Havelange assume a presidência da Fifa.

O futebol é um "fato social total", e isso porque cada povo pode se manifestar através de um determinado esporte, sobretudo através do futebol, por ser a mais massiva de todas as modalidades, em quase todos os povos e culturas do mundo. Então e em consequência desse último raciocínio, o futebol como "fato social total" é revelador daquilo que é mais pregnante nas estruturas históricas, sociais, culturais, simbólicas, humanas. Por exemplo, a agressividade, a violência, a impunidade, o machismo, a homofobia, o autoritarismo, o racismo, a corrupção, o enriquecimento ilícito, entre outros crimes, delitos e ilegalidades que podem

Figura 14.1
Presidente da Fifa entre 1974 e 1998, João Havelange (segundo da direita para esquerda) participa da final da Copa do Mundo de 1986, acompanhado do secretário geral, o suíço Joseph Blatter (no canto esquerdo), sucessor do brasileiro na presidência da instituição
**Foto:** Peter / EMPICS / Getty Images

ser observados e estudados no futebol brasileiro – e efetivamente são observados e estudados e em escala crescente a cada dia – não são privativos do futebol, mas traços culturais do país como um todo. Acontecem também *no* futebol, mas não são exclusivos, muito menos definidores, *do* futebol. Como também para se entender satisfatoriamente o "mar de lama da Fifa" (manchete do *New York Times* de 28 de maio de 2015, dia seguinte à prisão na Suíça de sete de seus mais graduados dirigentes) é necessário contextualizar os eventos, em outras palavras, examinar a parte no todo, o texto no contexto. Nesse caso, o ponto de partida, segundo quase todos os seus estudiosos e especialistas, é a presidência do brasileiro João Havelange na entidade máxima do futebol.

## Jean-Marie Faustin Goedefroid Havelange

Mundialmente conhecido como João Havelange e, pelo que consta, a partir do qual tudo começou. O modelo político fundador daquilo que hoje é considerado, e isso é consenso, "o maior escândalo da história do futebol" foi capitaneado por ele, como ideólogo e executivo de uma trama-piloto, a partir da CBF, aí experimentada e testada. Empresário por tradição, advogado por formação, desportista por opção, praticou natação e polo aquático, em alto nível, a princípio no Fluminense Futebol Clube, conquistando nessa modalidade uma medalha de bronze, nos primeiros Jogos Panamericanos da história, os Jogos de 1955, na Cidade do México. Presidente da CBF de 1958 a 1974, conjuntura em que nosso futebol viu acontecer sua consolidação antropológica como paixão popular, patrimônio coletivo e "cultura das multidões", isto é, uma cultura *de* massa e *da* massa, como um espetáculo da chamada indústria cultural, como lazer e entretenimento coletivos, como organização e uso do tempo livre. Em paralelo e por efeito, a CBF soube aproveitar essa tendência fortemente acentuada pela conquista do primeiro tricampeonato mundial de futebol – 1958, na Suécia, 1962, no Chile e 1970, no México – e aprofundou seu poder econômico, político e simbólico, dentro do Brasil e também no cenário internacional. Assim, o presidente Havelange credenciou-se a aspirar a presidência da Fifa, a maior entidade congregadora de países da história da humanidade, gigantismo e poderio conquistados justamente em seus 24 anos de comando, entre 1974 e 1998 (de acordo com as diligências do FBI dos Estados Unidos da América e da Corte Federal Suíça, referendados por diversos estudos, amplamente divulgados em todo o mundo). Nessa época, com ele, tudo que hoje é de conhecimento público foi alcançando patamares nunca vistos, numa curva ascendente e exponencial de ilegalidades e ilicitudes, tanto em quantidade quanto em qualidade.

A Fifa foi fundada em 21 de maio de 1904 e João Havelange foi seu sétimo presidente eleito. Jules Rimet e Stanley Rous foram presidentes referenciais e nomes míticos na história do futebol. A expansão planetária da Fifa foi projeto político da gestão João Havelange, reforçada por seu sucessor Joseph Blatter, administrações que transformaram a entidade na maior federação de países da história da humanidade, com 209 nações filiadas contra 193 na ONU. E esse crescimento institucional, poderio financeiro e força simbólica não foram alcançados sem uma extensa rede de corrupção, desvios, lavagem de dinheiro, formação de quadrilha, extorsão, favorecimentos fiscais, troca de propinas e favores, fraudes de diversas ordens, até manipulação de resultados – crimes todos tipificados nos respectivos códigos penais dos países envolvidos, como cenários desses e de outros delitos.

O esporte, de maneira geral, e o futebol em específico, por ser a modalidade desportiva mais popular e massiva do planeta, como também qualquer outro fenômeno cultural de largo alcance, pode servir para usos alienantes, tanto política quanto ideologicamente, para interesses econômicos subalternos e corporativos, e para a obtenção de prestígios sociais, como trilha de acesso a riqueza, poder e negócios. Esse é um uso possível, mas não o único. Uso que é lateral ao fenômeno, que não é nuclear nem definidor. Manipulação que é formal, não conceitual. Todo lado tem dois lados. *Pelo menos* dois lados. Por um prisma de observação, o futebol mundial – Fifa e confederações continentais – e o futebol brasileiro – CBF e federações estaduais – estão sistêmica e profundamente envolvidos em vários crimes, há muito denunciados. A partir de 2015, a investigação aberta de tais ilegalidades foi tornada pública, como nunca antes, em diversos países, mostrando parcerias de governos, órgãos dos poderes judiciários, ministérios públicos e polícias internacionais. Isso se tornou fato notório e ocupou de forma avassaladora as primeiras páginas dos jornais e o horário nobre de televisões e rádios, em quase todo o mundo, além da vasta difusão pelas redes sociais e outros meios eletrônicos. Os subterrâneos sombrios do futebol foram expostos de um modo amplo e profundo e seus esquemas de manipulação sangraram muito, como ainda sangram, e bastante. Se de um lado há lavagem de dinheiro, operações ilícitas e organizações criminosas, por outro o futebol pode também oferecer resistência e denúncias – e de fato oferece – diretamente às tentativas de manipulação dos poderosos da política e da economia, ou indiretamente, nas representações e nas simbologias, às suas ações centralistas, excludentes, autoritárias, delituosas.

Para os que trabalham com o futebol e suas áreas afins e também para as centenas de milhões de apaixonados torcedores do mundo inteiro, trata-se de uma reflexão, uma ponderação e um contraponto muito importante, e levar isso em conta é fundamental para não se cair numa visão reducionista, única, empobrecedora mesmo, e saber operar as diferenças entre as questões centrais e as questões laterais do futebol, como evento cultural e de massas. A manipulação mercantilista, criminosa e corporativista no futebol é real e as investigações fartamente documentadas estão aí para comprovar. Embora predominante, isso com certeza não é tudo, e há um outro lado da questão, é claro, o da resistência, denúncia e tentativas de mudança dessas estruturas de poder.

## Mas, afinal, o que é o futebol?

O futebol é o ritual antropológico de maior substância da "cultura das multidões", não só entre nós, mas de um jeito muito peculiar quando se trata da cultura brasileira, onde pode ser entendido como metáfora privilegiada de nossas estruturas básicas, de nossos fundamentos históricos e sociológicos. Estudá-lo é abrir um leque inimaginável de possibilidades temáticas, de trabalho, de investigação e de conhecimento sobre as realidades brasileiras. Como objeto polissêmico, quer dizer, de amplo entendimento e cheio de significados, o futebol é uma metalinguagem, isto é, "uma linguagem que fala de outra linguagem", um riquíssimo sistema de comunicação sociocultural, que permite à pesquisa sistemática e consistente ter acesso a nossas questões básicas, centrais, como povo, como história. O futebol, nossa *paixão maior* e esporte número um, encena, teatraliza mesmo, um ritual coletivo de intensa densidade dramática, artística e cultural, pleno de ligações com a realidade brasileira. É ao mesmo tempo teatro e dança, melodia e letra – é música –, imagem e movimento – é cinema –, enredo e texto – é literatura –, é drama, tragédia e comédia – é teatro –, é linguagem e linguagem cheia de facetas. Expõe às nossas observações, experiências e reflexões as diversas dimensões da existência humana, como o sentido da vida e da morte, a vitória e a derrota, o desejo de ganhar e a angústia de perder, as festas e as fossas, a alegria e a tristeza, elementos de nossa existência tão humana.

Então, o futebol é, além de uma representação cultural e social, uma representação da vida. Talvez por isso sua difusão seja planetária, em variadas culturas e diferentes sociedades. Futebol é, a um só tempo, o símbolo da vida e da morte, que no jogo podem ser representadas pela vitória e pela derrota. Além disso, o futebol como fenômeno cultural tem boas histórias, mistérios, dramas, tragédias e comédias. Tem agressividade, violência, crime. Tem competições, conflitos, julgamentos. E tudo isso tal como na vida. De outra maneira, podemos dizer que o futebol permite estudar e entender um pouco mais e melhor a vida em sociedade, bem como suas culturas. O Brasil – esta a seguir é a realidade de quase todos os lugares – geralmente tem no comando dos clubes, federações e confederação representantes de suas elites econômicas e sociais e tem, em ampla maioria, nos times e na seleção representantes de suas classes média e popular.

Em termos históricos, em que pese às turbulências e crises, das conjunturas atuais, o Brasil já brilhou intensamente dentro das "quatro linhas" do gramado e é o único país que participou de todas as Copas do Mundo organizadas pela Fifa, desde a primeira em 1930, no Uruguai. Também é o único pentacampeão mundial, além de ter o melhor e mais genial jogador de futebol de todos os tempos, Edson Arantes do Nascimento, o Pelé. Já fora dos campos, no que diz respeito à gestão e políticas estratégicas, para o futebol do país, os sucessivos episódios de fracasso são redundantes, repetitivos, tragicamente reincidentes. O antropólogo e educador brasileiro Darcy Ribeiro teria dito e repetido em várias ocasiões: "quem fracassou no Brasil foram as classes dominantes, e não o povão". E, para complementar, podemos dizer que o futebol comprova isso.

Instituições sociais variadas, de qualquer natureza, cuja dinâmica muitas vezes envereda para os meandros do crime, da transgressão e da marginalidade, expressam direta ou indiretamente situações delituosas mais amplas. A capilaridade do atual "escândalo da Fifa" para inúmeros países e suas federações, como para os respectivos continentes e suas confederações, é um bom exemplo daquilo que acaba de ser dito. Em conjunto com a Fifa trabalham seis confederações continentais, que organizam competições em sua área de atuação, seguindo os regulamentos da Federação Internacional. São elas a Conmebol (América do Sul), a Concacaf (América do Norte, América Central e Caribe – a Guiana e o Suriname fazem parte da Concacaf, apesar de estarem na América do Sul), a Uefa (Europa), a AFC (Ásia – a Austrália faz parte da AFC desde 2006), a CAF (África) e a OFC (Oceania). A Fifa reconhece um total de 209 federações nacionais masculinas e 129 federações femininas. A Fifa possui mais países membros que a ONU, Organização das Nações Unidas, sendo que reconhece 23 territórios não reconhecidos pelas Nações Unidas, como a Palestina. A Fifa reconheceu a "nação palestina", ao permitir seu ingresso provisório, em 1995, e definitivo, em 1998.

Historicamente, delitos, transgressões, ilegalidades, corrupção, crime, violência são constantes estruturais nas diversas culturas das diferentes sociedades, que tentaram e tentam organizar essa nossa vida tão humana. No entanto, um preceito antigo, clássico, consagrado no Direito (desde o célebre livro *Dos delitos e das penas*, de Cesare Beccaria, de 1764) é o seguinte: o que ajuda mesmo a controlar e evitar os crimes e os desrespeitos às normas sociais não é tanto o tamanho (este também) das penas, das sanções e sim (principalmente) a certeza da aplicação dura da lei, ou seja, da punição. Em resumo, o combate à impunidade, com o cumprimento efetivo da pena, é a maior e melhor punição. E sempre, é óbvio, em conformidade com a legislação vigente, inclusive com o acesso universal ao contraditório e ao amplo direito de defesa. Estado e sociedade democrática de direito, como está postulado em nossa Carta Magna, devem trabalhar em todas as frentes para o atendimento desse princípio civilizacional, mas sempre em conformidade com os preceitos jurídicos e éticos da lei. E que a denúncia ou o flagrante sejam notificados e virem processo devidamente instaurado, que este leve as investigações até as últimas consequências, que as penas sejam aplicadas de fato e cumpridas até o fim.

Não por acaso, embora crimes de todos os tipos ocorram em todas as sociedades, o controle legal e cultural dos delitos varia e depende do "processo civilizador" de cada uma dessas estruturas sociais, de como foi implantado em termos históricos e se está ou não consolidado eticamente. No atual "escândalo da Fifa", as confederações mais envolvidas nesses trâmites processuais, qualificadas pelo FBI e pela justiça suíça de "mafiosas", foram –sobre todas as outras – a Conmebol, a Concacaf e a CAF. Não foram detectadas ilicitudes criminosas somente nos países dessas regiões, é claro, mas nelas foi predominante, é indiscutível. Os fatos e os nomes de pessoas e entidades indiciadas e algumas delas já punidas estão divulgados e documentados abundantemente, na mídia, em livros diversos e nas redes sociais. O Ministério Público suíço e o FBI declararam que aguardaram a oportunidade de os dirigentes estarem reunidos em Zurique, para efetuarem os mandados de busca e apreensão e de prisão, porque na Suíça a lei e os acordos de extradição e outros são mais rigorosos com os infratores e a impunidade não é dominante nos indiciamentos, tampouco nos processos criminais. Os sete altos medalhões da Fifa, que foram detidos em 27 de maio de 2015, acusados de organização criminosa e recebimento de propinas no valor inicial de 150 milhões de dólares, ainda estão encarcerados (alguns agora em prisão domiciliar), ou seja, punidos severamente, nos termos previstos pela legislação e pelos acordos internacionais. Tentaram, por intermédio de seus advogados, mas não conseguiram o abrandamento da prisão nem os *habeas corpus*, recurso jurídico que talvez fosse atendido – esse foi o entendimento do FBI e da Alta Corte suíça – em outros países, como o Brasil, por exemplo, diretamente referido como um desses lugares.

Nossa história recente de escândalos colossais de políticos e empresários permite fazer essa afirmação com pouca margem de erro. A propósito e baseando-se também nessa argumentação, a Alta Corte de Justiça do estado de Nova York, nos Estados Unidos, manteve o processo contra a Petrobras, acusando a estatal de um prejuízo calculado em mais de 98 bilhões de dólares (!) a acionistas norte-americanos, pessoas físicas e jurídicas, que teriam sido "enganados pela empresa brasileira". Apesar da solicitação diplomática, por parte do governo federal do Brasil, de arquivamento do processo alegando que investigações semelhantes já acontecem por aqui, uma CPI, no Congresso Nacional, e uma investigação do Ministério Público, a Alta Corte americana negou a solicitação. Inapelavelmente.

No caso específico do futebol brasileiro – envolvendo CBF, federações estaduais e clubes –, os crimes de sonegação, manipulação, desvios, propinas, fraudes fiscais e eleitorais, monopólio de poder, corrupção, lavagem de dinheiro, entre outros, numa palavra, os escândalos do futebol brasileiro, são inegavelmente correlatos, equivalentes aos escândalos da sociedade brasileira. De políticos e de empresários também. Portanto, os ilícitos no futebol brasileiro têm muita relação com a história e cultura dos ilícitos de nossa sociedade. Os crimes que ocorrem no universo do futebol apontam para os crimes que ocorrem no conjunto da sociedade. Afinal, cabe aqui reiterar, como disse José Lins do Rego, que "o conhecimento do Brasil passa pelo futebol". Poderíamos acrescentar dizendo que o conhecimento do futebol brasileiro passa pelo Brasil. E essa interação interpretativa, total e dinâmica, vale igualmente para o futebol, quando contextualizado em outras sociedades e culturas.

A sensação de impunidade e sua efetiva, lamentável e fática realidade, que existem no Brasil, influenciam as práticas de violência no futebol e em toda a sociedade. As estatísticas brasileiras, em todas as áreas do Direito, demonstram uma lamentável equação. Devido ao que se chama tecnicamente de subnotificação, só um número muito pequeno de denúncias e flagrantes é que vira processo. Desse pequeno número, um percentual ainda menor vira punição, e é bem menor ainda a punição que é cumprida até o fim. Concluindo com dados do Tribunal de Contas da União e do Ministério da Justiça, 95% dos processos criminais no Brasil não são finalizados. Isso acontece também com a violência e os homicídios dos grupos de torcedores delinquentes infiltrados nas torcidas organizadas do futebol brasileiro. E o noticiário está cheio de exemplos. Somos os campeões mundiais de mortes comprovadas de torcedores, em razão de conflitos entre grupos de torcidas organizadas, totalizando 86 homicídios no quadriênio 2012-2015, como atestam as pesquisas do Programa de Mestrado em Ciências da Atividade Física, da Universo/Rio de Janeiro, em seu relatório de 2015. Apesar disso, em 2014 e 2015, o Ministério do Esporte disse que, de todos (!) os delitos cometidos na esfera do futebol, dentro e fora de campo, agressões, depredações, mutilações, mortes, racismo e injúria racial, fartos no período, só 3% foram devidamente apurados e a punição levada a termo. Revelador, não? Mas isso não é privativo do futebol e acontece, também, como as pesquisas demonstram, no trânsito, nas escolas, nos hospitais, nas famílias, nos conflitos do campo brasileiro pela posse da terra. Então, não são pontos isolados, e isso é contextualizar, é mostrar que essa realidade setorial é mais que particular, é geral, ou seja, que acontece mais ou acontece menos em toda a vida institucional brasileira.

O esporte ou qualquer outro fenômeno cultural de massa, de largo alcance, pode servir para usos alienantes ou como instrumento para viabilizar crimes de natureza econômico-financeira e delitos complementares, como o tráfico de influências, a sonegação e a lavagem de dinheiro, a transferência ilícita de valores para o exterior, entre outros, mas pode também servir como ferramenta de denúncia, de resistência e até mesmo de oposição mais ou menos organizada a essas transgressões penais. Faz-se necessário, então, observar e acompanhar, investigar e problematizar a temática criminosa no futebol em sua complexidade, ou seja, "vendo os dois lados". Em variadas conjunturas, esportistas individualmente, equipes, seleções, grupos de torcedores, torcidas organizadas e entidades assumiram posições políticas claramente a favor da democracia e da liberdade, contrapondo-se às diversas práticas criminosas infelizmente comuns no futebol e em outros esportes, como o vôlei, o ciclismo, o basquete, o automobilismo, o tênis, as lutas, o atletismo. Mesmo correndo graves riscos, enfrentaram poderes truculentos, autoritários, ditatoriais. Inúmeros são os exemplos históricos dos quais poderíamos lançar mão e listar aqui, a título de elementos empíricos de comprovação. Todavia, por razões de tempo e espaço, vamos citar na sequência apenas um desses exemplos, considerado destaque entre vários outros.

Durante a ditadura franquista na Espanha (governo fascista liderado por Francisco Franco, de 1939 a 1975), o Barcelona Futebol Clube e o Atlético de Bilbao – clubes, equipes e torcidas da Catalunha e do País Basco – se opuseram frontalmente ao "governo de Madrid", não só em política e legislação esportiva, mas sobretudo nas decisões globais para o país. Posicionavam-se como representantes dos povos catalão e basco, respectivamente, organizando protestos, denunciando a manipulação de resultados e a corrupção no futebol espanhol, atitudes inimagináveis em outras instituições, à época. Inclusive fizeram denúncias contra o Real Madrid, por ter a hegemonia de ficar com os melhores jogadores revelados no país, subornando quem quer que fosse, com o beneplácito do governo fascista central de Franco. Em Portugal aconteceu algo equivalente com o Sport Lisboa e Benfica, time do ditador Antonio Oliveira Salazar. Um bom exemplo? O megacraque Euzébio, um dos maiores do mundo de todos os tempos, chamado o "Segundo Pelé", o "Pantera Negra", o melhor jogador de Portugal – antes da era Luis Figo e da atual de Cristiano Ronaldo –, veio de Moçambique para o Sporting Clube de Portugal (jogava no Sporting Lourenço Marques), mas acabou mesmo no Benfica e lá jogou a vida inteira, por pressão política e manobras econômicas do salazarismo, hoje amplamente conhecidas.

Mas voltemos à Espanha. O Barcelona e seus *hinchas* (torcedores) até hoje se orgulham de ser o "time da liberdade" e não perdem qualquer chance de lembrar que o Real Madrid, o "time da ditadura", não representa o país, mas a capital do país. Vem daí a enorme rivalidade esportiva entre essas duas espetaculares equipes de futebol, marcas mundiais e históricas da modalidade. Exemplos de planejamento institucional e gestão vitoriosa de formação de base e equipe, organização, marketing e volumoso poderio econômico-financeiro, que ultrapassam em muito as "quatro linhas" do jogo e transbordam para os campos político, legislativo, econômico, cultural, simbólico. O lema do Barcelona, pintado em letras garrafais, no Estádio Camp Nou, diz explicitamente, com força futebolística e política: *Més que um club*. Ou ainda, mas em status inferior ao outro lema, embora poderoso também: *Barça, blaugrana da cataluña*, englobando assim toda a região da Província Autônoma da Catalunha, cuja capital é a bela cidade de Barcelona, que dá nome e cores ao Futebol Clube Barcelona.

Não por acaso, houve uma significativa mobilização pública nas duas cidades, quando do recente imbróglio envolvendo as negociações de compra do jogador brasileiro Neymar pelo Barcelona, um prejuízo calculado em 13,5 milhões de euros para a receita espanhola, segundo as peças de acusação em curso na justiça daquele país, com conexões, mesmo que indiretas, ao "escândalo da Fifa". Enquanto em Madrid a mídia e a opinião pública aumentavam o tom das denúncias, em Barcelona, a reação e as pressões, que causaram a renúncia do presidente do clube, Sandro Rosell, em 23 de janeiro de 2014, eram pontuadas pela ideia de que a Catalunha e sua capital tinham de manter a fidelidade histórica de oposição às transgressões e delitos, no âmbito do futebol, como emblema para todo o país. A polêmica coletiva assumiu foros de um combate simbólico, reeditando antigas divergências "nacionais", a partir do futebol, entendido como representação social.

Costuma-se dizer, a partir das ideias do professor Manoel Tubino e de outros estudiosos, que "a história do desporto é íntima da cultura humana, pois por meio dela se compreendem épocas e povos, já que cada período histórico tem seu esporte e a essência de cada povo nele se reflete". Em variados "campos esportivos" é possível se observar claramente que o esporte é um evento plural e multifacetado, complexo e revelador de realidades que o envolvem, com traços culturais tanto de generosidade, de inclusão e de democracia, como também de violência, autoritarismo e exclusão. Denuncia ou disfarça realidades, podendo ajudar a conscientizar ou alienar. Pode ser artístico e mágico ou rigidamente profissional, prático. Lúdico. Científico. Elegante e bruto. Universal. Local. Contraditório. Humano. A ciência trabalha com aquilo que se vê e, principalmente, com aquilo que não se vê.

Então, os escândalos criminosos no futebol são um dos lados dessa modalidade esportiva, sim, mas não traduzem tudo que o futebol pode ser e realmente é. Aquilo que alcança o gosto e conquista a "alma" popular torna-se atrativo para os grupos e classes dirigentes, que querem se eternizar no mando e no comando de instituições e de estruturas sociais. Mesmo que por vias ilícitas, criminosas, usam a "cultura popular" como fator de enriquecimento e projeto de consolidação do poder, quer material – econômico ou político –, quer simbólico – prestígio, fama, idolatria. Mas, ao contextualizarmos, vemos mais do que aquilo que, à primeira vista, parecia dar conta de tudo. Usos e abusos, artimanhas e manobras não são privativos do esporte em geral nem do futebol em particular; são frequentes em todo e qualquer evento cultural, que "ganha" a paixão do povo, são recorrentes e generalizados.

Apropriar-se dessas "linguagens populares" de grande impacto tem sentido histórico, especialmente no século XX e também neste século XXI, como componente de fundamentação dos discursos oficiais dos grupos que dominam o poder, sejam quais forem eles. É um modo de instrumentalização ou mesmo de aparelhamento de "fatos sociais" destacados na "cultura das multidões", para fins de alienação e de catarse coletivas, bem como de exploração econômico-financeira privada e corporativa. O futebol e os esportes em geral são cobiçados, como ferramenta política e econômica, sempre que necessário a determinados interesses e ocasiões. Entretanto, podemos afirmar, concordando com diversos autores, que a "culpa" maior não é do futebol ou de qualquer outro produto cultural, seja material ou imaterial, mas sim do uso político que se faz deles.

O futebol, como qualquer outro grande evento cultural que conquiste a cabeça, o coração e a alma do povo, transforma-se em identidade coletiva e simbólica para as comunidades, e por isso pode também se tornar espaço de usos e abusos, de manipulações e crimes, dos grupos dirigentes de poderes oportunistas. Por isso, "cartão vermelho para os cartolas" é o título deste texto, que trata dos conhecidos escândalos da Fifa e da CBF, mas noutra perspectiva, diversa daquela que está amplamente divulgada e documentada nos meios de comunicação. Procurei dar outra "personalidade" ao capítulo do livro, a saber, um meio-termo entre a narrativa jornalística e a universitária, fazer uma interface entre os conteúdos da mídia e os dados, informações e análises de natureza científica. Numa palavra, é a tentativa de um trabalho inovador, de não repetir o que já se sabe, trazer um outro olhar sobre a notícia, mas de leitura leve, atraente e "popular".

## O caso brasileiro

Vamos exemplificar agora mais diretamente com os casos de corrupção e desmandos no futebol brasileiro, que não são de hoje, embora as conexões atuais com os escândalos no panorama internacional tenham elevado o envolvimento daqui à mais alta potência criminal. Fatos antigos e conhecidos de corrupção, ilicitude com dinheiro, compra de árbitros e jogadores para influenciar resultados de jogos e mesmo de campeonatos já aconteceram entre nós, como o emblemático "Caso das Papeletas Amarelas" envolvendo o time mais popular do Brasil, o Flamengo, em meados de 1980. Esse foi referencial, mas não foi o único no cenário de nosso futebol em décadas passadas. Outros apontaram o dedo para alguns de nossos clubes mais tradicionais, inclusive em relação ao chamado "doping positivo", o pagamento de propinas a equipes consideradas menores, para endurecerem as partidas contra determinados times, potencialmente os adversários mais difíceis e competitivos, que deveriam ir perdendo pontos ao longo do torneio.

Além dessas transgressões mais localizadas e recorrentes, a parte da mídia preocupada e atenta com esses eventos registrava sinais de delitos em vários clubes, federações estaduais e sobretudo na CBF, a entidade máxima do futebol brasileiro. Em algumas situações, as denúncias se esvaíam no noticiário e sequer se fazia algum tipo de registro criminal junto à autoridade pública, e muito menos eram abertos processos judiciais, o que evidentemente impedia qualquer eventual punição aos implicados. Nossa tão conhecida impunidade, histórica e estrutural, se manifesta largamente no âmbito do futebol brasileiro. Ainda hoje, a impunidade é uma de nossas piores mazelas sociais. Isso na média e em geral no país. A título de exemplo, e para concretizar essas ideias com as estatísticas apuradas em outros contextos específicos da vida brasileira, já sinalizamos que somente 3% de todos os delitos cometidos em 2014 e 2015 no mundo do futebol foram punidos, de acordo com a legislação vigente. Também não passou de 3% a punição prevista em lei para os crimes no meio rural, ou seja, no campo brasileiro, conflitos constantes e seculares de nossa formação social. Do mesmo modo, só foram punidos 2% dos crimes no ambiente escolar, 4% dos delitos contra gays, 8% dos crimes de trânsito e 8% dos homicídios dolosos, estes que já se aproximam da marca recorde de 60 mil por ano, segundo os dados de 2015 do Fórum Brasileiro de Segurança Pública.

Após o fim da ditadura militar e seu regime de exceção, em 1985, o processo de redemocratização começou a gestar, muito lentamente é verdade, um quadro inovador para a vida nacional, sua judicialização ascendente, ou seja, o crescimento da "cultura de recorrer à justiça" como meio de resolução de conflitos. Segundo as estatísticas do Ministério da Justiça, até o final de 2014 o país somava mais de 100 milhões de processos tramitando em todas as esferas do poder judiciário brasileiro, para um total de 16 mil juízes, o que dá uma média excessiva, altíssima, por magistrado. Apesar de muitas vezes exagerada, essa judicialização, que poderíamos chamar de civilizatória, é positiva, porque aprofunda a consciência democrática da sociedade, em relação a seus direitos e obrigações. Afinal, nossa Constituição, vigente desde 5 de outubro de 1988, consagra como princípio fundamental, em seu art. 1º, que a República Federativa do Brasil, formada pela união indissolúvel dos estados e municípios e do Distrito Federal, constitui-se em Estado Democrático de Direito.

O funcionamento das cortes judiciais e seu papel na democracia não têm sido estudados o suficiente pela História, pela Sociologia e pela Ciência Política brasileiras. Apesar disso, podemos observar que a atuação dos operadores do direito, em todos os níveis e instâncias, e de entidades, como a OAB, Ordem dos Advogados do Brasil, têm sido um dos componentes essenciais do crescimento político de nossa democracia. As várias iniciativas do Ministério Público, a mobilização social dos grupos de interesses representados judicialmente e as decisões dos magistrados podem ter resultados cruciais para a reforma das instituições. E também contribuir para a edificação de políticas públicas que resultem em distribuição de riqueza sustentável e acesso universal aos serviços sociais de infraestrutura, como saúde, educação, segurança, transporte, moradia, indispensáveis para um verdadeiro desenvolvimento social. Podemos assim, talvez, ir superando no longo prazo umas das tragédias da cultura brasileira, a chamada "cidadania de baixa intensidade".

Esse momento histórico, 1985/1988, foi *pari passu* indicando uma mudança, tímida e insuficiente ainda hoje em 2016, trinta anos depois, mas uma mudança que era e é a expressão da redemocratização do país, após os 21 anos de autoritarismo do regime militar (1964-1985) e da promulgação da chamada "Constituição Cidadã". A partir desses contextos houve um aumento gradativo da pressão dos movimentos sociais, da liberdade de expressão e manifestação, da cultura investigativa de alguns setores da mídia – o chamado "jornalismo investigativo" –, cobranças e denúncias nos poderes constituídos, Executivo, Legislativo e Judiciário, bem como em variadas ocorrências, aqui e ali, por quase toda a sociedade. É evidente que, acontecendo assim em quase todas as instituições, não deixaria (como não deixou) de alcançar também os esportes em geral e o futebol, em particular, este que é nosso maior evento cultural *de* massa e *da* massa, patrimônio nacional, fenômeno entranhado em nossa realidade e dela representativo.

Para se ter uma ideia mais exata do panorama descrito anteriormente, um dado estatístico consultado nos Anais do Congresso Nacional é muito relevante. Em pouco mais de dez anos de vigência da Constituição de 1988, precisamente entre 1991 e 2000, 27 CPIs foram instauradas e tiveram seus trabalhos implementados na Câmara dos Deputados, em Brasília, além daquelas do Senado Federal e das comissões mistas. Dessas, a Comissão Parlamentar de Inquérito, CPI do Futebol, CBF/Nike/Traffic, aprovada em 2000 e instalada no dia 17 de outubro de 2001, foi uma das mais midiáticas, difundidas, debatidas e frustradas comissões de investigação do poder legislativo federal. Concluiu seus trabalhos apresentando um relatório que pedia a prisão de Ricardo Teixeira, então presidente da CBF, e mais 33 pessoas, entre dirigentes e empresários. Ao término regimental dos trabalhos, cujo último capítulo é o de votar o relatório final e conclusivo, este não foi aprovado e todo o processo teve de ser devidamente arquivado no Congresso Nacional em Brasília, em obediência aos termos do regimento interno da Câmara dos Deputados.

Aqui foram citadas apenas duas situações exemplares, o Caso das Papeletas Amarelas, indicativo de compra de árbitros e de jogadores, para alterar resultados de jogos envolvendo o Clube de Regatas do Flamengo, em 1986, e a CPI do Futebol, CBF/Nike/Traffic, de 2001, sinalizando crimes de corrupção, sonegação de impostos, manipulação de resultados e tráfico de influência, tão somente como exemplos de atos infracionais delituosos, antigos, longos e amplos, que devastam o futebol brasileiro. E também da impunidade que lhe é correspondente. Houve inúmeros outros casos, alguns que resultaram em CPIs, como a chamada Máfia do

Apito, esquema de corrupção e confessa manipulação de resultados, descoberto em São Paulo, em 2005, indiciando o árbitro Edilson Pereira de Carvalho, integrante do quadro da Fifa, cuja ação penal foi suspensa em 2007, e em 2009 foi determinado seu "trancamento, devido à falta de elementos que comprovassem o crime de estelionato". Os onze jogos apitados pelo referido árbitro no Campeonato Brasileiro foram anulados pelo STJD, o Superior Tribunal de Justiça Desportiva. O torneio terminou com o Corinthians sendo o campeão, três pontos acima do Internacional, o vice-campeão. Caso os resultados daquelas onze partidas tivessem sido mantidos, o campeão teria sido o Internacional de Porto Alegre, o que sugere, no mínimo, uma injustiça desportiva.

## Modo conclusivo: a pressão geral contra a Fifa e a aprovação da MP 671 no Brasil

Mostramos que o cenário das ilegalidades (criminosas e reincidentes) no futebol internacional e brasileiro não deixa de enfrentar, de um jeito ou de outro, oposições, denúncias e propostas alternativas, afinando assim com a perspectiva exposta neste capítulo: que o futebol, sendo como é patrimônio coletivo da cultura mundial, não pode ser reduzido aos seus usos e abusos de riqueza econômica e de poder político. Em razão disso, vamos tratar agora, resumidamente e ao jeito de uma conclusão, dos processos internacionais contra a Fifa e seus altos dirigentes, bem como, no Brasil, da construção do Bom Senso Futebol Clube e da tramitação da Medida Provisória 671. Em que pese ao conhecido poder das instituições do futebol, à truculência dessas redes mafiosas, o volume ultramilionário das transgressões, em quantidade e em qualidade, e sua repercussão internacional, sempre há iniciativas de maior ou menos vulto, que denunciam e enfrentam esses delitos e seus protagonistas.

A investigação criminal liderada pelo FBI dos Estados Unidos e pela justiça suíça, que eclodiu para o mundo em maio de 2015, alcança praticamente todos os países membros da Fifa, uns mais, outros menos, e assim também suas seis confederações regionais. Muitos milhões de dólares pagos como propinas, para a compra de votos nas eleições aos cargos superiores da entidade, e na compra de apoio e votos na escolha dos países sedes das Copas do Mundo de Futebol. As de 2010 na África do Sul, de 2018 na Rússia e 2022 no Catar são as mais visadas de um largo processo fraudulento, que não livra o Mundial de 2014 no Brasil como um dos exemplos de proa. E até mesmo a Copa da Alemanha de 2006, embora esteja num patamar bastante inferior às demais, no que diz respeito a denúncias de corrupção, enriquecimento ilícito, compra e venda criminosa de votos e à documentação comprobatória existente desses delitos.

Esse panorama vai ao encontro do nível contundente de provas – gravações telefônicas, atas assinadas, contas no exterior, testemunhas, delação premiada, acordos de leniência – contra as confederações continentais e reflete mais ou menos a variação e os graus de transgressão/impunidade existentes nas culturas e nas instituições das sociedades de cada continente. A Uefa, que reúne as nações europeias, era a que menos protagonizava denúncias e indícios de irregularidades criminais, além de liderar dentro da Fifa – ainda que timidamente – um movimento de oposição, que clama por mudanças, algumas de fundo. Todavia, o aprofundamento das investigações criminais tem sugerido o contrário. O continente europeu, sua confederação e até mesmo Michel Platini (afastado pelo Comitê de Ética da Fifa de todas as atividades ligadas ao futebol por oito anos, pena que já foi reduzida para seis pelo congresso da entidade, em 26 de fevereiro de 2016, no mesmo dia em que elegeu seu novo presidente, Gianni Infantino, ex-secretário geral da Uefa), não estão imunes a suspeitas. Não, longe disso, mas parece haver uma diferença de escalas, de valores e provas documentais disponíveis, entre a Uefa e a Concacaf, como também a Conmebol e a CAF, que agrupam países da América Central e Caribe, da América do Sul e da África, respectivamente. Infantino e os altos escalões diretivos da Federação Internacional têm prometido uma nova era de mudanças, democracia e transparência para a entidade. A ver: o tempo julga; a história pune.

Sim, agora voltemos à realidade brasileira. De nossos 18 mil jogadores de futebol cadastrados, em 2015, 85% ganham somente até 2 salários mínimos (1.760,00 reais) por mês e 70% ficam sem trabalho pelo menos seis meses por ano, tendo de voltar às suas ocupações e abandonar os treinamentos regulares, físicos e táticos, além do acompanhamento técnico e do apoio fisiológico, biomecânico, funcional, nutricional. Os vinte maiores clubes brasileiros têm uma dívida declarada de mais de 4 bilhões de reais, uma gestão precária, amadora e muitas vezes corrupta, semelhante às federações estaduais e à Confederação Brasileira de Futebol. Esse valor são as dívidas com o governo federal, mas há outras de salários atrasados, pendências na justiça trabalhista, direito de imagem dos jogadores, e demais itens de tributos e serviços. Os clubes que são a célula mãe da formação de nossos jogadores profissionais de futebol, de maneira geral, não têm política estratégica nem planejamento de longo prazo, com o mínimo de racionalidade na administração do futebol como negócio, e quase nenhuma sensibilidade, para entendê-lo como cultura e representação coletivas no Brasil. Dados do Bom Senso Futebol Clube, ano 2015, demonstram uma realidade dramática, do ponto de vista econômico e igualmente simbólico, cultural. Dos 684 clubes de futebol profissional cadastrados no Brasil, 583 não têm sequer um calendário anual de atividades e jogos, o que certamente é insustentável, do ponto de vista do clube de futebol como do negócio, e também como instituição social. Os times menores jogam no máximo dezenove partidas por ano, quando conseguem alcançar as fases finais dos campeonatos estaduais e geralmente jogam mesmo apenas quinze partidas a cada ano, o que significa subemprego e desemprego, além de baixíssimos salários e condições indignas de trabalho.

Desde 1970, ano do tricampeonato mundial de nosso futebol, conquistado na Copa do México por Pelé e companhia, as denúncias de corrupção, desmandos e impunidades na CBF vêm ocupando de forma mais aguda e constante as páginas dos jornais. Seus três últimos presidentes, João Havelange, Ricardo Teixeira e José Maria Marin (preso na Suíça em 27 de maio de 2015 e depois extraditado para os Estados Unidos, onde se encontra em prisão domiciliar), todos estão afastados do futebol, sob a acusação de crimes de corrupção, lavagem de dinheiro, extorsão, enriquecimento ilícito e formação de quadrilha. Sobre o atual presidente da

Figura 14.2
Os casos de corrupção na Fifa ocupam as manchetes dos jornais e, em 2015, alastram-se as denúncias contra os principais dirigentes da instituição
**Foto:** Yasuyoshi Chiba/AFP/Getty Images

CBF, Marco Polo del Nero, pesam tantas e tão graves acusações e suspeitas que ele não se permite viajar ao exterior. O Estádio Olímpico João Havelange, no bairro do Engenho de Dentro, Rio de Janeiro, foi rebatizado com o nome do jogador Nilton Santos, bicampeão mundial em 1958 e 1962, eleito pela própria Fifa o maior lateral esquerdo de todos os tempos. Havelange foi pressionado e teve de renunciar ao cargo de presidente de honra da Fifa em 2013. Ricardo Teixeira viveu fora do Brasil desde 2012, porque não tinha condições de morar em seu próprio país, e retornou em 2015, ao que parece, temendo as leis mais rigorosas de onde residira antes, Andorra, e principalmente Estados Unidos. O nome de José Maria Marin foi retirado da fachada da sede da CBF, um dia após sua prisão em Zurique. Marin (era só o que faltava), ao que tudo indica, foi um dos principais culpados pela prisão e o consequente assassinato sob tortura, na sede da Oban (Operação Bandeirantes), em São Paulo, do jornalista Wladimir Herzog, em 1975. Essa história dantesca, junto com o discurso proferido pelo ex-presidente da CBF – verdadeira peça de acusação – quando deputado estadual naquela altura, foi desenterrada corajosamente por Juca Kfouri, um de nossos maiores jornalistas esportivos.

Como se não bastasse, o Brasil perdeu a Copa de 2014 realizada no país, além de levar uma estonteante goleada de 7 x 1 da Alemanha, no dia 8 de julho, em Belo Horizonte, no Estádio Governador Magalhães Pinto, Mineirão, situação que demonstrou os problemas da formação de nossos jogadores e a falta de planejamento estratégico de nosso futebol. Além disso, onde está o plano nacional de segurança nos estádios e áreas próximas, prometido pelo governo federal? Somos campeões mundiais de mortes de torcedores, como já dito, o que afasta o público dos estádios e faz nossa média de ocupação nos jogos ser uma das mais baixas do mundo.

Em 2013, por iniciativa de diversos jogadores de altíssimo nível do futebol brasileiro, como Alex, Juan, Paulo André, Dida, Gilberto Silva, Fernando Prass e Rogério Ceni, nasceu o Bom Senso Futebol Clube, movimento de reivindicação por melhorias estruturais na política e na administração de nosso futebol, exatamente por todos esses desmandos mencionados. O ponto de partida do movimento aconteceu no dia 1º de setembro de 2013, após o jogo Coritiba x Internacional, no Estádio Couto Pereira, em Curitiba, quando Alex (Coritiba) e Juan (Internacional), amigos de longa data, conversaram rapidamente sobre a realidade do futebol brasileiro e combinaram que "fariam alguma coisa".

O BSFC, em menos de três anos de atividade, movimentou bastante o futebol brasileiro, arregimentando apoios entre os jogadores profissionais e conquistando a simpatia de inúmeros setores de nossa vida pública. Muita gente passou a contribuir com assessorias, divulgação na mídia, ideias, participações e consultorias voluntárias, não remuneradas, porque acreditaram nas intenções e no bom senso do movimento. Como é evidente, o Bom Senso também angariou antipatias, críticas e oposições, mas – é preciso destacar – em escala bem menor que a dos apoios. Embora em número inferior, mas significativo, dirigentes de clubes, federações e da própria CBF se opuseram à iniciativa e mobilizaram no Congresso Nacional a chamada "Bancada da Bola", na defesa de seus interesses corporativos e estruturas de poder, e tentaram até mesmo influenciar esferas do Poder Executivo Federal. Contudo, a sociedade brasileira, de modo geral, foi mais acolhedora ao BSFC, até mesmo porque as lideranças do movimento são ícones populares, referenciais, para nossas comunidades simbólicas, heróis coletivos da maior paixão brasileira.

Por iniciativa do Bom Senso, em parceria com vários setores da sociedade, inclusive a presidência da República, chegou ao Congresso Nacional e tramitou em meados de 2015 a Medida Provisória 671, para a modernização dos clubes, federações e confederação e para a responsabilização fiscal dos dirigentes do futebol brasileiro. A MP 671 previa sua transformação em lei para tentar mudar o futebol no Brasil, torná-lo mais transparente e ético, o que ocorreu (embora não integralmente como era esperado), com a Lei n.13155, aprovada em 4 de agosto 2015, conhecida como Profut. De maneira mais democrática, apesar das poderosas resistências na prática, a gestão do futebol brasileiro terá de controlar os excessos financeiros e as manipulações contábeis de dirigentes (assemelhadas às "pedaladas fiscais" do governo federal), ao arrepio da legislação do país, o que configura crime de variados e convergentes delitos penais, como corrupção, responsabilidade, lavagem de dinheiro, formação de quadrilha, manobras de riqueza e poder. É interessante observar e sublinhar que essas práticas delituosas no futebol brasileiro são basicamente as mesmas que formam o rumoroso escândalo da Fifa, considerado o maior na história da modalidade. Este, e é importante repetir, por conta das convergências e ligações existentes, ocasionou a prisão de sete dirigentes graduados da entidade, quando reunidos em Zurique na Suíça, no dia 27 de maio de 2015, inclusive do ex-presidente da CBF.

Não por acaso, as conexões são muitas e isso, claro, porque as redes nacional e internacional são convergentes e também pelo fato de medalhões brasileiros, tudo indica a começar por João Havelange, quase sempre estarem envolvidos com os grupos que comandam os delitos. Não foi coincidência o fato de que as investigações do FBI e da Corte Federal Suíça viessem a público, na mesma conjuntura em que o BSFC e amplos setores da sociedade brasileira trabalharam para elaborar e implantar a MP 671, um instrumento de denúncia, oposição e de possível alternativa ao cenário atual do futebol por aqui. A chamada "máfia dos ingressos", escândalo ocorrido durante a Copa de 2014 no Brasil, é outro exemplo

Figura 14.3
Criação do Bom Senso Futebol Clube, em 2013

**Fonte:** Leandro Martins/ Futura Press

que comprova as conexões entre os ilícitos nacionais e internacionais no terreno do futebol. Operação conjunta da Justiça e da Polícia Federal brasileiras desmontou esse esquema criminoso, que já vinha acontecendo desde 2002, no Mundial da Coreia e do Japão. Após o monitoramento dos suspeitos, interceptações telefônicas e eletrônicas autorizadas e flagrantes contundentes, onze prisões foram efetuadas no Rio de Janeiro, o que atingiu a cúpula da organização. Os crimes tipificados no caso foram associação criminosa, formação de quadrilha, fraude fiscal, cambismo e lavagem de dinheiro, totalizando o desvio de cerca de 200 milhões de reais, em cada uma das quatro Copas referidas nos autos.

O horizonte é complexo e lei não é panaceia, mas poderá ajudar, porque preconiza mudanças de baixo para cima. Propõe que os clubes tenham as dívidas renegociadas com o governo federal em até vinte anos, mas exige contrapartidas, o chamado *fair play* administrativo, trabalhista, fiscal e financeiro. Numa palavra: transparência e responsabilidade social com o futebol no Brasil, o que implica um rigoroso cumprimento das leis e punição exemplar, quando for o caso. Para resolver seus débitos, os clubes têm de se comprometer com uma série de obrigações. Caso não sejam cumpridas, o time de futebol do clube poderá até ser rebaixado à divisão inferior à que estiver, no momento da ruptura unilateral com os termos acordados. Entre diversos pontos previstos na Lei n.13.155, como a restrição em todos os níveis da reeleição de dirigentes, válida apenas por uma vez, importa destacar que os clubes terão de cumprir, com a regularidade estabelecida, suas obrigações trabalhistas (inclusive o direito de imagem), tributárias e previdenciárias e não poderão ultrapassar o limite máximo de 70% de sua receita anual com a folha de pagamento do futebol profissional. Além disso, a Lei determina que os clubes invistam nas formações de suas categorias de base, numa perspectiva socioesportiva e educacional, bem como, onde as condições permitirem, invistam também no futebol feminino, antiga reivindicação existente no Brasil.

Se for aplicada de verdade em sua essência, essa lei poderá trazer benefícios para o futebol brasileiro, no presente e mais ainda no futuro. Porém, é preciso considerar que há muitas resistências e interesses contrários, que se articulam em âmbitos distintos do país tentando obstruir, dificultar e diluir sua vigência, para manter o *status quo* do futebol brasileiro, a onipotência da CBF e de seus dribles milionários, quase sempre privados e corporativos. O jogo ainda está no início, mas a pressão de modo geral da sociedade brasileira, embora ainda discreta, jamais foi tão grande (mais de 300 mil mensagens foram disparadas para os parlamentares, via redes sociais, no momento da aprovação da lei) e o escândalo da Fifa, ainda em curso, que envolve diretamente a Confederação Brasileira de Futebol, bem como a CPI da CBF, no Senado Federal, presidida pelo ex-jogador Romário, têm sido elementos a mais na defesa e na aplicação desses princípios jurídicos. Em 5 de agosto de 2015, a Lei de Responsabilidade Fiscal do Esporte, n.13.155, foi sancionada pela presidente da República, mas a CBF já avisou que entrará com uma ação judicial no Supremo Tribunal Federal para arguir sua constitucionalidade.

Andrew Jennings, um dos pioneiros jornalistas investigativos que vasculharam as entranhas institucionais da Fifa e suas capilaridades com as congêneres continentais, como a Conmebol, e as nacionais, como a CBF – esta muito direta e detalhadamente pesquisada –, chegou a afirmar com todas as letras que "a CBF parecia a miniatura da Fifa!". Nomeando como *jogo sujo* e *um jogo cada vez mais sujo* o padrão Fifa de planejar e realizar seus negócios, escusos segundo ele, e manter tudo no mais absoluto e sombrio esconderijo financeiro, fiscal e bancário, tudo com vasta documentação, tornou-se a um só tempo o "inimigo número um da Fifa" e a referência desencadeadora das investigações que vieram crescendo até sua exposição mundial na mídia, a partir de maio de 2015. A pressão política dentro da federação internacional de futebol nunca foi tão intensa e sistemática, inclusive por parte das poderosas empresas patrocinadoras, como a Coca-Cola, Visa, Budweiser, Adidas, McDonald's, que não querem ver suas marcas vinculadas a escândalos, o que levou o presidente reeleito da entidade Joseph Blatter a renunciar e a convocar novas eleições, ocorridas em fevereiro de 2016. E Blatter foi também afastado pelo Comitê de Ética da Fifa de todas as atividades futebolísticas mundiais.

Como já referido aqui, está em curso no Senado Federal do Brasil uma Comissão Parlamentar de Inquérito sobre a CBF e suas ligações com "a máfia internacional da Fifa", por iniciativa e presidência do ex-craque de futebol Romário de Souza Faria, que inclusive escreveu a "orelha" do livro de 2014 de Andrew Jennings (*Brasil em jogo:* o que fica da Copa e das Olimpíadas). Neste, o autor relata e documenta as "diversas falcatruas" do horizonte mundial do futebol, vinculando "direta e inegavelmente", o que chama de crimes da Fifa com os da CBF. O que o senador Romário diz que deseja fazer com essa CPI é um dossiê CBF, semelhante ao da Fifa feito pelas obras de Jennings. Não se pode prever no que vai dar toda essa situação, mas sem dúvida a conjuntura é favorável e não podemos perder essa oportunidade histórica. O futebol merece; a sociedade exige.

# 15

## História dos crimes digitais no Brasil

*Marcelo Xavier de Freitas Crespo*

### Introdução

Escrever sobre crimes no Brasil pode ser mais fácil e também mais difícil do que se possa imaginar. Mais fácil caso se deseje fazê-lo com simplismo, limitando-se a uma análise rasa das leis que criam ou modificam um crime ou a aplicação da pena. A "facilidade" ocorre na medida em que não se discute verdadeiramente o direito penal. Por outro lado, é mais difícil porque, quando se ultrapassa essa "zona de conforto" de comentários limitados aos textos legais é que se nota que o direito penal e o processo penal – os ramos do direito que tratam de listar as condutas proibidas, a aplicação das penas e o desenvolver do processo – não podem ficar à mercê de achismos e ideologias puramente revanchistas. Com isso não desejamos transmitir a ideia de que os crimes devem ser tolerados, mas que justamente porque há crimes e não os desejamos ter em nossa sociedade é fundamental que não nos apoiemos em soluções revanchistas.

Convidamos, então, o leitor a repensar o modo pelo qual conhece e procura conhecer os crimes, as penas e o processo penal porque os pensamentos costumeiramente externados por leigos e aproveitadores de plantão em geral esbarram nas mesmas falhas e sofismas. Referimo-nos aos posicionamentos de que para diminuir a criminalidade é preciso relativizar direitos e garantias estabelecidos de forma tão árdua na Constituição Federal de 1988, de que é preciso sempre alterar as leis e criar novos crimes, sempre com penas mais altas, entre outras "pérolas" como a sugestão de que a fórmula mágica para a redução dos crimes praticados por menores é a redução da maioridade penal.

É muito importante "pensar fora da caixa" e não se deixar levar por propostas de respostas simbólicas que só servem para explorar midiaticamente a dor e o medo das pessoas. Além disso, deve-se reconhecer que há leis que não afetam em nada o sistema e os índices de criminalidade, mas deve-se, também, reconhecer e compreender que isso ocorre muito menos porque as leis são ruins e muito mais porque o Estado não cumpre suas funções de maneira adequada.

Existem cerca de 1.700 crimes no Brasil, mas a imensa maioria das condenações e prisões se dá por uns cinco: roubo, furto, tráfico de drogas, posse ilegal de armas e homicídio. Ainda assim, muitos bradam que devemos ter mais leis e penas maiores. Pensam que isso resolve? Há séculos insiste-se nas mesmas reformas e projetos que fracassaram, mudando-se tanto que, no final, tudo permanece da mesma forma. É o que Foucault denominou reforma isomorfa[1] (isomorfismo reformista). Chega disso.

Exortamos o leitor, portanto, a que este texto sirva de reflexão para que paremos de agir na base dos achismos e dos clichês quando o assunto são os crimes. É preciso pensar estratégias não penais e para além de chavões e ideias preconcebidas para soluções do que nunca se deu conta de resolver.

Entendido o espírito de que se espera que o leitor esteja imbuído, é preciso considerar, ainda, que a sociedade não é a mesma de séculos atrás e que vivemos num país de dimensões continentais, onde há muitos abismos nas camadas sociais. Isso precisa ser contraposto com novos

1 Foucault, *Vigiar e punir:* nascimento da prisão, p.298.

delineamentos, afinal, a velha sociedade se modernizou e nos encontramos numa verdadeira "sociedade da informação". Esta tem como características principais as diferenciadas – e cada vez mais instantâneas – formas de comunicação, a criação e o armazenamento de imensas quantidades de materiais digitais e, ainda, a ausência de fronteiras.

Fica nítido, então, que com o avanço tecnológico a criminalidade também passou a ter uma nova dimensão no ordenamento jurídico, sobretudo em face das particularidades percebidas na transferência de dados e na utilização sempre crescente de aparelhos tecnológicos, que alteram em termos significativos nossas tarefas cotidianas.

Lembramos que há alguns anos, quando não havia aparelhos celulares, caso alguém se dirigisse a um compromisso e por qualquer motivo se atrasasse ou não pudesse comparecer, teria de procurar um telefone público ou alguém que lhe franqueasse a utilização da linha telefônica particular para que um aviso pudesse ser feito. Hoje em dia, no caso de impossibilidade de comparecimento presencial a uma reunião, ela pode ser substituída por conferências videotelefônicas, trocas de mensagens instantâneas, e-mails etc. A noção de tempo, sob essa ótica, alterou-se significativamente, já que vivemos on-line e a comunicação é quase sempre imediata, sendo praticamente inadmissível e injustificável a não comunicação.

Já que a sociedade é tão dinâmica, é natural que a criminalidade buscasse usufruir dessa característica e da constante adaptação das pessoas às novas tecnologias. Ocorre que a inclusão e a educação digital não acompanham esse dinamismo, fazendo que qualquer pessoa possa se tornar vítima ou mesmo autor de crimes digitais. Além disso, há novas práticas delitivas (novas maneiras de agir), com a tecnologia servindo como facilitadora da prática dos ilícitos. Por outro lado, tornou-se possível a prática de condutas contra a própria tecnologia (redes de computadores ou dados e sua transferência).

Também não se pode esquecer que tudo que envolve a tecnologia deixa rastros, sendo de suma importância a coleta e custódia de provas para a identificação e responsabilização dos autores de delitos. A legislação – brasileira e, em termos gerais, mundial – teve de se adaptar a essa nova realidade. Será que conseguimos?

## Sobre o desenvolvimento tecnológico e o surgimento da Internet

### *Alguns marcos importantes no desenvolvimento tecnológico*

Não se pode dizer que é algo novo a busca, pelo homem, do desenvolvimento de equipamentos que lhes sejam úteis nas tarefas do cotidiano.

Há cerca de 5 mil anos os egípcios e romanos utilizavam o ábaco para fazer cálculos. No século XVII surgia a primeira calculadora mecânica desenvolvida por Pascal e que permitia somas além de oito dígitos. Seu uso, no entanto, só se difundiu no século XIX, sendo que foi Charles Colmar quem conseguiu reunir todas as operações num único aparelho.

Babbage criou o antecessor do processador ao desenvolver a "Máquina Analítica", que era capaz de executar uma determinada sequência de operações organizando tabelas sem erros. A criação desse equipamento teve importante auxílio de sua esposa, Augusta Ada King, que é conhecida como a primeira programadora da história. A máquina funcionava a vapor e tinha seus ciclos de programas registrados em cartões perfurados, que, aliás, advieram a partir do tear criado pouco antes por Jacquard. Hollerith, por sua vez, aperfeiçoou a ideia de Jacquard e criou uma máquina para auxiliar no recenseamento norte-americano. Com essa invenção, a tarefa que levava dez anos passou a ser realizada em apenas seis semanas.

Apenas no século XX é que o primeiro computador foi inventado, na década de 1940, por John Von Neuman, que criou o Eletronic Discrete Variable Automatic Computer (EDVAC). Sua grande novidade era a memória única, que permitia que o computador parasse a qualquer momento e retomasse de onde havia parado, trazendo uma inquestionável versatilidade à programação, o que só foi possível em razão da existência de uma unidade central de processamento.

No entanto, o primeiro computador digital eletrônico foi o Eletronic Numerical Integrator and Calculator (ENIAC), projetado e construído a pedido do Exército norte-americano pela Universidade de Morre da Pensilvânia em meados da década de 1940. Pesando 30 toneladas, com aproximadamente 140 metros quadrados e cerca de 18 mil válvulas.

Uma monstruosidade em tamanho, se pensarmos nos equipamentos que temos na atualidade.

O primeiro computador digital automático, de produção em grande escala, foi o Mark I, desenvolvido pelo professor Howard Aiken da Universidade de Harvard. Essa máquina já era substancialmente menor que o ENIAC, tendo cerca de 17 metros de comprimento por 2,5 metros de altura, e pesava "apenas" 5 toneladas. Sua criação também decorreu de interesses militares, já que a Marinha norte-americana havia pedido à Universidade de Harvard que criasse um equipamento que pudesse calcular tabelas para navegação.

No entanto, essas máquinas ainda não eram acessíveis a qualquer pessoa, sendo que apenas com a invenção dos transistores os computadores passaram a ser comercializados. Mas os transistores já não são mais utilizados, dando lugar aos microprocessadores.

O início do processo de desenvolvimento se relaciona, portanto, com a Revolução Industrial, tendo ganhado força com a utilização da energia elétrica, que, aliás, permitiu o surgimento dos telégrafos e telefones.

O funcionamento dos telefones também decorreu da energia elétrica na medida em que seu funcionamento decorre da conversão dos sons em partículas elétricas que, ao chegar ao receptor, são novamente convertidas em som. Essa tecnologia também foi crucial para a evolução dos computadores até a "Era da internet".

### *O surgimento da internet*

A exemplo do ENIAC e do Mark I, a internet também surgiu a pedido dos militares. Na década de 1960, algumas universidades se uniram para criar a Advanced Research Projects Administration (Arpanet) com o propósito de prover funcionamento contínuo de seus computadores, que estavam interligados e não dispunham de um comando central. A ideia era que em caso de guerra não houvesse uma central de que todo o funcionamento da rede dependesse. Um claro retrato do medo causado pela Guerra Fria que assolava o mundo naquela época.

Apesar do crescimento da Arpanet, foi a implementação do TCP/IP, um conjunto de protocolos (Protocolo de Controle de Transmissão e Protocolo de Internet) que efetivamente possibilitou o surgimento da internet. É o TCP/IP que permite a comunicação de diversos computadores em grupo, atribuindo a cada um deles um número quando conectados à rede. Esse número, representado por números e pontos, é responsável pela identificação de cada uma das máquinas.

No Brasil, a internet também surgiu no meio acadêmico quando, na década de 1980, alguns pesquisadores se organizaram e passaram a interagir com o governo em busca da formação de uma rede que interligasse as universidades, o que demandaria conexão pelo protocolo TCP/IP.

Na prática, a internet só surgiu no país quando a Fundação de Pesquisas do Estado de São Paulo (Fapesp) e o Laboratório Nacional de Computação Científica (unidade de pesquisa do Ministério da Ciência, Tecnologia e Inovação localizada no Rio de Janeiro) se ligaram a instituições de pesquisa nos Estados Unidos. Em seguida, o governo criou a Rede Nacional de Pesquisa (RNP), que era ligada ao Conselho Nacional de Desenvolvimento Científico e Tecnológico (CNPq), com o intuito de disseminar o uso da internet para fins educacionais e sociais.

Foi assim que surgiu a "espinha dorsal" (*backbone*) da internet brasileira, isto é, a principal rede pela qual os dados de todos os clientes da internet passam. Estima-se que em 1995 havia cerca de quatrocentas instituições interligadas, com 60 mil usuários (ainda voltados ao meio acadêmico).

Em 1995, os Ministérios das Comunicações e da Ciência e Tecnologia pretenderam lançar uma rede global no país, o que demandou a expansão e reconfiguração da estrutura da Rede Nacional de Pesquisa. Só então o funcionamento da internet comercialmente considerado foi noticiado na mídia.

Note-se que o Brasil estava um tanto atrasado no desenvolvimento tecnológico porque, enquanto a internet surgia por aqui, alguns anos antes (precisamente em 1991), o Computer Science and Telecommunications Board (CSTB) dos Estados Unidos já apresentava um relatório nada otimista sobre a (cada vez maior) dependência tecnológica. O relatório mencionava que um ladrão poderia roubar mais com um computador que com uma arma de fogo e que um terrorista poderia causar mais estragos com um teclado que com uma bomba. Uma dura, mas realista análise.

É inegável, portanto, que o atual estágio tecnológico adveio em grande parte em razão da criação e desenvolvimento de tecnologias com finalidades militares (Eniac, Mark I, Arpanet).

Visto um breve relato do desenvolvimento tecnológico e da internet nos Estados Unidos e no Brasil, cabe-nos discorrer sobre os crimes.

## Entendendo os crimes digitais

Era esperado que a tecnologia viesse, em algum momento, servir a criminosos e que os ilícitos praticados com e contra equipamentos tecnológicos seriam cada vez mais frequentes, especialmente considerando a proliferação dos *tablets*, *smartphones* e com a Internet das Coisas (*Internet of Things*).

Assim, não é surpresa que os crimes digitais estejam nas diversas mídias, ganhando cada vez mais espaço. Apesar disso, é impressionante como as dúvidas mais frequentes dos leigos e de diversos profissionais costumam se repetir no tempo, talvez pelo fato de que no Brasil ainda sejam poucos os trabalhos técnicos de qualidade sobre o tema, havendo muitos aventureiros que pululam pela internet publicando absurdos ou obviedades sem qualquer profundidade.

Parece-nos que, como o tema tem gerado cada vez mais repercussão, muitos entendem que é necessário se manifestar sobre ele de alguma forma. Há até alguns profissionais com grande destaque no meio jurídico que deixam (muito) a desejar ao tratar do tema com superficialidade e de forma atécnica. Mas este texto não se destina a criticar essas práticas, cabendo-nos esclarecer, de forma didática, o que são os tais crimes digitais e como isso é tratado por nossas leis.

A dificuldade para esclarecê-los tem início na própria nomenclatura, já que são encontradas muitas expressões, tais como "crimes virtuais", "crimes eletrônicos", "crimes cibernéticos", "crimes de internet", "crimes de computador", "crimes por meio da informática", "crimes digitais", entre outros. Como toda ciência demanda coerência, nossa escolha foi pelo termo "crimes digitais" e, evidentemente, não foi feita a esmo. A expressão se justifica em razão do que se pretende referir: os dados que decorrem da eletrônica digital, sendo esta a responsável por converter os dados nos números "0" e "1", que formam o sistema binário, base para o armazenamento de dados, mais moderna e atualizada que a eletrônica analógica.

Assim, afastamos a nomenclatura referente à eletrônica pura e simples para designá-la "digital". As outras expressões podem facilmente ser descartadas por sua simples leitura e análise, já que os crimes não são necessariamente praticados pela internet (esta pode não ser utilizada para tanto) e nem sempre são praticados por computadores (cada vez mais outros dispositivos são usados). Finalmente, a "cibernética" é teoria referente a comunicação e controle com interação das pessoas e máquinas que foi desenvolvida pelo professor Norbert Weiner, matemático do Massachussets Institute of Technology (MIT). Mas a cibernética não se refere aos equipamentos tecnológicos conforme sua natureza (analógica ou digital) nem aos tipos/espécies de equipamentos. Preferimos, portanto, "crimes digitais".

Feitas considerações sobre a nomenclatura, alguns leitores devem estar questionando, então, o que efetivamente são esses crimes e se o Brasil tem legislação própria para combatê-los. Muitos estarão certos de que não há leis brasileiras suficientes. Para responder a esses questionamentos, pensemos nas seguintes situações:

a) Ameaçar de causar mal sério e grave a alguém, por e-mail, redes sociais ou qualquer comunicação digital (art. 147, Código Penal – ameaça);
b) Efetuar transferência de dinheiro pelo *netbanking* a partir de dados obtidos fraudulentamente de terceiros (art. 155, Código Penal – furto mediante fraude);
c) Falar em redes sociais que alguém deve se matar e/ou incentivar e/ou sugerir como se matar (art. 122, Código Penal – induzimento, instigação ou auxílio ao suicídio);
d) Falar em redes sociais que alguém cometeu um determinado crime, seja falsamente, seja sem ter provas de que isso ocorreu (art. 138, Código Penal – calúnia);

e) Ofender a dignidade de alguém xingando nas redes sociais (art. 140, Código Penal – injúria);
f) Clonagem e utilização de cartões de crédito/débito em compras na internet (art. 198 e 171, ambos do Código Penal – falsificação de cartão e estelionato);
g) Divulgação de vídeos/imagens de outras pessoas sem autorização e com o intuito de lhes prejudicar a reputação em razão de fato ofensivo (art. 139, Código Penal – difamação);
h) Publicar, prestar ou divulgar falsa afirmação sobre concorrente com o fim de obter vantagem; usar expressão ou sinal de propaganda alheios ou imitá-los para causar confusão entre produtos ou estabelecimentos (art. 195 e seus incisos da lei 9.279/96);
i) Passar-se por outra pessoa nas redes sociais ou criar um perfil de pessoa inexistente (arts. 299 e 307, Código Penal – falsidade ideológica e falsa identidade);
j) Incitar a prática de crimes com o uso das redes sociais (art. 286, Código Penal – incitação ao crime);
k) Enaltecer crime ou algum criminoso nas redes sociais (art. 287, Código Penal – apologia de crime ou criminoso);
l) Divulgar informação considerada confidencial (art. 153, Código Penal – divulgação de segredo);
m) Atos com conteúdo de pornografia infantil (arts. 241 e seguintes do Estatuto da Criança e do Adolescente);
n) Fazer, em público, propaganda de processos violentos ou ilegais para alteração da ordem política ou social; de discriminação racial, de luta pela violência entre as classes sociais, de perseguição religiosa (art. 22, lei 7.170/83);
o) Incitar, pelas redes sociais, à subversão da ordem política ou social; à animosidade entre as Forças Armadas ou entre estas e as classes sociais ou as instituições civis; à luta com violência entre as classes sociais (art. 23, lei 7.170/83).

Tudo isso parece moderno a ponto de as leis brasileiras não poderem punir tais condutas? Ledo engano! Todas as condutas acima narradas já podiam ser subsumidas a condutas ilícitas constantes do Código Penal e nas demais leis penais, conforme indicado anteriormente. Em outras palavras, já eram crimes constantes do ordenamento jurídico brasileiro, apesar dos meios tecnológicos empregados.

Para delinear com mais precisão o que são os crimes digitais, preferimos apresentá-los segundo uma classificação dicotômica, a qual entendemos ser útil para profissionais e leigos.

Assim, crimes digitais podem ser considerados todas as condutas previstas em lei, com penas criminais cominadas e cuja prática envolva equipamentos tecnológicos, seja porque a conduta é destinada a afetar sistemas informatizados e dados, seja porque o meio utilizado é tecnológico, embora o crime pudesse ser praticado de outra forma.

Portanto, podemos falar em:

a) Crimes digitais próprios ou puros, que são as condutas voltadas contra os sistemas informáticos e dados. São crimes de risco informático. Exemplos: o acesso não autorizado (*hacking*), a criação e disseminação de vírus e o embaraçamento ao funcionamento de sistemas;
b) Crimes digitais impróprios ou mistos, que são as condutas voltadas contra outros bens jurídicos (interesses protegidos pela lei) que não sejam tecnológicos. Exemplos: ofensas à honra, o armazenamento de imagens com conteúdo de pornografia infantil, o estelionato, a ameaça e até mesmo o homicídio.

Com tais esclarecimentos, esperamos ter desfeito um grande equívoco que até os presentes dias parece persistir: o de que no Brasil não há leis para punir os crimes tecnológicos. Não se duvida das dificuldades para a punição de alguns deles, mas isso nunca significou que o país estivesse refém da criação de leis específicas. Os problemas para a persecução penal e obtenção de condenações, conforme veremos, são outros e não dependem exclusivamente da existência das tipificações penais.

Precisamos, ainda, esclarecer que já havíamos defendido a criação de alguns crimes específicos, mas que fique registrado que nos referíamos ao surgimento das condutas praticadas com vistas a atingir sistemas e dados. Entendíamos, assim, a necessidade de criação de condutas que representassem os crimes digitais próprios porque, para as outras condutas, as leis existentes já eram aplicáveis. Em outras palavras, o Brasil já era apto a punir quase a totalidade dos crimes digitais cuja tecnologia se apresentava no meio empregado para sua prática. Para outras violações, era preciso a inovação legislativa.

Mas, então, por que sempre se ouviu dizer que não havia leis no Brasil que pudessem punir os crimes digitais?

Alguns motivos podem esclarecer essa situação:

a) Pelo desconhecimento técnico de quem fez a afirmação (neste ponto já mencionamos que até mesmo profissionais de renome insistiam nessa infelicidade);
b) Porque quem assim se posicionou o fez com ressalvas de que algumas condutas voltadas a prejudicar os sistemas e/ou dados ainda não eram criminalizadas no país (esses profissionais sempre foram muito poucos);
c) Porque quem assim se posicionou o fez com ressalvas de que para a punição de qualquer crime não basta a existência da lei prevendo-o, sendo fundamental que a investigação e o processo sejam bem instruídos com provas e indícios adequadamente obtidos e custodiados, que o processo transcorra sem muita demora para que não se opere a prescrição, que os fatos não ganhem contornos transnacionais para jurisdições onde o Brasil não pode aplicar sua lei, que as equipes policiais responsáveis pela investigação, juízes, promotores de justiça e advogados sejam tecnicamente aptos a compreender a dinâmica dos crimes digitais (nessa categoria há ainda menos profissionais enquadrados).

Resumindo: sim, o Brasil sempre teve leis que poderiam ser aplicadas para punir uma parte da criminalidade tecnológica. E, não, o fato de haver essas leis nunca garantiu que os mesmos fossem punidos.

É importante mencionar que muitas vezes as questões relativas aos crimes acabam se limitando, equivocadamente, à existência de um tipo penal que narre uma conduta reputada indevida e/ou que as penas sejam sempre muito altas. Veja-se que aqui retornamos a algo que foi dito um pouco atrás. Não é aceitável que as discussões sobre crimes se limitem à prática de um isomorfismo reformista ou das propostas mágicas, simplórias e, é claro, ineficientes e ineficazes. Não basta bradar aos quatro cantos pleiteando-se alterações nas leis para criar novos crimes ou aumentar suas penas se o sistema depende, em essência, de outras tantas variantes favoráveis, tais como (sem prejuízo de outros): a) a capacidade de se providenciar uma boa investigação policial, com a formação de provas e indícios de forma lícita e com a devido respaldo técnico; b) a capacidade do Judiciário (na verdade de todo o sistema jurídico) de promover rápidas respostas aos ilícitos que lhe é apresentado, promovendo processos com razoável celeridade; c) a capacidade técnica dos promotores, juízes e advogados de compreenderem o funcionamento básico da tecnologia (para não se aventurem em demandas cujo insucesso é sabido, o que se aplica especialmente aos advogados).

Com isso, vimos aspectos jurídicos práticos relativos a esse tipo de criminalidade. Veremos agora alguns casos de repercussão que reputamos importantes para a contextualização, até avançarmos para o surgimento de uma lei específica para crimes digitais.

### *Qualquer um pode ser um criminoso digital?*

Para responder a essa questão, remetemos o leitor à classificação dicotômica já mencionada, dos crimes digitais próprios e impróprios.

Nessa perspectiva, as violações de sistemas e bancos de dados geralmente são atribuídas aos *hackers*. Mas, ao falar deles é preciso esclarecer que a cultura *hacker* iniciou-se entre os anos 1960 e 1970 como uma manifestação cultural para a exploração do desconhecido. Assim, muitas subculturas se desenvolveram em diversas universidades como as de Stanford, MIT, CalTech, Carnegie Mellon, UC Berkeley, entre outras. Todavia, foi com a conclusão da já mencionada Arpanet que houve a efetiva interligação das universidades, de modo que daí surgiu o cenário ideal para o desenvolvimento da cultura *hacker*.

Mas quem são os *hackers*? Essa expressão é genérica para designar pessoas que cometem ilícitos no âmbito digital, termo que adveio do inglês *to hack*, que significa "fuçar", "bisbilhotar", e foi no início empregado para identificar os estudantes do MIT que passavam as noites em claro averiguando os sistemas computacionais e suas falhas. Segundo o site Interesting Hacks To Fascinate People: The MIT Gallery of Hacks[2] (uma galeria de feitos *hackers*), o termo apareceu pela primeira vez num jornal da universidade, em 20 de novembro de 1963. Esse mesmo site é bastante claro em afirmar que não se deve usar a nomenclatura para designar criminosos.

Veja-se, portanto, que o termo *hacker* no início não se destinava a definir criminosos, mas curiosos estudantes das ciências da computação. Coube à mídia em geral a disseminação dessa expressão, com a conotação pejorativa que, apesar de contestada, segue mundialmente conhecida e amplamente utilizada.

Feitos esses esclarecimentos, ressaltamos que há diversas nomenclaturas para definir "variações" de *hackers* conforme suas atuações. Há os chamados *crackers*, que seriam os verdadeiros criminosos responsáveis por "quebrar" os sistemas, invadindo-os; também se fala nos White/Black Hats, que nada mais são que outras formas de se referir aos "bons" e "maus" *hackers* (em tradução livre, "chapéu branco" e "chapéu preto"), expressões em alusão aos antigos filmes de caubói (*western*), onde os heróis trajavam os chapéus brancos e os vilões, os chapéus pretos; fala-se, ainda, nos *carders*, que seriam os responsáveis por criar, adquirir, vender e trocar os dados relativos aos cartões de crédito; igualmente se fala nos *phreakers* (de *phone* + *freak* – aberração), que foi inicialmente utilizado para as pessoas que utilizavam engenharia reversa do sistema telefônico de tons para rotear chamadas de longa distância, o que lhes permitia fazer chamadas gratuitas; fala-se, também, nos *spammers*, que são os responsáveis pelo envio massivo de mensagens não solicitadas (que podem veicular vírus, inclusive); também se fala nos *defacers*, os responsáveis pelas "pichações" de páginas na internet.

2 Disponível em: <http://hacks.mit.edu/Hacks/>. Acesso em: 29 fev. 2016.

É claro que há várias outras denominações, sendo possível que surjam até outras em face da evolução tecnológica e das mentes criminosas. Por outro lado, a prática dos crimes digitais impróprios (crimes contra a honra, crimes relacionados com pornografia infantil etc.) podem ser praticados muito facilmente por qualquer pessoa, não dependendo de que estas tenham conhecimentos específicos de programação.

## Casos célebres de crimes digitais

### *Os casos Ashley Madison, Nomes Brasil, Tudo Sobre Todos e Cartório Virtual: dados pessoais divulgados por toda a internet*

Uma questão fundamental decorrente do uso cada vez mais constante das tecnologias diz respeito aos dados pessoais. Isso porque o país não tem, ainda, uma lei específica que regulamente a proteção a eles, sendo certo que muitos aplicativos como os do Facebook, Google, Waze, WhatsApp (apenas para citar alguns dos mais conhecidos, mas praticamente tudo que envolve tecnologia demanda a obtenção de dados) façam constantes coletas de dados e os analisem sob a ótica do *big data* para oferecer serviços mais específicos e conhecer profundamente seus clientes.

No cenário internacional é bastante comum encontrar notícias sobre vazamentos de dados de grandes empresas.

Pois bem.

Em agosto de 2015, um grupo *hacker* divulgou que obteve todo o banco de dados do site Ashley Madison (destinado a encontros de pessoas casadas), incluindo registros financeiros dos usuários. Eram cerca de 37 milhões de cadastros, sendo uns 3 milhões de brasileiros. O grupo ameaçava divulgar os dados caso o site não fosse encerrado e, como não foi, foram vazados. A obtenção dos dados do site e ameaça de vazamento poderiam ser puníveis no Brasil como invasão de dispositivo informático (art. 154-A, Código Penal) e como extorsão (art. 158, Código Penal).

Não se pode dizer que vazamentos de dados como esse são surpreendentes porque já houve outros grandes casos pelo mundo. Não só pela confidencialidade dos dados, mas também pela quantidade de cadastros

Figura 15.1
Em agosto de 2015, Um grupo hacker vazou o banco de dados do site Ashley Madison, destinado a encontros entre pessoas casadas
**Fonte:** reprodução

obtidos, esse ataque pode ser paradigmático. O tempo dirá. Fato é que não se identificou exatamente como a obtenção dos dados ocorreu.

Nesse contexto (de divulgação de dados pessoais), em maio de 2015 houve enorme repercussão com o surgimento de páginas da internet que divulgavam dados dos internautas como o CPF, endereço, CEP e até mesmo nomes de possíveis vizinhos. Foram objeto de grande preocupação e discussões sobre a legalidade dos serviços prestados principalmente pelos sites www.nomesbrasil.com, www.tudosobretodos.se e www.cartoriovirtual.org. De utilização bastante fácil, bastava digitar um nome e verificar as informações contidas na base de dados on-line quase imediatamente (algumas consultas eram cobradas). Por essa razão a indignação pública foi amplamente divulgada pelas mídias.

O site www.nomesbrasil.com acabou sendo indisponibilizado pelos provedores de hospedagem depois de terem sido notificados pelo Ministério da Justiça, precisamente pela Secretaria Nacional do Consumidor do Ministério da Justiça (Senacon). Mas isso só foi possível porque os provedores tinham representação aqui no país, de modo que, se fossem provedores situados em outros países, seria praticamente impossível obter essa providência. A notificação considerou indevida a veiculação dos dados pessoais sem autorização pelos titulares, com fundamento no Código de Defesa do Consumidor (Lei n.8.078/90) e, também, no Marco Civil da Internet (Lei n.12.965/14). No entanto, apesar da gravidade do fato não haveria, na conduta de divulgar os dados, necessariamente um crime.

Pelo que se soube, as informações divulgadas pelos sites www.nomesbrasil.com e www.tudosobretodos.se não advinham da quebra do sigilo de comunicações, mas de acesso (não autorizado?) a determinados bancos de dados. Não sendo dados obtidos a partir de violações de correspondência, comunicações telefônicas, não haveria que se falar em crime, o que não retira a ilicitude da conduta porque, como vimos, violava leis civis. Note-se, no entanto, que a solução para a cessação daquelas divulgações se deu sem a utilização do Direito Penal, apesar de que, em tese, seria possível falar de crime na obtenção indevida mediante acesso não autorizado ou por vírus computacional. Nesse caso, os crimes seriam estes e não a divulgação em si.

Quanto ao site www.cartoriovirtual.org há um detalhe fundamental que o diferenciava dos demais, porque eram oferecidos as contas detalhadas de ligações telefônicas e o conteúdo de conversas havidas no WhatsApp. Evidentemente isso só poderia ser obtido de forma ilícita. No caso de acesso a conversas do WhastsApp, a depender de como foram obtidas, podem configurar o crime previsto no art. 10 da Lei n.9.296/96 (interceptação telefônica/telemática não autorizada).

É importante ressaltar, no entanto, que o mais correto para fins de responsabilização sobre os casos citados seria considerar todo o processo de obtenção, compilação e divulgação dos dados, o que poderia, assim, mudar a atribuição da conduta ilícita para outros tipos penais. Analisar todo esse contexto é importante porque tudo tem início com a formação do banco de dados, que pode ocorrer de formas lícitas ou ilícitas, nesse caso envolvendo o repasse (amplamente considerado) de bancos de dados privados e públicos. Isso pode significar a prática de outros ilícitos relacionados com quaisquer áreas do direito (penal, civil, administrativo, trabalhista etc.).

### *Nudes, sexting e revenge porn: a divulgação de fotos e vídeos íntimos na internet*

Sexting nada mais é que um neologismo da contração de *sex* (sexo) + *texting* (envio de mensagens de texto), significando "sexo por mensagens", prática bastante comum nos dias atuais, atingindo não apenas os mais jovens, mas especialmente eles. A prática também é conhecida como *nude selfie* e é comum ver a expressão "manda *nudes*" por toda a internet.

Ressalte-se que a produção e divulgação de imagens e vídeos com conteúdo sexual adulto, de forma consentida, por si só não configura crime. O grande problema é a perda do controle sobre o conteúdo disponibilizado na internet que, além de tudo, se dissemina muito rápido, podendo chegar às camadas mais profundas da internet, dificultando absurdamente sua remoção e – pior – perpetuando o constrangimento e o tormento para as vítimas do ato.

É exatamente nesse contexto que temos nos deparado, cada vez mais, com a deletéria prática da *revenge porn* ou pornografia da vingança, que é a distribuição pela internet de imagens e/ou vídeos de conteúdo sexual explícito ou com nudez sem consentimento da parte exposta e com o nítido intuito de causar humilhação e vergonha. Empiricamente pode-se afirmar que a grande maioria das vítimas é mulher e os agressores, quase sempre, são pessoas com as quais a vítima manteve algum relacionamento afetivo/sexual, ainda que por pouco tempo.

A prática da pornografia da vingança, no Brasil, pode ser tipificada como difamação ou injúria (arts. 139 e 140 do Código Penal), a depender da conduta. No caso de a vítima ser menor de idade, aplica-se, ainda, o Estatuto da Criança e do Adolescente (ECA), que criminaliza uma série de condutas, dentre as quais as de

> [...] oferecer, trocar, disponibilizar, transmitir, distribuir, publicar ou divulgar por qualquer meio, inclusive por meio de sistema de informática ou telemático, fotografia, vídeo ou outro registro que contenha cena de sexo explícito ou pornográfica envolvendo criança ou adolescente (art. 241-A)

e "adquirir, possuir ou armazenar, por qualquer meio, fotografia, vídeo ou outra forma de registro que contenha cena de sexo explícito ou pornográfica envolvendo criança ou adolescente" (art. 241-B).

Há ainda outros textos normativos, como a Constituição Federal, o Código Civil e a Lei n.11.340/06 ("Maria da Penha"), que poderiam ser aplicados nos casos de pornografia da vingança. No entanto, lamentavelmente, a existência das normas não impede essas condutas desumanas. Nesse ponto, o leitor deveria compreender que não são as leis escritas que impedem a prática dos crimes, já que a divulgação do material é sempre muito rápida, com centenas ou milhares de pessoas repassando os vídeos/imagens. Não há, portanto, como garantir que apenas o destinatário das imagens ou vídeos será o único a ter acesso ao seu conteúdo porque, ainda que não se trate de um caso específico de pornografia da vingança, o equipamento em que se encontram as mídias pode ser objeto de crime, tais como furto ou roubo, ou, ainda, de invasão a sistema para a obtenção dos arquivos.

O *sexting* e a pornografia da vingança, no entanto, são fenômenos mundiais, não sendo exclusividade brasileira.

Quando se fala em vazamento de fotos e vídeos íntimos é difícil precisar qual foi o primeiro e qual foi o mais escandaloso. Fato é que essa prática tem se tornado cada vez mais comum. Começamos citando o vídeo gravado em 2001 (mas que foi divulgado apenas em 2004) da socialite Paris Hilton mantendo relação sexual com Rick Salomon, seu então namorado. O vídeo foi divulgado pelo próprio namorado pouco antes da estreia de uma série estrelada por Paris e ganhou bastante repercussão. Como Paris declarou que não tinha autorizado a divulgação e sequer sabia o que estava fazendo no vídeo, foi processada e contra-atacou o ex-namorado com outro processo. Nesse caso não se falou de acesso não autorizado a um sistema para a obtenção de vídeo íntimo, porque ficou claro que a gravação foi feita no próprio equipamento de Rick Salomon. Fosse no Brasil essa prática, poderíamos falar no crime de difamação (a imputação de fato ofensivo à reputação de alguém).

Mas esse episódio, evidentemente, está longe de ser o único. No entanto, é inviável comentar todos ou mesmo a maioria. Vamos nos ater a outro, com contornos um pouco distintos.

Em 31 de agosto e na primeira semana de setembro de 2014, a internet foi tomada por comentários sobre a divulgação de diversas fotos com nudez de diversas celebridades. Foram vítimas do vazamento as atrizes Scarlett Johansson, Vanessa Hudgens, Rihanna, Jennifer Lawrence, Johnny Depp, entre outros. Inicialmente atribuiu-se o escândalo a uma falha do iCloud que teria sido explorada por um *hacker* mediante a técnica de "força bruta", uma espécie de acesso não autorizado a sistemas informáticos consistente na repetição de testes com palavras e frases comuns para adivinhar a senha de uma conta de e-mail já sabida. Normalmente as repetidas tentativas levam ao bloqueio dos serviços como medida de segurança, mas, nesse caso, especulou-se que haveria uma falha no "Buscar iPhone" que teria permitido a repetição nas tentativas sem o bloqueio de segurança.

No Brasil, os casos de maior repercussão também se relacionam a famosos (Murilo Rosa em março de 2013 e Stenio Garcia em setembro de 2015), embora os casos de não famosos também tenham sido horrorosos, inclusive com suicídios decorrentes da vergonha em ser exposto a toda a internet. O mais emblemático para fins de história dos crimes digitais, no entanto, é o caso Carolina Dieckmann, abaixo comentado.

### *O caso Carolina Dieckmann e o surgimento de leis específicas para os crimes digitais*

Em quatro de maio de 2012, diversos locais na internet disponibilizavam fotos da atriz Carolina Dieckmann nua. As fotos vazadas foram utilizadas para extorqui-la, já que a atriz recebeu contatos telefônicos nos quais foi chantageada para que pagasse a quantia de 10 mil reais em troca da não divulgação de 36 fotos.

A atriz já sabia da possibilidade da publicação das fotos porque, cerca de vinte dias antes dos fatos, já haviam lhe contatado exigindo o pagamento. Inicialmente houve uma certa desconfiança de que as fotos poderiam ter sido copiadas indevidamente quando seu notebook foi deixado para conserto, cerca de dois meses antes da divulgação. No entanto, técnicos e responsáveis pela loja onde foi feito o reparo foram ouvidos e tudo indicava que não eram eles os responsáveis pela extorsão

Figura 15.2
A atriz Carolina Dieckmann, acompanhada do marido Tiago Worcman, deixa à Delegacia de Repressão aos Crimes de Informática (DRCI),após prestar depoimento e registrar ocorrência sobre o vazamento de fotos íntimas

**Foto:** Paulo Nicolella (Agência O Globo)

e divulgação. Como toda atividade feita em ambiente tecnológico, era de se esperar que os autores do ilícito pudessem ser rastreados, já que a tecnologia favorece em muito o rastreamento.

No mesmo dia em que a atriz prestou depoimento na delegacia foram iniciadas as investigações, o que é bastante incomum (porque a polícia normalmente não tem estrutura para providenciar tão rápidamente investigações como esta), ainda que em delegacia especializada. Tudo leva a crer que o envolvimento de uma famosa atriz serviu como ânimo para que as coisas andassem muito mais rápido que o normal. Note-se que a atriz foi até a polícia no dia 7 de maio de 2012 e a polícia providenciou diligência na residência de suspeitos no dia 13 daquele mesmo mês. Um feito de agilidade raríssima em investigações assim (é lastimável que seres mortais não consigam atendimento ultrarrápido como este).

Um grupo especializado de policiais civis usou programas de contraespionagem para chegar ao grupo responsável pelo vazamento das fotos. Foi então que os agentes descobriram que Carolina Dieckmann tinha sido, na verdade, vítima de *hackers* que invadiram a caixa de e-mails da atriz após a mesma ter instalado um vírus em seu computador. Foi com a identificação dos delinquentes que se encerrou o caso.

Mas o que isso tem a ver com a legislação de crimes digitais?

Havia, em nosso Congresso, projetos de leis que pretendiam criar alguns crimes digitais, como por exemplo, o PL n.1.075/95. Todavia, o projeto que ganhou maior repercussão foi o PL n.84/99 que inicialmente continha apenas seis artigos, mas foi alvo de diversas emendas e substitutivos. Essas modificações passaram a tratar não só dos crimes digitais, mas de questões correlatas, como a guarda dos dados de acesso dos usuários pelos provedores (de acesso e de serviço). Por fazer tal previsão, o projeto foi intitulado "AI-5 Digital", em alusão ao Decreto proferido pelo regime militar brasileiro nos anos seguintes ao golpe militar de 1964, instrumento este que deu ao regime poderes absolutos e cuja primeira consequência foi o fechamento do Congresso Nacional.

Diante da grande dificuldade em superar as previsões polêmicas, em novembro de 2011 adveio nova proposta, do PL n.2.793, que se tornou, então, a alternativa mais viável à criação de novos crimes digitais.

Tal contexto, aliado ao fato de que alguns meses depois veio à tona o caso envolvendo a Carolina Dieckmann, fez que o Legislativo imprimisse velocidade excepcional no trâmite do projeto n.2.793/11 e também no n.84/99, que foram, finalmente, aprovados em novembro de 2012 e sancionados no dia 30 daquele mesmo mês, tornando-se, assim, as leis n.12.737 e n.12.735.

Foi assim que o caso Carolina Dieckmann se mostrou crucial para o trâmite e aprovação dessas leis. Aliás, as leis n.12.735 e n.12.737 foram apelidadas de "Lei Azeredo" e "Lei Carolina Dieckmann", respectivamente.

### *Um panorama das leis n.12.735 e n.12.737*

A "Lei Azeredo" – Lei n.12.735/12 –, como projeto, acabou sendo esvaziada e aprovada com apenas quatro artigos, dos quais dois foram vetados. Dessa forma, pouquíssimo acrescentou de substancial ao ordenamento jurídico.

A lei previu apenas que os órgãos da polícia judiciária (civil) sejam devidamente estruturados para a persecução penal dos crimes digitais. Também previu que devem ser interrompidas as transmissões radiofônicas, televisivas ou eletrônicas de práticas que envolvam a indução ou incitação de discriminação ou preconceito praticados por intermédio dos meios de comunicação social ou publicação de qualquer natureza. E só.

Mencionada lei não trouxe, de fato, nada de relevante. Isso porque, em primeiro lugar, o Brasil é pródigo em produzir leis programáticas (que apenas indicam o caminho que os órgãos e agentes públicos devem seguir) que jamais acabam sendo concretizadas. Determinar que as polícias devem ser estruturadas para investigar os crimes digitais não muda nada enquanto os governos estaduais tomarem as devidas iniciativas de custeá-las.

Por outro lado, a lei em comento também não precisava determinar a cessação das transmissões que envolvessem a indução ou incitação de discriminação ou preconceito. Isso porque já havia normas vigentes nesse sentido.

Uma lástima, portanto, verificar que se tratou de projeto proposto em 1999, aprovado e tornado lei apenas em 2012 e que, praticamente, não inovou em nosso sistema jurídico.

Já a Lei n.12.737 (também conhecida como "Lei Dieckmann") efetivamente dispôs sobre crimes digitais. Todavia, suas disposições não se relacionam com o crime praticado contra a atriz, que foi extorquida a pagar valores em troca da não divulgação das fotos (extorsão, art. 158, Código Penal). Além disso, o sistema jurídico não permite que as leis retroajam para prejudicar acusados/réus, de forma que a mesma jamais poderia ser aplicada para condenar os agentes que instalaram vírus em sua máquina.

A lei, basicamente, promoveu a inserção do artigo 154-A no Código Penal, criando o tipo penal de "invasão de dispositivo informático", nos seguintes termos:

> Invasão de dispositivo informático
>
> Art. 154-A. Invadir dispositivo informático alheio, conectado ou não à rede de computadores, mediante violação indevida de mecanismo de segurança e com o fim de obter, adulterar ou destruir dados ou informações sem autorização expressa ou tácita do titular do dispositivo ou instalar vulnerabilidades para obter vantagem ilícita:
>
> Pena – detenção, de 3 (três) meses a 1 (um) ano, e multa.

Ocorre que a previsão acima é de dificílima imputação a qualquer criminoso porque sua redação é péssima, com diversas condicionantes e, ainda, com a previsão de pena ridícula, já que esse patamar autoriza a aplicação de diversos benefícios penais que impedem que o autor do crime fique, de fato, aprisionado.

Sobre as condicionantes mencionadas, veja-se que é preciso superar um mecanismo de segurança (se o equipamento não tiver, não se aplica essa norma), com a finalidade específica de obter, adulterar ou destruir dados (a invasão pura e simples para "bisbilhotar" não está incluída aqui). Isso dificulta muito a aplicação desse crime. Além disso, mesmo a parte que menciona "ou instalar vulnerabilidades para obter vantagem ilícita" se mostra praticamente irrelevante, porque quem obtém dados e exige de alguém uma vantagem patrimonial para que não faça uso deles comete o crime de extorsão já mencionado.

Nesse ponto é preciso entender que nossas leis determinam que os crimes "meio" são absorvidos pelos crimes "fim". Então a obtenção dos dados para que haja uma extorsão em seguida não será punida por si só, mas incidirá a extorsão. Claro que há casuísmos que podem modificar essa lógica, mas basicamente, considerando a realidade fática dos crimes digitais, é essa a dinâmica.

Por sua vez, o §1º do art. 154-A incrimina quem "produz, oferece, distribui, vende ou difunde dispositivo ou programa de computador com o intuito de permitir a prática da conduta definida no *caput*". Pretendeu aqui o legislador punir a conduta de quem instala vírus computacionais em dispositivos informáticos para, clandestinamente, obter informações e dados que lhes possa trazer uma vantagem ilícita. É o caso dos famigerados *trojans* e *keyloggers*, quase sempre instalados para obter senhas de banco dos usuários.

Os §§2º, 3º, 4º e 5º trazem causas de aumento de penas para algumas situações que resultem: a) na obtenção de informações sensíveis (mas não as define) ou segredos industriais; b) na divulgação, comercialização ou transmissão a terceiro dos dados obtidos; c) no atingimento de autoridades públicas.

A Lei n.12.737/12 pretendeu, ainda, incriminar o embaraçamento de sistemas alterando o art. 266 do Código Penal para incluir a perturbação de sistema informático, telemático ou de informação de utilidade pública (estão excluídas as condutas voltadas às redes particulares que em nada se relacionem com utilidade pública). Tais embaraçamentos geralmente são causados por ataques *Denial of Service* (denegação de serviço), onde muitas máquinas mandam sinais de tentativa de conexão com outra, fazendo-a colapsar em razão da imensidão de contatos tentados. Portanto, os sistemas computacionais saem do ar e podem ficar assim por muito tempo.

Por fim, a Lei n.12.737 previu uma alteração nos crimes de falso, precisamente no art. 298 (falsificação de documento particular), quando equiparou a falsificação de cartão de crédito ou débito à falsificação de documento particular. Mas, aqui, retomamos algo dito antes sobre a absorção de crime "meio" pelo crime "fim". É que normalmente quem falsifica algo o faz para utilizar e não para deixar guardado em algum lugar. Então se alguém falsifica ou clona cartões para os utilizar e fazer compras, na verdade está praticando crime de estelionato (art. 171, Código Penal), entendimento consolidado pelo Superior Tribunal de Justiça (Súmula n.17). Não obstante, caso o agente venha, agora, apenas a falsificar os cartões, sem a eles pessoalmente conferir algum uso, será punido pelo crime autônomo.

## Breves considerações a título de encerramento

A dinâmica do desenvolvimento tecnológico é bastante rápida, transformando nossas vidas sem que possamos compreender exatamente o alcance disso. Assim, nossas relações sociais, de trabalho, de estudo ganham praticidade e constância.

Ocorre que a tecnologia não é perfeita e, principalmente, não somos perfeitos, de modo que há brechas técnicas e legais para impedir a criminalidade digital. Um rápido exemplo diz respeito à transnacionalidade dos crimes digitais, que demanda urgente reflexão e ações da maioria possível dos países para que haja mínimas possibilidades de repressão a ilícitos praticados a partir de outros países. Hoje isso ainda não é uma realidade.

Por outro lado, e evidentemente, não se espera que a cada descoberta tecnológica que pode servir ao crime sejam feitos ajustes nos sistemas jurídicos. É impossível imprimir esse ritmo. Mas isso não significa que nossa legislação esteja alheia a muitas práticas ilícitas, o que também não significa que estejamos prontos para lidar de forma adequada com todos os problemas relacionados a ilícitos tecnológicos. Afinal, vimos que muitas das dificuldades passam por questões ainda mais básicas que a existência de leis, como a adequada estrutura das polícias para a investigação. Com exceção relativa da Polícia Federal (mantida com verbas da União), as polícias civis (mantida com verbas dos Estados) não têm condições técnicas e humanas para a adequada investigação desses ilícitos. Como essa questão também é de difícil solução, é fundamental que se promova a expansão e o aprimoramento da educação digital, seja por órgãos públicos, seja por particulares, por meio de estudos e cursos sobre aspectos legais e éticos da informática, com vistas à redução de riscos e prevenção de danos.

Por fim, exortamos o leitor à reflexão para que não aceitemos achismos e clichês sobre o combate não só aos crimes em geral, mas também os digitais. Que pensemos mais "fora da caixa" e não nos deixemos levar por discursos populistas, midiáticos e simplórios como a (sempre presente) ideia que precisamos de mais leis e com penas mais graves.

Como vimos, o combate aos crimes digitais vai muito além de legislação. Lamentavelmente o Brasil passa por momentos de discursos cada vez mais rasos, buscando apenas a adesão da grande massa popular, sem a preocupação de efetivamente mudar a realidade. Chega disso. Que rumemos a tempos menos tenebrosos.

E você? O que acha da história dos crimes digitais no Brasil?

# 16

## Fronteiras em mutação: um novo paradigma na sociologia das prisões?[1]

*Sérgio Adorno*
*Camila Nunes Dias*

### Introdução

O sistema prisional do estado de São Paulo tem atualmente mais de 200 mil presos sob custódia, um terço da população carcerária brasileira. A fim de combater o crescimento do crime, o governo estadual vem fazendo investimentos para expansão da capacidade da rede prisional e modernização do equipamento de vigilância. No entanto, sérios problemas de controle social e respeito pelos direitos do preso permanecem intocados e se agravam: superpopulação carcerária, infraestrutura prisional inadequada, falta de serviços para educação e profissionalização dos presos e para assistência social e jurídica. Paradoxalmente,

---

1 Em versões preliminares, este texto foi apresentado no Research Committee 29 *Deviance and Social Control*, Second ISA Forum of Sociology. Social Justice and Democratization. August 1-4, 2012. Buenos Aires, Argentina; e no 37º Encontro Annual da Associação Nacional de Pós-Graduação e Pesquisa em Ciências Sociais – Anpocs, no GT 28 – Violência, Criminalidade e Punição. São Paulo, Águas de Lindoia, 23-27 set. 2013.

tais políticas – ou sua ausência – contribuíram para o surgimento do Primeiro Comando da Capital (PCC), grupo que, em menos de uma década, articulou o mundo interior das prisões com redes externas de apoio, localizadas em bairros populares.[2] Foi essa intensa comunicação entre o interior e o exterior das prisões que possibilitou a ocorrência dos ataques de maio de 2006, que paralisaram a cidade de São Paulo e resultaram em 436 mortes.[3]

Esse evento explicitou a série de mudanças ocorridas no sistema prisional paulista nas últimas duas décadas que afetam suas características estruturais e sua dinâmica interna, em termos do lugar e do papel da prisão na sociedade brasileira contemporânea. Alterações no perfil da população carcerária, o uso de telefones celulares, desenvolvimento da economia urbana nos arredores das prisões, relações entre presos, familiares e vizinhança nos locais de moradia e fortalecimento das redes criminais dentro e fora do espaço prisional são elementos constitutivos dessa profunda reconfiguração do lugar da prisão e de sua articulação com processos e dinâmicas sociais e políticas mais amplas. Tais processos sociais não encontram barreiras significativas nos muros de concreto da prisão. Uma nova dinâmica, constituída em torno de redes e intensos fluxos de pessoas, mercadorias e serviços, rompeu com a tradicional dicotomia entre o interior e o exterior das prisões.

O objetivo deste capítulo é evidenciar tanto a expansão quanto a maior intensidade da articulação entre o mundo interno das prisões e a sociedade mais ampla, a fim de identificar novas questões que surgem para discussão no campo da sociologia das prisões. Esse propósito possibilita repensar hipóteses desenhadas em estudos clássicos, nesse campo da sociologia especializada, que sugerem a existência de uma ruptura

---

2 Para uma interpretação sobre o processo de criação e de expansão do PCC, veja Dias, *PCC:* hegemonia nas prisões e monopólio da violência; e informações sobre o grupo podem ser encontradas em Jozino, *Casadas com o crime*; Souza, *O sindicato do crime*: PCC e outros grupos; e Souza, *PCC:* A facção.

3 Sobre esse episódio, que ficou conhecido como "Ataques de maio de 2006", veja Adorno; Salla, Criminalidade organizada nas prisões e os ataques do PCC, *Estudos* Avançados; Caros Amigos, *PCC*.

Figura 16.1
Rebelião no Centro de Detenção Provisória (CDP) de Campinas (SP), em maio de 2006.
**Foto:** Denny Cesare / Futura Press

entre esses dois universos sociais, com maior ou menor grau de permeabilidade entre eles. Tais pressupostos, que caracterizam a prisão como um universo social *sui generis*, podem ser sintetizados nos conceitos-chave de três clássicos dos estudos prisionais: o conceito de *cultura prisional* de Donald Clemmer,[4] *sociedade dos cativos* de Gresham Sykes[5] e *instituição total* de Erving Goffman.[6]

## O pressuposto da ruptura entre sociedade e o universo social da prisão na literatura clássica

A sociologia das prisões, durante muito tempo, teve como base de suas reflexões teóricas e empíricas o pressuposto de uma clara e específica delimitação social e cultural entre a sociedade mais ampla e o universo prisional. Embora o contato e a penetração entre os dois universos sociais sejam admitidos em maior ou menor grau, essas análises estiveram fortemente ancoradas na ideia de que a prisão se constitui como um lócus espacial, social e cultural passível de ser claramente delimitado a partir

4 Clemmer, *The prison comunity*.
5 Sykes, *The society of captives*: A study of a maximum security prison.
6 Goffman, *Manicômios, prisões e conventos*.

da estrutura física da instituição. Dentro desse campo de estudos, os três autores mencionados destacam-se pela originalidade e influência de suas obras para muito além da tradição norte-americana, com forte impacto nos estudos sobre as prisões brasileiras. Por isso, tomaremos os conceitos centrais das análises de cada um deles como base para a discussão do que chamaremos aqui de *paradigma clássico* da sociologia das prisões.

Em *The prison community*, Donald Clemmer parte do conceito de *cultura prisional* para descrever e analisar a prisão como uma comunidade societal única, marcada por específicas normas de conduta, formas de comunicação e padrões de estratificação social que conformam não apenas a relação dos presos entre si, mas também com seus familiares e os guardas da prisão. Clemmer aponta a existência de uma forma de sociabilidade cujos valores, normas e princípios são opostos àqueles vigentes na sociedade mais ampla, de forma que a assimilação desses traços culturais tem como contrapartida a diminuição da capacidade de adaptação à sociedade livre. O autor utiliza o termo *prisionização* para designar a assimilação – em grau maior ou menor – da cultura prisional: adaptação à vida na prisão e incapacitação para a vida na sociedade.

A relação entre a sociedade mais ampla e a comunidade prisional figura como pressuposto da análise em termos da penetração dos valores de uma na outra. Primeiro, porque a comunidade prisional é uma "sociedade" dentro de outra, mais ampla; e, segundo, à medida que os "habitantes" da comunidade *sui generis* provêm da sociedade maior trazem consigo seus valores e suas afiliações, suas ideias e trajetória de vida até a entrada na prisão. Esses fatores terão influência decisiva sobre o grau de assimilação da cultura prisional e, ao lado de outros elementos, como a duração da pena privativa de liberdade, serão determinantes do grau de *prisionização* do indivíduo.

Apesar do vínculo intrínseco, a ruptura entre esses dois universos sociais é o núcleo da argumentação de Clemmer, como pode ser percebido seja por meio da ideia de cultura prisional como um conjunto de elementos específicos dessa comunidade, seja por meio do conceito de *prisionização* para designar adaptação à vida na comunidade prisional, cuja contrapartida é a inadaptação do indivíduo à sociedade mais ampla.

Em outras palavras, não há a noção de continuidade ou contiguidade entre a sociedade e a comunidade prisional. Trata-se de esferas sociais e culturais com dinâmicas independentes, cujos processos sociais fluem de forma absolutamente desarticulada, seguindo normas, valores, códigos e leis que pouco têm em comum entre si.

Assim como Clemmer, Gresham Sykes[7] utiliza a expressão *sociedade dos cativos* para se referir a uma entidade coletiva com características específicas que permitem sua delimitação em relação à sociedade mais ampla. No entanto, em vez de apontar os elementos específicos que conformam essa cultura particular, ele faz uma análise da prisão como um *sistema social* que emerge a partir das interações entre presos e entre estes e os guardas. Ao efetuar essa análise, Sykes identifica a chave para compreensão do funcionamento desse sistema: a falha estrutural da instituição prisional, uma vez que é incapaz de impor o poder total, tal como oficialmente pretende.

Essa é, sem dúvida, uma das mais importantes contribuições de Sykes para o estudo das prisões, pois é a partir de uma sorte de falhas que se pode compreender os acordos, as negociações e a divisão de poder que efetivamente movem esse sistema de ações. É essencialmente nesse sentido que o trabalho de Sykes representa um avanço em relação ao estudo de Clemmer, uma vez que apreende a precariedade e instabilidade da ordem mantida na prisão, sempre sujeita à ruptura e sempre dependente de acordos que acabam por reduzir o poder da administração e dos guardas.

Em relação à abordagem de Clemmer, Sykes admite uma permeabilidade maior entre a prisão e a sociedade mais ampla, já que considera a prisão um instrumento de poder do Estado, e não uma instituição autônoma. Nesse sentido, flutuações políticas, mudanças administrativas, organizacionais e societais mais amplas podem produzir impacto sobre a ordem prisional, cuja ruptura, quando ocorre, é comunicada à sociedade por meio das rebeliões e motins.

---

7 Sykes, op. cit.

A despeito de admitir a permeabilidade às pressões políticas e sociais, o núcleo da análise de Sykes está na concepção da prisão como um sistema social, isto é, portadora de dinâmicas e processos sociais próprios e relativamente autônomos, como indica o uso da célebre expressão que constitui o título de seu livro, *sociedade dos cativos*. Nesse sentido, se há um grau de permeabilidade social e política entre a prisão e a sociedade mais ampla, as barreiras que se erguem em torno da instituição são capazes de produzir rupturas e delimitar claramente um universo social dotado de um peculiar sistema de ação, produtor de uma precária e instável ordem social.

É a expressão *instituição total*, contudo, a que mais fortemente carrega em si a ideia de ruptura e descontinuidade entre sociedade e prisão. Goffmann entende por instituição total:

> [...] toda instituição tem tendências de "fechamento". Quando resenhamos as diferentes instituições de nossa sociedade ocidental, verificamos que algumas são muito mais "fechadas" que outras. Seu "fechamento" ou seu caráter total é simbolizado pela barreira à relação social com o mundo externo e por proibições às saídas que muitas vezes estão incluídas no esquema físico – por exemplo, portas fechadas, paredes altas, arame farpado, fossos, água, florestas ou pântanos. A tais estabelecimentos dou o nome de *instituições totais*, e desejo explorar suas características gerais.[8]

Mais à frente, Goffman se detém nas características dessas instituições: primeiramente, todos os aspectos da vida são realizados no mesmo lugar e sob supervisão de uma única autoridade; em segundo lugar, toda a atividade diária de qualquer participante é realizada na companhia de um grupo relativamente grande de pessoas, tratadas da mesma forma e coagidas a fazer as mesmas coisas; em terceiro lugar, todas as atividades diárias são realizadas segundo uma sequência temporal determinada por uma hierarquia preestabelecida e por um sistema de regras formais rígido; por fim, todas essas atividades são reunidas num plano racional único, voltado para os fins institucionais. Essas características supõem

8 Goffmann, op. cit., p. 16.

uma divisão básica entre um grupo controlado (internos) e uma equipe dirigente.[9]

Para Erving Goffman, o controle formal e burocrático das necessidades humanas por um grupo determinado de pessoas é o fato básico caracterizador das instituições totais, sendo que as barreiras com o mundo externo, presentes inclusive em sua estrutura física, simbolizam esse seu caráter total. O fechamento da instituição acaba por desencadear uma série de processos sociais, incluindo alguns rituais de entrada, com profundo impacto sobre a identidade[10] de seu novo integrante.

Os processos sociais que se desenvolvem no âmbito das instituições totais convergem para a reprodução simbólica da ruptura para com um determinado mundo social (a sociedade mais ampla) e simultaneamente o ingresso em outro (a instituição total), este por sua vez dotado de um conjunto de normas, regras e valores decorrentes do controle burocrático-formal sobre os diversos aspectos da vida. O confinamento e encerramento institucionais do *internado* (para empregar um conceito frequente em Goffman) é sintoma material dessa dinâmica de ruptura e de inserção em um novo universo social. A direção burocrática da vida de um grande número de pessoas requer a divisão radical entre equipe dirigente e internados de forma que, a despeito dos pontos de contato entre esses dois grupos, dois mundos sociais e culturais diferentes ganham existência, caminhando paralelamente com pouca interpenetração.

Segundo a concepção de Goffman, os indivíduos chegam à instituição com uma cultura derivada de uma forma de vida aceita sem discussão até aquele momento. Qualquer que seja a estabilidade de sua organização pessoal, ela é parte de um esquema mais amplo, encaixado

9 Ibidem, p.17-8. É sempre bom lembrar que o livro de Goffmann não se refere exclusivamente ao mundo das prisões, mas também de outras instituições totais como manicômios e conventos. Goffman, como vários outros sociólogos anglo-saxões, revelou grande interesse pelo estudo de instituições como hospitais.

10 A noção de identidade em Goffman contempla singularidades. Muitas vezes utilizada como sinônimo do "eu", refere-se ao cruzamento, nos indivíduos, tanto de elementos procedentes de sua interioridade quanto das formas pelas quais eles se expressam externamente.

em seu ambiente civil que supõe a existência de um conjunto de experiências que confirmam uma concepção tolerável do eu[11] e permitem formas de defesa para enfrentar conflitos, dúvidas e fracassos. Ou seja, o indivíduo chega, por exemplo, ao estabelecimento prisional com uma concepção de si mesmo que se tornou possível a partir de algumas disposições sociais estáveis em seu mundo próximo, constituído de relações interpessoais e intersubjetivas. Ao ser recebido na instituição ele é imediatamente despido do apoio dado por tais disposições. Inicia-se uma série de rebaixamentos, degradações, humilhações e profanações do eu, este por sua vez sistematicamente mortificado. O despojamento dos bens pessoais – materiais e simbólicos – provoca a necessidade de providenciar substituições que se apresentam sob forma padronizada, uniformes no caráter e uniformemente distribuídas. Essa substituição acaba provocando desfiguração pessoal, afetando de forma contundente a identidade do indivíduo.

É sobre a identidade individual, portanto, que os processos sociais engendrados no interior de uma instituição total incidem com mais veemência. Tendo como objetivo a destruição da identidade vista socialmente de forma negativa, a força da instituição e o sucesso de sua empreitada dependem da supressão do círculo completo de relações sociais, reais ou potenciais. É nesse sentido que a utilização da expressão *instituição total* é indissociável da ideia da impermeabilidade do estabelecimento, haja vista que é condição necessária para transformação da identidade dos internados e de sua estabilidade no interior de tais espaços institucionais. Ao suprimir as distinções sociais externas, uma instituição total pode construir uma orientação para seu esquema de honra e desonra.

Portanto, se considerarmos um *continuum*, cujos extremos sejam a permeabilidade e a impermeabilidade entre sociedade e instituição, as instituições totais estarão localizadas exatamente nessa última

---

11 A sociologia da ação social, em Goffman, tem por referência ações individuais. O eu, um conceito-chave das interseções entre Psicologia Social e Sociologia, faz referência à identidade própria do indivíduo, constituída de uma mescla de elementos extraídos de sua interioridade e também da sociedade e da cultura.

extremidade. A ruptura radical com a sociedade mais ampla e a precisa delimitação institucional permite a essas instituições o desenvolvimento de uma série de processos sociais cujo ponto de incidência é a identidade individual. Sendo assim, a ruptura e a descontinuidade entre sociedade e instituição se produzem e se reproduzem no plano da identidade individual. Assim, a prisão é produtora de identidades que não se ajustam aos ambientes sociais externos e, tal como sugere o conceito de *prisionização* criado por Clemmer, também para Goffman, a adaptação à vida na prisão significa a inadaptação à vida na sociedade mais ampla.

## As prisões na literatura anglo-saxã

Durante o período compreendido pela publicação dessas três obras clássicas – 1940 a 1961 –, foram produzidos inúmeros outros estudos sobre prisões que refletiam a centralidade adquirida por essa problemática, em especial nos Estados Unidos. Muitos foram contemporâneos daquelas obras clássicas e tiveram sua importância. Poucas, contudo, contribuíram tanto para a consolidação de um paradigma teórico e metodológico no campo da sociologia das prisões. A grande maioria desses estudos tinha como pressuposto a concepção da prisão como uma comunidade particular que produz efeitos significativos sobre aqueles que se encontram tutelados sob ela. A impossibilidade de a prisão cumprir os objetivos que justificariam sua existência permaneceu, desse modo, como a grande questão posta neste debate, perpassando de forma direta ou indireta todas as análises.

Hayner e Ash[12] discutem o efeito negativo da prisão sob seus custodiados a partir da análise da relação entre presos e guardas em termos de uma oposição irreconciliável. A centralidade da manutenção da ordem e da disciplina se constitui como o elemento-chave para compreender o fracasso do ideal de reabilitação justamente porque impede o exercício

12 Hayner; Ash, The prison as a community, *American Sociological Review*.

do autocontrole pelos presos. Na mesma linha de análise, Weinberg[13] considera a estrutura social da prisão em termos das relações e concepções que guardas e presos elaboram uns em relação a outros, marcadas por antagonismo recíproco e por atitudes de rebaixamento e zombaria de parte a parte. Para o autor, o conflito entre os dois grupos é inerente à situação da prisão, própria de sua estrutura social, e os indivíduos que não se conformam às representações dominantes estão sujeitos ao controle e às pressões do estrato social a que pertencem.

A década de 1950 foi marcada por uma profunda instabilidade no sistema prisional norte-americano. Muitos textos, direta ou indiretamente, refletiram essa crise, como o texto de MacCormick,[14] que procura compreender os motivos da onda de motins que abalou o sistema carcerário do país, apontando falhas nessas instituições que as impediam de cumprir o objetivo de ressocialização. Na mesma linha, Bennett[15] aponta a necessidade de estabelecer critérios que permitissem a avaliação da instituição prisional em termos dos efeitos de seus supostos métodos de tratamento. A capacitação dos funcionários, os gastos, taxa de fugas, estrutura física, educação, trabalho, o programa e, finalmente, a filosofia da instituição são os elementos propostos como fontes de avaliação.

McCorkle e Kor[16] discutem a capacidade das prisões de promover a reabilitação dos sentenciados e, para isso, analisam o *sistema social* vigente nas prisões por meio de atitudes, valores e formas de exercício do poder firmadas entre guardas e presos nos diversos aspectos da vida social institucional. Para eles, o principal fator de fracasso na reabilitação dos sentenciados consiste na dissociação existente entre o trabalho de guardas e o trabalho de técnicos (psicólogos e assistentes sociais) em razão da vigência da falsa acepção de que a disciplina imposta pelos

13 Weinberg, Aspects of the prison's social structure, *The American Journal of Sociology*.

14 MacCormick, Behind the prison riot, *The Annals of the American Academy of Political and Social Science*.

15 Bennett, Evaluating a prison, *The Annals of the American Academy of Political and Social Science*.

16 McCorkle; Korn, Resocialization within walls, *The Annals of the American Academy of Political and Social Science*.

guardas é inimiga do tratamento terapêutico e vice-versa. O trabalho de Schrag[17] discute a importância da identificação dos líderes entre a população carcerária, bem como dos mecanismos de formação dessas lideranças. A preocupação da autora com a crise do sistema prisional norte-americano é explicitada, e ela sustenta em seu texto que o conhecimento do processo de formação das lideranças permite exercer controle desse processo.

A discussão dos aspectos formais e informais da prisão aparece em muitos trabalhos, entre os quais no texto de Berk,[18] onde essa é a questão central. Pela comparação entre três instituições classificadas e graduadas de acordo com a ênfase na custódia ou no tratamento – categorizadas como fechada, parcialmente fechada e aberta –, ele analisa as diferenças da organização informal em cada uma dessas instituições. Para ele, as atitudes dos presos tendem a ser mais positivas e cooperativas com a administração nas instituições abertas, ou seja, voltadas ao tratamento. Ele sugere que os objetivos e a forma de organização formal das instituições determinam sua organização informal, inclusive as atitudes dos presos em relação à própria instituição.

Tittle[19] utiliza o método comparativo para discutir se a organização social dos presos é um produto institucional ou é a transposição da subcultura criminal para o interior das prisões. Nesse sentido, ele analisa as diferenças nas formas de organização social dos presos segundo o sexo. Suas conclusões indicam diferenças significativas entre presos do sexo masculino e os do sexo feminino, sobretudo na construção de vínculos sociais entre grupos primários. No caso do sexo feminino, Tittle observou forte apelo afetivo; no caso do sexo masculino, tendências para associação em grupos maiores, com o privilégio para interesse de assuntos que envolvam matéria financeira e de conotação sexual. Contudo, esse pesquisador ressalta que tais diferenças na organização são paralelas e não exclusivas, confirmando hipótese segundo a qual a organização dos

17 Schrag, Leadership among prison inmates, *American Sociological Review*.

18 Berk, Organizational goals and inmate organization, *The American Journal of Sociology*.

19 Tittle, Inmate organization: Sex differentiation and the influence of criminal subcultures, *American Sociological Review*.

presos é um produto institucional, forjado no interior das prisões a partir dos processos sociais específicos que são produzidos nesse espaço.

Useem e Kimball[20] procuram construir uma teoria explicativa das rebeliões prisionais que dê conta da diversidade desses movimentos, em termos de intensidade, níveis de violência, participação e escolhas feitas pelos rebelados. Dentre vários fatores explicativos desses movimentos – e das diferenças entre eles –, os autores chamam atenção para a efervescência política presente na sociedade norte-americana nas décadas de 1960 e 1970 como elemento importante para compreender alguns movimentos de reivindicação de presos, caso da rebelião de Attica. Importante para a discussão que propomos neste texto é que a permeabilidade entre sociedade e prisão aparece como um pressuposto dessa análise. Os autores consideram que as rebeliões têm menos relação com a condição absoluta das instituições prisionais que com suas condições relativas. Os padrões de avaliação e de julgamento das condições das prisões respondem a parâmetros oriundos das dinâmicas sociais e políticas da sociedade mais ampla, os quais acabam absorvidos pela população carcerária, conformando-se em demandas por reforma.

A análise de Useem e Kimball, ainda que admita a influência das lutas pela ampliação dos direitos civis no interior de algumas instituições prisionais, não muda completamente o eixo analítico nem rompe com o paradigma da sociedade dos cativos. Ou seja, a permeabilidade admitida em sua análise parece muito mais contextual e histórica, não se constituindo como elemento relevante do ponto de vista da compreensão da dinâmica prisional ou da estrutura institucional. Ao contrário, os acontecimentos extraordinários é que são passíveis de ser explicados por fatores externos à prisão, mesmo que as formas pelas quais ocorra a interpenetração desses dois universos sociais não sejam sequer mencionadas.

Assim, mesmo que se considere certa nuance que o estudo de Useem e Kimball possa ter introduzido na dicotomia entre mundo exterior e mundo interior às prisões, todas as demais aqui referidas representam continuidade diante dos pressupostos que embasaram a construção dos

20 Useem; Kimball, *States of siege.*

estudos clássicos. Neles, compreensão e explicação dos problemas e dos paradoxos das prisões estão vinculadas à natureza intrínseca, *sui generis* e específica de seus processos e dinâmicas sociais, de sua estrutura e sua conformação física e cultural.

Embora distante da historiografia e sociologia anglo-saxãs, não há como deixar de mencionar o enorme impacto que Foucault, com sua hoje clássica obra *Vigiar e punir*, de 1975, exerceu no campo da sociologia das prisões. É certo que esta obra não foi absolutamente pensada como uma contribuição para os estudos de sociologia da violência e das prisões, tampouco pensada a partir dos paradigmas do direito penal moderno que informa a produção anglo-saxã.[21] De qualquer forma, se assim fosse considerado, as relações entre prisão e sociedade são marcadas por ambivalência. Por um lado, é inegável a permeabilidade entre os muros externos e internos. Para Foucault, a prisão é o correlato de um modelo de poder que estava se espraiando e se consolidando na moderna sociedade, após a reforma iluminista. A prisão exacerbava as práticas disciplinares e o controle minucioso dos corpos que estavam muito além dos muros prisionais. De outro, é inegável que Foucault sustenta a tese segundo a qual a prisão produz a delinquência. O criminoso recém-condenado entra na prisão como infrator das leis penais; porém, na prisão se converte em delinquente e, por sua vez, a delinquência produz efeitos políticos para a sociedade abrangente. Exemplo dessa ambiguidade é o panoptismo, uma máquina exaustiva de vigilância dos corpos, de suas virtualidades e seus perigos, própria da prisão, porém, funcional à sociedade.

---

21 Veja a respeito o instrutivo debate entre Michel Foucault e historiadores, coordenado por Michelle Perrot a respeito do livro e da pesquisa histórica que o sustém. Historiadores o criticam por ter generalizado o modelo francês para todo o campo da historiografia e sociologia das prisões, ignorando profundas diferenças entre o modelo continental e o modelo anglo-saxão. Foucault responde que *Vigiar e punir* não é um estudo sobre prisões, e sim a respeito da prisão como microterritório e microlaboratório das estratégias políticas do micropoder. Perrot, *L'impossible prison*.

## As prisões como objeto de preocupação acadêmica no Brasil

Na literatura brasileira sobre prisões, também foi – e continua sendo – muito forte a influencia dos três clássicos norte-americanos. Embora escrita por um jurista, a análise de Thompson[22] praticamente inaugura esse campo de estudos e revela uma abordagem com forte componente sociológico, influenciado pelos estudos de Clemmer, dos quais o autor toma emprestado o termo *prisionização* e as explicações para o fracasso da instituição na consecução de seu idealizado objetivo de recuperar. O autor produz uma importante ruptura com as abordagens anteriores, feitas por juristas e centradas nos aspectos legais, ao identificar na própria instituição – na cultura prisional e no sistema de ação – as causas para explicar seu insucesso. Do mesmo modo, ele explicita o paradoxo básico das prisões – presentes nos clássicos –, que é o de isolar o indivíduo do convívio social para ensiná-lo a viver em sociedade. Assim, a *prisionização* é a condição de possibilidade para que o indivíduo preso cumpra sua pena. Ao mesmo tempo, consiste no principal obstáculo para que ele possa retomar os direitos civis em condições de conviver na sociedade mais ampla.

Pouco tempo depois da publicação de Thompson, Ramalho publica *O mundo do crime: a ordem pelo avesso,* baseado em pesquisa empírica realizada na extinta Casa de Detenção de São Paulo, prisão que foi o símbolo das mazelas do sistema carcerário brasileiro por evidenciar, de forma nua e crua, toda precariedade – física e moral – dessas instituições. Violência, corrupção, superlotação, sujeira, contaminação, epidemias são apenas alguns dos muitos problemas endêmicos ao sistema; na Casa de Detenção, tais condições de vida adquiriram proporção gigantesca, compatível com o gigantismo dela própria. Ramalho fundamenta sua análise na dicotomia mundo do trabalho e mundo do crime, que se refletia não apenas nos valores e no comportamento de presos e funcionários, mas na própria repartição física da Detenção: o pavilhão 2, reservado aos presos que trabalhavam, compunha o polo de uma oposição que tinha na outra

---

22 Thompson, *A questão penitenciária.*

ponta os pavilhões 8 e 9, o chamado "fundão", expressando uma divisão muito mais estrutural que temporária ou acidental entre os chamados criminosos ocasionais – para os quais haveria recuperação – e os criminosos natos, irrecuperáveis.

O próprio título do livro de Ramalho evidencia a continuidade das concepções clássicas norte-americanas, cujo ponto de partida é a existência de uma ruptura entre prisão e sociedade mais ampla. Conforme já afirmamos antes, ainda que alguns autores admitam certo nível de permeabilidade entre esses dois universos sociais, a análise se orienta a partir de sua existência paralela, rigidamente delimitada física, moral, social, política e culturalmente. A despeito do nível de permeabilidade e da problemática específica que se adote, todas essas análises estão focadas nos processos internos às instituições prisionais.

No caso da análise de Ramalho, a prisão se constitui como lócus do *mundo do crime*, cuja moral se opõe radicalmente à moral vigente na sociedade mais ampla, a qual o autor denomina *mundo do trabalho*. Paradoxalmente, Ramalho aponta que essa dicotomia se reproduz dentro da instituição – pelo menos na Casa de Detenção de São Paulo –, mas, ao mesmo tempo, o autor admite o efeito criminógeno da prisão, decorrente de seu objetivo político que é a demarcação de uma delinquência. Ou seja, embora ele reconheça a existência da dicotomia mundo do trabalho/mundo do crime, trata-se de uma divisão de "mundos" ilusória, uma vez que a prisão unifica, reforça e demarca uma cultura e uma moral específica, aquela que caracteriza o mundo do crime.

Em meados da década de 1980, dois pesquisadores – Edmundo Campos Coelho e Antônio Luiz Paixão – realizaram um estudo comparativo dos sistemas penitenciários do Rio de Janeiro e de Minas Gerais, posteriormente publicados como obras distintas pela Fundação João Pinheiro, em 1984. O estudo de Coelho[23] compreende o sistema penitenciário do Rio de Janeiro. Igualmente apresenta uma forte influência de Sykes,[24] visível na estrutura do livro publicado e nas questões por ele

23 Coelho, *Oficina do diabo e outros estudos sobre criminalidade*.

24 Sykes, op. cit.

abordadas. Coelho mostra com maestria as contradições inerentes à instituição prisional no que se refere aos seus objetivos – recuperar e punir – e ao seu funcionamento – imposição de poder e necessidade de cooperação por parte dos presos. Ainda, enfatiza o importante papel das lideranças da população carcerária para a manutenção da ordem, bem como a erosão do poder da administração que a necessidade de fomentar e negociar com essas lideranças implicava.

Tendo como objeto central de análise as mudanças políticas implementadas pelo governador Leonel Brizola no estado do Rio de Janeiro (1983-1987) na política de "humanização das prisões" e as duríssimas forças de resistência que se levantaram contra elas, Coelho aponta como inócua qualquer tentativa de fazer da instituição prisional algo diferente de um sistema calcado na violência. A violência é inerente a qualquer estabelecimento prisional e, no Brasil em geral e no Rio de Janeiro em particular, a situação é ainda mais dramática, à medida que os governos estaduais não cumprem suas funções estatais sequer na provisão dos bens necessários à sobrevivência de seus tutelados, forçando o desenvolvimento de uma economia ilegal, que mina a autoridade e a legitimidade do poder público para investir em qualquer programa de ressocialização, por mais elementar que seja.

O estudo de Paixão, centrado no sistema penitenciário do estado de Minas Gerais, caminha na mesma direção. Do mesmo modo, está centrado na análise das políticas penitenciárias implementadas pelo governo estadual de Tancredo Neves (1983-1987), portanto no mesmo período, assim como na observação das condições de vida e dos modos de organização internos às prisões. No entanto, Paixão acentua os paradoxos entre recuperar ou punir. Paixão sustenta que esse dilema tem a ver com mudanças na economia do crime urbano, na composição da população prisional ingressante no sistema àquela época e mudanças no comportamento dos presos. Tais mudanças contribuíram para radicalizar o "dilema entre a plena implementação do regime progressivo e as demandas sociais de segurança",[25] um mote da política penitenciária estadual.

25 Paixão, *Castigar ou punir?* Como o Estado trata o criminoso, p.67.

Importa destacar que Paixão já apontava o papel das Falange Vermelha e Serpentes Negras, grupos embrionários do crime organizado que pouco mais tarde viriam desestabilizar a ordem nas prisões brasileiras, em especial do Rio de Janeiro e de São Paulo.

No fim da década de 1980, o crescimento dos estudos sobre sistema penitenciário refletia, de um lado, as mudanças políticas que estavam em curso no Brasil em função da redemocratização; de outro, a explosão de diversas rebeliões e motins que chamavam atenção pela intensa violência, expressa no elevado número de presos mortos, sobretudo pela ação repressiva do Estado. Os trabalhos desse período foram marcados pela tentativa de compreender o significado dessa situação paradoxal em que o processo de abertura política e de eclosão das ações dos movimentos sociais em seus mais diversos segmentos parecia se refletir nas instituições da justiça criminal de forma inversa, com ações pautadas pela truculência e pelo arbítrio. A corrupção, as condições precárias das prisões, o arbítrio da administração prisional e das forças policiais quando chamadas a atuar nos eventos de ruptura da ordem foram os aspectos mais destacados na análise desse período.

A partir da teoria das organizações, Rosa M. Fisher[26] aponta os fatores que inviabilizam quaisquer tentativas de mudança na cultura das instituições prisionais. A existência de uma cultura organizacional forte e conservadora impediu que transformações sociais e políticas em curso na sociedade mais ampla produzam efeitos importantes e duradouros dentro das prisões. A ideia da ruptura e da delimitação precisa desses universos sociais é central, reforçada pela identificação de uma cultura organizacional muito resistente a interferências políticas ou administrativas.

Refletindo a percepção do fracasso das prisões em proporcionar, minimamente, condições de sobrevivência ao preso e, ainda menos, de ressocialização, a reincidência penitenciária apareceu como outra importante temática especialmente em São Paulo. Os trabalhos de Adorno[27]

26 Fischer, *Poder e cultura em organizações penitenciárias*.

27 Adorno, A prisão sob a ótica de seus protagonistas: Itinerário de uma pesquisa, *Tempo Social*.

e de Adorno e Bordini[28] procuram identificar as características específicas dos indivíduos reincidentes, ou seja, traços pessoais, familiares ou sociais, constituídos na trajetória criminal e segundo a infração cometida, comuns aos reincidentes e que pudessem, portanto, ajudar a explicar e a compreender esse fenômeno.

Na análise comparativa dos elementos pessoais e sociais de reincidentes e não reincidentes, os autores concluíram que o contato com as instituições do sistema de justiça criminal é decisivo para inscrever sujeitos na carreira delinquente, onde a violência criminal aparece menos como sinal de inadequação à vida civil e mais como sintoma de adaptação à prisão. Nesse sentido, práticas punitivas ocorridas no interior das instituições policiais e prisionais são decisivas na inscrição da carreira criminal, na medida em que produzem efeitos desestabilizadores e diferenciadores no interior da população carcerária. Esses estudos revelaram que os reincidentes eram justamente aqueles mais vulneráveis ao arbítrio punitivo interno, representado por maiores taxas de advertência e de cumprimento de dias em cela comum e cela forte (muito comuns à época do estudo) comparativamente aos não reincidentes.

Nesta abordagem, o eixo analítico da prisão como universo social/cultural específico e delimitável permanece. A reincidência é produzida no interior do espaço prisional, por meio da incidência de práticas institucionais punitivas com profundo impacto sobre suas carreiras criminais. O efeito criminógeno da prisão é, uma vez mais, o núcleo da questão em debate e a instituição aparece aqui como o elemento definidor de inscrição na carreira delinquente, fenômeno que se evidencia pela alta taxa de reincidência. Embora os autores não mencionem de forma explícita o conceito de *prisionização* de Clemmer nem as concepções de Goffman sobre os impactos da prisão na identidade do preso, essas ideias figuram como pressupostos básicos da análise.[29]

28 Adorno; Bordini, Socialização na delinquência: Reincidentes penitenciários em São Paulo, *Cadernos Ceru*.

29 Embora orientado segundo metodologia diversa, o estudo de Lemgruber alcançou resultados comparáveis.

Durante as décadas de 1990 e 2000, muitos estudos sobre as prisões no Brasil tiveram seu foco nas políticas públicas (ou na falta delas) e em seu impacto sobre as crises deflagradas periodicamente. O crescimento das rebeliões prisionais em São Paulo chamava atenção dos pesquisadores dessa área, que buscavam respostas nas ações e omissões governamentais.[30] De acordo com essa percepção, as ações governamentais produzem importantes impactos sobre as instituições prisionais, que, portanto, têm sua autonomia relativizada. A permeabilidade entre a prisão e a sociedade mais ampla é mais uma vez reativada, sendo que as decisões e ações políticas e administrativas se constituem como o eixo de articulação entre o exterior e o interior da instituição.

Todavia, o paradigma da ruptura e descontinuidade entre a prisão e a sociedade mais ampla permanece conformando todas as análises apresentadas até aqui. Mesmo as abordagens cujo foco recai no impacto das políticas públicas sobre as instituições ou aquelas que, em sentido oposto, discutem o impacto da prisão sobre a reinserção do indivíduo na sociedade mais ampla são construídas sobre o pressuposto da ausência de continuidade entre esses dois universos sociais.

Nas últimas décadas, porém, transformações tecnológicas e sociais tornaram essa relação mais complexa e dinâmica, acentuando de forma significativa os fluxos de coisas, pessoas e informações, os processos sociais e culturais e os vínculos e as articulações entre o interior e o exterior da prisão, entre o mundo institucional e a sociedade mais ampla. No caso do Brasil e de São Paulo em particular, o aparecimento e a expansão do PCC, ao lado de outras mudanças sociais e culturais, apresentam-se como um fator de importância fundamental na ruptura do paradigma clássico dos estudos prisionais, concorrendo para consolidar o encadeamento de processos e dinâmicas, de forma contínua e permanente, entre o interior e o exterior da prisão, inclusive sob a forma de redes sociais.

30 Veja, por exemplo, Salla: De Montoro a Lembo: as políticas penitenciárias em São Paulo, *Revista Brasileira de Segurança Pública*; As rebeliões nas prisões: novos significados a partir da experiência brasileira, *Sociologias*; Os impasses da democracia brasileira: O balanço de uma década de políticas para as prisões no Brasil. *Lusotopie*; e Góes, *A recusa das grades*: rebeliões nos presídios paulistas – 1982-1986.

Figura 16.2
Visão do "fundão" da Casa de Detenção de São Paulo, no bairro do Carandiru, na capital paulista, durante a primeira megarrebelião, em fevereiro de 2001. No chão de terra batida, a principal reivindicação do PCC, seu lema e símbolo
**Fonte:** Mônica Zarattini/ Estadão Conteúdo/AE

Estão em curso processos que transbordam das prisões e (des) (re) organizam dinâmicas sociais, culturais e políticas na sociedade mais ampla e, da mesma forma, são por elas (des) (re) organizados.

## A emergência de um novo paradigma: permanências, continuidades e articulações intra e extramuros prisionais e o papel do PCC

A insuficiência do paradigma clássico para dar conta da prisão no mundo atual já foi apontada por Cunha,[31] num estudo sobre a interseção bairro/prisão em Portugal. Para a autora, o aparecimento de redes sociais que ligam alguns bairros da periferia urbana à prisão, a partir de circuitos que vinculam parentes e vizinhos, subverte a ideia da prisão como um mundo à parte. Bairro e prisão deveriam ser colocados em continuidade analítica a fim de se compreender os processos e circuitos prisionais

31 Cunha, O bairro e a prisão: a erosão de uma fronteira. In: Branco; Afonso (orgs.), *Retóricas sem fronteiras*.

contemporâneos. Os motivos dessa distensão da prisão até o bairro e vice-versa repousam, de um lado, na lógica coletiva de repressão ao tráfico de drogas que conduz para a cadeia grupos de vizinhos ou parentes; e, de outro, a opção policial por alguns bairros, que se tornam objetos frequentes de suas investidas, fazendo de seus moradores os clientes preferenciais das instituições prisionais.

A prisão torna-se uma realidade sempre presente e, mais que ser banalizada, é normalizada, erodindo a fronteira simbólica que ela antes representava. A incorporação da prisão ao bairro e, vice-versa, do bairro à prisão, fez que a vida interna da instituição deixasse de ser autorreferenciada. As amplas redes de relacionamento que articulam presos, familiares e vizinhos prolongam-se no interior do universo prisional e, dessa forma, o cotidiano do bairro e da prisão afetam-se mutuamente.

A análise de Cunha, embora traga elementos importantes para a reflexão acerca do papel da prisão na atualidade, apresenta limites evidentes quando defrontada com realidades mais complexas. Instituições prisionais que integram sistemas maiores, presentes em regiões mais amplas e que afetam uma população maior, não reproduzem as relações sociais existentes nos bairros que delas ficam próximos. Até porque, evidentemente, nem sempre há continuidade entre a população dos bairros em que as unidades prisionais estão presentes e a população nelas encarcerada.

Em 2016, o sistema prisional paulista é composto por 163 unidades espalhadas por todo o estado de São Paulo e abriga mais de 230 mil indivíduos, aproximadamente um terço da população carcerária do país. Dessa forma, não é possível compreender o transbordamento da prisão por meio da reprodução ou da continuidade dos vínculos familiares e vicinais originais dos presos. A amplitude do sistema, o espaço geográfico e o tamanho da população carcerária que ele comporta não permitem tais continuidades e não favorecem a permanência de vínculos anteriores ao aprisionamento – com exceção dos vínculos relacionados às atividades ilícitas. Além disso, a lógica de alocação da população carcerária nas unidades prisionais segue orientações que não estão ligadas à manutenção dos laços familiares ou vicinais, à proximidade do local de origem do indivíduo. Por último, há uma dinâmica de funcionamento do sistema prisional paulista em que transferências entre unidades prisionais são comuns para boa parte da população carcerária, rompendo assim com qualquer possibilidade de reprodução de vínculos vicinais preexistentes. Além do mais, é também intenso o fluxo de entradas e saídas de presos dos estabelecimentos penitenciários.

Isso não quer dizer, contudo, que em São Paulo a prisão não tenha importância "como ponto de entrecruzamento de trajetórias em determinados territórios urbanos periféricos".[32] Ao contrário. Conforme notou Gódoi,[33] a prisão "conforma efetivamente práticas e discursos de um grande número de habitantes [de algumas] localidades, estejam envolvidos ou não em negócios ilícitos". Para o autor, há dois conjuntos de evidências desse lugar da prisão: o contato com um número significativo de trajetórias de vida marcadas pela experiência carcerária (egressos, familiares e amigos de presos) e a estruturação do PCC para além dos limites prisionais, "sua capilaridade em diferentes territórios urbanos".[34]

Gódoi identifica ainda uma série de elementos que fazem a conexão entre prisão e outros territórios para além dela e os denomina "vasos comunicantes": visitas, jumbo (a comida que é levada ao preso, geralmente pelas visitas), cartas, telefones celulares e saída do preso do ambiente institucional (liberdade condicional, saída temporária em datas comemorativas, fugas ou cumprimento da pena). Com exceção do aparelho celular, todos os demais elementos não representam novidade e sua existência como conector entre mundo interno e externo remonta à existência mesma da prisão. Em que consiste então a ruptura estrutural entre prisão e sociedade mais ampla que estamos conhecendo há cerca de dez anos, nas prisões brasileiras e, em especial, no estado de São Paulo?

É fato que a difusão dos celulares – e, mais tarde, dos minúsculos *chips* – ocupa lugar de destaque para pensar sobre a ruptura do paradigma

32 Godói, *Ao redor e através da prisão*: cartografias do dispositivo carcerário contemporâneo, p.9.

33 Ibidem, p.8.

34 Ibidem, p.10.

clássico da prisão. O acesso a essa tecnologia se constituiu como condição necessária – embora não suficiente – para o estabelecimento de vínculos duradouros entre indivíduos e grupos situados dentro e fora da prisão e a constituição de redes sociais consistentes. Por meio dessas redes sociais, de natureza criminal ou não, os processos e dinâmicas da prisão transbordam e conformam práticas sociais, culturais e políticas na sociedade mais ampla e, de forma inversa, acontecimentos, práticas e processos desencadeados na sociedade produzem impactos importantes no interior das prisões.

Dentre as muitas formas de articulação que os aparelhos de telefone celulares tornaram possível, destaca-se a expansão do PCC para fora do sistema carcerário. O PCC constitui a principal e mais consistente rede envolvendo indivíduos de dentro e de fora da prisão e que, independentemente disso, ou até mesmo por causa disso, estabelecem e mantêm laços sociais mais ou menos duradouros. As ações e as práticas sociais que fluem por essas redes atravessam os muros das prisões e mantêm-se de forma contínua e contígua, articulando o interno e o externo e, de forma contundente, ressignificando o lugar da prisão na sociedade contemporânea.

A despeito da existência de uma gama variada de vasos comunicantes e de mediadores entre prisão e sociedade[35] a expansão do PCC se constitui como um elemento de importância fundamental para que o paradigma clássico da prisão se mostrasse insuficiente. Menos porque o PCC inaugura a construção de laços sociais entre indivíduos que se encontram dos dois lados dos muros, mas, porque por meio do PCC os vínculos construídos se tornam mais fortes e duradouros, as diversas formas de articulação possível tornam-se permanentes e contínuas, as redes sociais constituídas a partir daí adquirem uma extensão, uma densidade e uma complexidade inéditas na história do sistema prisional brasileiro. E, em virtude das características dos vínculos que logram criar, acabam por organizar uma miríade de práticas sociais, culturais e políticas, as quais também produzem impactos sobre a dinâmica prisional.

35 Ibidem

A análise desses processos requer ainda pensar a conjugação de outras configurações. Nunca é demais lembrar as profundas mudanças que a região metropolitana de São Paulo e o interior desse estado da federação vêm conhecendo desde a década de 1950 e, em especial, a partir dos anos 1990. Além do crescimento populacional e da diversificação do perfil demográfico, a transição de uma economia industrial para uma economia de serviços promoveu substantivas mutações na ocupação do espaço urbano, nas formas de circulação de mercadorias, na mobilidade de trabalhadores pelos territórios urbanos, nos serviços de infraestrutura urbana e nos transportes de massa, nas relações interpessoais, inter e intrageracionais e sobretudo nas relações entre classes, governantes, poder e formas de expressão social e cultural, inclusive nos padrões morais aceitáveis e condenáveis.

Por tudo isso também, as prisões que antes estavam localizadas distantes dos centros urbanos passaram a fazer parte de seu cotidiano. As cidades chegaram aos muros das prisões que se tornaram parte substantiva da paisagem urbana. Não sem motivos, com o encarceramento em massa, verificado a partir dos anos 1990, especialmente no estado de São Paulo, desenvolveu-se toda uma economia subsidiária em torno dos muros prisionais voltada para a satisfação das necessidades tanto de presos quanto das famílias que os visitam periodicamente, nos finais de semana. Pequenos mercados para suprir complementos de alimentação e higiene; hospedarias para acolher os visitantes; serviços de transporte como táxis para cobrir o trajeto das hospedarias às prisões e vice-versa. Nesse cenário, prosperou intensa comunicação entre o interior e o exterior das prisões, em cuja raiz também vem prosperando uma nova economia do crime em torno das drogas e outras mercadorias ilícitas.

Nascido no interior do sistema prisional, o PCC teve esse espaço como principal nicho de atuação durante muito tempo. Após alguns anos, porém, a organização ampliou significativamente sua área de atuação, expandindo seu controle para diversos bairros da grande São Paulo e de muitas cidades no interior, constituindo-se como o principal distribuidor de drogas para o varejo do estado, o que o fortaleceu não apenas financeiramente, mas também reforçou seu poder político na medida em que ele passou a exercer o controle – direto ou indireto – sobre o comércio ilegal de drogas, alcançando a prerrogativa de controlar a população local.[36]

O controle exercido pelo PCC se dá, sobretudo, a partir de localidades facilmente demarcáveis, sejam elas as unidades prisionais, sejam os bairros pobres da periferia das cidades.[37] A constituição do "mundo do crime" como um ordenamento social específico – contíguo e simultâneo ao ordenamento social oficial – é o resultado do aumento da interdependência entre os atores que fazem parte desse universo. A abrangência da rede de interdependência constituída a partir do desenvolvimento do PCC envolve, ainda, além dos integrantes do "mundo do crime" (presos ou não) pessoas que não fazem parte desse microcosmo social, como seus familiares, vizinhos, amigos e os agentes públicos que mais diretamente estão envolvidos na repressão aos ilegalismos, como polícia civil e militar e a administração prisional.

A constituição do PCC como instância regulatória central do "mundo do crime" produziu uma homogeneização – das normas, práticas, valores e princípios – em torno desse aglomerado de unidades sociais anteriormente dispersas e, por essa razão, pode-se compreendê-lo como um ordenamento social específico (que inclui, ainda, outros agentes não diretamente envolvidos com atividades ilícitas, conforme acabamos de indicar). A conformação de um ordenamento social específico, formado por uma rede de interdependência complexa que conecta indistintamente pessoas nas mais diferentes localidades, dentro e fora da prisão, com diferentes tipos de vínculos entre si, provoca a implosão da delimitação estrutural da prisão e da possibilidade de compreendê-la a partir de um eixo analítico centrado em sua ruptura e descontinuidade com a sociedade mais ampla.

Por meio da rede de relações tecida nesse ordenamento específico, os processos sociais, culturais e políticos fluem do interior para o exterior da prisão e, de forma inversa, de fora para dentro, produzindo configurações

---

36 Dias, op. cit.

37 Feltran, *Fronteiras de tensão*: um estudo sobre política e violência nas periferias de São Paulo.

específicas, desencadeando dinâmicas próprias para as quais os muros prisionais não se constituem como barreiras definitivas ou parciais.

A ideia da existência de uma *cultura prisional*[38] deixa de fazer sentido, uma vez que os códigos, normas e valores que conformam a sociabilidade prisional igualmente se tornam referência de comportamento fora da prisão, da mesma forma que padrões culturais gerais influenciam a dinâmica prisional. Os traços culturais e morais que caracterizam uma forma de comportamento, um modo de se conduzir próprio dos integrantes do "mundo do crime" – o *proceder*[39] – são também assumidos por indivíduos sem qualquer tipo de vínculo com as atividades ilícitas. Da mesma forma, elementos característicos de nossa cultura geral – tais como o consumismo, a valorização de certas formas de se vestir, de determinadas marcas de roupas e tênis, determinado estilo de vida – fazem parte também do arcabouço sociocultural dos integrantes do "mundo do crime". Não é possível perceber contornos culturais específicos e bem delineados, com traços que demarcam a separação entre uma suposta cultura geral e uma espécie de *subcultura delinquente* que, dentro da prisão, se solidifica numa *cultura prisional*.

No que concerne à expressão *instituição total*,[40] os pressupostos nela contidos a tornam inadequada para a compreensão do lugar da prisão na sociedade contemporânea. Os processos institucionais de mortificação da identidade do preso perdem relevância diante de outros tantos processos de consolidação da identidade adquirida antes da entrada na prisão. No que concerne à construção ou consolidação da identidade, o processo de filiação ao PCC ocupa um lugar fundamental, pois que a pertença à organização implica a posse ou aquisição de capacidade e habilidades que denotam certo tipo de identidade.

Tampouco a concepção de *sociedade dos cativos*[41] reflete a complexidade e a extensão dos processos sociais que fluem pelos muros institucionais nos dois sentidos, produzindo a erosão da fronteira entre prisão

38 Clemmer, op. cit.

39 Marques, *Crime, proceder, convívio-seguro*: um experimento antropológico a partir da relação entre ladrões.

40 Goffman, op. cit.

41 Sykes, op. cit.

e sociedade. Assim, eventos ocorridos na sociedade podem provocar impactos dentro da prisão,[42] da mesma forma que ocorrências internas à prisão podem desencadear ações e reações que se espraiam por amplos setores da sociedade.[43]

Portanto, esse conjunto de mudanças está indicando o esgotamento do modelo teórico que informou a pesquisa brasileira no campo da sociologia das prisões. Uma nova geração de estudos deverá estar cada vez mais atenta para a dinâmica, os fluxos (de pessoas, informações, bens e mercadorias, capital social e político), as novas relações interpessoais e intersubjetivas dentro e fora das prisões e os novos rituais de pertencimento e de reconhecimento de identidades.

Não sem motivos, nesse universo social e institucional vem florescendo a presença de presos escritores. É certo que a literatura produzida por presos não é recente. Mas a grande tradição esteve em torno de perseguidos políticos por suas convicções ideológicas ou em virtude de sinais de pertencimento a grupos singulares, como os judeus durante a Segunda Guerra Mundial, entre outros. Dotados de maior consciência crítica e política, conseguiram aliar a dor e o sofrimento humano às agruras vividas no interior de prisões e campos de concentração. Os novos arautos da prisão são homens e mulheres comuns, criminalizados pelo cometimento de infrações previstas nos códigos penais. Não falam do sofrimento humano; buscam dar sentido a uma experiência cujo sentido último lhes parecia antes escapar às mãos; agora, paradoxalmente, o confinamento tem como contrapartida a possibilidade de narrar e de se libertar da palavra dos outros. As fronteiras foram rompidas. Os paradigmas para pensar o confinamento estão rapidamente se tornando ultrapassados.

42 Um exemplo emblemático desse caso é a "crise de maio de 2006", que tem entre os fatores determinantes a extorsão considerada abusiva de policiais civis e que detonou uma crise que afetou praticamente todo o sistema carcerário paulista, além de amplas regiões do estado.

43 Mais uma vez aqui, a "crise de maio de 2006" apresenta-se como exemplo emblemático: a transferência de presos para regimes disciplinares mais rígidos é apontada como outro fator explicativo.

# Referências


ABRAMO, Claudio Weber. Percepções pantanosas: a dificuldade de medir a corrupção. *Novos Estudos CEBRAP*, São Paulo, n.73, nov. 2005, p.33-7.

ADORNO, S. A prisão sob a ótica de seus protagonistas: itinerário de uma pesquisa. *Tempo Social*, São Paulo, v.3, n.1-2, 1991, p.7-40.

ADORNO, S.; BORDINI, Eliana. Socialização na delinquência: Reincidentes penitenciários em São Paulo. *Cadernos Ceru*, São Paulo, série 2, n.3, 1991, p.113-47.

ADORNO, S.; SALLA, Fernando. Criminalidade organizada nas prisões e os ataques do PCC. *Estudos Avançados*, São Paulo, v.21, n.61, set.-out. 2007, p.7-29.

AGGIO, Alberto et al. (Orgs.). *Política e sociedade no Brasil (1930-1964)*. São Paulo: Annablume, 2002.

AGUIAR, A. A. *Evolução da pederastia e do lesbianismo na Europa*. Separata do Arquivo da Universidade de Lisboa, v.XI, 1926, p.519. Arquivo Nacional da Torre do Tombo, Inquisição de Lisboa, Processo 12257; Caderno do Promotor, n.29.

ALVES, Maíra Chinelatto. *Quando falha o controle:* crimes de escravos contra senhores. São Paulo, 2010. Dissertação (Mestrado em História Social) – Faculdade de Filosofia, Letras e Ciências Humanas, Universidade de São Paulo.

ANCHIETA, José de. *Cartas:* correspondência ativa e passiva. São Paulo: Loyola, 1984.

______. *Obras completas*. Intr. e notas por Armando Cardoso. São Paulo: Loyola, 1984. 3v.

ANDRADE, Marcos Ferreira. *Rebeldia e resistência:* as revoltas escravas na Província de Minas Gerais, 1831-1840. Belo Horizonte, 1996. Dissertação (Mestrado em História) – Universidade Federal de Minas Gerais.

ARAÚJO, Maria Paula. *Memórias estudantis*: da fundação da UNE aos nossos dias. Rio de Janeiro: Relume-Dumará, 2007.

ARMAS, Antonio Rumeu de. La expedición misionera al Brasil martirizada en aguas de Canarias, 1570. *Missionalia Hispanica* 4, Madrid, 1947, p.329-381.

ARQUIVO NACIONAL DA TORRE DO TOMBO, INQUISIÇÃO DE LISBOA. Caderno do Nefando n.14, PT/TT/TSO-IL/026/0141, Livro 141. Disponível em: <http://digitarq.dgarq.gov.pt/details?id=4464257>.

______. Francisco Coelho e do índio Rodrigo "tibiro", Maranhão, 1672, processo n.1717.

AZEVEDO, Solange. A Maria da Penha me transformou num monstro. *IstoÉ*, São Paulo, n.2150, 2011. Disponível em: <http://bit.ly/1MdwYBC>. Acesso em: 28 out. 2015.

BAIGENT, Michael; LEIGH, Richard. *A Inquisição*. Rio de Janeiro: Imago, 2001.

BARATTA, Alessandro. Funções instrumentais e simbólicas do direito penal: lineamentos de uma teoria do bem jurídico. *Revista Brasileira de Ciências Criminais*, São Paulo, n.5, ano 2, jan.-mar. 1994.

BARMAN, Roderick J. *Brazil:* the forging of a nation, 1798-1852. Stanford: Stanford University Press, 1988.

BARROS DE SOUZA, Marcelo; CARAVIAS, José. *Teologia da Terra*. Petrópolis: Vozes, 1988.

BARTHES, Roland. *O rumor da língua*. Trad. Mário Laranjeira. São Paulo: Brasiliense, 1988.

BASTIEN, Pascal. Usage politique des corps et rituel de l'exécution publique à Paris, XVII-XVIII siècles. *Crimes, Histoire & Sociétés/Crime, History & Societies*, v.6, n.1, 2002, p.31-56.

BASTOS, Hermenegildo. *Memórias do cárcere:* Literatura e testemunho. Brasília: EdUnB, 1998.

BEATTIE, Peter. Conscription versus penal servitude: Army reform's influence on the Brazilian state's management of social control, 1870-1930. *Journal of Social History* 32 (4), 1999, p.847-78.

BECK, Ulrich. *La sociedad del riesgo global*. Madrid: Siglo Ventiuno de Espana, 2002.

BENEVIDES, Maria Victoria. *A UDN e o udenismo*. Rio de Janeiro: Paz e Terra, 1981.

BENNETT, James V. Evaluating a prison. *The Annals of the American Academy of Political and Social Science*, v.293, maio 1954, p.10-16.

BERK, Bernard B. Organizational goals and inmate organization. *The American Journal of Sociology*, v.71, n.5. mar.-abr. 1966, p.522-34.

BLAY, Eva Alterman. *Assassinato de mulheres e direitos humanos*. São Paulo: Edusp/Ed. 34, 2008.

BLUTEAU, Raphael. *Vocabulário portuguez & latino:* aulico, anatômico, architectonico... Coimbra: Collegio das Artes da Companhia de Jesus, 1712-1728. 8v.

BOFF, Leonardo. *Ecologia, mundialização, espiritualidade:* a emergência de um novo paradigma. São Paulo: Ática, 1993.

BORTOLETO, M. *"Não viemos para fazer aliança":* Faces do Conflito entre adeptos das religiões pentecostais e afro-brasileiras. São Paulo, 2014. Dissertação (Mestrado em Antropologia Social). Faculdade de Filosofia, Letras e Ciências Humanas da Universidade de São Paulo.

BOSSY, John. *A cristandade no Ocidente 1400-1700.* Lisboa: Edições 70, 1990.

BOURDIEU, Pierre. *Como é possível ser esportivo?* Rio de Janeiro: Marco Zero, 1983.

______. *O poder simbólico.* 13.ed. Rio de Janeiro: Bertrand Brasil, 2010. p.143.

BRASÃO, Eduardo. Os quarenta mártires do Brasil: relação da Biblioteca da Ajuda sobre o martírio do padre Inácio de Azevedo e seus companheiros. *Brasília.* Coimbra: Coimbra Editora, 1943. v.2, p.533-76.

BRASIL. Lei n.11340, de 7 de agosto de 2006. Cria mecanismos para coibir a violência doméstica e familiar contra a mulher, nos termos do § 8º do art. 226 da Constituição Federal, da Convenção sobre a Eliminação de Todas as Formas de Discriminação contra as Mulheres e da Convenção Interamericana para Prevenir, Punir e Erradicar a Violência contra a Mulher; dispõe sobre a criação dos Juizados de Violência Doméstica e Familiar contra a Mulher; altera o Código de Processo Penal, o Código Penal e a Lei de Execução Penal; e dá outras providências. Lei. Brasília, 8 ago. 2006. Disponível em: <http://bit.ly/1s3yw9F>. Acesso em: 7 maio 2015.

______. Lei n.13104, de 9 de março de 2015. Altera o art. 121 do Decreto-Lei n.2.848, de 7 de dezembro de 1940 – Código Penal, para prever o feminicídio como circunstância qualificadora do crime de homicídio, e o art. 1º da Lei n.8.072, de 25 de julho de 1990, para incluir o feminicídio no rol dos crimes hediondos. Lei. Brasília, 10 de março de 2015. Disponível em: <http://bit.ly/1bP9msp>. Acesso em: 3 maio 2015.

______. Lei n.2848, de 7 de dezembro de 1940. Código Penal. Rio de Janeiro, 31 dez. 1940. Disponível em: <http://bit.ly/1OEPWbc>. Acesso em: 12 nov. 2015.

______. Lei n.9099, de 26 de setembro de 1995. Dispõe sobre os Juizados Especiais Cíveis e Criminais e dá outras providências. Lei. Disponível em: <http://bit.ly/1WgHgvH>. Acesso em: 28 out. 2015.

______. República dos Estados Unidos do Brasil. *Coleção das leis de 1940.* Rio de Janeiro: Imprensa Nacional, 1944. v.7.

______. Secretaria Especial dos Direitos Humanos. *Direito à memória e à verdade:* história de meninos e meninas marcados pela ditadura. Brasília: Secretaria Especial dos Direitos Humanos, 2009.

BRASIO, Antonio. *Monumenta Africana,* 1ª série, Academia Portuguesa de História, v.XV, Lisboa, 1988, p.273, apud CARVALHO, Virgilio. A questão do controlo da terra e da territorialidade no antigo reino de Ndongo. In: ______. *A África e a instalação do sistema colonial*. Lisboa: Centro de Estudos de História e Cartografia Antiga do Instituto de Investigação Tropical, 2000.

BRAUNE, Bia; RIXA. *Almanaque da TV*. Rio de Janeiro: Ediouro, 2007.

BRESCIANI, Maria Stella. Metrópoles: as faces do monstro urbano (as cidades no século XIX). *Revista Brasileira de História*, n.8/9, ANPUH, 1985.

BRETAS, Marcos et al. *História das prisões no Brasil*. Rio de Janeiro: Rocco, 2009. 2v.

CAMPEDELLI, Samira Youssef. *A telenovela*. São Paulo: Ática, 2001.

CAMPOS, Pedro Henrique Pedreira. *A ditadura dos empreiteiros*: as empresas nacionais de construção pesada, suas formas associativas e o Estado ditatorial brasileiro – 1964-1985. Rio de Janeiro, 2012. Tese (Doutorado em História) – Universidade Federal Fluminense, Niterói.

CANCELLI, Elizabeth. *A cultura do crime e da lei:* 1889-1939. Brasília: EdUnB, 2001.

______. *O mundo da violência:* A polícia da Era Vargas. Brasília: EdUnB, 1993.

CARDOSO, Armando. *Anchieta:* mensageiro da vida. São Paulo: Loyola, 2001.

CARELLI, Rogério. *Efemérides carangolenses*. Viçosa (MG): Editora Folha de Viçosa, 2002.

CARONE, Edgar. *A segunda república*. São Paulo: Difel, 1974.

CAROS AMIGOS. *PCC*. São Paulo, ano X, n.28, 2006.

CARVALHO, José Murilo de. Passado, presente e futuro da corrupção brasileira. In: AVRITZER, Leonardo et al. (Org.). *Corrupção*: ensaios e crítica. Belo Horizonte: Editora da UFMG, 2008.

CARVALHO, Lúcia Helena. *A ponta do novelo* (Uma interpretação de Angústia de Graciliano Ramos). São Paulo: Ática, 1983.

CASTRO, Edna. Dinâmica socioeconômica e desmatamento na Amazônia. *Novos Cadernos NAEA*, Belém, v.8, n.2, p.5-39, dez. 2005.

CATECISMO DA IGREJA CATÓLICA §1867, Pecados que bradam aos céus. Disponível em: <http://www.oracoes.info/catecismo5.html>.

CAVAZZI DE MONTECÚCCOLO, Padre João Antonio. *Descrição histórica dos três reinos do Congo, Matamba e Angola* (1658). Lisboa: Junta de Investigações do Ultramar, 1965. v.I.

CENTENO, Miguel. The Centre Did not Hold: War in Latin America and the Monopolisation of Violence. In: DUNKERLEY, James (Org.). *Studies in the Formation of the Nation State in Latin America*. London: Institute of Latin American Studies, 2002. p.55-76.

CERQUEIRA, Daniel et al. Avaliando a efetividade da Lei Maria da Penha. 2015. Disponível em: <http://bit.ly/1bP8HXO>. Acesso em: 2 maio 2015.

CERQUEIRA, Dionísio. *Reminiscências da Campanha do Paraguai*. Rio de Janeiro: Biblioteca do Exército Editora, 1980.

CERQUEIRA, Gelba. *Trabalho escravo contemporâneo no Brasil.* Rio de Janeiro: Editora da UFRJ, 2008.

CÉSAR, Elben Magalhães Lenz. *Conversa com Lutero*: história e pensamento. Viçosa (MG): Ultimato, 2006.

CHALHOUB, Sidney. *Visões da liberdade:* uma história das últimas décadas da escravidão na Corte. São Paulo: Companhia das Letras, 2011.

CHAUNU, Pierre. *O tempo das Reformas (1250-1550):* a crise da cristandade. Lisboa: Ed. 70, 1993. v.I.

CIDH. Convenção de 9 de junho de 1994. Adotada em Belém do Pará, Brasil, em 9 de junho de 1994, no Vigésimo Quarto Período Ordinário de Sessões da Assembleia Geral. Convenção Interamericana para Prevenir, Punir e Erradicar a Violência Contra a Mulher. Disponível em: <http://bit.ly/1PMoqZl>. Acesso em: 24 out. 2015.

______. Relatório 54/01: Caso 12051 – Maria da Penha Maia Fernandes. Washington: OEA, 2001. Disponível em: <http://bit.ly/1PMqH6F>. Acesso em: 23 out. 2015.

CLADEM. Caso Maria da Penha, Brasil. 2002. Disponível em: <http://bit.ly/1MZWtLL>. Acesso em: 24 out. 2015.

CLEMMER, Donald. *The prison community.* Nova York: Rinehart & Company, 1958.

CNJ. O Poder Judiciário e a Aplicação na Lei Maria da Penha. Brasília: Conselho Nacional de Justiça, 2013. Disponível em: <http://bit.ly/1XK6Vds>.

COELHO, Edmundo Campos. *Oficina do diabo e outros estudos sobre criminalidade.* Rio de Janeiro: Record, 2005.

COMISSÃO DA VERDADE DO RIO. *Relatório.* Rio de Janeiro: CEV-Rio, 2015.

COMISSÃO NACIONAL DA VERDADE. *Relatório.* Brasília: CNV, 2014. v.I.

COMISSSÃO PARLAMENTAR MISTA ESPECIAL SOBRE SEGURANÇA PÚBLICA. *Relatório Final.* Brasília, abr. 2002.

CONSTANCIO, Francisco Solano. *História do Brasil:* desde o seu descobrimento por Pedro Álvares Cabral até a abdicação do imperador D. Pedro I. Paris: Livraria Portuguesa, 1839.

CORDARA, Giulio Cesare. *Istoria della vita e della gloriosa morte del Beato Ignazio de Azevedo.* Roma: Morini, 1854. p.6.

CRESPO, Marcelo Xavier de Freitas. Sobre os sites que divulgam dados pessoais: uma análise sob a perspectiva criminal. Canal Ciências Criminais (on-line). 29 jul. 2015. Disponível em: <http://canalcienciascriminais.com.br/artigo/sobre-os-sites-que-divulgam-dados-pessoais-uma-analise-sob-a-perspectiva-criminal/>.

______. As leis n.12.735/2012 e 12.737/2012 e os crimes digitais: acertos e equívocos legislativos. Canal Ciências Criminais (on-line). 24 jun. 2015. Disponível em: <http://canalcienciascriminais.com.br/artigo/as-leis-no-12-7352012-e-12-7372012-e-os-crimes-digitais-acertos-e-equivocos-legislativos/>.

______. Ataques DoS e DDoS: anotações em face do ordenamento jurídico penal brasileiro. Canal Ciências Criminais (on-line). 9 set. 2015. Disponível em: <http://canalcienciascriminais.com.br/artigo/ataques-dos-e-ddos-anotacoes-em-face-do--ordenamento-juridico-penal-brasileiro/>.

______. *Crimes digitais.* Saraiva: São Paulo, 2011.

______. Crimes digitais: do que estamos falando? Canal Ciências Criminais (on-line). 17 jun. 2015. Disponível em <http://canalcienciascriminais.com.br/artigo/crimes-digitais-do-que-estamos-falando/>.

______. Deep Web: o submundo do crime. Canal Ciências Criminais (on-line). 22 jul. 2015. Disponível em: <http://canalcienciascriminais.com.br/artigo/deep-web-o-submundo-do-crime/>

______. Sexting e revenge porn: por que precisamos falar sobre isso? Canal Ciências Criminais (on-line). 15 jul. 2015. Disponível em: <http://canalcienciascriminais.com.br/artigo/sexting-e-revenge-porn-por-que-precisamos-falar-sobre-isso/>.

CRESPO, Marcelo Xavier de Freitas; SANTOS, Coriolano Almeida Camargo. Uma breve história da internet e do Comitê Gestor da Internet no Brasil. Migalhas n.3.713, disponível em <http://www.migalhas.com.br/DireitoDigital/105,MI227866,101048-Uma+breve+historia+da+internet+e+do+Comite+Gestor+da+Internet+no>.

CUNHA, Manuela P. da. O bairro e a prisão: a erosão de uma fronteira. In: BRANCO, Jorge Freitas; AFONSO, Ana Isabel (Orgs.). *Retóricas sem fronteiras.* Lisboa: Celta, 2003. p.101-09.

D'ÉVREUX, Yves. *História das coisas mais memoráveis acontecidas no Maranhão nos anos de 1613-1614.* Brasília: Edições do Senado Federal, 2007.

DANIEL FILHO. *Antes que me esqueçam.* Rio de Janeiro: Guanabara, 1988.

______. *O circo eletrônico:* fazendo TV no Brasil. Rio de Janeiro: Jorge Zahar, 2001.

DAWSON, Myrna. Canadian trends in filicide by gender of the accused: 1961-2011. *Child Abuse & Neglect*, Atlanta, v.47, set. 2015, p.162-174. Disponível em: <http://bit.ly/1Q1VAnX>. Acesso em: 3 nov. 2015.

DEBORD, Guy. *Société du spectacle.* Paris: Champ Libre, 1971.

DEBRET, Jean-Baptiste. *Viagem pitoresca e histórica ao Brasil.* Trad. e notas de Sergio Milliet. Apres. de Lygia Fonseca F. da Cunha. Belo Horizonte (MG): Itatiaia/Edusp, 1989. 3v.

DELUMEAU, Jean. *História do medo no Ocidente, 1300-1800:* uma cidade sitiada. Trad. Maria Lucia Machado. São Paulo: Companhia das Letras, 1989.

______. *Le Catholicisme entre Luther et Voltaire.* Paris: PUF, 1994.

______. *Un Chemin d'Histoire, Chrétienté et Christianisation.* Paris: Fayard, 1981.

DENIS, Ferdinand. *Vieux Voyageurs français:* Ives d'Évreux, 1798-1890. Paris: H. Fournier, 1835.

DIAS, Camila C. N. *PCC:* Hegemonia nas prisões e monopólio da violência. São Paulo: Saraiva, 2013.

DICIONÁRIO HOUAISS DA LÍNGUA PORTUGUESA. Rio de Janeiro: Objetiva, 2001.

DOLHNIKOFF, Miriam. O lugar das elites regionais. *Revista USP*, n.58, p.116-33, jun.-ago. 2003.

DORATIOTO, Francisco. *Maldita guerra:* nova história da Guerra do Paraguai. São Paulo: Companhia das Letras, 2002.

DUNKER, Christian I. Lenz. *Mal-estar, sofrimento e sintoma:* uma psicopatologia do Brasil entre muros. São Paulo: Boitempo, 2015.

DUTRA, Francis A.; JOHNSON, Harold. "Pelo vaso traseiro": Sodomy and Sodomites. In: ______. *Luso-Brazilian History*. Tucson, Fenestra Books, 2007.

EGIDO, Teofánes (Org.). *Los jesuitas en el mundo hispánico*. Madrid: Fundación Carolina, 2004. v.I.

ELIAS, Norbert. *O processo civilizador*. Rio de Janeiro: Jorge Zahar, 1994.

ELTON, Geoffrey R. *A Europa durante a Reforma 1517-1559*. Lisboa: Presença, 1982.

ENGEL, Cíntia Liara et al. *Diagnóstico dos homicídios no Brasil:* subsídios para o Pacto Nacional pela Redução de Homicídios. Brasília: Ministério da Justiça, Secretaria Nacional de Segurança Pública, 2015. 271p. Disponível em: <http://glo.bo/1jStw9B>. Acesso em: 27 out. 2015.

FAUSTO, Boris. *Crime e cotidiano:* a criminalidade em São Paulo (1880-1924). São Paulo: Edusp, 2001.

FÁVERO, Maria de Lourdes A. *A UNE em tempos de autoritarismo*. Rio de Janeiro: Editora da UFRJ, 1995.

FELTRAN, G. *Fronteiras de tensão*: um estudo sobre política e violência nas periferias de São Paulo. Campinas, 2008. Tese (Doutorado em Sociologia). Instituto de Filosofia e Ciências Humanas da Universidade Estadual de Campinas.

FERNANDES, Ismael. *Memória da telenovela brasileira*. São Paulo: Brasiliense, 1994.

FERREIRA, Ivete Senise. A criminalidade informática. In: DE LUCCA, Newton; SIMÃO FILHO, Adalberto (Orgs.). *Direito & internet*: aspectos jurídicos relevantes. Bauru: Edipro, 2000.

FILGUEIRAS, Fernando. A tolerância à corrupção no Brasil: uma antinomia entre normas sociais e prática social. *Opinião Pública*, Campinas, v.15, n.2, nov. 2009, p.386-421.

FISCHER, Rosa Maria. *Poder e cultura em organizações penitenciárias*. São Paulo, 1989. Tese (Livre-Docência em Administração). Faculdade de Economia e Administração, Universidade de São Paulo.

FLORENTINO, Manolo; GÓES, José Roberto. *A paz das senzalas*: famílias escravas e tráfico atlântico, Rio de Janeiro, c.1790-c.1850. Rio de Janeiro: Civilização Brasileira, 1997.

FONAVID. Enunciados do VI Fórum Nacional de Juízes de Violência Doméstica e Familiar contra a Mulher. 2014. Disponível em: <http://bit.ly/1UndZtb>. Acesso em: 2 set. 2015.

FONTELES FILHO, Paulo. *Araguaianas:* as histórias que não podem ser esquecidas. São Paulo: Anita Garibaldi/Fundação Maurício Grabois, 2013.

FOUCAULT, Michel. *Vigiar e punir:* nascimento da prisão. Trad. Raquel Ramalhete. Petrópolis: Vozes, 1987.

FRAGOSO, João et al. (Orgs). *O Antigo Regime nos trópicos:* a dinâmica imperial portuguesa (séculos XVI- XVIII). Rio de Janeiro: Civilização Brasileira, 2010.

FRANCO, António. *Imagem da virtude em o noviciado da Companhia de Jesus no Real Collegio de Jesus de Coimbra em Portugal.* Évora: Officina da Universidade, 1719. v.II.

FREIRE, Felisbelo. *História de Sergipe* (1891). 2.ed. Petrópolis: Vozes/MEC, 1977.

FREYRE, Gilberto. *Casa-grande & senzala* (1933). Rio de Janeiro: Record, 1998.

FUNDAÇÃO JOÃO PINHEIRO. *Caracterização da população penitenciária do Rio de Janeiro e Minas Gerais.* Relatório de Pesquisa. Belo Horizonte: Fundação João Pinheiro, 1984, mimeo.

GALINA, Décio. Maria da Penha é uma sobrevivente. *TPM,* São Paulo, n.82, 2009. Disponível em: <http://bit.ly/1MdvG9F>. Acesso em: 27 out. 2015.

GARCIA, Leila Posenato et al. *Violência contra a mulher:* feminicídios no Brasil. 2013. Disponível em: <http://bit.ly/16Ic6gY>. Acesso em: 1. maio 2015.

GATES JUNIOR, Henry Louis. *Os negros na América Latina.* Trad. Donaldson M. Garschagen. São Paulo: Companhia das Letras, 2014.

GODÓI, Rafael. *Ao redor e através da prisão*: cartografias do dispositivo carcerário contemporâneo. São Paulo, 2010. Dissertação (Mestrado em Sociologia). Faculdade de Filosofia, Letras e Ciências Humanas da Universidade de São Paulo.

GÓES, Eda Maria. *A recusa das grades*: rebeliões nos presídios paulistas – 1982-1986. Assis, 1991. Dissertação (Mestrado em História). Faculdade de Ciências e Letras da Unesp.

GOFFMAN, Erving. *Manicômios, prisões e conventos.* São Paulo: Perspectiva, 2001.

GRAHAM, Richard. *Patronage and Politics in Nineteenth-Century Brazil.* Stanford: Stanford University Press, 1990.

GRECO FILHO, Vicente. Algumas observações sobre o direito penal e a internet. *Boletim do IBCCrim,* 8 (95), São Paulo, out. 2000.

GREEN, Viven. As guerras de religião em França. In: ______. *Renascimento e Reforma.* Lisboa: Dom Quixote, 1984.

GREGORI, Maria Filomena. Relações de violência e erotismo. Cad. Pagu, Campinas, n.20, p.87-120, 2003. FapUNIFESP (SciELO). DOI: 10.1590/s0104-83332003000100003. Disponível em: <http://bit.ly/1PmoEVC>. Acesso em: 6 nov. 2015.

GRINBERG, Keila. Reescravização, direitos e justiças no Brasil do século XIX. In: LARA, Silvia Hunold; MENDONÇA, Joseli Maria Nunes. *Direitos e justiças no Brasil.* Campinas: Editora da Unicamp, 2006.

GRUZINSKI, Serge. *A guerra das imagens.* De Cristóvão Colombo a Blade Runner (1492-2019). São Paulo: Companhia das Letras, 2006.

GUIMARÃES, Elione Silva. *Violência entre parceiros de cativeiro:* Juiz de Fora, segunda metade do século XIX. São Paulo: Fapeb/Annablume, 2006.

GUIMARÃES, Roberta Sampaio. *A alma das coisas:* patrimônios, materialidades e ressonância. Rio de Janeiro: Mauad/FAPERJ, 2013.

GURGEL, Roberto Mauro. *História da UNE:* depoimento de ex-dirigentes. São Paulo: Livramento, 1980. v.1. Coleção História Presente, 4. p.55-64.

HAMBURGER, Esther. Diluindo fronteiras: a televisão e as novelas do cotidiano. In: NOVAIS, Fernando; SCHWARCZ, Lília Moritz (Orgs.). *História da vida privada no Brasil 4:* Contrastes da intimidade contemporânea. São Paulo: Companhia das Letras, 1998.

______. *O Brasil antenado.* A sociedade da novela. Rio de Janeiro: Jorge Zahar Editor, 2005.

HARTOG, François. *Regimes d'historicité:* présentisme et expériences du temps. Paris: Seuil, 2003.

HAYNER, Norman S.; ASH, Ellis. The prison as a community. *American Sociological Review,* v.5, n.4, ago. 1940, p.577-83.

HEISE, Lori L.; KOTSADAM, Andreas. Cross-national and multilevel correlates of partner violence: an analysis of data from population-based surveys. *The Lancet Global Health,* London, v.3, n.6, p.332-340, jun. 2015. Elsevier BV. DOI: 10.1016/s2214-109x(15)00013-3. Disponível em: <http://bit.ly/1Gma7qS>. Acesso em: 10 maio 2015.

HERRERA, Ricardo A. *For Liberty and the Republic:* The American Citizen as Soldier, 1775-1861. Nova York: New York University Press, 2015.

HILLSMAN, Sally T. Fines and Day Fines. *Crime and Justice,* Chicago, v.12, p.49-98, 1990. Disponível em: <http://www.jstor.org/stable/1147438>. Acesso em: 5 nov. 2015.

HOLLOWAY, Thomas H. *Policing Rio de Janeiro:* Repression and Resistance in a 19th century city. Stanford: Stanford University Press, 1993.

HUNGRIA, Nélson; FRAGOSO, Heleno Cláudio. *Comentários ao código penal*: decreto-lei n.2.848, de 7 de dezembro de 1940. 6.ed. Rio de Janeiro: Forense, 1983. 2v.

INSTITUTO DE ESTUDOS BRASILEIROS/USP. Acervo Graciliano Ramos. Série Recortes.

IZECKSOHN, Vitor. *Slavery and War in the Americas:* Race, Citizenship, and State Building in the United States and Brazil, 1861-1870. Charlotessville: University of Virginia Press, 2014.

JARDIM, João. Conversa. 2011. Disponível em: <http://bit.ly/1W9wfHe>. Acesso em: 23 out. 2015.

JENNINGS, Andrews. *Brasil em jogo:* o que fica da Copa e das Olimpíadas. São Paulo: Boitempo, 2014.

JIMENO, Myriam. *Crimen pasional:* contribución a una antropología de las emociones. Bogotá: Universidad Nacional de Colombia, 2004.

JOHANN, Karyne. *Escravidão, criminalidade e justiça no Sul do Brasil:* Tribunal de Relação de Porto Alegre. Porto Alegre, 2006. 135f. Dissertação (Mestrado em História) – Pontifícia Universidade Católica do Rio Grande do Sul.

JOZINO, Josmar. *Casadas com o crime.* São Paulo: Letras do Brasil, 2008.

KARNAL, Leandro. *Teatro da fé:* representação religiosa no Brasil e no México do século XVI. São Paulo: Hucitec, 1998.

KELLNER, Douglas. *A cultura da mídia.* Trad. Ivone Castilho Benedetti. Bauru: Edusc, 2001.

LA CHÂTRE, Maurice. *Histoire des Papes, crimes, meurtres, empoisonnements, parricides, adultères, incestes, depuis Saint Pierre jusqu'*à Grégoire XVI. Paris: Vve Dondey-Dupré impr., 1842.

LACOUTURE, Jean. *Jésuites.* Paris: Seuil, 1991. v.I.

LAGE, Lane; NADER; Maria. Violência contra a mulher: da legitimação à condenação social. In: PINSKY, C.; PEDRO, J. (Eds.). *Nova história das mulheres no Brasil.* São Paulo: Contexto, 2012. p.286-312.

LANGLAND, Victória. "Neste luto começa a luta": la muerte de estudiantes y la memória. In: JELIN, Elizabeth; SEMPOL, Diego (Orgs.). *El passado en el futuro:* los movimientos juveniles. Buenos Aires: Siglo XXI, 2006. p.21-62. Colección Memórias de la Represión.

LARA, Silvia Hunold. *Campos da violência.* São Paulo: Paz e Terra, 1988.

______. Para além do cativeiro: legislação e tradições jurídicas sobre a liberdade no Brasil escravista. In: FONSECA, Ricardo Marcelo; SEELAENDER, Airton Cerqueira Leite (Orgs.). *História do Direito em perspectiva:* do antigo regime à modernidade jurídica. Curitiba: Juruá Editora, 2008.

LAVABRE, Marie-Claire. *Le fil rouge:* sociologie de la mémoire communiste. Paris: Presses de Sciences Po, 1994.

LE GOFF, Jacques. *História e memória.* 5.ed. Campinas: Editora da Unicamp, 2003.

LEITE, Serafim. A grande expedição missionária dos mártires do Brasil. In: ______. *Novas páginas de história do Brasil.* Lisboa: Academia Portuguesa da História, 1962.

______. *Cartas dos primeiros jesuítas do Brasil.* São Paulo: Comissão do IV Centenário da cidade de São Paulo, 1954. 3v.

______. Ditoso sucesso do P. Inácio de Azevedo Provincial do Brasil e dos que iam em sua companhia [carta inédita do P. Pero Dias, da Ilha da Madeira, 18 de agosto de 1570. *Brotéria* 43 (1946), p.193-200.

______. *História da Companhia de Jesus no Brasil.* Lisboa/Rio de Janeiro: Portugália/INL, 1938-1949. v.I e II.

______. *Monumenta Brasiliae IV* (1563-1568). Roma: ARSI, 1960.

______. *Monumenta Brasiliae V:* Compementa Azevediana I. Roma: ARSI, 1968.

LEMGRUBER, Julita. Reincidência e reincidentes penitenciários no sistema penal do Rio de Janeiro. *Revista da Escola do Serviço Penitenciário*, Porto Alegre, ano I, 1(2): 45-76.

LÉRY, Jean. *Viagem à terra do Brasil* (1578). Rio de Janeiro: Biblioteca do Exército Editora, 1961.

LESSING, Benjamin. As facções cariocas em perspectiva comparada. *Novos Estudos Cebrap*, São Paulo, n.80, mar. 2008, p.43-62.

LESTRINGANT, Frank. *Le Brésil d'André Thevet: Les singularités de la France Antarctique (1557).* Paris: Éditions Chandeigne, 1997.

LEVER, Maurice. *Les Bûchers de Sodome.* Paris: Fayard, 1985.

LIBÂNIO, João Batista. *Igreja contemporânea:* encontro com a modernidade. São Paulo: Loyola, 2000.

LOPES, José Reinaldo de Lima. Governo misto e abolição de privilégios: criando o judiciário imperial. In: OLIVEIRA, Cecília Helena de Salles; BITTENCOURT, Vera Lúcia Nagib; COSTA, Wilma Peres (Orgs.). *Soberania e conflito*: configurações do Estado Nacional no Brasil do século XIX. São Paulo: Hucitec/Fapesp, 2010.

LOSANO, Mário G. O curso trienal de informática jurídica na Universidade do Piemonte Oriental. *Prima Facie: Direito, História e Política* 3 (4), João Pessoa, 2004.

LUCAS, William J. (Org.). *Domestic Violence Death Review Committee:* 2013-14 Annual Report. Ontário: Office of the Chief Coroner for Ontario, 2015. Disponível em: <http://bit.ly/1Q1Wa50>. Acesso em: 4 nov. 2015.

MacCORMICK, Austin H. Behind the prison riot. *The Annals of the American Academy of Political and Social Science*, v.293, maio 1954, p.17-27.

MACHADO, Dyonélio. *O cheiro de coisa viva:* Entrevistas, reflexões dispersas e um romance inédito. Rio de Janeiro: Graphia Editorial, 1995.

______. *Os ratos.* São Paulo: Ática, 1995.

______. *Uma definição biológica do crime.* Porto Alegre: Livraria O Globo, 1933.

MACHADO, Maria Helena Pereira Toledo. *Crime e escravidão*: trabalho, luta e resistência nas lavouras paulistas, 1830-1888. São Paulo: Brasiliense, 1987.

______. *O plano e o pânico:* os movimentos sociais na década da abolição. 2.ed. São Paulo: Editora da Universidade de São Paulo, 2010.

MACHADO, Marta Rodriguez de A. (Coord.). *A violência doméstica fatal:* o problema do feminicídio íntimo no Brasil. Brasília: Secretaria de Reforma do Judiciário, Ministério da Justiça, 2015.

MAIA, Clarissa Nunes et al. *História das prisões no Brasil.* Rio de Janeiro: Rocco, 2009. 2v.

MAIOR, Marcel Souto. *Almanaque TV Globo*. São Paulo: Globo, 2006.

MARCUSE, Herbert. *Repressive tolerance*. Londres: Jonathan Cape, 1974.

MARIANO, R. Laicidade à brasileira: católicos, pentecostais e laicos em disputa na esfera pública. *Revista Civitas*. Porto Alegre. v.11, n.2, 2011, p.238-58.

MARQUES, Adalton José. *Crime, proceder, convívio-seguro*: um experimento antropológico a partir da relação entre ladrões. São Paulo, 2010. Dissertação (Mestrado em Antropologia Social). Faculdade de Filosofia, Letras e Ciências Humanas, Universidade de São Paulo.

MARQUES, Garcia; MARTINS, Lourenço. *Direito da informática*. Coimbra: Almedina, 2000.

MARTIN-BARBERO, Jesús. *Dos meios às mediações:* comunicação, cultura e hegemonia. Trad. Ronald Polito; Sérgio Alcides. Rio de Janeiro: Editora da UFRJ, 2009.

MARTINS FILHO, João Roberto. *A rebelião estudantil*: México, França, Brasil 1968. Campinas: Mercado das Letras, 1996.

MARTINS, André Saboia; OSMO, Carla; MELO, Carolina de Campos. Aportes y repercusiones del informe de la comisión nacional de la verdad. *Revista Puentes*, Jun. 2015. Edición Especial. 15 años. La Plata, Argentina: Comisión Provincial por la memória, 2015.

MARY, André. *Os antropólogos e a religião*. Trad. Lúcia Mathilde Endlich Orth. São Paulo: Ideias e Letras, 2015.

MATOS, Alderi de Souza. Breve história do Protestantismo no Brasil. *Vox Faifae – Revista de Teologia da Faculdade Faifa*, v.3, n.1, p.1-26, 2011. Disponível em: <http://www.faifa.edu.br/revista/index.php/voxfaifae/article/view/27/46>. Acesso em: 24 jul. 2016.

MAUSS, Marcel. Ensaio sobre a dádiva. In: *Sociologia e antropologia*. São Paulo: Edusp, 1974.

MCBRIEN, Richard P. *Os papas de São Pedro a João Paulo II*. São Paulo: Loyola, 2000.

McCANN, Frank D. The Nation in Arms: Obligatory Service During the Early Republic. In: ALDEN, Dauril; DEAN, Warren (Orgs.). *Essays concerning the History of Brazil and Portuguese India*. Gainesville: University Presses of Florida, 1977. p.211-43.

McCORKLE, Lloyd W.; KORN, Richard. Resocialization within walls. *The Annals of the American Academy of Political and Social Science*, v.293, maio 1954, p.88-98.

MELLO E SOUZA, Laura de. (Org). *História da vida privada no Brasil:* cotidiano e vida privada na América Portuguesa. São Paulo: Companhia das Letras, 1997. V.1.

______. *A feitiçaria na Europa moderna*. São Paulo: Ática, 1987. Série Princípios.

______. *Inferno atlântico*. Demonologia e colonização, século XVI-XVIII. São Paulo: Companhia das Letras, 1993.

______. *O diabo e a terra de Santa Cruz:* feitiçaria e religiosidade popular no Brasil colonial. São Paulo: Companhia das Letras, 1986.

MESSADIÉ, Gerald. *A History of the Devil.* Translate from the French by Marc Romano. New York: Kodansha International, 1996.

MICHAELIS – MODERNO DICIONÁRIO DA LÍNGUA PORTUGUESA. São Paulo: Melhoramentos, 1998.

MINISTÉRIO PÚBLICO DE PERNAMBUCO, Promotores Públicos. *O cotidiano de defesa da legalidade:* a Guerra do Paraguai e os "voluntários da pátria". Transcrição de documentos manuscritos (1865-1866). Arquivo Público Estadual João Emerenciano. Recife-PE.

______., Promotores Públicos. *O cotidiano de defesa da legalidade:* o flagelo da seca no sertão da província. Transcrição de documentos manuscritos (1867-871). Arquivo Público Estadual João Emerenciano. Recife-PE.

MIRA, Maria Celeste. *Circo eletrônico:* o Silvio Santos e o SBT. São Paulo: Olho D'Água/Loyola, 1995.

MONTAIGNE. *Ensaios*. São Paulo: Abril Cultural, 1972.

MORAES E SILVA, Antônio de. *Diccionário de língua portuguesa*. Lisboa: Typographia Lacerdina, 1789.

MORAES, Reginaldo. *Neoliberalismo:* de onde vem, para onde vai? São Paulo: Editora do Senac, 2001.

MOREIRA, Frei Felipe Moreira. *Sermão do Auto de Fé*. Lisboa: Biblioteca Nacional de Lisboa. Reservado 3243, 25 jun. 1645.

MOREIRA, Orlandil de Lima; SANTIAGO, Idalina Maria Freitas Lima. Vem pra rua: os protestos de junho. In: SOUSA, Cidoval Morais de; SOUZA, Arão de Azevêdo (Orgs.). *Jornadas de junho*: repercussões e leituras. Campina Grande: EDUEPB, 2013, p.13-21.

MORÓN LERMA, Esther. *Internet y derecho penal:* hacking y otras conductas ilícitas en la red. Pamplona: Aranzadi, 1999.

MOTT, Luiz. *A Inquisição em Sergipe*. Aracaju: Fundesc, 1989.

______. *A Inquisição no Maranhão*. São Luís: Editora da Universidade Federal do Maranhão, 1994.

______. Etno-historia de la homosexualidad en América Latina. *Historia y Sociedad*, Universidade Nacional de Colombia, Medelín, dez. 1997.

______. *História em revista*, Universidade Federal de Pelotas, v.4, dez. 1998.

______. *Justitia et Misericordia*: a Inquisição portuguesa e a repressão ao nefando pecado de sodomia. In: NOVINSKY, Anita et al. (Eds.). *Inquisição:* ensaios sobre mentalidade, heresias e arte. São Paulo: Edusp/Expressão e Cultura, 1992.

______. Pagode português: a subcultura gay em Portugal nos tempos da Inquisição. *Ciência e Cultura*, v.40, fev. 1980.

______. Relações raciais entre homossexuais no Brasil colonial. *Revista de Antropologia*, Universidade de São Paulo, 1992, v.35.

______. Terror na Casa da Torre: tortura de escravos na Bahia colonial. In: REIS, João José (Org.). *Escravidão e invenção da liberdade:* estudos sobre o negro no Brasil. São Paulo: Brasiliense, 1988.

______. Três sonetos seiscentistas sobre São Cristóvão de Sergipe del Rey. In: MOTT, Luiz. *Sergipe colonial e imperial:* religião, família, escravidão e sociedade. Aracaju: Editora UFS, 2011.

MÜLLER, Angélica. "Você me prende vivo, eu escapo morto": a comemoração da morte de estudantes na resistência contra o regime militar. *Rev. Bras. Hist.*, 2011, v.31, n.61, p.167-84.

______. 1968: memória dos atores e seus reflexos. *História Oral*: Revista da Associação Brasileira de História Oral, Rio de Janeiro, n.10, p.51-64, dez. 2008.

______. *Le mouvement étudiant au Brésil:* résonnances françaises et leurs spécificités. *Matériaux pour l'Histoire de Notre Temps*, Nanterre, Bibliothèque de Documentation Internationale Contemporaine (BDIC), n.94, p.78-84, avril/juin 2009.

MURAD, Mauricio. *Sociologia e educação física*. Rio de Janeiro: FGV, 2009.

MURPHY, Roseanne. *Mártir da Amazônia:* a vida da Ir. Dorothy Stang. São Paulo: Paulus, 2008.

NÓBREGA, Manoel da. *Cartas do Brasil e mais escritos do Padre Manoel da Nóbrega*. Belo Horizonte: Itatiaia, 2000.

NUNES, Maria Thetis. *Sergipe colonial*. Aracaju: Editora UFS, 2006.

O'MALLEY, John W. *Os primeiros jesuítas*. Bauru/SP: Edusc, 2004.

O'NEILL, Charles E.; DOMÍNGUEZ, Joaquim M. *Diccionario Histórico de la Compañía de Jesus:* biográfico-temático. Roma/Madrid: Institutum Historicum/ Universidad Pontificia Comillas, 2001.

OLIVEIRA SOBRINHO, J. B. de. *O Livro do Boni*. Rio de Janeiro: Casa da Palavra, 2011.

OLIVEIRA, Eleonora Menicucci de; VIANNA, Lucila Amaral Carneiro. Violência conjugal na gravidez. *Estudos Feministas*, Florianópolis, v.1, n.1, p.162, jan. 1993. ISSN 0104-026X. Disponível em: <http://bit.ly/1MfxGV7>. Acesso em: 23 out. 2015.

ORDENAÇÕES AFONSINAS, Livro V, título XVII; Ordenações Manuelinas, Livro V, título XII; Ordenações Filipinas, Livro V, título XIII. Apud AGUIAR, A. A. Evolução da pederastia e do lesbismo na Europa, *Separata de Arquivo da Universidade de Lisboa*, v.XI, 1926.

ORTIZ, Renato et al. *Telenovela*: história e produção. São Paulo: Brasiliense, 1991.

OSSWALD, Maria Cristina. Aspectos de devoção e iconografia dos Quarenta Mártires do Brasil entre os sécs. XVI e XIX. *Via Spiritus*, 15 (2008), p.249-68.

______. O martírio de Inácio de Azevedo e dos seus trinta e nove companheiros (1570) na hagiografia da Companhia de Jesus entre os séculos XVI e XIX. *Cultura – Revista de História e Teoria das Ideias* [on-line], v.27, 2010.

PAIVA, Marcelo Rubens. *Ainda estou aqui*. Rio de Janeiro: Objetiva, 2015.

______. *Feliz ano velho*. São Paulo: Círculo do Livro, [s.d.].

PAIXÃO, Antonio Luiz. *Castigar ou punir?* Como o Estado trata o criminoso. São Paulo: Ática, 1987.

PARDUE, Doug et al. *Till Death do us Part:* Post and Courier Special Investigation. 2015. Disponível em: <http://www.postandcourier.com/tilldeath/title.html>. Acesso em: 5 maio 2015.

PATIAS, Jaime Carlos. *O espetáculo da violência no telejornal sensacionalista:* uma análise do *Brasil Urgente*. São Paulo, 2005. Dissertação (Mestrado) – Faculdade Cásper Líbero.

PEREIRA, Wagner Pinheiro. A história da televisão, História da televisão no Brasil e O futuro da televisão brasileira no século XXI. In: *Guia A História:* televisão. São Paulo: on-line, 2016.

PERROT, Michelle (Coord.). *L'impossible prison*. Paris: Seuil, 1980.

PIMENTEL, José Ernesto; MARIZ, Silviana Fernandez; FONTELES NETO, Francisco Linhares. Cárceres, cadeias e o nascimento da prisão no Ceará. In: MAIA, Clarissa Nunes et al. *História das prisões no Brasil*. Rio de Janeiro: Rocco, 2009. p.155-84. v.2.

PINTO, Luiz Maria da Silva. *Dicionário da Língua Brasileira por Luiz Maria da Silva Pinto, natural da Província de Goyaz*. Lisboa: Typographia de Silva, 1832.

PIROLA, Ricardo. *A lei de 10 de junho de 1835:* justiça, escravidão e pena de morte. Campinas, 2012. Tese (Doutorado em História) – Universidade Estadual de Campinas.

PNUD (Ed.). Feminicídio é tema de pesquisa da FGV-SP, por meio de projeto do MJ em parceria com PNUD. Disponível em: <http://pnud.org.br/Noticia.aspx?id=4061>. Acesso em: 9 maio 2015.

POERNER, Arthur José. *O poder jovem:* história da participação política dos estudantes brasileiros. Rio de Janeiro: Civilização Brasileira, 1968.

POLLAK, Michael. Memória e identidade social. *Revista de Estudos Históricos*, Rio de Janeiro, FGV, v.5, n.10, p.200-15, 1992.

POSSIDONIO, Eduardo. *Calundus, batuques e mandingas:* religiosidade centro-africana nas freguesias do Rio de Janeiro (1808-1900). Niterói, 2015. Dissertação (Mestrado em História) – Universidade Salgado de Oliveira.

PRADO JUNIOR, Caio. *Formação do Brasil contemporâneo*. São Paulo: Companhia das Letras, 2011.

PRIORE, Mary Del. *História da gente brasileira*. São Paulo: Leya, 2016. V.1. Colônia.

______. *Religião e religiosidade no Brasil colonial*. São Paulo: Ática, 1994. Série História em Movimento.

PROVENÇAL, Lucien. *Les Français Au Brésil:* La Ravardière et la France Équinoxiale. Paris: Edilivre, 2011.

RADSACK, Randolpho. *Escravidão, criminalidade e cotidiano:* Santa Luzia do Carangola – MG (1880-1888). Niterói, 2012. Dissertação (Mestrado em História) – Universidade Salgado de Oliveira.

RAMALHO, José Ricardo. *O mundo do crime*: A ordem pelo avesso. São Paulo, Ibccrim, [1976] 2002.

RAMONET, Ignácio. *A tirania da comunicação*. Rio de Janeiro: Vozes, 1999.

RAMOS, Graciliano. *Angústia*. Rio de Janeiro: José Olympio, 1936,

______. *Garranchos:* Textos inéditos de Graciliano Ramos. Org. Thiago Mio Salla. Rio de Janeiro/São Paulo: Record, 2012.

______. *Linhas tortas*. São Paulo: Record, 1983.

______. *Memórias do cárcere*. São Paulo: Livraria Martins, 1960. 2v.

RANKE, Leopold Von. *Historia de los papas*. México: Fondo de Cultura Económica, 1997.

RAQUENA, Antonio. Notícias y consideraciones sobre las anormalidades sexuales de los aborigenes americanos: sodomia. *Acta Venezolana*, t.I, n.1, jul.-set. 1945.

REDE GLOBO DE TELEVISÃO. *Dicionário da TV Globo:* Programas de dramaturgia & entretenimento. Rio de Janeiro: Jorge Zahar, 2003. v.1.

______. *Guia ilustrado TV Globo*: novelas e minisséries. Rio de Janeiro: Jorge Zahar, 2010.

REIS, Daniel A.; MORAES, Pedro de. *1968:* a paixão de uma utopia. 3.ed. Rio de Janeiro: FGV, 2008.

REIS, Daniel Aarão (Coord.). *História do Brasil Nação:* modernização, ditadura e democracia (1964-2010). Rio de Janeiro/Madrid: Objetiva/Fundação Mapfre, 2014.

REIS, João José. *Domingos Sodré, um sacerdote africano:* escravidão, liberdade e candomblé na Bahia do século XIX. São Paulo: Companhia das Letras, 2008.

______. *Rebelião escrava no Brasil*: a história do Levante dos Malês em 1835. Ed. rev. e ampl. São Paulo: Companhia das Letras, 2003.

REIS, João José; SILVA, Eduardo. *Negociação e conflito:* a resistência negra no Brasil escravista. São Paulo: Companhia das Letras, 1989.

REVISTA DE HISTÓRIA DA BIBLIOTECA NACIONAL. Evangélicos. A fé que seduz o Brasil. n.87, dez. 2012.

REVISTA ÉPOCA. Filhos de Rubens Paiva falam sobre o dia em que o pai não voltou. Disponível em: <http://epoca.globo.com/vida/noticia/2015/08/filhos-de-rubens-paiva-falam-sobre-o-dia-em-que-o-pai-nao-voltou.html>. Acesso em: 20 jan.2016.

REZENDE FIGUEIRA, Ricardo. *Pisando fora da própria sombra:* a escravidão por dívida no Brasil. Rio de Janeiro: Civilização Brasileira, 2004.

______. *Rio Maria:* canto da terra. Ed. rev. Rio de Janeiro: Civilização Brasileira, 2008.

RIBEIRO, Ana Paula; SACRAMENTO, Igor; ROXO, Marco (Orgs.). *História da televisão no Brasil*: do início aos dias de hoje. São Paulo: Contexto, 2010.

RICHEOME, Louis. *La peinture spirituelle*. Lyon: Pierre Rigau, 1611.

RINALDI, Alessandra de Andrade. *A sexualização do crime no Brasil.* Rio de Janeiro: Mauad X, 2015.

RIVIÈRE, Claude. *Socioantropologia das religiões.* Trad. Saulo Krieger. São Paulo: Ideias e Letras, 2013.

RMJ. *Relatório do Ministério da Justiça apresentado à Assembléa Geral Legislativa na segunda sessão da décima terceira legislatura pelo respectivo ministro e secretário de Estado Martin Francisco Ribeiro de Andrada.* Rio de Janeiro: Typographia Perseverança, 1868.

______. *Relatório do Ministério da Justiça apresentado à Assembléa Geral Legislativa na primeira sessão da décima quarta legislatura pelo respectivo ministro e secretário de Estado José Martiniano de Alencar.* Rio de Janeiro: Typographia Progresso, 1869.

ROMEO CASABONA, Carlos María. *Poder informático y seguridad jurídica.* Madrid: Los Livros de Fundesco, 1987.

ROVIRA DEL CANTO, Enrique. *Delincuencia informática y fraudes informáticos.* Granada: Comares, 2002.

RPB. *Relatório com que abriu a Assembléa Legislativa provincia da Bahia o excellentissimo senhor doutor José Nascentes de Azambuja, no dia 1º de março de 1868.* Bahia: Typographia de Tourinho & Comp., 1868.

RPC. *Relatório apresentado a Assembleia Legislativa Provincial pelo primeiro vice-presidente desta província o excelentíssimo senhor doutor Sebastião Gonçalves da Silva no dia 4 de julho de 1867.* Fortaleza: [s.n.: s.d.].

RPM. *Relatorio que o exm. snr. presidente da provincia, dr. Lafayette Rodrigues Pereira, apresentou á Assembléa Legislativa Provincial por occasião de sua abertura no dia 3 de maio de 1866.* São Luiz: Typographia do Frias, 1866.

RPPA. *Relatório apresentado à Assembléa Legislativa Provincial da Parahyba do Norte pelo segundo vice-presidente, exm. sr. Barão de Maráu, em 5 de agosto de 1867.* Parahyba: Tipographia Liberal Parahybana, 1867.

RPPE. *Relatório apresentado à Assembléa Legislativa Provincial da Parahyba do Norte pelo segundo vice-presidente, exm. sr. barão de Maráu, em 5 de agosto de 1867.* Parahyba:Tipographia Liberal Parahybana, 1867.

SALLA, Fernando. As rebeliões nas prisões: novos significados a partir da experiência brasileira.

______. Considerações sociológicas sobre o crime organizado no Brasil. *Revista Brasileira de Ciências Criminais,* São Paulo, v.71, 2008, p.364-90.

______. De Montoro a Lembo: as políticas penitenciárias em São Paulo. *Revista Brasileira de Segurança Pública,* São Paulo, ano 1, n.1, 2007, p.72-90.

______. Os impasses da democracia brasileira: O balanço de uma década de políticas para as prisões no Brasil. *Lusotopie*, 2003, p.419-35.

SAMPAIO, Gabriela dos Reis. *Juca Rosa*: um pai de santo na Corte Imperial. Rio de Janeiro: Arquivo Nacional, 2009.

SANTA RITA DURÃO, Frei José. *Caramuru*: poema épico do descobrimento da Bahia. Lisboa: Regia Oficina Tipográfica, 1781.

SAUER, Sérgio. *Violação dos direitos humanos na Amazônia:* conflitos e violência na fronteira paraense. Goiânia/Rio de Janeiro/Curitiba: Comissão Pastoral da Terra/Justiça Global/Terra de Direitos, 2005.

SCHRAG, Clarence. Leadership among prison inmates. *American Sociological Review*, v.19, n.1, fev. 1954, p.37-42.

SERBIN, Kenneth. *Padres, celibato e conflito social:* uma história da Igreja Católica no Brasil. São Paulo: Companhia das Letras, 2008.

SEVCENKO, Nicolau. Perfis urbanos terríveis em Edgar Allan Poe. *Revista Brasileira de História*. São Paulo, v.5, n.8/9, set. 1984-abr. 1985.

SIEBER, Ulrich. Criminalidad informática: peligro y prevención. In: MIR PUIG, Santiago (Org.). *Delincuencia informática*. Barcelona: PPU, 1992.

______. Documentación para una aproximación al delito informático. In: MIR PUIG, Santiago (Org.). *Delincuencia informática*. Barcelona: PPU, 1992.

______. *The International Handbook on Computer Crime*. Nova York: John Wiley Sons, 1986.

SILVA, Deonísio da. *De onde vêm as palavras:* origens e curiosidades da língua portuguesa. 17.ed. Rio de Janeiro: Lexikon Editorial, 2014.

SILVA, Marcelo de Souza. *Homicídios na comarca de Uberaba*: Minas Gerais, 1872-1892. Rio de Janeiro, 2008. Tese (Doutorado em História) – Universidade Federal do Rio de Janeiro.

SILVA, Vagner Gonçalves da. *Exu, o senhor de muitos nomes*. São Paulo, 2014. Tese (Livre--Docência). Universidade de São Paulo.

SINGER, André. Classes e ideologias cruzadas. *Novos Estudos CEBRAP*, São Paulo, n.97, nov. 2013, p.23-40.

SKIDMORE, Thomas. *Brasil*: de Getúlio a Castelo. 14.ed. Rio de Janeiro: Paz e Terra, 2007.

SLEMIAN, Andréa. Um Império entre Repúblicas? Independência e construção de uma legitimidade para a monarquia constitucional no Brasil (1822-1834). In: OLIVEIRA, Cecília Helena de Salles; BITTENCOURT, Vera Lúcia Nagib; COSTA, Wilma Peres (Orgs.). *Soberania e conflito:* configurações do Estado Nacional no Brasil do século XIX. São Paulo: Hucitec/Fapesp, 2010.

SOARES, Joannis Alvares. *Tribunale Perfectumsive Comentaria ad Regimen Sancti Officii Regni Portugaliae*. Manuscritos da Livraria, Arquivo Nacional da Torre do Tombo, n.1358-1359, t.I, gloss.38.

SOBRAL, Luís de Moura. Espiritualidade e propaganda nos programas iconográficos dos jesuítas portugueses. *Actas do Colóquio Internacional "A Companhia de Jesus na*

*Península Ibéria nos séculos XVI e XVII*". Porto: Faculdade de Letras da Universidade do Porto/ Instituto de Cultura Portuguesa, 2004. v.2, p.385-415.

SODRÉ, Muniz; PAIVA, Raquel. *O império do grotesco*. Rio de Janeiro: Mauad, 2002.

SOIHET, Rachel. Mulheres pobres e violência no Brasil urbano. In: PRIORE, Mary del; PINSKY, Carla Bassanezi. *História das mulheres no Brasil*. São Paulo: Contexto, 2013. p.362-400.

SOUSA, Gabriel Soares. *Tratado descritivo do Brasil em 1587*. São Paulo: Companhia Editora Nacional, 1971.

SOUZA, Fátima. *PCC*: a facção. Rio de Janeiro: Record, 2007.

SOUZA, Percival de. *O sindicato do crime*: PCC e outros grupos. Rio de Janeiro: Ediouro, 2006.

SOUZA, Tatiana Machiavelli Carmo; SABINI, Kelen. Mas o que é o amor? Representações sociais em mulheres em contexto de violência doméstica. *Perspectivas em Psicologia*, Uberlândia, v.19, n.1, p.162-178, 2015. Disponível em: <http://bit.ly/1G-NqAQ2>. Acesso em: 18 out. 2015.

STEIN, Arthur A.; RUSSET, Bruce M. Evaluating War: Outcomes and Consequences. In: GUN, Ted Robert (Ed.). *Handbook of Political Conflict:* Theory and Research. Nova York: Free Press, 1980. p.399-422.

SUPREMO TRIBUNAL FEDERAL. Juiz deve ouvir apenas testemunhas listadas pela PGR no caso Rubens Paiva. Disponível em: <http://www.stf.jus.br/portal/cms/verNotciaDetalhe.asp?idConteudo=304838>. Acesso em: 11.ago.2016

SYKES, Gresham M. *The society of captives*: A study of a maximum security prison. Princeton: Princeton University Press, 1974.

TELLES, Balthazar. *Chronica da Companhia de Iesu, na provincia de Portugal*. Lisboa: Paulo Craesbeeck, 1645.

THEVET, André. *Singularidades da França Antártica* (1557). São Paulo: Companhia Editora Nacional, 1944.

THOMPSON, Augusto. *A questão penitenciária*. Rio de Janeiro: Forense, [1976] 2002.

TILLY, Charles. War Making and State Making as Organized Crime. In: EVANS, Peter; RUESCHEMEYER, Dietrich; SKOCPOL, Theda (Orgs.). *Bringing the State Back In*. Cambridge (MA): Cambridge University Press, 1985. p.169-91.

TITTLE, Charles R. Inmate organization: Sex differentiation and the influence of criminal subcultures. *American Sociological Review*, v.34, n.4, 1969, p.492-505.

TRIGO, Pedro. *Criação e história*. Petrópolis: Vozes, 1988.

TROELTSCH, Ernst. *El protestantismo y el mundo moderno*. México: Fondo de Cultura Económica, 2005.

TUBINO, Manoel. *O que é esporte*. São Paulo: Brasiliense, 1993.

UNITED NATIONS. Resolution 34/180, de 18 dec. 1979. The Convention on the Elimination of all Forms of Discrimination Against Women. Disponível em: <http://bit.ly/1WiW8V0>. Acesso em: 29 out. 2015.

UNITED NATIONS. The Committee on the Elimination of Discrimination against Women. 1996. Disponível em: <http://bit.ly/1jRCoML>. Acesso em: 30 out. 2015.

USEEM, Bert; KIMBALL, Peter A. A theory of prison riots. *Theory and Society*, n.16, 1987, p.87-122.

______. *States of siege*. Oxford: Oxford University Press, 1989.

VAINFAS, Ronaldo. Pactos Misteriosos. Entrevista. *Revista de História da Biblioteca Nacional.* Ano 5, n.56, p.32-7, maio 2010

______. *Trópico dos pecados:* moral, sexualidade e Inquisição no Brasil. Rio de Janeiro: Campus, 1989.

VALLE, Maria R. do. *1968:* o diálogo é a violência. Campinas: Editora da Unicamp, 1999

VARJÃO, Suzana. *Violações de direitos na mídia brasileira*. Brasília (DF): ANDI, 2015. 3v.

VELLASCO, Ivan de Andrade. *As seduções da ordem:* violência, criminalidade e administração da justiça: Minas Gerais – século XIX. Bauru: Edusc, 2004.

VERSEN, Max Von. *História da Guerra do Paraguai*. Belo Horizonte: Itatiaia, 1976.

VIEIRA, António. *Obra completa*. Lisboa: Círculo dos Leitores, 2013. t.I, v.III, p.87-8.

VIEIRA, Martha Victor. *O império das facções:* ordem e desordens no Brasil Central (1821-1840).

WAISELFISZ, Julio Jacobo. *Mapa da violência 2015:* homicídio de mulheres no Brasil. Brasília: Flacso Brasil, 2015. Disponível em: <http://bit.ly/1HDClsF>. Acesso em: 9 nov. 2015.

______. *Mapa da violência:* homicídio de mulheres no Brasil. Rio de Janeiro: Cebela/ Flacso, 2012. Disponível em: <http://bit.ly/1pRtVFh>. Acesso em: 5 maio 2015.

WEINBERG, S. Kirson. Aspects of the prison's social structure. *The American Journal of Sociology*, v.47, n.5, 1942, p.717-26

WOMANSTATS. The WomanStats Project. 2015. Disponível em: <http://womanstats.org/>. Acesso em: 4 dez. 2015

XAVIER, Nilson. *Almanaque da telenovela brasileira.* São Paulo: Panda Books, 2007.

XEXÉO, Artur. *Janete Clair:* a usineira de sonhos. Rio de Janeiro: Relume-Dumará, 1996.

## Sobre os autores

### Angélica Müller

Doutora em História pela Université de Paris I – Panthéon Sorbonne e em História Social pela Universidade de São Paulo. É professora adjunta do Instituto de História da Universidade Federal Fluminense (UFF) e pesquisadora-associada do Centre d'Histoire Sociale du XXème Siècle da Université de Paris I. Atualmente é responsável pela pesquisa, realização de roteiros e entrevistas de história de vida do projeto Memória dos Acadêmicos, da Academia Brasileira de Letras. Foi pesquisadora sênior da Comissão Nacional da Verdade. Autora, dentre capítulos e livros, de "O movimento estudantil na resistência à ditadura militar (1969-1979)".

### Camila Nunes Dias

Doutora em Sociologia pela Universidade de São Paulo (USP). Professora da Universidade Federal do ABC (UFABC), pesquisadora colaboradora do Núcleo de Estudos da Violência da USP, doutora em Sociologia e autora do livro *PCC: hegemonia nas prisões e monopólio da violência* (Saraiva, 2013).

### Carolina de Campos Melo

Doutora em Direito Internacional da Faculdade de Direito da Universidade do Estado do Rio de Janeiro (UERJ) (2012). Mestre em Direito pela Pontifícia Universidade Católica (PUC) do Rio de Janeiro. Professora e coordenadora acadêmica do Núcleo de Direitos Humanos no Departamento de Direito da PUC-RJ. Advogada da União. Coordenou o escritório da Comissão Nacional da Verdade (CNV) no Rio de Janeiro e integrou o Comitê de Relatoria Final da CNV.

## Daniel Faria

Poeta e historiador, é autor dos livros *O mito modernista* e *Livro de orações*. Doutor em História pela Universidade Estadual de Campinas (Unicamp), é professor do Departamento de História da Universidade de Brasília (UnB).

## Jonis Freire

Doutor em História pela Universidade Estadual de Campinas (Unicamp). Atualmente é professor do Instituto de História da Universidade Federal Fluminense (UFF) e Jovem Cientista do Nosso Estado pela Fundação de Amparo à Pesquisa do Estado do Rio de Janeiro (Faperj). É autor do livro *Escravidão e família escrava na Zona da Mata Mineira Oitocentista* e coautor de *Escravidão e cultura afro-brasileira: temas e problemas em torno da obra de Robert Slenes*.

## José César Coimbra

Doutor em Memória Social pela Universidade Federal do Estado do Rio de Janeiro (Unirio). Professor nos cursos de Especialização em Psicologia Jurídica na Pontifícia Universidade Católica (PUC) do Rio de Janeiro e na Universidade do Estado do Rio de Janeiro (UERJ). Psicólogo no Poder Judiciário do Estado do Rio de Janeiro.

## Luiz Mott

Doutor em Antropologia pela Universidade Estadual de Campinas (Unicamp). Professor titular aposentado da Universidade Federal da Bahia (UFBA). Tem experiência na área de Antropologia e História, com ênfase em Antropologia das Populações Afro-Brasileiras e História das Religiões, atuando principalmente nos seguintes temas: inquisição, homossexualidade, aids, homofobia e direitos humanos. Publicou mais de trinta livros.

## Marcelo Crespo

Doutor em Direito Penal pela Universidade de São Paulo (USP). Possui cursos de pós-graduação pela Universidade de Salamanca (Segurança da Informação e Direito Penal). É profissional certificado em Compliance Internacional (Certified Compliance and Ethics Professional International – CCEP-I) pela Society of Corporate Compliance and Ethics (SCCE). É advogado atuante nas áreas criminal, digital e de *compliance* em São Paulo, com atendimento em todo o país. Coordena o curso de pós-gradução em Direito Digital e Compliance no Damásio Educacional. É membro da Comissão de Direito Digital e Compliance da Ordem dos Advogados do Brasil (OAB/SP) e foi 2º Vice-Presidente da Comissão de Direito Criminal da OAB/SP, responsável pela Coordenadoria dos Crimes de Informática. Tem experiência na área de Direito Penal e Processual Penal, com ênfase em Direito Tecnológico (crimes digitais). Tem formação complementar pelo Centro de Estudos e Resposta a Incidentes de Segurança do Brasil (CERT.br) em formação de equipes de reposta a segurança computacional.

## Marcelo Timotheo da Costa

Graduado em História e Economia pela Universidade Federal Fluminense (UFF). Mestre e doutor em História pela Pontifícia Universidade Católica (PUC) do Rio de Janeiro. Autor do livro *Um itinerário no século: mudança, disciplina e ação em Alceu Amoroso Lima* (Loyola; PUC-RJ, 2006). Entre artigos e capítulos de livros, escreveu o texto sobre o Brasil para *The Cambridge Dictionary of Christianity* (2010). É professor de pós-graduação em História da Universidade Salgado de Oliveira (Universo). Em 2015, foi *visiting fellow* da DePaul University, em Chicago.

## Mary del Priore

Doutora em História pela Universidade de São Paulo (USP). Lecionou no departamento de História da Faculdade de Filosofia, Letras e Ciências Humanas (FFLCH) da USP e da Pontifícia Universidade Católica (PUC) do Rio de Janeiro. Autora de 47 livros sobre história do Brasil. Vencedora de vários prêmios, como o Jabuti, Casa Grande & Senzala e Sérgio Buarque de Holanda. Membro do PEN Clube, é também sócia titular do Instituto Histórico e Geográfico Brasileiro (IHGB), da Academia Portuguesa de História e da Real Academia de la História de España. Membro da Academia Carioca de Letras.

## Mauricio Murad

Sociólogo. Doutor em Sociologia dos Esportes pela Faculdade de Desporto da Universidade do Porto. Professor do mestrado em Ciências da Atividade Física da Universidade Salgado de Oliveira (Universo), professor aposentado pela UERJ e escritor. Entre seus diversos livros e artigos científicos publicados no Brasil e no exterior, são obras de referência *Sociologia e educação física* (Editora FGV) e *A violência no futebol* (Saraiva/Benvirá).

## Paulo de Assunção

Doutor em História Ibérica pela École des Hautes Études en Sciences Sociales (EHESS), em Paris; doutor em História Econômica e Social pela Universidade Nova de Lisboa e em História Social pela Universidade de São Paulo (USP). É autor de diversos livros e artigos publicados em revistas acadêmicas nacionais e internacionais. Professor convidado da Universidade Salgado de Oliveira (Universo), pós-doutorando pela Universidade Mackenzie, investigador do Centro de Literaturas e Culturas Lusófonas e Europeias (Clepul) da – Universidade de Lisboa e pesquisador do CNPQ e Fapesp.

## Quezia Brandão

Mestre pelo Programa de Pós-Graduação em História Social da Universidade de São Paulo (USP). Bacharel em História pela Universidade Federal do Rio de Janeiro (UFRJ), bolsista de Iniciação Científica (Jovem Cientista) pela Fundação de Amparo à Pesquisa do Estado do Rio de Janeiro (Faperj). Graduanda em Linguística/Português pela USP, bolsista de Iniciação Científica CNPq/PIBIC. Atualmente é editora executiva da Revista Poder & Cultura, vinculada ao Laboratório de História, Cinema e Audiovisualidades (Lhisca) da UFRJ.

## Randolpho Radsack Corrêa

Graduado em História pela Universidade do Estado de Minas Gerais (UEMG), unidade Carangola. É mestre em História Social do Brasil pela Universidade Salgado de Oliveira (Universo), *campus* Niterói (RJ). Atualmente é professor do curso de História e chefe do departamento de Ciências Humanas da UEMG, *campus* Carangola. Desde 2010 desenvolve pesquisa sobre escravidão, criminalidade e cotidiano na região de Santa Luzia do Carangola (MG).

## Sérgio Adorno

Doutor em Sociologia pela Universidade de São Paulo (USP). Professor titular do departamento de Sociologia da USP, coordenador do Núcleo de Estudos da Violência da USP. Suas principais áreas de pesquisa compreendem: violência urbana, crime organizado, prisões, políticas públicas de segurança, justiça criminal e democracia.

## Victor Andrade de Melo

Doutor em Educação Física pela Universidade Gama Filho. É professor da Universidade Federal do Rio de Janeiro (UFRJ), onde atua nos Programas de Pós-Graduação em História e em Educação. É coordenador do Sport: Laboratório de História do Esporte e do Lazer (www.sport.historia.ufrj.br).

## Vitor de Angelo

Formado em História pela Universidade Federal do Espírito Santo (UFES), com mestrado e doutorado em Ciências Sociais pela Universidade Federal de São Carlos, e estágio doutoral no Centre d'Histoire de Sciences Po, em Paris. É pesquisador associado do Institut des Sciences Sociales du Politique da Université de Paris Ouest-Nanterre La Défense e professor titular do Programa de Pós-Graduação em Sociologia Política da Universidade Vila Velha (UVV), em Espírito Santo. Publicou, entre outros livros, *A crise política brasileira em perspectiva* (Insular, 2016).

## Vitor Izecksohn

Professor do Instituto de História e do Programa de Pós-Graduação em História Social da Universidade Federal do Rio de Janeiro (UFRJ). Doutor em História pela Universidade de New Hampshire. Fez pós-doutorado no Departamento de História da Brown University, atuando como professor visitante da mesma instituição em 2011. Foi bolsista do Gilder Lehrman Institute of American History (2005), da Comissão Fulbright (2011), do Gilder Lehrman Center for the study of Slavery, Resistance, and Abolition/Yale University (2015) e da John Carter Brown Library (2017). Seu mais recente livro *Slavery and War in the Americas: Race, Citizenship and State Building in the United States and Brazil, 1861-1870* (University of Virginia Press), laureado com menção honrosa da Brazil Section da Latin American Studies Association em 2015.

## Vivien Ishaq

Doutora em História pela Universidade Federal Fluminense (UFF). Entre 2006 a 2012 atuou como assessora técnica e coordenadora substituta da Coordenação Regional do Arquivo Nacional no Distrito Federal, supervisionando as atividades do Núcleo de Acervos do Regime Militar. Entre 2012 e 2014 foi Gerente de Projetos da Comissão Nacional da Verdade (CNV). Em novembro de 2013 assumiu a função de gerente-executiva do Relatório Final da CNV. É autora de artigos e livros, destacando *A escrita da subversão: 1964-1985*, escrito com Pablo Franco e Tereza Eleutério de Souza (2012).

## Wagner Pinheiro Pereira

Historiador. Bacharel (1999) e licenciado (2001) em História, mestre (2003) e doutor (2008) em História Social pela Universidade de São Paulo (USP), onde também realizou o pós-doutorado (2010). Atualmente é professor de História das Américas nos cursos de História e de Relações Internacionais da Universidade Federal do Rio de Janeiro (UFRJ). Coordenador do Laboratório de História, Cinema e Audiovisualidades (Lhisca) e editor-chefe da *Revista Poder & Cultura* e da *Histcine – Revista de História, Cinema e Audiovisualidades*. É autor de *O poder das imagens: cinema e política nos governos de Adolf Hitler e Franklin D. Roosevelt (1933-1945)* (Alameda, 2012), *24 de outubro de 1929: a quebra da Bolsa de Nova York e a Grande Depressão* (Companhia Editora Nacional, 2006), dentre outros capítulos de livros e artigos.

SOBRE O LIVRO

*Formato*: 16 x 23 cm
*Mancha*: 25,5 x 41 paicas
*Tipologia*: Adobe Caslon 11 / 15
*Papel*: Couché 90 $g/m^2$ (miolo)
Cartão supremo 250 $g/m^2$ (capa)

1ª edição Editora Unesp: 2017
1ª reimpressão: 2023

EQUIPE DE REALIZAÇÃO

*Coordenação geral*
Marcos Keith Takahashi

*Edição de texto*
Silvia Massimini Felix

*Capa*
Grão Editorial

*Foto de capa*
Andrew Brookes / Getty Images

*Projeto gráfico*
Estúdio Bogari

*Editoração eletrônica*
Sergio Gzeschnik